CARRY ULREICH

Nachts träum ich vom Frieden

aufbau

CARRY ULREICH

Nachts träum ich vom Frieden

Tagebuch
1941 bis 1945

Mit einem Vor- und Nachwort
von Bart Wallet

Aus dem Niederländischen
von Simone Schroth

aufbau

Die Originalausgabe unter dem Titel
’s Nachts droom ik van vrede. Oorlogsdagboek 1941–1945
erschien 2016 bei Uitgeverij Mozaïek, Zoetermeer.

Die Übersetzung dieses Buches wurde von der niederländischen Stiftung für Literatur gefördert.

Nederlands letterenfonds
dutch foundation
for literature

MIX
Papier aus verantwortungsvollen Quellen
FSC
www.fsc.org
FSC® C083411

ISBN 978-3-351-03706-2

Aufbau ist eine Marke der Aufbau Verlag GmbH & Co. KG

1. Auflage 2018

Einbandgestaltung zero-media.net, München
unter Verwendung eines Fotos von Carry Ulreich © Carmela Mass
Satz und Reproduktion LVD GmbH, Berlin
Druck und Binden CPI books GmbH, Leck, Germany
Printed in Germany

www.aufbau-verlag.de

Die Schreibweise von Zahlen, Daten und vergleichbaren Angaben wurde vereinheitlicht; dies betrifft zum Beispiel Uhrzeiten, die teilweise in Zahlen und teilweise ausgeschrieben wiedergegeben werden. Die Unterstreichungen finden sich in der Vorlage. Deutsche Begriffe und Sätze wurden kursiviert und mit einem Sternchen versehen, Fehler nicht korrigiert. Die Länge der Satzgefüge wurde in der Regel beibehalten. Die Anmerkungen stammen vom Herausgeber Bart Wallet; Hinzufügungen der Übersetzerin wurden mit »A. d. Ü.« gekennzeichnet. Dies gilt sowohl für Ergänzungen in eckigen Klammern im Fließtext als auch für Endnoten.

Die Übersetzerin dankt Carmela Mass herzlich für die Beantwortung aller Fragen.

Inhalt

Tagebuch

Anhang

Einleitung

Der Zweite Weltkrieg hat in den Niederlanden tiefe Spuren hinterlassen. Nachdem im Jahr 1940 die Besatzung begonnen hatte, veränderte sich das Leben aller Einwohner grundlegend: Lebensmittel, Kleidung und zahlreiche Gebrauchsgegenstände waren immer schwieriger zu bekommen; Bombenangriffe, Naziterror und Aktionen des Widerstandes lösten Angst aus. Schnell wurde deutlich, dass die Besatzer es vor allem auf die Juden abgesehen hatten. Schritt für Schritt schloss man sie aus der Gesellschaft aus, und das Hauptziel bestand darin, alle Angehörigen dieser Bevölkerungsgruppe zu ermorden.

Was bedeutete es, in dieser Zeit als jüdische Jugendliche erwachsen zu werden? Das Tagebuch der Rotterdamer Jüdin Carry Ulreich zeigt uns dies auf nüchterne und zugleich eindringliche Weise. Durch die gewissenhafte Wiedergabe und den scharfen Blick der Verfasserin für persönliche Emotionen erlebt der Leser den Kampf ums Überleben mit. Es ist ein gewöhnliches, alltägliches Mädchenleben, das immer mehr in den Griff des Zweiten Weltkriegs gerät. Allmählich gelingt es Carry, ihre ganz eigene Stimme zu finden. Weil sie persönlich involviert ist, scheint der Abstand zwischen damals und heute fast wegzufallen, und der Leser kann sich den Erfahrungen der Kriegszeit bis auf eine geringe Distanz nähern.

»Die Anne Frank von Rotterdam«

Man darf nicht vergessen, dass in den letzten Jahrzehnten viele Kriegstagebücher erschienen sind. Das bekannteste von ihnen, das Tagebuch der Anne Frank, wurde schon bald nach der Befreiung (1947) herausgegeben und hat sich seitdem zum »Urtagebuch« über die Kriegszeit entwickelt. Dass man jede neue Tagebuchpublikation damit vergleicht, ist unvermeidlich. Im Fall von Carry Ulreichs Tagebuch liegt dies noch näher: Die Parallelen sind sehr deutlich erkennbar. Auch hier geht es um den Bericht eines jungen Mädchens über sein Leben, und die Schreiberin wächst in einer ähnlich strukturierten Familie auf: mit Vater, Mutter und einer älteren Schwester. An die Stelle des Schullebens voller Lernen und Flirts tritt eine unsichere Existenz im Versteck. Sehr feinfühlig wird beschrieben, was die Abhängigkeit und die Angst in der Hauptperson und ihren Schicksalsgenossen auslösen. Aufgrund dieser Parallelen wählte Carry Ulreich selbst den Ausdruck »die Anne Frank mit Happy End«, als sie sich bei einem Besuch im Anne Frank Haus in Amsterdam ins Gästebuch eintrug.

Allerdings sind es bei allen Übereinstimmungen gerade die Unterschiede, die die Aufzeichnungen von Carry Ulreich so bedeutsam machen. Offen gestanden war ich zunächst skeptisch, als das Tagebuch samt der Bitte eines niederländischen Verlegers, ich solle mir den Text ansehen, auf meinem Schreibtisch landete. Als Historiker mit dem Spezialgebiet Geschichte der niederländischen Juden begegnen mir solche Egodokumente [von dem niederländ. Historiker Jacques Presser in der Nachkriegszeit geprägter Begriff für Selbstzeugnisse, A. d. Ü.] häufig. Sie sind oft vor allem für die unmittelbaren Angehörigen und Bekannten von Bedeutung, aber von Stil und Inhalt her ungeeignet für ein größeres Publikum. Bei der Lektüre verschwand diese Skepsis jedoch schnell, und ich gelangte zu der Überzeugung, dieses Tagebuch müsse unbedingt einer breiteren Öffentlichkeit zugänglich gemacht werden.

Zur Bedeutung

Worin liegt die Bedeutung des Tagebuchs von Carry Ulreich? In diesem Zusammenhang ist auf mehrere Aspekte hinzuweisen. Erstens handelt es sich um ein Tagebuch, das ganz eindeutig in Rotterdam entstand. Die Geschichte der Judenverfolgung in den Niederlanden hat sich bisher sehr stark auf die Ereignisse in Amsterdam konzentriert. Das lässt sich nachvollziehen, denn dort war die bei Weitem größte und bedeutendste Jüdische Gemeinde ansässig. In ihrem Tagebuch legt Anne Frank Zeugnis von dem vielfältigen und energiegeladenen jüdischen Leben in der Hauptstadt ab. Gleichzeitig gab es jedoch auch in anderen Städten wichtige Jüdische Gemeinden, etwa in Rotterdam, wo zu Kriegsbeginn etwa 13 000 Juden lebten. Aus Carry Ulreichs Tagebuch geht hervor, wie sich Verfolgung, Deportation und der Kampf ums Überleben in Rotterdam abspielten. In einem verwüsteten Rotterdam. Als Deutschland in den Maitagen des Jahres 1940 in den Niederlanden einfiel, hatte die Bombardierung der Stadt tiefe Spuren hinterlassen. Außerdem entwickelten sich dieser Angriff und die Zerstörung des alten Zentrums zu der klassischen Kriegsgeschichte der Hafenstadt, sodass alles, was danach geschah, in gewissem Sinne unbeachtet blieb.

Zweitens wurde das Tagebuch von einem Mädchen verfasst, das in einer sehr engagierten jüdischen Familie aufwuchs. Obwohl ein Teil des Freundeskreises aus niederländischen Juden bestand, hatte die Familie ihre Wurzeln im osteuropäischen Judentum. Dadurch entsteht ein starker Bezug zu dem, was anderswo in Europa geschieht, und die Verfasserin verfügt über ein sehr gutes Gespür für die von Gewalt geprägten Folgen des Antisemitismus. Die Familie ist sowohl traditionell-religiös als auch zionistisch eingestellt. Dadurch entstehen in der Kriegszeit ganz eigene Spannungen, Probleme und Träume. Während Anne Frank aus einer liberalen deutsch-jüdischen Familie stammte und einen universellen Blick auf die Welt entwickelte, zeigt Carry Ulreich, wie traditionelle osteuropäische Juden zu einer spezifisch jüdischen Perspektive auf den Krieg, die Welt und die Zukunft gelangen. Sie stellt dar, wie die zionistische Jugendbewegung nach dem Verbot durch die Besatzer im Untergrund weiter existierte, wie die Vorbereitung auf ein Leben in Palästina durch den Krieg nur intensiver wurde. Während der Zeit im Versteck ergeben sich immer mehr Fragen: Wie soll man koscher essen? Wie können die jüdischen Gesetze (die Halacha) noch im größtmöglichen Maße erfüllt werden? Welche Bedeutung kommt den jüdischen Feiertagen zu? Gleichzeitig begeht man zusammen mit der Untertauchfamilie die christlichen Feste. Religiöse Barrieren, die vor dem Krieg unüberwindlich schienen, werden während der Zeit im Versteck einfach niedergerissen. Das Tagebuch vermittelt auf diese Weise einen ganz besonderen Einblick in das Leben traditionell-religiöser Juden während der Kriegszeit.

Drittens ist der Text durch und durch ein Tagebuch aus dem Versteck. Ein großer Teil davon, mehr als drei Jahre, enthält die Erfahrungen während des Untertauchens bei der katholischen Familie Zijlmans in Rotterdam. Was bedeutete es also, für eine so lange Zeit beinahe ständig eingeschlossen zu sein? Was unternahmen die Betroffenen, um die Zeit zu füllen? Wie gestalteten sich die Beziehungen zwischen den Versteckten und denen, die ihnen Unterschlupf gewährten? Carry Ulreich beweist eine scharfe Beobachtungsgabe und schreibt neben der immer gegenwärtigen großen Dankbarkeit für die Gastfreundschaft auch über die Probleme, die entstehen, wenn zwei gegensätzliche Familien plötzlich auf engem Raum zusammenleben müssen. Die kleinen zwischenmenschlichen Spannungen und die komplette Abhängigkeit von denen, die für die Ulreichs sorgen, werden so dargestellt, dass man sie nachfühlen kann. Mitten im ständigen Strom der Kriegsneuigkeiten und Gerüchte versucht jeder, sein Leben so gut es geht weiterzuführen. Was das im Versteck bedeutete, schildert Carry Ulreich: Arbeit im Haushalt, viel Lesen, Unterhaltungen, religiöse Streitgespräche mit den Helfern, Flirts zwischen den jungen Leuten. Es fällt auf, dass sich die Untergetauchten manchmal, in Ausnahmefällen, sogar auf die Straße wagten.

Ein Thema, das in den vergangenen Jahren viele Debatten ausgelöst hat, ist die Frage, inwieweit Niederländer im Allgemeinen und Juden im Besonderen wussten, was die Deportierten »im Osten« erwartete. Dem Tagebuch von Carry Ulreich lässt sich entnehmen, dass bereits im Jahr 1942 über das englische Radio – dessen Sendungen die Familie trotz des Sabbatverbots verfolgte – bekannt wurde, dass man in Polen in großer Zahl Juden ermordete. Über das Schicksal derjenigen, die man verhaftete und wegbrachte, machte sich die Familie kaum Illusionen. Obwohl sie hofften, deportierte Freunde und Familienmitglieder würden zurückkehren, setzten die Ulreichs »Polen« quasi mit dem Tod gleich.

Das Tagebuch der Anne Frank endet abrupt, weil die

Familie Frank verraten und als Folge davon verhaftet und deportiert wurde. Nur der Vater Otto Frank überlebte die Lager. Das Tagebuch der Carry Ulreich hat in gewisser Weise ein »Happy End«: Es gelingt der ganzen Familie, den Krieg im Versteck zu überstehen. Deshalb liegt eine Besonderheit des Textes darin, dass das Tagebuch auch die große Wende wiedergibt, die die Befreiung im Jahr 1945 darstellte. Auch die behutsame Wiederaufnahme des stark reduzierten jüdischen Lebens im Schatten der Schoah wird beschrieben: der erste Gottesdienst in der Rotterdamer Synagoge nach der Befreiung, die Suche nach Überlebenden, der Aufbau von etwas, was einer jüdischen Gemeinde ähneln soll. Zionistische Ideale gewinnen schnell die Oberhand, als die *Jewish Brigade* – die palästinensisch-jüdische Abteilung im britischen Heer – zusammen mit den Befreiern in den Niederlanden anlangt. Carry Ulreichs Weg führt dank eines dieser Soldaten schon sehr bald von Rotterdam nach Palästina.

Die Tagebücher und die Edition

Im Jahr 1946 zog Carry Ulreich in das damalige britische Mandatsgebiet Palästina – ab 1948 ist das der Staat Israel, wo sie als Carmela Mass die Stammhalterin einer inzwischen zahlreichen Familie wurde. Die Tagebücher begleiteten sie und landeten auf dem Speicher ihres Hauses. Als sie sie vor einigen Jahren wiederfand, beschloss sie, den Inhalt mit ihren Kindern und Enkeln zu teilen. Für die Lektüre im Familienkreis ließ sie eine gekürzte hebräische Version erstellen. So las auch ihr Sohn, der Jerusalemer Verleger Oren Mass, Teile der Tagebücher zum ersten Mal. Er war so beeindruckt, dass er sie auf der Suche nach einem niederländischen Verleger mit zur

Frankfurter Buchmesse nahm. Den fand er im Verlag Uitgeverij Mozaïek in Zoetermeer.

Das Tagebuch beginnt am 17. Dezember 1941, und von diesem Zeitpunkt an nimmt Carry fast wöchentlich, manchmal sogar mehrfach am selben Tag, Einträge vor. Insgesamt schreibt sie neben dem ersten Tagebuch – einem Geschenk ihrer Freundin Sonja Taub – auch sechs Schulhefte voll. In der vorliegenden Edition wird jeweils angegeben, wo ein neues Heft beginnt.

Zugunsten der Lesbarkeit wurde das Material in drei Kapitel eingeteilt. Der Text wurde nicht verändert, lediglich die Rechtschreibung der heutigen angepasst. Im ersten Heft – als die Familie bereits untergetaucht ist – gab Carry die Daten in einem Code verschlüsselt wieder. [In der deutschen Übersetzung wurde die Wiedergabe des Datums vereinheitlicht. A. d. Ü.] Die Originaltagebücher befinden sich noch im Besitz der Familie Mass, aber für Forschungszwecke kann man sie in Yad Vashem in Jerusalem einsehen.

Ein zusätzliches Personenregister enthält die biographischen Daten der zahllosen Freunde, Bekannten und Familienmitglieder, die in diesem Tagebuch Erwähnung finden. Es sagt viel aus, dass die meisten der Jugendlichen, die an der Geburtstagsfeier aus dem ersten Tagebucheintrag teilnahmen, im Laufe des Krieges ermordet wurden. In diesem Sinne ist die vorliegende Publikation des Tagebuches auch ein schriftliches Denkmal für Carry Ulreichs ermordete jüdische Freunde aus Rotterdam. Die Abbildungen im Bildteil – vor allem der Familienkollektion entnommen – verleihen den Hauptpersonen ein Gesicht. Die ergänzenden Hintergrundinformationen, in denen tiefer auf verschiedene in den Aufzeichnungen enthaltene Aspekte eingegangen wird, bieten eine abschließende Betrachtung.

Danksagung

An einem prächtigen Sommertag im Juni 2016 traf ich die inzwischen 89-jährige Carry Ulreich zusammen mit ihrem Sohn Oren Mass in Jerusalem. Nie hätte sie gedacht, dass ihr Tagebuch jemals auf Niederländisch erscheinen würde. Ich danke ihr herzlich für ihr Vertrauen und dafür, dass sie das Tagebuch trotz ihres Zögerns für die Publikation freigegeben hat. Das geschah mit dem Blick auf jüngere Generationen, die erfahren sollen, was während des Krieges geschehen ist. Für die »Hintergründe« gewährte sie mir darüber hinaus einen Einblick in die Tagebücher ihrer Schwester Rachel, ihres Vaters Gustav Ulreich und in ein Interview, das man zu einem früheren Zeitpunkt mit ihr geführt hatte. Oren Mass stellte eine unverzichtbare Verbindung dar, und er scheute keine Mühen, damit die Publikation realisiert werden konnte. Ich danke beiden!

Es war nicht leicht, die Nachkommen der Familie ausfindig zu machen, die den Ulreichs Unterschlupf gewährt hatte: die Nachkommen der Familie Zijlmans. Sobald aber der erste, Jeroen Zijlmans, gefunden war, kam ich rasch in Kontakt mit weiteren Familienmitgliedern. Wie sich herausstellte, verfügten sie alle über Geschichten und Erinnerungen daran, was ihre Eltern oder Großeltern während des Krieges für die Familie Ulreich getan hatten. Ihr unmittelbarer Enthusiasmus für die Publikation, ihre Neugierde auf den Inhalt und ihr Vertrauen wirkten ansteckend auf mich. Dafür möchte ich ihnen herzlich danken.

Die Verlegerin Beppie de Rooy vom Verlag Uitgeverij Mozaïek erkannte die Bedeutung von Carry Ulreichs Tagebuch sofort. Zusammen mit ihrem Team – Marianne Florijn, Wendelmoed Knol und Inge Slings – war sie der

Motor hinter diesem Projekt. Ihre Begleitung gestaltete sich professionell und wurde von aufrichtiger Anteilnahme motiviert. Das Transkribieren des Manuskripts erledigte Aline Pennewaard. Besonders wertvoll war für mich die Hilfe meiner Kollegen beim weiteren Erschließen im Text enthaltener Details und in Bezug auf die Hintergründe der Familie Ulreich sowie der Judenverfolgung in Rotterdam: Albert Oosthoek, Hans van der Pauw, Stefan van der Poel, Raymund Schütz und Lodewijk Winkler. Auch ihnen gilt mein Dank. Eventuelle Fehler in der niederländischen Ausgabe und den Anmerkungen gehen selbstverständlich auf mein Konto.

Amsterdam, im Juli 2016
Bart Wallet

Interview mit Carry Ulreich im September 2017

Wie kam es nach so vielen Jahren zur Veröffentlichung Ihres Tagebuchs?

Vor fünf Jahren, da war ich 86, dachte ich, wenn ich jetzt nichts tue, dann kann niemand mehr mein Tagebuch lesen. Meine Enkel und Urenkel wussten zwar, dass ich versteckt war, aber sie kannten keine Details. Meine Familie liest kein Holländisch, also musste ich jemanden suchen, der das übertragen kann, der meine unleserliche Handschrift entziffert und das alles abschreiben kann. Den habe ich gefunden. Und dann ist mein Sohn, der ist Verleger, damit zur Frankfurter Buchmesse gefahren. Ich dachte immer, mein Tagebuch sei für andere nicht interessant, viel zu viel Politik und Details aus unserem Alltag. Aber mein Sohn Oren hat mich schließlich überzeugt. Er hat einen holländischen Verlag gefunden, der mein Tagebuch sofort herausbringen wollte. Mit dem wunderbaren Einleitungsteil von Bart Wallet.

Was empfinden Sie heute, wenn Sie an diese Jahre im Versteck in Rotterdam zurückdenken?

Für mich war es eine gute Zeit, eine Zeit des Miteinanders, wir haben alles zusammen erlebt und geteilt. Den Hunger und die Hoffnung. Zwei Familien mit zwei so unterschiedlichen Religionen auf so engem Raum. Das kann man sich heute kaum noch vorstellen. Ich habe keine schlechten Erinnerungen an diese Jahre im Versteck. Für meine Eltern war es natürlich anders, sie haben ihre gesamte Existenz verloren und mussten sich um uns Kinder kümmern.

Wie waren die Reaktionen nach der Veröffentlichung – innerhalb der Familie und in den Niederlanden?

Um mich herum fanden das alle sehr interessant, waren regelrecht enthusiastisch. Meine Enkel und Urenkel haben mich eingeladen und ganz viele Fragen gestellt, wie das alles genau war, wie wir es so lange in dem Versteck ausgehalten haben und ob wir auch mal raus durften und so weiter und so fort. Das war schön für mich, ihnen davon in Ruhe erzählen zu können.

Als ich für die Buchpräsentation dann nach Holland kam, waren ein Journalist und ein Fotograf mit mir zusammen unterwegs, weil sie einen Beitrag für das holländische Fernsehen gemacht haben. Nach der Ausstrahlung hielten mich Leute auf der Straße an und sagten, ich habe Sie im Fernsehen gesehen ... Wer hätte das jemals gedacht?

Was möchten Sie den deutschen Lesern mit auf den Weg geben?

Ich hoffe natürlich, dass es eine schöne Ausgabe wird. Und dass die Leserinnen und Leser begreifen, dass dieses Tagebuch ein einzigartiges Dokument ist. Weil es eben nicht in Amsterdam spielt, so wie das Buch von Anne Frank. Man kann mein Tagebuch zwar mit dem von Anne Frank vergleichen, aber bei mir gibt es ein Happy End. Wir haben alle überlebt. Als ich im Anne Frank Haus gewesen bin, habe ich genau das ins Gästebuch geschrieben.

Mein Tagebuch zeigt vor allem, was mit den Juden in Rotterdam passiert ist. Und das ist mir wichtig, eine Zeugin dieses Teils der Geschichte zu sein. Darüber gibt es bisher nicht viel. Und durch meine Arbeit für den Judenrat habe ich damals viel mitbekommen. Viele wissen heute gar nicht, wie das abgelaufen ist mit den Aufrufen, dass die Juden in Westerbork gesammelt wurden, bevor sie weiter nach Bergen-Belsen oder Auschwitz geschickt worden sind.

Ich wünsche mir, dass dieses Buch von vielen Menschen gelesen wird, damit sie ihre Augen nicht vor dem Schlechten verschließen. Damit sie aus unserer Geschichte lernen. Und das Kapitel der Rotterdamer Juden in ihrem Gedächtnis verankern. Und dass sie sich immer wieder daran erinnern, dass die Juden keine Feinde waren, sondern dass die Nazis sie zu Feinden gemacht haben.

Ergänzung von Oren Mass, Verleger in Jerusalem und Sohn von Carry Ulreich:

Ich hoffe, dass jeder, der das Tagebuch von Anne Frank gelesen hat, von diesem authentischen Zeugnis meiner Mutter angetan sein wird. Dieses Tagebuch präsentiert eine positive Sicht auf das Leben, sogar auf den Krieg. Es vermittelt die tiefen Gedanken eines jungen jüdischen Mädchens über ihre eigene Zukunft, aber auch über die ihres Volkes in seinem Land, in Palästina. In Deutschland ist es besonders wichtig, dass die Menschen die ungeheure Brutalität des Nazisystems begreifen und der Opfer dieser Zeit gedacht wird.

Seien wir froh, dass Carry überlebt hat, eine Frau, zu der nun insgesamt über 100 Kinder, Enkel und Urenkel gehören. Wie viele Menschen könnten heute am Leben sein, wenn die sechs Millionen Juden nicht vernichtet worden wären?

Tagebuch

Teil 1
Besatzung: 1941 bis 1942

Rotterdam, Mittwoch, 17. Dezember 1941

Heute Abend, zehn Uhr, habe ich endlich wirklich Lust, dich, mein Tagebuch, einzuweihen. Dieses Tagebuch habe ich von meiner Freundin Sonja Taub bekommen; ich habe es zu meinem Geburtstag vor einem Monat bekommen. Während dieser Zeit ist nichts Besonderes passiert. Heute Abend auch nicht, aber ... ich habe Lust!

Die Geburtstage waren wie immer mit denselben Leuten[1]: Mundi und Bronia Kindler, Mira Klawier, Sonja Taub, Hadassa und Bobby Herschberg + den alten Herrschaften all dieser Kinder. Macht ±20 Leute.

Am nächsten Tag hatte ich den Club bei mir: Meine Vereinigung ist verboten worden. Wir sind seit dem 14. Mai 1940 durch Deutschland besetzt, und jetzt haben wir Jüngeren von der Ha Awoda[2] uns zusammengeschlossen und kommen jede Woche zusammen. Mitglieder sind: Felix Zwick, Wiet Wijler, Herman van Coevorden, Jopie Wijler, Arthur Goudsmid, Sam Bosman, Bobby Herschberg, Milly de Leeuwe, Hetty Corper, Tootje de Haas, Belia de Haas, Ruth Zwick und ich. Vielleicht kommt Betty Posner bald noch dazu. Wiet, Felix und ich bilden den Vorstand.

Aber ich habe gerade über meinen Geburtstag geschrieben. Ich habe die *Jüdischen Überlieferungen* von K. ter Laan[3] bekommen. An Rachels Geburtstag kamen abends wieder Dinah Meerschwam und ihre Gruppe: Hannele Franken, Tilly Bosman, Hetty Wijler, Rachel,

Johan Spiegelenberg (Goj [Goi/Goj, Plural Gojim: Nichtjude]), Carel Kaufman, Daan Nijveen, Bram de Lange und Bram Roos. Wir haben getanzt, und der letzte Besuch kam am Sonntagnachmittag.

Die älteren Mädchen: Hanni Bialer, Dora Mak, Dora Landau, Sally Lipszyc, Mundi Kindler, Saartje und Etty Vromen. Ich dachte, es würde sehr langweilig werden, und da bin ich in den Club gegangen. Dort haben sie ein bisschen gemeckert, dass wir immer dasselbe machen: Sprechen (das muss jeder von uns reihum tun) und Vorlesen und hin und wieder ein Spiel? Aber wie soll man die Kinder anders beschäftigen? Wir dürfen ja nirgendwohin ... Wie auch immer, ich ging dann um halb fünf nach Hause, und da war eine große Chassene [Jiddisch: Hochzeit; im weiteren Sinne oft: Fest]. Dora Mak spielt Klavier und der Rest tanzt. Natürlich habe ich kurz mitgetanzt, dann gingen sie nach Hause. Sie haben es sehr genossen. Unsere Geburtstage waren damit vorbei.

Wir haben eine jüdische Schule[4]. Da ist es sehr schön, wie eine große Familie. Früher war ich gegenüber, in der Witte de Withstraat 30[5] in Rotterdam, und ich war in der vierten Klasse des Lyzeums. Aber wir waren eher auf Sprachen ausgerichtet, und jetzt kam eine Schule, die HBS [Höhere Bürgerschule. A. d. Ü.], die stärker mathematisch orientiert ist. Also musste ich in die dritte Klasse. Das ist nicht so sehr schlimm. Heutzutage geschehen noch viel schlimmere Dinge. Die Geschäfte werden uns Juden weggenommen und noch schlimmere Dinge. Aber trotzdem ist es schade. Sonst wäre ich mit Wiet (einem sehr netten Jungen) in einer Klasse. Aber es ist so, dass in der dritten Klasse Gym auch Sam Bosman ist (nicht so nett, ganz in Ordnung, kennt sich mit dem Zionismus sehr gut aus). Neben mir sitzt Clara Haagman, 17 Jahre alt, (sehr) nett, auch Zionistin. Hinter mir

Bernard Maarssen (sehr anständig) und Ab Spanjar (der Sohn des Französischlehrers, ein bisschen langweilig). Ansonsten ist die Klasse nicht so interessant. Wir mussten heute in der Niederländischstunde, der letzten Stunde, Fragen beantworten. Es ging um die Berufsausbildung.

Erst allgemeine Fragen: Alter, Name, usw. Dann unsere besten Fächer. Ich habe »Sprachenabteilung« aufgeschrieben, obwohl ich im aktuellen Zeugnis eine zehn für Algebra und eine neun für Geometrie habe [Die zehn ist die beste Note. A. d. Ü.]. Das kommt natürlich, weil ich bisher den Mathematikstoff schon gehabt habe. Trotzdem fühle ich mich in Mathematik nicht stark. Und doch komme ich irgendwie immer durch. Wir haben Unterricht bei Brandel (der ist sehr nett, jung und klug). Dann stand auf dem hektografierten Zettel: Lieblingsfächer, aber das hätten sie mich gar nicht zu fragen brauchen, denn ich lerne überhaupt nicht gern.

Aus Höflichkeit habe ich wieder »Sprachen« hingeschrieben. Dann kamen Fragen, die ich nicht beantworten konnte: a) Was willst du am liebsten werden?, b) Warum?, c) Bist du dafür geeignet? usw. usw. Du, Tagebuch, musst wissen, dass ich überhaupt keine Vorliebe für irgendetwas habe, was sollte ich also aufschreiben?

Ich schwafelte etwas in die Richtung, dass ich Zionistin bin und dass ich also ein Fach wählen müsste, das man in Palästina gebrauchen kann, und das ist dann Handwerkliches und Gartenkunde. Aber ich weiß nicht, ob ich dafür geeignet bin. Die Zeit wird es zeigen. Erst das Diplom der HBS, dann ein bisschen mehr Hebräisch und Englisch, dann zur Hachschara (Vorausbildung für Palästina) und dann weg. Ins eigene freie Land!!

Aber wir müssen erst mal abwarten, bis der Krieg vorbei ist: Wir alle hoffen auf den Sieg von England über

Deutschland, Italien und Japan. Japan hat letzte Woche England und den Vereinigten Staaten von Amerika den Krieg erklärt. Bisher kann Japan schon viele Siege verzeichnen. Nordmalakka ist bereits besetzt. In Russland ziehen sich die Deutschen im Moment zurück, in Libyen die Italiener.

Morgen Nachmittag haben wir in der Schule einen Chanukka-Nachmittag. Am Sonntag, dem 14. Dezember, war der erste Chanukka-Tag [Das Lichterfest dauert acht Tage. A. d. Ü.], und heute ist der vierte; also vier Lichter + Schammes [das zusätzliche Licht zum Anzünden der anderen Kerzen] fünf. Ich erkläre das hier so, denn vielleicht lese ich das hier in 20 Jahren wieder und bin dann nicht mehr fromm ...

Am Sonntag haben wir auch ein Chanukka-Treffen vom Club. Ich werde mithelfen und das Theaterstück vorbereiten, das hatte ich zumindest vor. Aber wir haben von halb zwei bis halb drei Hebräischunterricht, der sollte allerdings ausfallen, also hatte ich Zeit, aber jetzt hat heute Abend Frau Greet Vleeschhouwer angerufen (Lehrerin), dass die Stunde trotzdem stattfindet. Die habe ich zusammen mit Rachel, Ali Wolf, Sam Brandes, Edith van der Hak und Dora Mak. Das passt mir also nicht. Jetzt muss ich auch noch lernen, aber heute Abend habe ich keine Zeit mehr, denn es ist schon elf Uhr. Hausaufgaben habe ich noch keine gemacht. Aber weil Chanukka ist, hat uns fast kein Lehrer etwas aufgegeben, nur Noach (Deutscher, assimiliert, ziemlich freundlich und nett), aber ich habe morgen die erste Stunde frei, dann lerne ich es schon. Heute Abend ist die Familie Vromen hier. Sie kommen jeden Mittwochabend und Mama und Papa gehen jeden Sonntagabend zu ihnen. Dann whisten (Kartenspiel) sie immer, wenn sie zusammen sind.

Mama muss im Moment alles selbst erledigen. Das kommt, weil nichtjüdische Mädchen nicht bei Juden im Dienst sein dürfen. Und wir hatten eine NSBlerin [NSB: Nationalsozialistische Bewegung in den Niederlanden, A.d.Ü.], die direkt nach Berlin (deutsche Hauptstadt) gezogen ist. Ich hoffe, sie kommt nie mehr lebend zurück (gemein, was?). In unserem Atelier haben wir eine Freundin dieser NSBlerin. Das ist mir auch so eine!

Vor 1940 hatten wir in unserem Atelier 17 Leute, aber jetzt haben wir keine Konfektionskleidung mehr, und Papa arbeitet nur noch mit einem einzigen Mädchen. Wie lange noch?

Das Gerücht macht die Runde, dass am ersten Januar 1942 alle jüdischen Textilbetriebe schließen müssen. Wir dann vielleicht auch, obwohl Papa Schneider ist. Aber wir haben ein paar Stoffe, und die können die Moffen [Mof, Plural Moffen: Das am häufigsten verwendete Schimpfwort für die Deutschen. A.d.Ü.] vielleicht (ich glaube sogar ziemlich sicher) gut gebrauchen.

Rachel arbeitet in einer Kohlenhandlung. Wir fragen uns auch: Wie lange noch? Sie verdient 30 Gulden im Monat. Vielleicht bekommt sie im Januar eine Erhöhung.

Wir haben schon eine Weile (seit dem 3. Oktober[6], »dem großen Schreck«) kein Schießen mehr, aber nächste Woche ist wieder heller Mondschein, und dann fangen sie bestimmt wieder an, auf die Engländer zu schießen, die Deutschland bombardieren wollen. Manchmal tun sie das in Rotterdam auch, und wenn sie etwas gut getroffen haben, steigen die Deutschen auf und werfen Bomben auf die Zivilbevölkerung. Zumindest sagen das wir: Englischgesinnte, aber in der Zeitung denkt man darüber anders. Die spucken da immer so große Töne. Und es wurden immer ein paar Flugzeuge abgeschossen. Glaubst du das? Ich nicht.

Jetzt muss ich ins Bett, fürs erste Mal reicht es aber auch. Das war eigentlich eine Übersicht über die Lage; wenn ich das später noch einmal wieder lese, weiß ich es zumindest. Von den Lebensmittelmarken und dem Punktesystem erzähle ich das nächste Mal.

Donnerstag, 18. Dezember 1941

Noch keine 24 Stunden ist es her, dass ich geschrieben habe, und jetzt fange ich schon wieder an.

Wir hatten heute Nachmittag den Chanukka-Nachmittag unserer Schule. Es war großartig: ein wirklich schöner Nachmittag.

Ich ging mit Hetty Corper (Schulfreundin, nett) dorthin. Es war noch früh. Als wir hereinkamen, standen da die Lehrer mit ihren Frauen, unser Oberrabbiner Davids mit seiner Frau, und Vorst (Lehrer an der Jüdischen Schule), auch mit seiner Frau. Der Saal war ein bisschen weihnachtsartig geschmückt. Grün mit roten Bändern. Aber darum haben sich auch Assimilierte [Juden, die sich zum Beispiel durch die Übernahme bestimmter nichtjüdischer Bräuche an ihre Umgebung angepasst haben. A.d.Ü.] gekümmert.

Eröffnungsrede von Bob Maarssen (dem Vorsitzenden des Schulbundes). Danach hat Carolina Eitje gesprochen. Das war sehr gut. Zionistisch, hat erklärt, was Chanukka bedeutet: Freiheit des Geistes, und nicht Sieg auf militärischem oder politischem Gebiet durch die Makkabäer.

Jaap Querido spielte nach der Rede Klavier, etwas von Liszt und Chopin. Er spielte ganz großartig: Ich habe schon eine ganze Weile nicht mehr so gute Musik gehört, nur der Flügel hatte keinen guten Klang. Trotzdem war es großartig, dieses Klavierspiel!

Als vierte Nummer bekamen wir den Höhepunkt des

Nachmittags: vier verschiedene Horras [Beliebter Tanz der jüdischen Gemeinschaft in Palästina.]. Die Jungen trugen dunkle Hosen und weiße Oberhemden und die Mädchen leichte Sommerkleider. Das war wunderschön. In einem bestimmten Moment musste ich mich wirklich zurückhalten, um mich nicht dazuzustellen und mitzutanzen. Wiet spielte auch mit.

Danach Pause, Limonade und Kekse wurden verteilt. Bin herumgelaufen und habe mit allen gesprochen. Um Brandels Frau[7] bin ich bestimmt dreimal herumgelaufen. Sie ist sehr schick, geschminkt, schön gekleidet usw. Ich wusste nicht, dass Brandel verheiratet ist. Dr. Wijnberg (unser Rektor) war mit seiner Frau da, Noach (Deutsch) mit Tochter + Frau, Spanjar (Französisch) + Frau, Dr. Stein + Verlobte, Dr. [van] Rees und Sohn (grässliche Assimilierte) sind nicht gekommen, weil sie bei so einem Nikolausfest nicht mitmachen.

Nach der Pause hat Rabbi Davids gesprochen. Er hat jedem von uns einen Rundbrief gegeben. Er sagte, er würde ihn uns Jugendlichen zuerst geben, weil die Jugend für das jüdische Volk doch alles ist. Sie muss das jüdische Land aufbauen. Symbolisch überreichte er den Brief persönlich Bob Maarssen. Er schloss mit dem Höhepunkt, nämlich der Hoffnung: Es lebe Israel! Es war beeindruckend.

Leni Wijler (Wiets Cousine) las danach ein Stück aus *'t huisje aan de sloot*[8] von Carry van Bruggen vor. Sehr nett. Wieder Klavierspiel von Jaap Querido. Danach hat Clara Haagman ein Gedicht deklamiert. Sie hat es prächtig hinbekommen (aber das gelingt ihr immer).

Am Schluss spielte Rob Frieser mit seinem Vater Cello und Klavier: Brahms, Beethoven, Chopin. Ich habe schon lange kein solches Konzert mehr gehört. Wir haben nämlich zu Pessach 1941 unser Radio abgeben müssen. Als Zugabe spielte er *Träumerei* von Schubert. Auch sehr schön! Dr. Wijnberg sprach das Schlusswort. Er ließ alles noch einmal Revue passieren. Jedes Mal haben wir geklatscht. Es war sehr erhebend. Dann war der erfolgreiche Nachmittag vorbei. Mit der Straßenbahn fuhr ich nach Hause.

Als ich ausstieg, sah ich Max Hachgenberg auch aussteigen. Er besucht die 5b. Er ist mir früher sehr nachgelaufen. Jetzt zum Glück nicht mehr. Wir haben uns kurz nett unterhalten, er hat mich nach Hause gebracht.

Heute Abend haben wir mit Saartje und Elly Vromen Monopoly gespielt. Das ist ein schönes Spiel. Ich habe gewonnen, denn ich hatte zwei Hotels in Amsterdam: einfach großartig. Jetzt sind sie gerade weg, und ich gehe schlafen. Ab morgen Nachmittag haben wir dann drei Wochen Ferien, schön!

Donnerstag, 26. Dezember 1941

Da bin ich wieder, habe schon eine ganze Weile nicht geschrieben. Hatte heute den Club bei mir; es war ein öder Nachmittag, wir haben Spiele gespielt, aber nichts hat den Kindern so recht gefallen. Heute Morgen hatten wir Versammlung. Am Sonntag werden wir eine Wanderung machen. Um zwei Uhr Treffen am Ostseedeich.

Milly de Leeuwe, Sonja Taub und ich haben uns danach noch ein bisschen unterhalten. Milly kann Felix Zwick plötzlich nicht mehr leiden. Sie ging mehr oder weniger mit ihm. Gestern hat er ihr einen Ring gegeben. Sie war so überrumpelt, dass sie ihn angenommen hat. Gestern fand sie ihn auch noch nett: Er hat sie offiziell gefragt, ob sie mit ihm gehen will.

Aber heute, als sich beim Quartettspielen wieder einmal herausstellte, wie wenig entwickelt er doch ist, konnte sie ihn dann nicht mehr leiden. Ich habe ihr dementsprechend geraten, den Ring zurückzugeben, weil sie ihm gegenüber dann keine Verpflichtungen mehr hat. Aber sie traut sich nicht. Morgen wollte er sich wieder mit ihr verabreden, aber sie will nicht. Da habe ich sie gefragt, ob sie zu mir kommt, das ist dann eine gute Ausrede für sie.

Zwischen Toos und Wiet läuft offiziell nichts. Sie will schon, aber er ist dafür zu verlegen, als dass er sie fragen würde, ob sie mit ihm gehen will. Außerdem finde ich Wiet dafür überhaupt nicht geeignet. Viel zu ernsthaft!

Am Samstag gehen Wiet, Felix und Milly zu Toos Monopoly spielen (das ist ein neues Spiel). Felix und Milly kommen erst um drei Uhr und Wiet um halb drei, sodass Toos und Wiet eine halbe Stunde für sich allein haben. Darum hofft sie, dass Wiet sie fragen wird, ob sie mit ihm gehen will. Ich verstehe nicht, dass das Ganze so offiziell ablaufen muss. Er kann doch einfach ein guter Freund für sie sein ... ohne, dass da mehr passiert. Aber das will Toos nicht, sie will mehr! Obwohl es mehr als Freundschaft gar nicht gibt. Freund, Lebensgefährte ist der höchste Titel, den ich jemandem geben kann. Milly sagt, dass er Toos auch nett findet. Ich glaube noch nicht so recht daran. Vielleicht?!

Ich selbst würde es sehr schade finden, denn ich finde ihn auch nett ... Aber nichts zu machen, das ist das Schicksal*.

Letzten Sonntag hatten wir eine Chanukka-Versammlung unseres Clubs. Ich war nicht so ganz bei der Sache. Jaap van Straten sollte sprechen, aber im letzten Augenblick sagte er telefonisch ab. Da haben wir Sam Brandes gefragt, ob er sprechen würde. Er hat es getan. Außerdem hatten wir zwei Theaterstücke, das erste mit Wiet, Toos u. a. Das war eine alberne Angelegenheit, weil Toos einen Lachanfall hatte und jeder fast erstickte. Das zweite war mit Milly und Felix u. a.; die hatten ihre Rollen nicht richtig gelernt. Trotzdem war es besser als das erste.

Das Ganze fand bei Felix statt, weil er auch Geburtstag hatte. Seine Eltern kamen zu den Theaterstücken herein und brachten alle Besucher mit, die für ihn gekommen waren: Frau + Fella Lipfrajnd, Frau Navra, Rosenberg usw. Es war, wie Bobby Herschberg ganz zurecht bemerkte, eine richtige Alteleuteversammlung. Sam Brandes hat ein sehr gutes Gedicht über Chanukka gemacht, ziemlich witzig.

Dann wurde noch etwas vorgelesen, die Menora [siebenarmiger kultischer Leuchter der jüdischen Liturgie, A. d. Ü.] angezündet, es wurden Süßigkeiten gegessen. Und trotzdem, wie ich schon sagte, es war nicht so wirklich schön. Jetzt muss ich die Tassen abwaschen, die der Club schmutzig gemacht hat. Ich hätte damit anfangen sollen, aber erst musste ich meinem Tagebuch etwas erzählen, nämlich von Toos, Wiet, Felix und Milly (mit ihr habe ich wirklich Mitleid, weil sie nicht weiß, was sie tun soll, und niemand ihr bei so etwas, in Gefühlsdingen, meine ich, raten kann).

Utrecht, 29. Dezember 1941, Montag

Gestern bin ich nach Utrecht gefahren. Da wohnt Tante Dora, das ist eine Schwester von Mama. Sie ist nicht verheiratet und wohnte mit zwei unverheirateten Brüdern in Polen, aber im Dezember 1938 kam sie für ein paar Monate nach Holland. Der Krieg brach im September 1939 aus, und da konnte sie nicht mehr zurück. *Onkel** Mondek flüchtete mit der ganzen Armee nach Rumänien (jetzt ist er in England) und *Onkel** Iziu zieht nun allein mit seinem treuen Hund Waldi von einer Stadt in die andere, denn er will nicht in einem Getto (Judenviertel) leben. Als Deutschland uns besetzte, wurde Tante Dora schon bald aus dem Küstenbereich weggeschickt, und jetzt wohnt sie allein in einem kleinen Zimmer. Ich fahre sie in den Ferien manchmal besuchen. Jetzt ist es so, dass ich in den letzten Ferien hier ein paar nette zionistische Mädchen kennengelernt habe. Mit Ted Andriesse und Pauli de Vries schreibe ich immer noch. Heute Morgen bin ich bei Ted gewesen; sie war nicht zu Hause, als ich kam. Mit Mirjam (ihrer Schwester) und ihrer Mutter habe ich gesprochen. Später kam Ted, sie war sehr froh, mich zu sehen. Ich wollte, dass sie heute Nachmittag zu mir kommt, aber erst musste sie ein paar Einkäufe erledigen, dann Joop (ihren Bruder, der Hachschara [Landwirtschaftliche Ausbildung zur Vorbereitung auf die Emigration nach Palästina.] macht) vom Zug abholen, dann ein paar Briefe für ihren Vater tippen. Sie will, dass ich bei ihrer Mutter ein wenig lese (ich lese im Moment Herzls *Tagebücher**), aber dazu habe ich keine große Lust, viel lieber sitze ich gemütlich im warmen Zuhause, denn draußen ist es so kalt. Sie wohnt gar nicht so weit weg, aber ich bin so schrecklich faul, das ist eine schlechte Eigenschaft von mir, die mir sehr bewusst ist, die ich aber nicht ablegen kann. Sie kommt mich gleich abholen, dann gehe ich mit.

Ich hatte beim ersten Schreiben versprochen, etwas von den Marken und den Punkten zu erzählen. In normalen Zeiten geht man in den Laden, kauft Stoff für ein Kleid oder eine Unze Tee usw. usw. Aber jetzt ist alles rationiert. Jeder darf von einem Artikel nur eine bestimmte Menge kaufen. Wir bekommen darum eine Karte (z. B. eine Butterkarte) mit 20 Marken, und für jede Marke bekommt man ein halbes Pfund Butter. Jetzt kriegt man alle 20 Tage so eine Nummer zugewiesen (das wird in der Zeitung bekannt gegeben), und für die bekommt man ein halbes Pfund Butter, wenn man die Marke abgibt. Einfach im Laden und natürlich gegen Geld. So geht das mit allem, vom Käse bekommt man 1 Unze pro Woche pro Person, alles wird pro Person berechnet (außer Kohlen). Tee und Kaffee und Eier (und jetzt auch Hafer und Reis) bekommen wir gar nicht. Nur Ersatzkaffee auf Marken, aber der ist noch trinkbar.

Aber auf dem Schwarzmarkt kann man alles bekommen, wenn man nur dafür bezahlt. Ein Ei kostet 28 Cent; früher kosteten die Eier 3 Cent im Sommer und 19 im Winter; schon damals mussten wir sparsam sein, denn es waren immerhin 9 Cent! Und jetzt sind es 30, und wir essen sie trotzdem ... Butter kostet 5 Gulden das Pfund. Tee 4 Gulden die Unze, beim Kaffee weiß ich es nicht. Das wären die Lebensmittel.

Bei der Kleidung gibt es ein Punktesystem. Das sieht aus wie Marken. Jeder bekommt 100 Punkte pro Halbjahr. Wenn man Stoff für ein Kleid kauft (wenn man noch Stoff bekommt), sind das 40 Punkte. Baumwollstoff weniger: 28 Punkte. Ein Paar Strümpfe 5 Punkte, ein Pyjama 25 Punkte usw. Früher waren es 50 Punkte für einen Mantel, aber jetzt darf man, der letzten Verordnung zufolge, nur mit besonderer Erlaubnis einen Mantel kaufen oder machen lassen. Darum hat Papa im Moment nicht viel zu tun, denn so eine spezielle Genehmigung wird fast niemandem erteilt. Nur wenn die Damen gehamsterte Stoffe mitbringen, darf Papa den Mantel machen. Glücklicherweise hatten wir noch keinen Grund zur Klage.

Wenn der Krieg nur bald zu Ende ist. Aber Churchill, der englische Premierminister, hat gesagt, dass sie 1942 zeigen werden, was sie können, und 1943 ist der Krieg vorbei. Wenn es wirklich so lange dauert, sieht es für uns Juden sehr schlecht aus, dann werden wir als Erstes aus unserem Laden geworfen und als Zweites aus unserem Haus und müssen ins Getto, und drittens wird es schrecklich mit dem Essen werden, und noch mehr schreckliche Dinge. Aber wir wollen das Beste hoffen!!

Abends

Heute Nachmittag kam mich Ted abholen. Ich ging mit zu ihr nach Hause, da war Joop und eine Cousine von den beiden, Stella Hartog (nettes Mädchen, 30 Jahre, schick). Habe ein bisschen gelesen, Stellas Bürogeschichten zugehört, dann ging ich wieder nach Hause. Es war gar nicht so nett. Aber schön warm, denn bei T[ante] D[ora] ist es so kalt...

Rotterdam, Mittwoch, 21. Januar 1942

Die Temperaturen sind unter dem Gefrierpunkt, -15 Grad Celsius. Furchtbar kalt überall. Aber ich kann und will nicht Schlittschuh laufen, darum habe ich heute Nachmittag, als wir eisfrei hatten, drei Kilo Möhren geputzt, statt eine Tour auf der Rotte zu machen. Eine schrecklich langweilige Arbeit!

In der Vereinigung läuft es nicht gut für mich. Letzten Samstag hatten wir eine Vorstandsversammlung. Plötzlich sagt Wiet: »Es hat Beschwerden über dich gegeben, du tust nicht viel, bist nicht aktiv genug.« Und sie fanden, die anderen hätten recht, denn ich hätte nie irgendwelche Ideen. Da sagte ich, dass sie dann neu wählen sollten. Aber ich hätte schlagfertiger antworten müssen, nur war ich sprachlos.

Jetzt wird wohl Milly de Leeuwe meine Stelle einnehmen. Ich gönne es ihr nicht! Denn es war doch nett, aber selbst, wenn sie mich bitten würden, doch zu bleiben, würde ich es nicht tun, denn ich fühle mich in meiner Ehre gekränkt. Denn wie Papa später zu mir als »zeichel«

[Jiddisch für »Rat«] sagte: Woher wissen die Mitglieder, was in den Versammlungen besprochen wird? Entweder hat Felix nicht dichtgehalten, oder die Jungs wollen mich raushaben. Trotzdem kann ich Letzteres nicht glauben. Ich sagte das am Sonntag zu Felix, aber er meinte: »Das merken die Mitglieder doch«, er redete ein bisschen um den heißen Brei herum. Er will bestimmt Milly bei sich haben ...

Am Ende des Nachmittags gab es wieder einen Aufstand. Immer machen wir das Gleiche, warum keine Theaterstücke? usw., usw. Der Vorstand ist zu lasch, man will einen neuen Vorstand, eine ältere Leitung.

Milly redete daher, als würde sie schon im Vorstand sitzen, obwohl sie noch gar nichts davon weiß. Wir haben Geld abgehoben, aber dann wollte sie wissen, wer das mitnehmen solle? Sie? Aber ich sagte: »Nein, gebt es mir!« Dann habe ich es mitgenommen.

Abends rief Felix an, er würde Milly anrufen, dass sie an meiner Stelle im Vorstand wäre, aber ich habe gesagt, dafür müsste abgestimmt werden; dabei bin ich aber viel zu sanft aufgetreten. Trotzdem hat er es sich, glaube ich, zu Herzen genommen, denn er sagte: »Du hast recht.« Wier wollte ich die ganze Geschichte auch erzählen, aber wenn ich mich nicht täusche, geht er mir aus dem Weg; er wagt mir nicht unter die Augen zu kommen. Vielleicht irre ich mich, ich werde schon sehen, wie sich das Ganze noch entwickelt. Milly fragte mich vor ein paar Wochen, ob ich Felix auf einer Vorstandsversammlung den Ring zurückgeben würde, denn sie hatte dazu keine Gelegenheit. Ich habe es getan; er war ein wenig verlegen deswegen. Abends hat sie am Telefon Schluss gemacht. Ich verstehe nicht, warum er jetzt noch weiter mit ihr umgehen will, aber alte Liebe rostet nicht.

29. Januar 1942, Donnerstag

Wiet schon eine ganze Weile nicht mehr gesprochen, neuen Vorstand gewählt, schon vier Tage keine Schule. Es taut. Ich werde all diese Ereignisse kurz einzeln behandeln.

Nummer 1: Es war schon Donnerstag nach dem bewussten Sonntag, an dem der Aufstand geprobt worden war, und ich hatte Wiet noch nicht gesprochen. Aber Freitag sah ich, wie er um halb eins seinen Mantel anzog und zu den Fahrrädern ging. Da habe ich mich auch schnell angezogen und bin ihm hinterher. Das fiel wahrscheinlich auf, denn er war der 1., der bei den Fahrrädern ankam, und ich die 2., die dort hinrannte. Den 3. habe ich gar nicht gesehen, denn da war ich schon lange weg.

Kurzum, er wollte schon weg, da sagte ich: »Bist du gar nicht neugierig, wegen Sonntag mehr zu hören, oder hast du schon alles gehört?« »Ja«, sagt er. »Du musst in die Witte de Withstraat, oder? Ich komme mit dir mit.« Dann ist er bis ganz zu mir nach Hause mitgefahren. Es war wirklich nett (für mich jedenfalls, für ihn kann ich nicht sprechen). Ich habe ihm die ganze Geschichte erzählt, dass ich eher den Eindruck hatte, sie wären mit dem gesamten Vorstand nicht zufrieden (Rachel vorgekaut) usw., er sagte: »Schon möglich, aber wen wollen sie dann haben?« Und er hat recht, es gibt so wenige, die geeignet sind. Über das Programm von Sonntag und über die Schule haben wir gesprochen.

Nummer 2: Am Sonntag haben wir alle sagen lassen, was sie genau wollen. Herman wollte eine komplette Revue auf die Beine stellen und danach im Waisenhaus oder im Altenheim aufführen. Dieser Vorschlag wurde angenommen. Milly wollte tiefergehenden Zionismus: d. h. von einer erfahrenen Person, die auch etwas weiß, und nicht einfach nur Tests, von denen man nichts lernt. Dazu sagte der Rest Ja und Amen.

Da meldete ich mich noch zu Wort. Ich sagte: »Ich habe gehört, dass Beschwerden über mich eingegangen sind, und jetzt möchte ich gern zurücktreten.« Empörte Stimmen: von wem, und was für Beschwerden? Wir besprachen alles, und schließlich wollten sie ganz neu wählen. Erst habe ich so gestimmt: Sam Bosman, Wiet Wijler und Arthur Goudsmid. Gewählt wurden: Sam, Wiet, Felix. Das waren 3 Jungs, das ging nicht. Dann folgendermaßen gestimmt: Sam, Wiet, Tootje. Letzteres, weil ich wusste, dass sie sowieso nicht gewählt werden würde, und auch Milly wollte ich meine Stimme nicht geben. Ergebnis: Sam, Wiet, Milly 3, Betty 8 (ich 2). Dann Stichwahl zwischen Milly und Betty, Betty 9:2 gewonnen. Sam ist jetzt Vorsitzender (9 Stimmen), Wiet Sekretär (6 Stimmen).

Aber hinterher wurde mir klar, dass ich meine Stimmen sehr dumm verteilt habe. Es hätten Sam, Felix, Betty sein müssen, denn Felix ist immer der aktivste von uns dreien gewesen. Aber das ist nicht mehr zu ändern, ich habe automatisch die Namen Sam, Wiet aufgeschrieben, aber das bereue ich jetzt sehr.

Am Sonntag haben wir eine Schlacht im Schnee gemacht. Aber es war trocken-nasser Schnee (verrückte Kombination) – trocken, denn man konnte keine Bälle daraus machen, und nass, wenn man ihn ins Gesicht bekam. Felix kam auf mich zu und hat mich eingeseift, da habe ich Sam gebeten, Rache für mich zu nehmen, und das hat er auch getan; er bekam ordentlich etwas ab. Aber dann hat er sich wieder an mir gerächt. Ich wäre fast erstickt. Er warf mich um und stopfte mir immer weiter Schnee in den Mund, ich konnte nicht mehr. Am Ende haben sie mich aus den Klauen des Raubtiers befreit.

Nummer 3: Am Montag bin ich mit der Straßenbahn zur Schule gefahren. In der Straßenbahn saß ein Mädchen aus der 2. Klasse, und mit ihr habe ich mich unterhalten. Plötzlich hören wir einen Jungen, der an der Haltestelle steht, rufen: »Heute fällt die Schule aus«, aber wir glaubten es nicht, er kam, glaube ich, von der Jüdischen Schule. Als wir die Schule erreichten, kam uns eine ganze Gruppe entgegen: »Ihr könnt wieder nach Hause, die Heizung ist eingefroren.« Wir also zurück. Als ich nach Hause kam, bin ich ganz leise nach oben ins Badezimmer gegangen und habe gerufen: »Mama, ich helfe dir bei der Wäsche.« Sie ist furchtbar erschrocken! Dann habe ich Mama richtig schön beim Waschen geholfen.

Am Dienstagmorgen habe ich in der Schule angerufen (die Nummer 20478 werde ich nie vergessen, glaube ich, denn die habe ich in den vergangenen Tagen bestimmt hundertmal gewählt). Aber die Heizung war immer noch eingefroren, am Mittwoch ebenso. Aber am Mittwochmittag hat das Tauwetter eingesetzt. Eine Schlammschlacht, schrecklich! Heute Morgen rief ich an: Die Heizung ist wieder aufgetaut, aber es ist trotzdem noch kein Unterricht (sicher wegen dem vielen Schlamm, in den Dünen lag der Schnee bestimmt einen Meter hoch). Aber morgen um Viertel vor zehn sollen wir anwesend sein. Nicht schlimm, denn dann ist es nur ein Tag, am שבת [Sabbat], und am Sonntag haben wir sowieso wieder frei.

Am Sonntagmorgen haben wir Zionismuskurs. Er wird von Tilly Bosman (Sams Schwester) und Sam Wijler (Wiets Bruder) gegeben. Früher hat Harry Meijer (Wiets Cousin) den geleitet, aber der studiert jetzt in Amsterdam. Darum geht das nicht mehr.

Aber Tilly gab uns früher nach Harrys Anweisungen Unterricht, und Sam hat auch noch nie einen Kurs geleitet, darum weiß ich nicht, ob das Ganze so gut wird. Til rief mich gestern an: am Sonntag um Viertel vor zehn bei ihr zu Hause. Schon sehr früh, aber um 12 Uhr habe ich Hebräischunterricht (früher von Viertel nach 1 bis halb 3, aber das wurde verschoben). Mit dabei sind Betty Posner, Herman, Hetty, Tootje und ich. Aber jetzt sagte Tilly, Hans Rippe kommt vielleicht dazu, das ist ein Junge aus unserer Klasse, aber, soweit ich weiß, kein Zionist. Darum hat er noch nie einen solchen Kurs besucht und hat deswegen keine Ahnung. Wir gelten sowieso schon als »zusammengestückelter Kurs« und jetzt auch das noch ... Eine schöne Geschichte wird das werden. Aber wenn wir morgen in die Schule kommen, werde ich ihn danach fragen. Sam ist ein sehr netter Junge, das fand ich zumindest früher, und jetzt? Ich weiß es nicht! Er saß zusammen mit Tilly und Hannele Franken und Rachus im Vorstand von Ha Awoda. Deswegen kam er öfter zu uns, aber ich bin immer schrecklich verlegen, und vor allem, wenn er kam, wusste ich mir nicht zu helfen. Wenn er Rundbriefe brachte, bat ich ihn nicht herein, sondern ließ ihn auf dem Flur stehen und noch mehr so alberne Dinge. Trotzdem hat er immer dafür gesorgt, dass ich mich entspannter fühlte. Er hat die Hachschara absolviert, was ich sehr an ihm schätze, aber trotzdem denke ich nicht mehr so viel an ihn, sodass ich glaube, dass es mit meiner Liebe zu ihm doch nicht so weit her sein kann. Wenn ich ihn früher eine Woche nicht sah, war das schon schlimm, aber jetzt ... Wenn ich ihn wieder jede Woche sehe, geht vielleicht alles wieder von vorne los. Die Zeit wird es zeigen. Abwarten!

Gestern Abend wollte Rachel zu ihrem Kurs bei Flip van Bueren in Blijdorp. Papa sagte: »Geh nur, es ist bewölkt, und alles ist weiß, also werden sie nicht schießen.« Rachel war schon unterwegs, aber sie kam zurück, denn es war so glitschig draußen. Sie hatte keine Lust zu gehen. Sie ging zu Etty Vromen, um ein Muster für eine Schürze zu entwerfen (sie haben beide seit letzter Woche Nähstunden). Frau und Herr Vromen kamen zu uns (Mittwoch), aber um halb 9 geht es doch plötzlich los mit Schießen und Luftalarm. Wir trauten unseren Ohren kaum. Seit dem schrecklichen Abend vom 3. Oktober (als wir dachten, wir müssten alle dran glauben) haben wir keinen richtigen Luftalarm mit Bomben mehr gehabt. Wir standen alle angezogen im Durchgangszimmer, mit den Zuteilungsbescheiden, dem Geld, Rucksack. Aber wir haben die ganze Zeit geschwatzt, sodass wir nicht so große Angst hatten. Um halb elf war es wieder sicher.

Rachus kam nach Hause und sagte, sie hätten wieder gedacht, sie müssten sterben. Alle (4 Kinder von Vromens und ein Onkel) im Flur, und 5 Bomben sind ihnen pfeifend über die Köpfe gesaust. Das haben wir alles nicht gehört. Stokvis (Fahrradfabrik) stand in Flammen. Sie haben wieder mal falsch abgeworfen. Vielleicht aber auch nicht!

Am Sonntag spielen Betty und ich zusammen: sie Geige (ziemlich gut) und ich Klavier (ziemlich gut: 5 Jahre Unterricht gehabt, jetzt nicht mehr) 4 Stücke. Ich hoffe, es wird gut, wir müssen morgen noch üben.

Donnerstag, 5. Februar 1942

Aus meinem Vorspiel mit Betty P. ist nichts geworden, denn wir konnten es noch nicht gut genug. Vielleicht in den nächsten Wochen einmal.

Am Sonntag hatten wir um Viertel nach 10 Club. Ich kam natürlich wieder um 20 vor 11. Sie waren wütend. Hans Rippe war auch da, und es stellte sich heraus, dass er doch Zionist ist. Er war schon mal im Zichron[9]. Herman Koster ist auch an einem zionistischen Club interessiert, hat er gesagt, er kommt wahrscheinlich auch dazu. Ich hoffe, dass ich das nächste Mal pünktlich bin, und sei es nur, damit Sam und Tilly sehen, dass ich das sehr wohl kann.

Wir haben erst am Dienstag wieder mit der Schule angefangen. Aber eigentlich finde ich es gar nicht so gut, dass wir so viel frei haben; wir müssen doch auch etwas lernen, sonst könnte man genau so gut von der Schule abgehen. Bob Maarssen kam am Mittwoch auf mich zu und fragte, ob ich auch eine kleine Rolle in der Revue übernehmen wollte. Ich sagte: »Wenn es eine sehr kleine und leichte ist, dann schon, ich habe nämlich noch nie gespielt.« (Noch nicht einmal auf der Bühne gestanden, wenn Leute im Saal sind.) Jetzt habe ich eine Rolle als Haushälterin, die gehen muss, weil es der 1. Januar ist (neue Verordnung), und es kommt ein neuer Hausknecht an ihrer Stelle. Es ist ein sehr schönes Stück, aber ich habe nur am Anfang ungefähr 4 Sätze. Dann gehe ich ab.

Um 1 Uhr sagte Sanders (Turnlehrerin): »Willst du mittanzen? Ich habe dich zwar noch nie Sport machen sehen, aber am Dienstag in der Mittagspause üben wir.« Du musst wissen, ich bin stocksteif und kann keine rhythmischen Bewegungen ausführen, aber gut, wenn es nicht geht, wird sie mich schon wieder rauswerfen.

Am Mittwochnachmittag haben wir schon für »Das Halbtagsmädchen« (das ist der Hausknecht) geprobt. Ich kam natürlich wieder 15 Minuten zu spät. Sie waren gerade mit dem Prolog beschäftigt; ich muss auch noch beim Refrain singen. Das tun alle, die bei der Revue für Purim [Fest, an dem die Rettung der Juden durch Königin Esther gefeiert wird. Dazu gehören karnevaleske

Scherze, Kabarett- und Theateraufführungen. A. d. Ü.] mitspielen. Sehr schön! Danach haben sich Harry Drielsma (der Hausherr) und Frits Levison (der Hausknecht) und Jaap Querido (Regisseur) zurückgezogen, und wir haben geprobt. Aber wir hatten keine Rollen, also ging es noch nicht. Ich war viel zu hölzern und habe meinen Text einfach schnell heruntergebrabbelt. Aber das wird schon noch besser.

Sonntagnachmittag wieder Proben. Aber es ist so, dass ich den Club zu mir eingeladen habe. Deswegen werde ich diesen ganzen Leuten schnell telefonisch absagen müssen.

Donnerstag, 12. März 1942

Ich habe schon lange nichts mehr in dich geschrieben. Aber heute Abend werde und muss ich etwas schreiben, auch wenn ich morgen 3 Klassenarbeiten habe: 2 in Geometrie und 1 in Buchhaltung. Aber das ist nicht so tragisch, also habe ich kurz Zeit.

Aus der Revue, über die ich das letzte Mal geschrieben habe, ist nichts geworden. Es wurde uns von den Behörden verboten (sterben sollen sie, umein! [Aschkenasische Variante von »Amen«]). 1.: Das Stück, das aufgeführt wird, muss 2 Monate vorher im Voraus zur Kontrolle eingesandt werden, 2.: Das Stück darf nicht von einem Juden geschrieben sein, und es sollte ein Purimstück aufgeführt werden ... usw. usw. Alles Einschränkungen. Dann musste holterdiepolter eine andere Revue zusammengestellt werden, und so wurde es dann auch gemacht.

Und der Tanz! Der durfte vorgeführt werden. Ich war bis zum allerallerletzten Augenblick Reserve. Habe mich totgeprobt, jeden Tag mittags und nach der Schule, am Sonntagmorgen um 10 Uhr. Aber umsonst. Am Montag dachte ich noch, ich hätte vielleicht eine Chance, dabei zu sein. Lieneke van Praag (nett, aber eigensinnig) hatte ihre Mutter verboten, mitzumachen, sie tat es aber doch, heimlich.

Später hörte ich von Hetty Wijler, warum sie nicht mitmachen durfte. Fräulein Sanders hatte zu ihrer Mutter gesagt, Lieneke mache es nicht so gut, und sie hätte lieber mich. Sie fand es gemein, ihr das zu sagen, deswegen sagte sie es ihrer Mutter, und die hat es sicher Lien gesagt, ich weiß nicht, wie es weiterging, jedenfalls machte Lieneke heimlich mit. Aber am Montagabend vertrat sie sich plötzlich den Fuß. Ich musste einspringen. Aber sie beteuerte, es wäre Dienstag schon wieder gut. Am folgenden Morgen hatten wir unsere Generalprobe. Sanders war nicht gekommen, weil ihre Mutter plötzlich einen Herzanfall bekommen hatte. Am Nachmittag wollte sie da sein, und sie ist auch gekommen.

Aber jetzt zur Generalprobe. Lieneke machte mit, aber kaum war sie aufgestanden, vertrat sie sich auch den anderen Fuß. Also bin ich wieder eingesprungen. Habe schnell noch etwas geübt. Dann habe ich mir den Rest der Revue angeschaut, alles ging gleich schlecht, die Horras, die wieder aufgeführt wurden, liefen ziemlich gut. Der Prolog klappte noch überhaupt nicht ... Mit einem Wort: enttäuschend! Aber ich habe neulich gelesen, dass eine Generalprobe immer furchtbar schlecht ist und die eigentliche Aufführung dann ein großer Erfolg. Nun, so ist es auch gekommen.

Am Nachmittag war es wieder sehr nett, aber ich wusste noch nicht, ob ich würde mitmachen müssen oder nicht. Jeder fragte danach, aber niemand wusste es. Erst hatten wir eine Eröffnungsrede von Bob Maarssen, dann wieder eine zionistische Ansprache von Tiny van der Heyden. Das war ziemlich gut. Cellospiel von

Rob Frieser mit seinem Pa (als Klavierbegleiter). Horras (ganz großartig). Pause, während der sich die Tanzgirls umziehen mussten, sodass ich hinter die Bühne ging. Dort bin ich eine ganze Zeit lang geblieben, erst bis der Tanz vorbei war, dann bis die folgenden Nummern zu Ende waren, denn ich durfte nicht vorbei.

Der Tanz war ein großer Erfolg. Lieneke machte mit, aber frag nicht, wie ... Sie schlurfte einfach ein bisschen mit, denn sie konnte natürlich nicht springen! Schade, dass ich nicht mitgemacht habe! Aber Sanders hat mir versichert, dass ich für das nächste Mal ganz bestimmt in Erwägung gezogen werde. Aber was habe ich jetzt davon?

Danach gab es noch einige nette kleine Theaterstücke. Aber nach diesem Nachmittag habe ich keine Zeit mehr für irgendetwas anderes, immer wieder üben, Arbeit, Arbeit und noch mal Arbeit. Auch jetzt werde ich mich wieder an die Arbeit machen, wenn ich dann noch Zeit habe, werde ich weiterschreiben.

Sonntag, 15. März 1942

Eigentlich hätten wir gerade ein Clubtreffen bei Tootje de Haas. Sie hat am Dienstag Geburtstag. Aber ich bin schrecklich erkältet und habe ein bisschen Fieber, deswegen hat mir Ma verboten, vor die Tür zu gehen. Ich hätte mittags bei Tootje mein Brot essen sollen, weil ich es nicht in einer Stunde vom Hebräischunterricht nach Hause und dann wieder zurück nach Blijdorp schaffen kann. Bei ihr zu Hause war sowieso niemand. Jetzt musste sie alleine essen. Am Dienstag gehe ich kurz hin und gratuliere ihr persönlich. Ich muss *unbedingt* etwas von den Leckereien abholen kommen, sonst ist sie für immer und ewig böse auf uns. Wenn ich auf dem Fahrrad unterwegs bin, mache ich das. Dann geht alles schneller. Aber in der Straßenbahn ist es lustiger, da sind immer irgendwelche netten Leute aus der Schule, u. a. Max Hachgenberg. Als im September noch keine Schule war, hatten wir ein paar Kurse bei Dr. Stein und Herrn Spanjar. Danach kam ein »verrückter« Junge mit rotem Gesicht auf mich zu und fragte, ob er mich begleiten dürfe. Ich sagte natürlich Ja, aber ich kannte ihn überhaupt nicht. Er wohnte in der Nähe und hatte mich offensichtlich ab und zu gesehen. Am nächsten Tag hatten wir wieder Unterricht. Er war auch da, aber ich fand ihn einen so *»verschwarzten Narren«*, und noch bevor er die Gelegenheit hatte, mich zu fragen, ob er mich begleiten durfte, hatte ich mich an ein Mädchen gehängt und sie gefragt, wohin sie wollte. Als wir zu zweit losfuhren, konnte er natürlich nicht als Dritter dazukommen. Logisch!

Das Mädchen war Nieke Bril. Ich hielt ihr sofort eine Predigt über den Zionismus; ob sie wusste, was das ist, ob er ihr etwas bedeutete usw. usw. Aber dann kam ihre Freundin, und sie fuhr weg. Aber ich war aus den Klauen des Raubtiers gerettet. Ich weiß nicht, aber ich hatte eine Antipathie gegen dieses lachende rote Gesicht. Als das Lyzeum anfing, war er natürlich auch dort. Er geht in die 5B: schlau, denn er ist, glaube ich, erst 17 (oder 18?) und macht dieses Jahr seine Abschlussprüfung. Ich war auf dem Fahrrad, er auch. Ich radelte ab und zu mit einer der [van] Dan[t]zig-Schwestern mit nach Hause, manchmal auch mit Wiet. Einmal, als ich mein Fahrrad an der Schule stehen hatte, kam Max mit seinem Lachen im Gesicht an: »Fährst du nach Hause? Darf ich dich begleiten?« Zufällig musste ich noch etwas in der Nähe erledigen, darum sagte ich: »Nein, ich muss noch etwas erledigen.« »Dauert das lange?« »Ja, ziemlich.« Da sagte er: »Dann das nächste Mal.« Ich fuhr in die Zwartjansstraat, aber mit einem Umweg, weil ich den Weg noch nicht so gut kannte. Aber ich kam dorthin, und wen entdecke ich da, mit dem Rücken zu mir? Max. Er wollte bestimmt herausfinden, ob ich auch die Wahrheit gesagt hatte. Aber ich fuhr schnell weiter, damit er mich nicht sah. Zu Hause fanden es alle schlimm, dass ich den Jungen so blamierte. Mama sagt, wenn keines der jüdischen Mädchen etwas von ihm wissen wolle, würde er sich eine Nichtjüdin suchen und wäre für die jüdische Gemeinschaft verloren. Aber so wird es ihm schon nicht ergehen.

Hetty Wijler hatte (einmal) letztes Jahr Geburtstag. Rachel war natürlich auch dort, und ... Max Hach[g]enberg. Sie sind beide in der 5. Klasse. Sie in der 5. Gymnasialklasse. Aber seit diesem Augenblick ist er um 200 Prozent in meiner Achtung gestiegen. Wenn er für Hetty gut genug ist, ist er doch sicher gut für mich?!?!

Am nächsten Tag fragte er, ob er mich begleiten dürfe. Ja, sagte ich, ich fahre nach Hause. Da haben wir uns sehr gut unterhalten. Danach ist er manchmal ein ganzes Stück mitgefahren. Aber nach dieser Schneemisere nehme ich die Straßenbahn. Und er auch, darum sind wir da manchmal mit noch zwei Leuten aus der Schule. Aber wir müssen an der gleichen Haltestelle aussteigen, und dann geht er mit mir nach Hause, und das ist immer sehr lustig, weil er ein solcher Clown ist. Sam Wijler hat ihn sogar »Joe Brown« getauft. Manchmal stehen wir morgens beide an der Straßenbahnhaltestelle. Das ist dann schön, dann wird mein ganzer Tag gut (außer, ich bekomme ein paar Ungenügend).

Am Tag der Aufführung haben wir 3x zusammen in der Straßenbahn gesessen. Erst morgens. Er stand da, ich kam angelaufen, und als Erstes sagt er: »Ich kann nicht bei der Horra mitmachen, Fuß verknackst.« »Blöd«, sage ich. »Bernard Maarssen darf wahrscheinlich auch nicht, Streit mit dem Rektor. Maxje Nathans, die Reserve, kriegt es gar nicht hin ... Also alles blöd.«

Wir steigen in die Straßenbahn: Er ist immer sehr galant, lässt mich vorgehen, wartet bestimmt eine Stunde, bis ich alles zusammengesucht habe, aber wartet ... um mir den Vortritt zu lassen. In der Straßenbahn kam noch ein sehr netter Junge aus unserer Klasse dazu, Ab van Dam, mit dem habe ich dann ein bisschen geflirtet. Das fand Max nicht so gut, glaube ich. Nach der Generalprobe saßen wir wieder zusammen, aber diesmal zu zweit im Waggon. Wir wirkten genau wie ein Ehepaar, wie wir da so nebeneinandersaßen. Er erzählte, dass er eine Grammophonplatte hat: Bomben auf Engeland[10], und zeigte mir eine Zigarrenbauchbinde mit dem Porträt von Hitler darauf, in seine Schulkarte geklebt. Ich fand das schändlich, und das habe ich ihm auch gesagt: Ausgeschimpft habe ich ihn. Seinem Fuß ging es ein wenig besser. Am Nachmittag habe ich die erstbeste Straßenbahn genommen, die gerade kam, denn es war schon spät; zum Hofplein, und dort bin ich in die 16 umgestiegen. In der saß auch Max. René Bril (der Cousin von dem Mädchen, an das ich mich damals im Kurs gehängt habe, um Max zu entkommen) ist ein sehr netter *boy*. Das war also das 3. Mal, dass wir nebeneinandersaßen. Zurück war ich ein wenig früher.

Am Freitag musste ich so lachen! Ich kam zur Haltestelle, Max stand auch da, aber er hat in der ersten Stunde keinen Unterricht, nur hatte er die Hälfte seiner Bücher vergessen, deswegen musste er in der Schule lernen. Aber ich hatte in der 1. Stunde eine Wiederholung für Buchhaltung, deswegen musste ich pünktlich sein. Ich nehme immer die erstbeste Straßenbahn zum Hofplein und steige da um, denn dort hat man eine größere Auswahl. Ich habe sowieso eine Tageskarte für vier

Fahrten. Die kostet ein bisschen mehr, aber dann brauche ich nicht immer so lange in der Kälte zu stehen. Max hat nur eine Karte für zwei Fahrten. An diesem Freitag wartete ich schon 7 Minuten, aber die 17 wollte einfach nicht kommen. Da sagte ich: »In die nächste Bahn, die kommt, steige ich ein, mir ist völlig egal, was du machst.« Die 14 kam, ich steige ein, er nicht (zu geizig). Vielleicht kann er es auch nicht bezahlen, denn sie haben nicht so viel Geld!

Kaum sitze ich, kommt die 17. Ich konnte nicht mehr aussteigen! Die 17 ist natürlich vor uns am Hofplein, sodass ich nicht umsteigen kann. Aber die 1 kommt nach der 14. Und die ist viel schneller als die 17, weil die 17 einen langen Umweg fährt. Ich steige also um in die 1, und ein paar andere Leute aus der Schule auch. Ich wäre also früher da als Max, was natürlich auch meine Absicht war, sonst würde er mich auslachen. Aber dann bin ich dummerweise eine Haltestelle zu weit mitgefahren. Das ganze Stück zurückgelaufen ... Ich kam an der Schule an, Max stand bei uns in der Klasse. Ich grüße ihn und tue, als wäre nichts. Er bringt mir Grüße von Rachel, die bei ihm in die 17 gestiegen war. Ironie des Lebens! Aber ich habe gelacht.

Wenn wir sowieso von Flammen sprechen, Sam ist auch immer noch eine von mir. Ich werde ihn auch sicher nie vergessen. Ja, warum überhaupt? Ich weiß es nicht. Meistens wissen zwei Menschen nicht einmal, warum sie miteinander verheiratet sind. Weil sie einander lieben. Warum? Weil den einen etwas am anderen anzieht. Was? Das wissen sie nicht. Und so ist es bei Sampie (mein Lieblingsname für ihn) auch.

Rachel ist verrückt nach Bram de Lange. Sie will es nicht zugeben, aber man merkt es an allem, vielleicht täusche ich mich, aber das glaube ich nicht. Er ist ein ziemlich netter Junge (ich habe ihn unter ganz verrückten Umständen kennengelernt: Er ging herum, um Büchsen zu leeren, und er bot uns eine Büchse an, ich sagte: »Wir haben schon eine«, er sagte: »Habt ihr nicht«, ich sagte: »Haben wir wohl«, er: »Habt ihr nicht«, und so ging es immer weiter, irgendwann habe ich sie dann angenommen, aber diese Büchse war doch nicht für uns bestimmt, ich bin immer noch böse deswegen). Es war von einem Fräulein in der Graaf Florisstraat, wo ich die Büchse geleert hatte, ihre Büchse war kaputt. Das habe ich gemeldet. Aber man hat das vielleicht falsch verstanden und uns die Büchse geschickt. Also hatte ich recht. Aber er wollte das einfach nicht einsehen. Das ist schon 3 oder 4 Jahre her. Jetzt gehört er zu Rachels Club, zu den Studenten. Er hat schon den Kandidatentitel [niedrigster akademischer Grad, A. d. Ü.] und wird im nächsten Jahr schon fertig: doctorandus.[11]

Dann war seine Schwester Borah hier und er auch kurz (er hat sie gebracht). Borah ist ein liebes, sanftes Mädchen. Sie blieb zum Essen, und es war sehr nett.

Bram rief heute Nachmittag an, weil er wissen wollte, ob Rachel mit ihm Fahrradfahren wollte, denn alle anderen spielten Bridge, und das kann er nicht leiden. Rachel war nicht zu Hause, und da habe ich gefragt, ob er heute Abend nicht vorbeikommen wolle, denn dann würde sie ganz bestimmt mitfahren. Das machte er dann auch. Ich bin neugierig, was daraus wird, aber ihm liegt nichts an Mädchen, sagte er gestern. Er geht überhaupt nur irgendwohin, um Klavier spielen zu können. Er spielt großartig, das ist also reiner Egoismus von seiner Seite aus.

Gerade kam Rachel nach Hause. Sie sagte, es sei so schönes Wetter, ich sagte: »Hast du Lust auf Fahrradfahren?« »Ja.« »Nun, Bram hat angerufen und wollte wissen, ob du mit ihm fährst.« Sie lief dunkelrot an. Und damit ist meine Vermutung bestätigt. Zumindest würde »man« das so sehen. Ich laufe immer dunkelrot an, wenn mich jemand etwas fragt. Stell dir mal vor, das wäre bei mir ein Anzeichen von Verliebtheit ...

Für heute genug. Ich habe sogar vergessen, Kartoffeln aufzusetzen. Mama ist nach Utrecht gefahren, Papa wird sehr wütend sein, wenn er [nicht] gleich seine Kartoffeln bekommt.

Dienstag, 7. April 1942

Dieses Kapitel ist wieder Bram de Lange gewidmet.

Seit dem letzten Mal ist eine ganze Menge mit Brammetje passiert. Das Erste, als er anrief und fragte, ob sie (Rachel) abends mit ihm Fahrradfahren wollte. Da ist er gekommen und geblieben. Sie sind kurz zur Familie Fekete gegangen, um etwas zu erledigen, denn es war schon zu dunkel zum Fahrradfahren. Als sie zurückkamen, hat er Klavier gespielt. Mama wollte, dass ich singe (das tue ich sehr gern, aber nicht gut), aber ich war schlimm erkältet, deswegen tat ich es nicht, und deswegen zieht er mich immer noch auf, wenn er bei uns ist, und sagt, dass ich unbedingt singen muss. Er hat mich sogar neulich vor einer ganzen Runde blamiert, vor Rachels Club, der bei uns war. Trotzdem habe ich es nicht getan.

Aber mir geht es jetzt um diesen 1. Sonntag. Kurz und gut, ich habe auf eine sehr angenehme Weise mit ihm geflirtet, es war sehr nett. Er blieb bis halb zwölf (das tut er immer). Am Mittwoch hat er Rachel vom Club bei Flip van Bueren abgeholt. Bei uns ist er wieder einmal hängen geblieben. Am Donnerstag war Borah bei uns. Aber sie war sehr *down*. Sie ist hier Köchin im Isr[aelitischen] Waisenhaus[12]. In gewöhnlichen Zeiten hätte sie eine Ausbildung zur Kochlehrerin gemacht, aber jetzt ... Aber sie ist noch in Hoogezand gemeldet, und die Umzugsgenehmigung ist noch nicht gekommen, also darf sie eigentlich nicht in Rotterdam sein. Aber das ist noch nicht so schlimm, weil sie noch nicht so streng kontrollieren. Aber jetzt schrieb ihr Vater ihr, dass wahrscheinlich alle Juden aus Hoogezand nach Amsterdam oder Drent[h]e (Arbeitslager) müssen, und dann wird die Polizei (die die Leute abholt) sie nicht finden. Sie wusste einfach nicht, was sie tun sollte. Sie hatten verabredet, dass sie es mit Bram besprechen würde, dass sie und Rachel zusammen zu Bram gehen würden. Aber mit diesem Plan rückte sie erst um 9.30 Uhr heraus; sie war eingeschüchtert, weil Etty Vromen dabei war. Darum wollte sie nicht sagen, dass sie wegmusste. Aber letzten Endes haben Rachel und Etty sie zur Straßenbahn gebracht. Aber eine halbe Stunde später kommt ... Bram und fragt, wo Borah ist, er hat eine ganze Zeit gewartet, und als sie nicht kam, ist der einfach in die Witte de Withstraat 59a. Was sollten wir jetzt machen? Anrufen ging nicht, denn da, wo Bram wohnt, bei Mols, gibt es kein Telefon. Dann also abwarten, bis Borah wieder im Waisenhaus ist, und dann ist Bram dort hingegangen, wo sie einander erwischten. Alles war dann in Ordnung. Sie hatte die Situation zu negativ eingeschätzt. Am Sabbat war Rachel mit Borah und Hannele bei Bram. Sonntag weiß ich nicht mehr. Gut möglich, dass er hier war, mit Sicherheit kann ich es nicht sagen.

Am Dienstag holte er sie bei Flip ab, aber unterwegs gab es dann plötzlich Luftalarm. Sie suchten Unterschlupf bei einem Arzt, gingen dann aber langsam weiter. Als sie bei uns waren, haben wir uns ins Durchgangszimmer gesetzt (das machen wir immer, wenn es schlimm ist, denn so sind wir weiter von den Fenstern weg), und da hatte ich ganz viele Kleider nach unten geholt und hingelegt. Erst neulich fragte er, ob die Kleider dort noch liegen würden. Aber ich habe sie ordentlich nach oben gebracht. Das hatte ich gut gemacht, fand er. Dann habe ich ihn eine ganze Zeit lang nicht gesehen, erst wieder am Samstag, glaube ich. Sie sind mit Borah zum Maastunnel, den sie schon 3x gesehen haben. Am Sonntagnachmittag war Rachel bei Hannele, und Bram kam auch dorthin. Am Sonntagabend war die ganze Gruppe zusammen. Sampie Wijler war auch da, wir haben sehr zusammen gelacht. Er benimmt sich so verrückt!!! Carel Kaufmann (sehr nett, tanzt *beautiful*) und Samen sollten den Diwan auf den Flur stellen, aber er war zu breit, deswegen haben sie es 1-2-3 bumm erledigt. Die ganze Zeit ein Stoß gegen die Tür, wir hatten alle Bauchschmerzen. Wirklich, du hättest sie dort stehen sehen sollen. Wir haben getanzt. Ich auch ein paar Mal, mit Sam nicht. Der benimmt sich so seltsam, der tanzt fast nie. Manchmal mit Tilly Bosman oder mit Hetty (seiner Schwester). Letztes Jahr habe ich einmal mit ihm getanzt, aber das ging überhaupt nicht gut. Wir waren die ganze Zeit aus dem Takt.

Dafür habe ich mit Bram getanzt, er hat mir sogar noch neue Tanzschritte beigebracht. Aber Bram war viel zu sehr mit Rachel beschäftigt. Fast die ganze Zeit hat er mit ihr getanzt. Sie saß kurz auf dem Diwan. Er kam auf uns zu und sagte: »Nein, du nicht, du nicht, du nicht, komm du (Rachel) mal her.« Und dann zerrte er sie mit. Das Paar ging um 10.45 Uhr. Bram sagte im Flur zu mir: »Bah, ich habe überhaupt keine Lust, mit diesen Langweilern nach Hause zu gehen.« Da sagte ich: »Dann bleib doch noch ein bisschen, das ist doch nett.« Und das tat er. Er hat beim Aufräumen und Abtrocknen geholfen. In der Küche setzte er sich hin und sagte, es komme ihm so vor, als würde man sich bei uns mehr erlauben als bei anderen Leuten. Sie würden nicht so einen Krach machen. Hetty hätte nicht den ganzen Abend auf dem Diwan gelegen, was sie bei mir aber getan hatte. Und das fand er nicht in Ordnung!!

Ich sagte: »Ich bin normalerweise auch nicht dabei«, aber dann ist Sam meistens auch nicht da, und der hat am meisten Krach gemacht. Und es hatte schon eine ganze Weile lang nicht mehr so ein Treffen gegeben, und jetzt wollen sie sich mal so richtig gehen lassen. Sie hatten sich schon den ganzen Tag darauf gefreut. Denn Tilly hatte schon morgens im Club davon gesprochen (wir hatten bei ihr und Sam Unterricht). Kurz bevor Mama und Papa von Vromens zurückkamen, ging er weg.

Am Dienstag kam er, um sich zu verabschieden, denn er fuhr mit Borah nach Hoogezand. Ich habe ihm da kurz etwas zu tun gegeben. Mit Rachel besprach er seinen französischen Aufsatz und mit mir Buchhaltung. Herr Vromen war auch da (der ist übrigens fast immer da, wenn Bram da ist; das findet er sehr wahrscheinlich komisch, aber das kann er ruhig, denn da tut sich sowieso noch nichts). Rührend Abschied genommen. Am Mittwoch kam er plötzlich und brachte uns etwas Leckeres für Pessach von Weyl[13] aus Gouda. Bei Mol ist nämlich eine Filiale in Rotterdam, und er wohnt da, deswegen ... Es war sehr, sehr nett von ihm.

Am Nachmittag ist er weggefahren und kommt erst in zehn Tagen wieder (also von heute an gerechnet in 5 Tagen). Am Samstag sagt Mama: »Bram hat noch gar nicht geschrieben«, aber Rachel sagt: »Wir haben abgesprochen, dass ich schreibe.« Wir alle: »Was???« Das ist doch verrückt!!! Warum? Sie geht nach oben und kommt kurz darauf mit einem feuerroten Kopf und mit einem blauen Büchlein vom Schocken Verlag in der Hand wieder nach unten. »Das habe ich von Bram bekommen, letzten Dienstag, als ich die Familie Vromen nach unten gebracht habe, eine Kleinigkeit zu Pessach, hat er gesagt. Begreift ihr jetzt, warum ich erst schreiben musste?«, berichtete Rachel. Darin stand: »Für Rachel«, und darunter ein Zitat von Heine über das tragische Leben der Juden.

Am Sonntag hat sie ihm geschrieben, aber ich habe es nicht gelesen, weil ich in Utrecht war. Am Sonntag und Montag war ich in Utrecht. Am Sonntagnachmittag haben wir Besuche gemacht. Da habe ich Lea angerufen. »Hast du Lust, zu mir zu kommen?«, fragte ich. *»Yes, all right, I shall come«,* und sie legte auf.

Dann habe ich Pauli raten lassen, wer da wohl auf der anderen Seite stand. Aber sie war nicht so schnell zu überreden, zu mir zu kommen. Es ist niemand zu Hause, komm zu uns. Gut. Abends sind wir hingegangen. Es war sehr nett. Um 10 Uhr wieder zurück. Es war sehr dunkel.

Am Montag hatten wir Besuch aus Rotterdam: Frau Bialer ist gekommen. Das war auch sehr nett. Schnell gegessen und wieder nach Hause. Die Züge waren mächtig voll, auch die Straßenbahn. Als ich nach Hause kam, erfuhr ich, dass Rachel bei den Vromens war, denn da war Simon de Haas, das ist ein »Pianist«. Alles, was man will, spielt er, und prächtig. Er hat sogar schon in einem Kabarett gespielt. Daher die Künstlerallüren. Er tut, als spiele er vor einem großen Saal, zwinkert einem Mädchen zu, sodass sie rot wird, meint es aber nicht ernst, merkt nicht einmal, wem er da zuzwinkert.

Heute habe ich nichts Besonderes gemacht. Schränke aufgeräumt und Tagebuch geschrieben. Ich habe noch bis nächste Woche Dienstag Ferien, aber die Zeit vergeht so schnell ...

Donnerstag, 9. April 1942

Ich habe mal wieder vor, jeden Abend ein bisschen zu schreiben, denn ich schlafe sowieso allein oben. Wir haben vor dem Krieg alle oben geschlafen, aber nach dem Krieg war manchmal mitten in der Nacht Fliegeralarm, sodass wir uns unten in den Flur gestellt haben. Da haben wir die Betten nach unten geschleppt, sodass Rachel und ich im Durchgangszimmer schlafen, Mama im Hinterzimmer und Papa im Wohnzimmer. Aber letztens bin ich nach oben umgezogen und bleibe da vorerst auch. Da hat man Platz und lebt wie ein Mensch. Und da kann ich auch schreiben.

Heute war der letzte Tag von Pessach. Die Matzes waren lecker, aber wenige, denn wegen der Marken haben wir nur eine bestimmte Menge bekommen. Ich glaube 10 Kilo, früher waren es immer 20 Kilo. Aber wir sind damit ausgekommen: Eier hatten wir auch noch genug.

In den letzten Tagen ist nicht viel Besonderes passiert. Ich war heute Nachmittag beim Friseur: Es war ein sehr guter, aber teurer Friseur. Ich hatte 2 Gulden bei mir. Dauerwelle und Waschen kostet 1,50 Gulden. Aber das Fräulein sagte, ich müsste mir das Haar auch ein bisschen ausdünnen lassen, also habe ich das machen lassen: 0,50 Gulden. Also konnte ich der Frau nur elf Cent geben, ziemlich wenig, ich schämte mich tot, aber was soll man machen ...

Gestern Antwort von Bram auf Rachels Brief, einfach so, nur ein einziges Mal hat er auf eine Frage von Rachel geantwortet: »Liebes Kind, wie kommst du nur darauf?« Sehr zärtlich, aber es hat nichts zu bedeuten.

Morgen Abend schreibe ich nicht, denn es ist Freitagabend שבת [Sabbat].

Montagabend, 20. April 1942

Es ist schon wieder 1½ Wochen her, dass ich zuletzt geschrieben habe. Mein Versprechen habe ich nicht erfüllt, aber das kam, weil letzten Samstag geschossen wurde und ich nicht oben schlafen durfte, also habe ich auch nicht geschrieben. Sonntag und Montag hatte ich noch Ferien, und am Dienstag bin ich wieder in die Schule, gerade an Tante Doras Geburtstag, 14. April. Jetzt wieder mitten in der Arbeit und in der Wiederholungsphase. Heute Mittag habe ich geschwänzt, ich hatte ein bisschen Bauchschmerzen, hatte meinen Stoff für die Stunden am Nachmittag nicht gelernt und wahrscheinlich würde es eine schriftliche Abfrage in Erdkunde geben, und die Sonne schien so schön, und ich hatte noch so viele andere Dinge zu tun. Also bin ich mittags nach Hause gegangen. Habe gegessen, das Zimmer gestaubsaugt und Einkäufe gemacht. Das war richtig angenehm.

Gestern war ich in Den Haag. Genau am Samstagabend bekam ich meine Periode (»meine Tante kommt zu Besuch«, nenne ich das), und dann habe ich immer schreckliche Schmerzen. Ich bin schon beim Arzt gewesen, aber der hat mir Pulver gegeben, die nichts helfen. Er sagte, wenn es weiterhin so schlimm wäre, müsste ich unter die Lampe. Aber es ist weiterhin so schlimm, und Mama will den Arzt nie anrufen, damit er mit der Lampe kommt. Wir sind nicht so ärztefreundlich eingestellt. Aber ich habe immer solches Pech. Wenn ich irgendwo hinwill, kommt »meine Tante zu Besuch« und ich muss zu Hause bleiben. Nach 4 Stunden ist es meistens vorbei, dann habe ich mich übergeben und zappele nicht mehr mit den Beinen, sondern liege still da und schlafe ein. Wenn ich aufstehe, ist es zu 99 Prozent verschwunden. Aber am Samstagabend spürte ich noch nichts und habe ruhig geschlafen. Als ich aufstand, hatte ich

Schmerzen und habe alles Mögliche eingenommen und mir das elektrische Heizkissen auf den Bauch gelegt. Habe mich nicht von meinen Plänen abbringen lassen und bin weggegangen. Im Zug noch ein bisschen Schmerzen, aber weiter nichts. Sonja war sehr lieb. Wir sind nach Scheveningen gefahren, zu einem Mädchen (Kursleiterin), wo ein schönes Treffen stattfand; die meisten waren Mizrachisten[14]. Sie führten ein Purimstück auf, weil das Mädchen, das Regie führte, krank war, und so bekamen wir nach Pessach ein Purimstück. Sonja war Esther. Schon sehr gut gemacht. Bekannte waren fast keine da, ich kenne sie alle nur über Gideon, und er war nicht da. Jungs waren überhaupt keine da.

Aber mein Nachmittag wurde von einem Nachbarsmädchen von Sonja gestört, das auch da war. Die Gute hat Läuse. Man konnte sie auf ihr herumlaufen sehen. Grässlich. Mir wurde ganz übel davon. Und sie kam die ganze Zeit zu mir, und ich ging immer wieder von ihr weg, denn ich habe keine Lust, wieder welche zu bekommen, denn ich habe schon mal welche gehabt. Rachel hat sie aus dem Büro mitgebracht, glaube ich, und so bekam ich sie. Wir haben sie sorgfältig ausgekämmt und mit irgendeinem Mittelchen eingeschmiert. Jetzt haben wir nur Nissen, wenn die schlüpfen, werden daraus Läuse, aber da passen wir auf. Abends habe ich bei Sonja gegessen. Sehr lecker: Ich kam erst um 9 Uhr nach Hause. Der Rest war noch nicht da, kam erst um 10.30 aus Woerden, weil Daisy Rynderman Geburtstag hatte.

Mit Bram läuft es gut. Er kommt ±3 Mal pro Woche und holt Rachel vom Kurs ab; am Sabbatnachmittag gehen sie spazieren, abends mit Borah Klavierspielen und am Samstag Fahrradfahren. Tschüss, ich gehe schlafen, es ist schon halb zwölf.

Mittwochabend, 22. April 1942

Gestern nichts Besonderes. Erdkunde nicht schriftlich gehabt. Für einen Literaturkundetest 7½, gut.

Heute in der 1. Stunde hatten wir Mannie (Hamburger, Geschichte), aber der war krank, in der 2. Stunde war Sanders nicht da, also bin ich mit Leny van Zwanenbergh und Clara Haagman spazieren gegangen. Unterwegs sind wir Max Hachgenberg und Bernard Maarssen begegnet und dann zu fünft *spazieren** gegangen. War sehr nett. Kekse ohne Lebensmittelkarten gegessen, die waren ziemlich eklig (gar nicht mal so gut). Max wurde in 4 von 5 Fächern vom Mündlichen befreit, weil seine schriftlichen Ergebnisse so gut waren. Er ist so schlau!

Am 3. Mai machen wir eine Fahrradtour zu den Blumenfeldern. Ich gehe wahrscheinlich mit Louki van Dantzig als Partnerin. Auf diesen Ausflug freue ich mich schon riesig.

Dienstagnachmittag, 12. Mai 1942

Ich bin schon seit Freitag sehr erkältet und habe im Bett gelegen. Aber heute bin ich aufgestanden, aber Ma erlaubt mir noch nicht, zur Schule zu gehen, also nutze ich die Zeit zum Schreiben. Im Übrigen habe ich sehr viel Arbeit, wir sind mitten in der Wiederholung. Aber ich mache mich nicht verrückt. »Es wird schon alles gut«.[15] Aus dieser Fahrradtour (siehe oben) ist natürlich wieder nichts geworden. Wenn ich irgendwo mitmache, wird meistens nicht viel daraus, oder ich kann nicht mit (Tante kommt) oder aus der ganzen Sache wird nichts. So auch bei der Fahrradtour.

Am Mittwochabend komme ich aus der Schule nach Hause, und Mama sitzt mit einem traurigen Gesicht mit der Zeitung vor sich am Tisch. »Neue Verordnung.« Was jetzt wieder? So schlimm wird es schon nicht sein, dachte ich optimistisch.

»Wir müssen Sterne tragen.«[16] Einen gelben Stern mit schwarzer Umrandung, in dem mit schwarzen Buchstaben »Jude« steht (mit nachgemachten hebräischen Buchstaben). Auf Brusthöhe links. Mama sucht schon nach gelbem und schwarzem Stoff. Alle finden es schrecklich. Die Vromens kommen abends, es wird über fast nichts anderes geredet als darüber. Aber am nächsten Tag, in der Judenschule, haben wir mehr herausgefunden; man kann »die Judensterne« kaufen, vier für einen Punkt und für 4 Cent pro Stück. Am Mittag hat jemand einen. Er wird sofort bestürmt. Jeder will ihn sehen. Es werden Scherze gemacht. Ich für meinen Teil finde den Stern nicht schlimm. Was macht das schon? Ich bin stolz darauf, Jüdin zu sein, ob ich nun gekennzeichnet herumlaufe oder nicht ... Für die Juden und 90 Prozent der Holländer macht das keinen Unterschied. Und was den Rest betrifft, die NSBler ... Die sollen sich zum Teufel scheren. Ich sage, wir brauchen uns nicht zu schämen. Wenn wir einmal in Palästina unseren jüdischen Staat haben und die Araber mit dem Schild »Araber« herumlaufen lassen, dann würden wir Juden uns schämen müssen, und nicht die Araber. So werde ich immer darüber denken. Ich bin nun einmal so eigensinnig. Aber Papa denkt darüber anders. Er traut sich nicht auf die Straße und geht auch nicht raus. Wir necken ihn immer, denn er schaut aus dem Fenster und sagt dann. »Wie schön, diese frische Luft, seht ihr, ich brauche gar nicht auf die Straße zu gehen.« Und wenn er dann aus dem Fenster schaut, rufe ich: »Pass auf, wenn du rausfällst, musst du einen Stern haben, wenn du unten ankommst.« Mama findet es auch schlimm auf der Straße. Für Rachel als einzige Jüdin im Büro (da muss sie ihn auch tragen) auch nicht gerade angenehm. Ich werde morgen schon sehen, was ich tue, ich finde schlimm, dass ich ihn auf meine ganzen Kleider nähen muss, denn er passt lange nicht überall dazu ... Sogar was das betrifft, bin ich noch eitel. Dann ziehe ich eben über jedes Kleid einen Bolero an.

Aber um jetzt auf die Fahrradtour zurückzukommen ... Am Sonntag war gerade der erste Tag, an dem wir ihn tragen mussten, das hätte also zu viel Aufsehen erregt (4 Gruppen mit je 10 Menschen), deswegen wurde die Fahrradtour verschoben. *Voilà.* Immer Pech. Wenn es nicht meine Tante ist, dann kommt so ein Stern. Aber vielleicht wäre sowieso nichts daraus geworden, denn es stürmte schrecklich.

Bram kommt immer noch regelmäßig zu Besuch. Er holt Rachel sogar hin und wieder vom Büro ab. Sonst ist nichts Besonderes passiert, wenn ich mich richtig erinnere. Morgen Nachmittag ist an der Schule Elternnachmittag. Mama geht vielleicht hin. Donnerstag ist Himmelfahrtstag, da haben wir dann wieder frei. Großartig!

8. Juni 1942, Montagabend

Es ist schon wieder so viel Zeit vergangen, dass ich heute Abend unbedingt schreiben muss. Meine Erkältung ist schon lange weg, ich habe sogar noch von Bram Blumen bekommen, denn ich war eine ganze Woche zu Hause. Das war nach Vereinbarung. Gestern wollte ich mit Leny van Zwanenbergh (sie ist eigentlich wirklich nett, vielleicht werden wir mit der Zeit sogar Freundinnen) Kanu fahren, aber erstens waren alle Kanus vermietet, und zweitens war es ziemlich kalt. Am Freitag und Samstag war das Wetter herrlich, aber genau dann, wenn ich wegwill, wird es kalt, das nennt man Pech. Ich bin einfach mit Leny nach Hause gegangen und den ganzen Tag dort geblieben. Am Abend hat Bram bei uns gegessen (Lachs) und ist den ganzen Abend geblieben. Es war sehr nett. Habe sogar noch mit Ra (so nennt Bram sie) und Bram getanzt.

Habe heute in der 4. die Naturkundeprüfung nachgeholt. Ich hatte alle Definitionen auch in meinen Notizblock geschrieben und noch auf ein weiteres loses Blatt, das auch im Block lag. Da bat er (van Rees) um meinen Block, um sich die Fragen aufzuschreiben. Ich hatte schreckliche Angst, dass er ihn behalten würde, denn dann wäre ich fällig gewesen und das Ganze sehr schlimm. Er wollte das Buch noch kurz sehen, oder gleich behalten, aber das war nicht so schlimm, denn ich hatte sowieso zwei dabei. Die erste Frage habe ich schnell nachgeschaut, ich wusste die Hälfte und wollte, dass Mundi Kindler, der hinter mir saß, sie vorlas, aber er traute sich nicht, wirklich albern. Später hat er es doch getan, diese Frage habe ich also richtig. Die 2. Frage bestand aus Definitionen, die habe ich von meinem Block abgeschrieben, den ich zurückbekommen hatte. Und die 3. habe ich zur Hälfte. Ich hoffe also, dass ich mindestens eine 6 habe (die habe ich wohlgemerkt auch bekommen).

Heute sind alle Lehrer nach einer Woche der Abwesenheit zurückgekehrt. Es gibt nämlich ein allgemeines Reiseverbot für Juden. Also durften die Lehrer, die außerhalb der Stadt wohnen, nicht kommen. Wir haben eine Erlaubnis der SS bekommen, und deswegen dürfen sie kommen. Wir haben ansonsten nichts davon gehabt, denn wir bekamen immer Vertretung von anderen Lehrern.

Hanny Bialer (jetzt Lipszyc, wie Sally, sie haben letzten Monat geheiratet) ist schon weg, wahrscheinlich in Belgien. Aber vielleicht sind sie schon weiter in die

Schweiz oder ins unbesetzte Frankreich. So ziemlich die ganze Familie Kornfeld ist schon weg, außer den Kindern. Marthel [Kornfeld] + Abraham [van der Stam], Leo [Kornfeld] + Jetty [Cohen], Henny [Bialer] + Sally [Lipszyc], Henry Wagschal + Elly (Bekannte), alle weg. Auch Herr Rynderman und Herr Taub sind weg, Letzterer ist als Allererster gegangen (was für ein Wortspiel). Wir waren alle wütend, denn er hat sich überhaupt nicht verabschiedet, nicht einmal etwas davon gesagt. Bah, wirklich hinterhältig so etwas: Das passt wirklich zu den Taubs.

Ach ja, neulich habe ich etwas sehr Schlimmes gehört, bin noch nicht darüber hinweg, habe aber noch etwas Hoffnung: Sampie wird sich mit einem nichtjüdischen Mädchen verloben, Henny van den Broek[17]. Ein liebes Mädchen, aber was habe ich davon? Sie wird zum Judentum übertreten! Doch ein schlimmer Assimilantenzug von ihm. Schade!

Montag, 15. Juni 1942

Heute Nachmittag ist ein illegaler Nachmittag. Ich habe mir nämlich freigenommen, denn in meinem Bauch rumort es noch ein bisschen (am Samstag ist meine Tante gekommen, schreckliche Schmerzen gehabt), und wir hatten sowieso nicht so viel Wichtiges heute Nachmittag, darum habe ich die weise Entscheidung getroffen, nach Hause zu gehen.

Gestern hatten wir zu Hause einen Riesenspaß. Es war sehr nett. Anwesend waren: Tilly Bosman, Bram de Lange, Rachel, Hannele, Simon de Haas I (der Pianist), Hetty Wijler, Tijn Wolf, Etty Vromen, Simon de Haas II (Mathenesserlaan, Etty ist verrückt nach ihm, glaube ich), Jaap de Haas, der Bruder von Simon (ein bisschen langweilig) und ich.

Wir haben quasi nichts anderes gemacht als getanzt. Ich habe auch noch ein paarmal mit Bram, Tijn, Simon getanzt, mit Carel nicht (das hat sich einfach so ergeben), und der Rest der Herren tanzte nicht. Ich ging von 10.30 bis 10.50 nach oben, um meine Französischsachen anzuschauen, denn ich hatte noch nichts dafür getan. Ich kam von oben natürlich aus dem hellsten Licht nach unten, und da hatten sie noch kein Licht angemacht. Man sah einfach nichts mehr. Stockdunkel, so habe ich sogar noch mit Simon und Bram getanzt. Sehr nett, die Stimmung. Simon kann Bram nicht ausstehen, glaube ich, denn als ich mit Simon tanzte, spielte Bram Klavier, und die ganze Zeit sagte Simon: »Was soll das denn? Erst einen Slow-Fox, dann einen Fox, jetzt wieder gar nichts, überhaupt kein Rhythmus.« Mir fällt das nicht so auf. Mir reicht es schon, wenn Rachel und ich zu Musik tanzen können, und dann noch zu so guter wie der von Bram. Wir finden, Bram spielt ganz großartig. Mama und Papa kamen um 11.15 nach Hause. Das Licht angemacht. Um halb 12 war fast jeder verschwunden, außer den de Haas und Bram, die noch einen Teller Erdbeeren mitgegessen haben. Dann waren alle weg. Es war ein großer Erfolg. Wir haben hier noch die Überreste, Hanneles Grammophon und Hettys Platten, sodass ich sie mir jetzt ständig anhöre. Richtig schön. Jetzt gerade habe ich einen wunderbaren Tango aufgelegt. Aber ich muss Mama helfen, das Bett zu überziehen, ich meine, neue Laken draufzutun.

Freitag, 19. Juni 1942

Ich habe einen Bruder bekommen, denn Bram ist mein Schwager geworden. Wie das klingt. Gestern Mittag hat er Mama und Papa gefragt, ob es in Ordnung wäre, und natürlich war es *all right*. Papa nahm mich gestern Nachmittag beiseite und sagte: »Bram wird dein Schwager!« Es kam natürlich sehr plötzlich und unerwartet: Ich erschrak gewaltig und bekam einen schrecklich roten Kopf. Trotzdem sehr, sehr schön, denn so etwas passiert nicht jeden Tag. Sie verloben sich noch nicht offiziell: Es bleibt ein halbes Geheimnis, aber bald werden es alle wissen. Ich weiß noch nicht, was ich sagen soll, wenn er heute Abend kommt. Mama hat gerade Blumen für sie geholt, um es doch ein bisschen festlich zu machen.

Carel war heute Abend bei uns, um uns zu warnen, dass die Nähmaschinen abgeholt werden, und jetzt ist gerade jemand von der Polizei gekommen, um das Atelier zu kontrollieren. Er schrieb auf, wie viele Maschinen wir haben (zwei mit Motor, elektrisch) und den Stoffvorrat: 20 Mäntel. Wenn es zu viel ist, bekommen wir einen Verwalter, sonst müssen wir einfach schließen und wahrscheinlich alles abgeben. Früher hatten wir einen großen Betrieb: 10 Maschinen, Schneidemaschine, viel Personal, aber wir haben bis auf die 2 besten Maschinen alles verkauft. Und jetzt werden die wahrscheinlich auch heute oder morgen abgeholt und kommen in andere Hände ... Und wovon sollen wir dann leben? Wir werden sehen, noch ist es nicht so weit.

Papa hat gerade die geniale Idee gehabt, bei jemandem als Zuschneider zu arbeiten, wenn das nötig sein sollte und wenn das erlaubt ist. Er und Ma sind sehr *down*, und Rachel sagt immer wieder, dass wir das Haus vermieten müssen, denn sonst haben wir nicht genug Geld zum Leben usw. usw. Typisch Rachel. Ich sage: Kopf hoch!

Donnerstag, 16. Juli 1942

Von dem ganzen Nähmaschinenchaos haben wir noch nichts gehört. Allerdings sind diesen Monat andere schreckliche Dinge passiert. Erstens: der Erlass, dass die

Fahrräder abgegeben werden müssen; es ist verboten, Juden zeitweise Fahrräder zu vermieten oder sie ihnen zu verkaufen. Für die ist es dann vorbei mit dem Fahrradfahren, was wirklich schade ist (auch wegen der Ferien), aber wenn man noch die Straßenbahn benutzen dürfte, wäre es noch nicht so schlimm, aber auch das ... ist verboten, genauso wie den Zug zu benutzen, das war schon lange so, stand aber noch nie offiziell in den Tageszeitungen, nur im *Joodsch Weekblad*[18]. Das war bereits die 2. Einschränkung für uns Juden. Außerdem stand noch darin, dass man sich nach 8 Uhr abends bis 6 Uhr morgens nicht außerhalb des eigenen Hauses befinden darf, Einkäufe erledigen zwischen 3 und 5 mittags (natürlich alles zu Fuß), man darf sich keine Waren nach Hause liefern lassen (muss also alles selbst schleppen), man darf nicht zu Nichtjuden auf Besuch und dann noch eine ganze Reihe Berufe, die wir nicht ausüben dürfen. Papa und Rachel arbeiten zum Glück noch.

Was die 3. Einschränkung wohl bringen wird? Ich glaube noch etwas Schlechteres, aber ich hoffe natürlich nichts Schweres, denn genau genommen sind diese ganzen Dinge noch zu schaffen, außer für die Menschen, die man ihres Berufs beraubt hat: Drogisten, Buchhalter, Auktionatoren, Hausierer usw. usw. Die Liste nahm fast eine halbe Seite ein.

Um auf die 1. Einschränkung zurückzukommen: Wir hatten nicht die Absicht, die Fahrräder abzugeben. Aber Papa fand es doch zu gefährlich, sie zu verkaufen, sodass sie sie doch einfach zum Friedhof gebracht haben. Mein Fahrrad war erst 2 Jahre alt, mit prima Dunlopp-Reifen (erst einen Platten), aber die Reifen habe ich abmachen und andere aufziehen lassen, obwohl auch die noch viel zu gut waren. Beweis: Als ich das Rad abgab, akzeptierte man es sofort: prima-prima!!! Rachel und Bram (der ein ganz altes von seinen abgegeben hat, das ein paar Jahre im Dreck auf dem Speicher gestanden hat) mussten es saubermachen, wieder andere einen Platten flicken lassen oder eine Klingel kaufen. Einfach idiotisch. Aber es gab auch Verrückte, die ein neues Fahrrad samt Reservereifen abgaben (das stand nämlich in der Verordnung). Die sind doch verrückt. Als ich nach Hause kam, hatte ich so ein Mitleid mit mir selbst, und trotzdem ist das nicht gut ausgedrückt, ich hätte heulen können, weil wir so dumm gewesen sind und ich mein Fahrrad abgegeben habe. Und ich finde es von allen Leuten so dumm, bah, dass wir uns nichts getraut haben. Und doch ein großes Risiko, denn neulich habe ich von einer Dame gehört, die mit einer anderen, die ihr Fahrrad aufbewahrte, verhaftet worden ist. Was hat sie denn davon? Sie kann doch nicht mehr damit fahren! Sicher wurde sie von ein paar dreckigen NSBlern verraten!

Am Dienstag war die Zeugnisvergabe: Ich bin versetzt, mit ziemlich guten Noten (3 Achten, 7 Siebenen, 2 Sechsen und einer 4 in Naturkunde). Also außer der letzten Note, die nicht meine, sondern van Rees' Schuld ist (natürlich!!!), ziemlich anständig! Alle Mädchen aus unserer Klasse sind versetzt worden. Von den Jungen sind etwa 5 sitzen geblieben. Daran kann man doch sehen, dass Mädchen viel schlauer sind als Jungs (aber wir hatten insgesamt nur 5 Mädchen und 22 Jungen). Trotzdem hätte dann im Verhältnis ein Mädchen sitzen bleiben müssen. Alle Bekannten sind auch versetzt worden (außer Hetty Corper), schade, denn sie ist wirklich nett.

Aber sie kam auch von der MMS [Middelbare Meisjesschool: Weiterführende Mädchenschule, A. d. Ü.] und ist einfach in die nächste Klasse gekommen, und ... irgendwie doch sitzen geblieben, und ich bin glanzvoll in die nächste Klasse aufgestiegen.

Sam Wijler war auch in der Schule, »einfach so«. Als ich ihn sah, war ich so freudig überrascht. Ich schrie fast: »Hallo Sam!« Es war, glaube ich, wirklich verrückt, aber es kam wirklich von Herzen, darum glaube ich (nein, das ist fast sicher), dass ich ihn noch sehr nett finde, denn wenn über einen Mann für mich gesprochen wird (aus Spaß, *of course*), vergleiche ich denjenigen mit ihm, oder ich denke an ihn, also ... Abwarten. Die Liebe ist bei mir geduldig. Aber das kam vielleicht auch, weil ich ihn vor einiger Zeit gesehen hatte (vor 2 Wochen). Der Club war nämlich am Sonntag, aber jetzt habe ich an diesem Tag einen Gartenbaukurs, also das fällt weg: Club. Aber jetzt haben wir vielleicht am Freitag, zumindest: *I hope so.* An den anderen Tagen habe ich keine Zeit. Am Montagmorgen: waschen, helfen. Mittags: Ivriet lernen, abends Unterricht bis 8 Uhr. Dienstag, Donnerstag, Sonntag: Gartenbau. Mittwoch: Klavierunterricht = mittags, also morgens extra üben. Freitag nichts Besonderes, wollte Tagebuch schreiben, aber werde wohl nicht dazu kommen, weil es immer so schrecklich viele andere Dinge zu tun gibt. Samstag = שבת [Sabbat], also vollkommene Ruhe! (Von der ganzen Woche harter Arbeit.) Und abends meistens Klavierspielen: 2 Stunden, denn das verlangt Iskar Aribo. Das ist ein Halbjude; er heißt eigentlich Cohen, fand das aber zu gewöhnlich, darum das Pseudonym Aribo. Er ist ziemlich bekannt, gibt sogar jetzt noch viele Konzerte, wohnt in Leiden; am Mittwoch (1 Tag in der Woche) kommt er nach Rotterdam, um Unterricht zu geben, Hannele Franken bekommt Stunden von ihm, sie spielt schon ganz ordentlich, wollte mir sogar Unterricht geben, aber ich habe mir nun einmal vorgenommen, meinen Unterricht von einem sehr guten (und berühmten) Lehrer zu bekommen. Aber er nimmt nur talentierte Schüler an: Dazu bin ich nun dank Hanneles Fürsprache aufgestiegen. Ich hatte selbst nicht einmal auf Unterricht von Rita Kattenburg gehofft, und jetzt auch noch Aribo (obwohl ich vorher noch nie von ihm gehört hatte, Louki van Dantzig war zufällig neulich in einem seiner Konzerte). Schrecklich teuer, der Unterricht: 5 Gulden pro Stunde. Ich habe eine halbe Stunde pro Woche. Großartig, man lernt sehr, sehr viel von ihm. Ich spiele nur Etüden, für die Technik, um meine entwöhnten Finger wieder einzuspielen. Im August hat er Urlaub, also gibt es keinen Unterricht. Vielleicht 1 Mal, wenn er kommt, im September noch Unterricht, sonst habe ich keine Zeit, viel zu viel mit den Schularbeiten zu tun.

Der Gartenbaukurs ist auch sehr nett. Wir sind vorläufig 15 Leute, alle aus unserer Schule: Wiet, Joop, Joop Slagter (17 Jahre), Doris Slagter (14 Jahre), noch ein paar Rotzlöffel aus unserer Klasse, Jenny van Dantzig, ein Mädchen, mit dem ich im Augenblick sehr viel unternehme, und dann noch ein paar.

Zurzeit graben wir also alle zusammen das ganze Feld um, und dann bekommen wir jeder unser eigenes Gärtchen und dürfen anpflanzen (säen), was wir wollen. Mich finden sie sehr fleißig, was mich wieder anspornt, noch härter zu arbeiten, das ist immer so bei mir; wenn man zufrieden ist, gebe ich noch mehr, um das Vertrauen der Leute nicht zu enttäuschen. Der Leiter ist Arie van Thijn, ein sehr netter Mann, ±20 Jahre alt, verheiratet (wir hatten sogar letztes Jahr Hebräischunterricht mit seiner Frau, sie ist noch sehr jung und freundlich). Aber ich habe manchmal den seltsamen Gedanken in mir, dass ich diesen Mann am liebsten seiner Frau ausspannen würde, Arjeh ist sehr, sehr nett. Nicht, dass ich ihn seiner Frau nicht gönne, aber ... Ich habe es schon mehr als einmal überlegt, und dann dachte ich: »Nicht unbedingt ihn, vielleicht doch einen anderen Mann.« Trotzdem ist das nichts für die liebe, sanfte Carry, aber ein Mensch weiß einfach nie ... Und dann denke ich wieder an Sam, vielleicht nehme ich den doch irgendwann mal Henny weg, aber dann darf er jedenfalls noch nie verlobt oder verheiratet gewesen sein, denn die 1. echte Liebe ist doch die echte. Und die 2., meine ich zumindest, ist Ersatz. Darum ist diese ganze Vorstellung, dass man jemandem einen Mann wegnimmt, Wahnsinn, weil ich ihn wegen der 2. Theorie (die die richtige ist) niemals heiraten würde. Wie es wirklich aussieht, weiß ich nicht. Ich hoffe einfach mal, ich werde mit dem Richtigen glücklich verheiratet sein und niemanden dabei unglücklich (höchstens verliebte Backfische), sondern viele Leute (meine Ma, meinen Pa, Ra, Schwiegermutter + Pa) damit glücklich machen. Amen!

Freitag, 31. Juli 1942

Elend, überall ein schreckliches Elend. Verzweifelte Menschen!

Hier in Rotterdam ist es genauso gekommen wie in Amsterdam. Was ich damit meine? In Amsterdam wurden vor ein paar Wochen alle Juden zwischen 16 und 40 aufgerufen (ohne ein Auswahlverfahren, bei dem manchmal noch einige freikommen). Sie erhalten einen Vorladungsbrief, in dem steht, dass ihnen befohlen wird (eine freundliche Aufforderung ist es nicht), 2 Tage später vor dem Judenrat zu erscheinen (wo sie Anweisungen bekommen, was sie mitnehmen sollen usw.) und um halb drei nachmittags ins Jüdische Theater[19] zu kommen, wo die SS, die deutsche Polizei und andere Dreckskerle warten.

Dort wird kontrolliert, ob alle anwesend sind, und damit die »anderen« keinen Aufstand machen, werden die

Leute nachts weggeschickt (exportiert). Peretz und Frida Hochfeld (ein Neffe und eine angeheiratete Nichte) haben auch einen Aufruf erhalten, aber Peretz war »glücklicherweise« gerade krank und hat bis zum 8. August Aufschub erhalten. Was er dann macht, muss man noch sehen. Jeder Aufschub ist etwas wert. Von Juchoes[20] und Diny Hochfeld (einem Neffen und einer angeheirateten Nichte) haben wir nichts gehört. Wir haben ihnen einen Brief geschickt, aber keine Antwort bekommen. Sicher sind sie vom Erdboden verschwunden, d.h. untergetaucht. Bestimmt bei Nichtjuden in ein Zimmer gezogen, das sie nicht mehr verlassen, weil sie Angst haben, dass andere Leute sie sehen; dann sind sie dran, und dann hätten sie genauso gut nach Deutschland gehen können, um »unter polizeilicher Aufsicht« (wie es im Aufruf heißt) zu arbeiten. Dieses Untertauchen ist also auch nicht ganz ohne Risiko und bis man so eine Adresse gefunden hat ...

Aber nun hörten wir letzte Woche Donnerstag von einem Bekannten, der beim Judenrat in Amsterdam arbeitet, es werde hier genauso kommen. Wir fanden die Sache in Amsterdam schrecklich, aber es betrifft einen selbst trotzdem nicht so. Roland Frederikstadt (der Bekannte) sagte, man könne sich auch erst vorstellen, wie schlimm es sei, wenn man einmal gesehen habe, wie ein Transport abfährt. Leute fallen in Ohnmacht und verlieren den Verstand. Ich habe es inzwischen selbst miterlebt. Diesem jungen Mann bin ich schon früher ein paarmal begegnet; damals war er die Ruhe in Person, und jetzt? Ein Fall für die Nervenheilanstalt: Er blinzelt ständig und ist ganz einfach schrecklich nervös.

Ich habe mein Bestes getan, um Arbeit beim Judenrat[21] zu bekommen, denn Leute mit so einer Arbeit bekommen Aufschub, hieß es; ich wurde Arjé van Thijn in der Küche unterstellt. Rachel beschäftigte man als Schreibkraft. Bram hatte schon so einen Posten: Nachrichten überbringen zwischen Rotterdam und Amsterdam, mit einer Reiseerlaubnis, die zurzeit niemand mehr bekommt. In Rotterdam hat man inzwischen die Altersgrenze auf 50 Jahre angehoben. Demnach müssen die ganzen Jahrgänge von 1926 und 1892 (abhängig vom Geburtsjahr) mit. Ich also auch, obwohl ich noch keine 16 bin. Mama würde wahrscheinlich freigestellt werden, weil Papa 51 ist (glücklicherweise!). Am Mittwochabend wurden die ersten 200 Aufrufe verschickt. Wir waren glücklicherweise nicht dabei. Am Donnerstagmorgen kam ich um 8 Uhr beim Judenrat an, und dort standen ganze Menschentrauben. Ich zeigte einem Polizeibeamten meinen Anstellungsnachweis. Er ließ mich durch. Mit Recht sagte er: »Hier arbeiten ganz schön viele Leute.« Tatsächlich, mit wem man auch sprach, jeder hatte einen Posten beim Judenrat. Ich hatte noch mit niemandem geredet, der wegmusste, denn der Judenrat hatte vorläufigen Aufschub bekommen. Am Nachmittag erfuhren wir, dass bis auf 20 Leute, in leitenden Funktionen, niemand vom Judenrat Aufschub bekommen hatte (dort arbeiteten 1500 Leute: für Deutschland kommen zwischen 5000 und 6000 in Frage). Also ein zu hoher Anteil. Wir haben es uns selbst kaputt gemacht. Am Nachmittag ging ich zur Halle am Stieltjesplein[22] (wo wir auch die Fahrräder hatten abgeben müssen). Dort standen lauter Schulbänke. Die habe ich mit Hetty Corper abgestaubt. Frau Corper war auch dort, um zu helfen, und Herman van Coevorden. Danach haben wir für all die Arbeiter Kaffee ausgeschenkt, Teller abgewaschen und abgetrocknet und sortiert. Zwischendurch kamen drei hohe deutsche Offiziere herein, sicher um zu kontrollieren, dass die Juden auch nicht allzu freundlich empfangen wurden. Erst da merkte man, was hier vor sich ging, was man da eigentlich tat. Erst hatte man noch ein wenig das Gefühl wie im Frieden; man versuchte, das Leid der Juden ein wenig zu lindern. Aber der Anblick der Moffen versetzte einem einen elektrischen Schlag. Furchtbar. Zu Hause waren sie auch so schrecklich niedergeschlagen. Papa weinte, Mama war kreidebleich. Rachel hatte von morgens um 6 bis abends um 8 gearbeitet: Anweisungen getippt. Auf der Straße fragte ich einen Polizeibeamten nach dem Weg, und er wollte wissen, ob ich auch wegmusste. »Noch nicht«, war die Antwort. Vielleicht bekomme ich morgen einen [Aufruf]. Wer weiß!

Die ersten Leute trafen schon um halb 5 ein. Sie bekamen Kaffee umsonst und Limo für 5 Cent. Ich machte den Abwasch. Frau Corper goss die Getränke ein und sprach den Menschen Mut zu. Plötzlich sah ich auch Max Hach[g]enberg, der ... lachte. Er war sehr fröhlich. Hat mich noch schnell seinem Bruder vorgestellt: Der ist 22. Ich kannte ihn schon, glaube ich, weil er Schulfotograf war. Er sagt, wir werden unsere Freundschaft fortsetzen. Ich bin mir da nicht sicher. Ich glaube nicht, dass viele von ihnen zurückkehren; Deutschland wird bis zuletzt Rache an den armen Juden nehmen. So war es immer, so wird es für das Auserwählte Volk immer bleiben.

Leute strömten herein, und gleichzeitig strömten Menschen zum »Buffet«. Ich wusch ab, alle tranken Kaffee, man lieferte die Tassen bei mir ab und ... Ich habe noch nie in meinem Leben an einem Tag so viele Tassen abgewaschen wie an diesem. Und abgetrocknet auch, das gehörte dazu, wenn es keine anderen Helfer gab, die das übernahmen.

Plötzlich steht Clara Haagman vor mir. Ich lasse den

Abwasch Abwasch sein und stürze auf sie zu. Sie erzählte, dass der Aufruf erst um 1 Uhr nachmittags bei ihr eintraf, weil sie erst bei einer falschen Adresse gewesen war. Sie musste also innerhalb von fünf Stunden alles erledigen. Sich um die Kleidung kümmern, sich alles merken, zum Judenrat, um Anweisungen zu bekommen, die Apotheke zusammenstellen (lauter kleine Dinge), sich die Haare abschneiden lassen (gegen Ungeziefer) und so weiter und so fort. Und dann noch die Nerven dazu. Sie war ganz allein. Hatte eine Trainingshose und eine Windjacke an und war ganz aufgeregt, weil sie die Hose so schön fand. Sie war auch putzmunter. Clara Slager war auch da, ein Goldschatz von einem Mädchen aus der vierten Klasse am Gymnasium (ich hatte also manchmal Unterricht mit ihr zusammen); sie gab sich ziemlich kühl, gleichgültig, aber innerlich weinte sie, glaube ich. Ihren Vater, einen Tierarzt, haben sie neulich als Geisel[23] mitgenommen, und jetzt ist ihre Mutter ganz allein. Also einfach furchtbar. Auch Joop Slagter war da. Er fragte, ob ich seine Holzschuhe mitnehmen würde, wenn ich noch mal zum Gartenbaukurs gehe, denn die stehen dort noch mutterseelenallein herum. Auch sie alle, die meisten von der Schule, waren sehr munter. Und was ging in ihrem Inneren vor sich? Das wissen nur sie allein! Andere weinten, und manche waren so außer sich, dass Ärzte und Schwestern sie beruhigen mussten. Eine Sache werde ich nie vergessen. Eine Frau erlitt einen Nervenzusammenbruch, wurde behutsam von Dr. Hausdorff zur »Krankenabteilung« gebracht und schluchzte dabei heftig. Plötzlich fing sie an, um sich zu treten, als hätte sie den Verstand verloren. Es war ein schrecklicher Anblick; ich musste mich abwenden. Und noch mehr solche Fälle. Überall dieses Elend! Plötzlich höre ich von Herman van Coevorden, dass Frau Corper auch schluchzend in die Krankenabteilung gebracht wurde. Was war nur los?

Am Morgen beim Judenrat sah ich Frau [Corper, A.d.Ü.]. Ich fragte: »Haben Sie einen Aufruf bekommen?« »Nein, aber meinen Mann haben sie gefangen genommen.« Später ging ich mit ihr zum Haagsche Veer (Gefängnis), und sie erzählte mir alles. Am letzten Donnerstag holten plötzlich 2 Ermittler ihren Mann ab und auch zwei Freunde: Polak und Naarden. Polak ist zurückgekommen. Er erzählte, dass sie des Kaufens und Verkaufens von Waffen verdächtigt wurden (und darauf steht die Todesstrafe). Warum er freigekommen ist, weiß ich nicht, sicher wieder so ein mieser Trick der Moffen. Ich habe Frau Corper auf alle möglichen Arten getröstet, aber insgeheim dachte ich: »Waffen, hmm, das ist nicht so gut, wenn man dessen beschuldigt wird.« Denn wie soll man Deutschen gegenüber irgendetwas beweisen? Sie sagen es und basta!

Frau [Corper] schwor mir gegenüber bei Gott, dass ihr Mann unschuldig war, der ging nie alleine weg, wo Hetty war, war Frau [Corper], und wo Herr [Corper] war, war Frau [Corper]. Und das ist auch so, denn wenn Mama über die Corpers spricht, sagt sie: diese Leutchen, die einander noch so sehr lieben, als wären sie verlobt und noch verliebt. Wirklich!

Aber in der Halle am Stieltjesplein sah ich sie plötzlich auf einer Bank sitzen, völlig verstört. Ich setzte mich zu ihr, und sie berichtete: »Ich habe auch einen Aufruf bekommen! Er wurde an meine alte Adresse geschickt.« (Ihr Laden wurde gerade geschlossen, und sie musste aus dem Haus raus, und die Familie wohnt jetzt in einer ganz anderen Gegend.) »Ich, die ich andere getröstet habe, habe selbst einen Aufruf. Ich gehe nicht ohne meinen Mann, und ich habe noch nichts gepackt ...« Sie war verzweifelt. Die nervliche Anspannung war ihr auf die Beine geschlagen, sie konnte nicht laufen. Sie wusste nicht, was sie tun sollte, ob sie bleiben sollte, [so]dass es ihr passieren konnte, von den Deutschen gezwungen zu werden, ohne irgendwelche Sachen mitgehen zu müssen, oder nicht zu bleiben, [so]dass die Polizei sie am folgenden, am nächsten Tag vielleicht abholen würde. Inzwischen gab es Durchsagen, jeder, der nichts im Gebäude zu tun hatte, solle es verlassen. Obwohl ich beweisen konnte, dass ich als freier Mensch gehen durfte, hatte ich Angst, die Deutschen würden die Halle irgendwann abriegeln, denn am Nachmittag waren auch schon alle Schiebetüren abgeschlossen worden. Ich ließ Frau Corper also vorläufig zurück. Ich gehe zu Clara Haagman, drücke ihr gerührt zum letzten Mal die Hand. Dann will ich Clara Slager alles Gute wünschen, verliere aber selbst die Beherrschung, breche in Schluchzen aus. Statt den anderen eine Stütze zu sein ... Max Hachgenberg legt einen Arm um mich und beruhigt mich auf diese Weise wieder. Das werde ich nie vergessen. Die Ruhe, die ich in diesem Moment wiedererlangte. Ein bisschen gefasster gebe ich ihm die Hand. Joop Slagter habe ich nicht mehr gesehen.

Ich gehe zum Büro, ohne mich nach irgendwem umzuschauen, habe Angst, dass ich mich wieder nicht beherrschen kann. Dort sehe ich Hetty stehen. Ich gehe nach draußen, und da sind die SS und gewöhnliche Soldaten und Massen, ganze Menschenmassen. Eine deutsche Frau kommt, weil ihre Töchter wegmüssen. Ein Soldat hält sie zurück. *»Ich will mich verabschieden von meinen Kinder!«**, schreit sie. *»Gertrude! Hilda! Hilda! Gertrude! Lass mich gehen! Ich will Abschied nehmen!«** Der Soldat versetzt ihr einen Stoß. *»Ich hab schon lang genug von euch Juden«** und noch etwas, ich will es nicht hören und renne die Treppe hinunter. Die Frau, halb von Sinnen, bewegt sich nicht von der Stelle.

Weitere Menschen mit Gepäck kommen an, auch Bekannte, aber ich will nicht hinsehen. Neben mir steht Hans de Jong. Der jüngste Schuldiener. Er ist ein Flüchtling aus Deutschland, zeichnet sehr gut. Wir gehen zusammen weg. Ich wage es nicht mehr, mich umzuschauen. Er erzählt, dass er seinen 16-jährigen Bruder [Walter] weggebracht hat. Noch ein ganz unselbständiges Kind, sagt er; er wäre gern mit ihm gegangen, aber seine Eltern ... Die kann er hier nicht alleinlassen. Ich verstehe es. Plötzlich hören wir Geschrei. Die Menschen fliegen förmlich auseinander. Die Deutschen haben eingegriffen und Leute weggejagt. Zu viel Anteilnahme ist nicht gut für ihre Propaganda. Es wird wieder ruhig, die Menschen bleiben doch, wo sie sind. Wir gehen weiter. Um halb acht komme ich daheim an. Rachel ist auch da. Wir weinen ein bisschen zusammen. Papa fängt auch an (weil ich weine). Mama frisst alles in sich hinein. Ihre Nerven werden sie irgendwann noch mal umbringen. Bram kommt auch. Er ist von allem Erlebten auch ganz mitgenommen. Der Abend verläuft ruhig. Wir sitzen einfach so da und denken an die armen Volksgenossen, die dem Tod (?) entgegengehen. Und was wird aus uns?

Sonntag, 2. August 1942

Gestern Abend wurden wieder 1000 Aufrufe verschickt. Wir waren glücklicherweise nicht dabei. Allgemein sind die Leute gar nicht so nervös, zumal die Aufgerufenen jetzt 2x24 Stunden Zeit haben, um sich reisefertig zu machen. (Beim letzten Mal waren es kaum 24 Stunden; ein Fehler der SS, die die Aufrufe zu spät verschickt hatte.)

Beim Judenrat ist es ruhig; ich bin heute Morgen dort

gewesen. Habe mich als Kurier gemeldet. 2 Stunden gewartet, dann nach Hause gegangen; es gab nichts zu tun. Habe aber unterwegs einige Briefe mitgenommen. Da warteten schon ±15 junge Männer. Ich hörte, dass viele Menschen zurückgekommen waren – fast alle, die beim Judenrat arbeiteten; dafür hat man sich eingesetzt. Fam. Pels, Pierot, Blik, Clara Slager (darüber bin ich schrecklich froh; habe ihr gleich eine begeisterte Karte geschrieben und mich erkundigt, wie sie das hinbekommen hat) und der Bruder von Hans de Jong. Das finde ich großartig. Aber die armen anderen! Ich selbst muss wohl nicht so bald mit einem Aufruf rechnen. Bram war gestern in Amsterdam, hat mit seiner Schwester Froukje gesprochen (der Privatsekretärin von Prof. Cohen, dem Vorsitzenden des Judenrates der ganzen Niederlande). Der hat Bram zufolge auf der Liste nachgeschaut, und wir stehen alle drei drauf (Rachel, Bram und ich). Wenn ich das richtig verstanden habe, hat Froukje alles versucht, um uns wieder von der Liste zu bekommen. Aber das darf niemand wissen. Wir bekommen vorerst wahrscheinlich keinen Aufruf: Wenn doch, sollen wir Froukje ein Telegramm schicken, und sie bringt es für uns in Ordnung. Großartig, oder?

Die vorherige Liste mit 1500 Mitarbeitern vom Judenrat hat man zerrissen, denn von den 2000 Aufgerufenen arbeiten 1100 beim Judenrat, deswegen werden sie freigestellt, und die Liste ergab einfach keinen Sinn! Wir haben auch jetzt keine unbeschränkte Freistellung, aber wir müssen sehr wahrscheinlich mit dem letzten Zug weg. Ich gehe davon aus, dass wir vier Wochen Aufschub haben. Und die brauchen wir auch, denn wir versuchen, über die Grenze zu kommen. Legal! Erklärung folgt nächstes Mal.

Donnerstag, 10. September 1942

In der Zwischenzeit hat es noch einmal Aufrufe gegeben, die meisten für 45- bis 60-Jährige (Altersgrenze wurde auf 60 erhöht). Aber ich war nicht wieder am Stieltjesplein. Nun geht es um die Gefangenen, die im Haagse Veer festgehalten werden (wegen nichts!!), dann bekommt die Familie zu Hause die Nachricht, dass sie mit ihrem Mann mitgehen darf und Koffer packen muss.

Dann wurden auch noch Aufrufe für die Arbeitslager verschickt. Papa war schon ausgewählt worden, was man so auswählen nennt zumindest, denn Atteste liest der Arzt flüchtig durch, klopft kurz, hört nicht mal zu und rennt zum nächsten Kandidaten. *Voilà,* und das nennen sie dann Auswählen. Bei der 1. Runde Aufrufe bekommt Papa einen Aufruf. Arbeiten zu müssen wäre noch nicht einmal so schlimm, denn in der Veluwe, dem schönsten und höchstgelegenen Ort in den Niederlanden, sind die Arbeitslager, aber man hat Angst, dass man nach Polen weitergeschickt wird. Papa hat inzwischen Ischias bekommen! Sodass er nicht wegkann. Er ist nun schon 3 Wochen zu Hause. Furchtbar langweilig für ihn, aber [er] muss im Bett bleiben, hat der Arzt in seinem Attest gesagt, und vielleicht kommt jemand zur Kontrolle. Unter der Hand versuchen wir Pa über den Judenrat freizubekommen, weil Papa in unserem Atelier Leiter für Rucksäcke usw. ist. Aber mit der Liste ist etwas schiefgegangen, sodass wir da keine Hoffnung mehr haben.

Jetzt kommt das Badezimmerdrama!

Rachel und ich waren am Dienstag um 11.30 Uhr im Bad. Wir haben ein bisschen laut gesprochen und gelacht, und da hat jemand in der Nachbarschaft etwas von nach Polen Schicken gesagt. Mama und Papa kamen nach oben gerannt und schimpften sehr mit uns. Sofort waren wir still, aber umsonst, denn am nächsten Tag hörten wir vom Gemüsehändler (völlig verrückt, was?), dass die Frau, die so geschrien hatte, ein NSB-Mitglied, schon bei den anderen Nachbarn gewesen ist und wissen wollte, wer noch Probleme oder so etwas mit uns hätte. Neben uns wohnen auch Leute von der NSB, die sind also sicher nicht auf unserer Seite, und jetzt haben wir schreckliche Angst, dass sie uns wegen »Ruhestörung« bei der SS meldet, und dann werden sie uns mit dem Überfallwagen abholen und nach Westerbork und nach Polen bringen, und das bedeutet ... den Tod? Aber wir müssen das Beste hoffen. Wir sind jetzt sehr ruhig, verdunkeln ganz pünktlich, schreien nie, verhalten uns kurzum für unsere Verhältnisse vorbildlich. Ob das etwas nutzt? Wir sitzen jedenfalls in der Falle. Mit dem Fall Weinreb[24] sieht es folgendermaßen aus: Weinreb hat der deutschen Regierung einmal einen Dienst erwiesen. Daraufhin hat die deutsche Regierung ihm und 30 Familien erlaubt, sie dürften das Land verlassen und ins unbesetzte Frankreich gehen. Das klingt natürlich fantastisch, und das ist es auch. Der Mann, der das versprochen hat, sitzt hier in einem Büro und in Berlin, sodass morgen [das] erteilte Visum von Vichy (Hauptstadt des unbesetzten Frankreich) angekommen ist. Durchreisevisa für Belgien und Frankreich sind angekommen, wir wurden ausgewählt; sehr streng, aber hier sagte natürlich jeder, er wäre kerngesund. Also ist alles bereit zum Aufbruch. Wir haben schon Richtlinien bekommen: 4 Kleider mitnehmen, 6 Paar Strümpfe, 6 Garnituren Unterwäsche, keine Zahnpasta, 1 Pyjama, ansonsten so wenig wie möglich. Ein Mann von der Wehrmacht kommt abends nach 8 Uhr und sagt uns Bescheid (dann dürfen die Juden nicht mehr auf die Straße, später als 8 Uhr), und am nächsten Tag um halb 10 fährt der Zug ab. Jetzt warten wir jeden Abend darauf, dass jemand kommt.

Die Koffer sind größtenteils schon gepackt. Es ist nur verrückt, dass die eine Instanz der Deutschen (SS) nichts von der anderen Instanz (Wehrmacht) wissen darf, die uns die Zustimmung gegeben hat. Froukje (Brams Schwester) rät uns sehr, nicht zu gehen, vor allem, weil aus dem unbesetzten Frankreich gerade 11000 Juden nach Polen geschickt wurden (also gerade kurz bevor das hier passiert ist). Aber wir denken, dass das Illegale sind. In einigen Tagen wird sie von offizieller Seite mehr darüber wissen, und das wird sie uns berichten. Deswegen, findet sie, sollen wir vor allem erst mal abwarten. Aber einerseits haben wir nicht viel zu verlieren (Badezimmeraffäre, Papa Arbeitslager), andererseits kann Froukje etwas für uns ausrichten, was die Deportation betrifft. Deswegen wissen wir jetzt nicht, was wir tun werden. Ich glaube schon, dass wir gehen werden; ein Gedanke von mir, nach Polen, da bei den Aufrufen, hatte ich keine Ahnung, dass wir gehen würden. Bisher ist es so eingetreten, aber meine Vorgefühle bedeuten meistens nichts. Die von Mama dagegen, die werden immer wahr, und in diesem Fall kann ich einfach nicht rauskriegen, was sie von der Sache hält. Ich glaube, dass wir gehen, aber das ist dann nicht so eine angenehme Sache. Aber wenn wir da in Ruhe leben können (ich habe vor, in den Gartenbau zu gehen) und ohne Angst vor Aufrufen, festgenommen zu werden, usw., dann ist es schon angenehm, deswegen hoffe ich auf gute Nachrichten von Froukje.

Am Sabbat und am Sonntag ist Rosch ha-Schana[25], hoffentlich wird es ein besseres und glücklicheres Jahr für uns Juden als das letzte. In Frieden. Umein!

Montag, 14. September 1942

Gestern in der Synagoge gewesen.[26] Der Gottesdienst war prächtig! Rokach war Vorsänger, aber er hatte Unterstützung von einem Chor. Drei Jungen, und es klang genau [wie] eine Grammophonplatte. Rokach hatte einen vom Chor: Sam de Jong, sehr tief. Am שבת [Sabbat] waren Rach und ich, am Sonntag Mama, ich, später Pa. 8 Uhr ging natürlich nicht. Bram war auch kurz dabei. Fand es auch schön.

Letzten Montag bin ich wieder in die Schule gegangen, es war richtig schön, denn wir saßen zu dritt in der Klasse. Genau wie Privatunterricht. Davor hatte ich Hexenschuss, dadurch konnte ich am Mittwoch nicht in die Schule gehen. Ich musste für den Judenrat etwas zum Postamt bringen: Ich war fertig und wollte gehen, aber nein, plötzlich konnte ich nicht mehr laufen. Dann bin ich mit Tippelschritten weiter. Also hatte ich im Alter von 15 Jahren zum ersten Mal einen Hexenschuss. Ein denkwürdiger Tag!

Als ich in der Schule ankam, waren alle Lehrer sehr froh, mich zu sehen: wieder eine Schülerin dazu! Aber Mama will nicht mehr, dass ich zur Schule gehe. Ich soll ein bisschen im Haushalt helfen, vor allem jetzt, wo es ans Kofferpacken usw. geht, und auch noch, solange ich hier bin, für meine Freistellung beim Judenrat sorgen. Also habe ich am Mittwochnachmittag Dr. S. Wijnberg (Rektor) Lebewohl gesagt. Aber er ließ mich nicht gehen, ich musste auf alle Fälle bis Montag bleiben. Ich sollte doch auch ein bisschen an die Lehrer denken (sagte er mit anderen Worten, denn die sind freigestellt, und wenn es keine Schüler gibt, müssen sie auch nach Polen). Aber als ich nach Hause kam, erfuhr ich von den Folgen unseres Badezimmerdramas, und dann dachte keiner von uns mehr daran, sodass ich nun morgens Betten mache, die Wäsche erledige, Staub wische usw. usw., und nachmittags bin ich Kurier. Zum Glück gibt es am Stieltjesplein nichts zu tun. Ein paar aus der Schule sind auch

Kuriere, u.a. Eddy Heidt (ziemlich nett, ein bisschen langweilig) und Wiet Wijler, Dolf van Dantzig (der Bruder von Louki van Dantzig) war auch da. Es heißt, er ist ein bisschen verrückt, aber davon habe ich bisher nicht viel gemerkt. Er studiert, und was sein Studium betrifft, ist er auf jeden Fall sehr klug. Das kommt öfter vor: Genies sind im alltäglichen Leben ein bisschen verrückt. Er hat die Manie, die Leute stundenlang ohne Pause anzuschauen. Ich hatte schon davon gehört und hatte Angst, ich wäre heute an der Reihe, aber glücklicherweise war das nicht der Fall, es gab nur ein kurzes: Fräulein!

Er fragte Wiet, wie es zu Hause ging. »Gut.« »Wie geht es Sam?« »Der beschäftigt sich selbst zu Hause, arbeitet.« »Und Hetty?« »Hilft zu Hause und manchmal beim Judenrat.« Ich schaute sehr spöttisch drein. Später begegnete Rachel Wiet noch und fragte, ob sie gute Nachrichten von Sam und Hetty bekommen habe. »Ja«, sagte er. »Es geht ihnen gut.« Jetzt kann es natürlich auch sein, dass »Es geht ihnen gut« bedeutet, dass sie noch zu Hause sind, aber das ist wenig wahrscheinlich, oder sie sind in der Schweiz oder untergetaucht, denn man sieht sie nirgendwo! Und das passt überhaupt nicht zu den Wijlers. Wiet ist auch erst in den vergangenen Wochen wieder draußen erschienen. War sicher auch schon untergetaucht. Aber warum befasse ich mich überhaupt damit? Ich würde es nur schrecklich komisch finden, wenn ich Sam irgendwo im unbesetzten Frankreich begegnen würde. Dass ich das zionistische Lied (Hatikwa[27]) pfeife und Sam dann zurückpfeift ... irrwitzig natürlich, aber ... manchmal geschehen ja auch einfach Wunder.

Froukje war neulich für ein Wochenende mit Roland Frederikstadt hier. Es war schrecklich nett. Froukje ist 20 Jahre alt, noch nicht verlobt oder verheiratet (vielleicht ja bald mit Roland, aber der ist erst 20, auch wenn er sich viel erwachsener verhält). Man fühlt sich mit ihr sofort wohl, sie ist ein wirklich liebes Mädchen. Zu Brams Geburtstag am 4. September war sie auch kurz da. Sie ist wirklich ein Gewinn für die Familie. Vielleicht besorgt sie für Rachel auch tatsächlich eine Reiseerlaubnis nach Amsterdam, wenn sie am 5. Oktober Geburtstag hat, das ist in 2 Wochen, dann kann Rach auch gleich Joechoes und Peretz besuchen. Peretz hat auch Aufschub bekommen, weil er krank ist: die Fallsucht. Joechoes ist wieder da, Diny war krank! Hat Arbeit beim Militär. Also bedeutet auch das Aufschub, obwohl sie inzwischen in Amsterdam dabei sind, die Leute in alphabetischer Reihenfolge aus den Häusern zu holen, 1 Stunde Zeit zum Packen und dann weg. Heute Abend fangen sie, glaube ich, mit dem J an. Ich hoffe, dass wir, wenn es hier auch soweit kommt, schon lange weg sind (sehr egoistisch), oder für alle das Beste: Frieden!

Donnerstag, 24. September 1942

Vorgestern Nacht hatte ich so einen tollen, schönen Traum. Ich weiß nicht, wie ich plötzlich darauf kam, oder eigentlich schon, weil ich immer noch an ihn denke, obwohl er schon lange untergetaucht ist. Ich habe nämlich geträumt, dass ich zusammen mit Sam W. beim Judenrat zu Mittag gegessen habe. Ich war früher als sonst zum Judenrat losgegangen. Am Diergaardesingel bin ich ihm begegnet. Ich umarmte ihn, so froh war ich. Er war auch sehr froh und brachte mich zum Judenrat. Je näher wir dorthin kamen, desto langsamer gingen wir, so viel hatten wir einander zu erzählen. Als wir fast da waren, habe ich ihn eingeladen, zum Mittagessen beim Judenrat zu bleiben. Ich hatte Brot bei mir. Wir setzten uns beide auf eine Fensterbank, sehr nah zusammen und gemütlich. Als wir fertig waren, brachte ich ihn noch ein

Stück. Erst geradeaus (auf eine Grasfläche mit lauter kleinen Hunden). Dann wieder in eine Seitenstraße: Sam reichte mir einen Arm, glaube ich, und so gingen wir noch ein Stück weiter. Plötzlich sagte er (ein bisschen so wie Bram): »Wenn du mich umarmst und zum Mittagessen einlädst, kann ich ja wohl nicht widerstehen«, und wir gingen einfach dicht nebeneinander weiter und unterhielten uns. Bis wir irgendwann Abschied voneinander nahmen.

Ich wurde mit einem wunderbar zufriedenen Gefühl wach. Es war so nett gewesen! Wirklich etwas, von dem man in der harten Welt zehren kann.

Neulich haben sie nachts Menschen mitgenommen, bestimmt 100, Rumänen und Ungarn. Diese Nationalitäten wurden von ihren Konsuln geschützt, trugen keine Sterne, genau wie die Gojim. Aber neulich erzählte Bram, dass es damit vorbei war und sie wieder gewöhnliche Juden waren. An diesem Abend wurden sie abgeholt. Am nächsten Tag hörten wir es. Auch viele Bekannte von mir: Ganz (der jüdische Schlachter der Jüdischen Gemeinde), Feketes (waren noch bei uns gewesen, so gute Menschen, 70 und 75 Jahre alt!!). Schrecklich, und dann noch mehr solcher Fälle. Aber in der nächsten Nacht wachte ich nachts auf und hörte ständig Autos und Soldaten, und ich hatte eine Todesangst, dass sie uns holen kommen. Am Morgen wachte ich mit Kopfschmerzen und Übelkeit auf. Fühlte mich überhaupt nicht gut. Mittags 38 Fieber, abends 38,7 und am Morgen wieder 38,5. Dann kam der Arzt, er hat mir wieder gründlich die Lungen abgeklopft und alles war *all right*. Da brauchen wir uns keine Sorgen zu machen. Er diagnostizierte eine leichte Grippe, ich bekam eine Medizin für den Magen, und am Montag wollte er zurückkommen (es war Samstag). Am Montag war Jom Kippur [Versöhnungstag, A.d.Ü.], ich konnte also nicht in die Synagoge, habe aber zu Hause gebetet. Ich habe nur den halben Tag gefastet (seit ich zwölf bin, tue ich das den ganzen Tag), weil ich krank war; Mama wollte es so. Der Arzt kam, ich durfte am Dienstag wieder aufstehen und am Donnerstag nach draußen. Während dieser Zeit schlief ich unten. Am Dienstagabend ging ich nach oben und träumte ... Mittwoch hoffte ich wieder ... Aber träumte etwas ganz Verrücktes, etwas mit Wiet, so bleibt es wenigstens in der Familie. Jetzt gehe ich in die Heia, es ist halb 10. Im Moment passt man ein bisschen auf mich auf.

Dienstag, 13. Oktober 1942

Mein Traum ist teilweise wahr geworden!

Am folgenden Samstag (dieser Traum!) ging ich zum Judenrat, am Diergaardesingel entlang, und wen sah ich da an einer Ecke stehen? Sam W.! Genau wie in dem Traum: Früher als gewöhnlich zum Judenrat, das stimmte, die Ecke am Diergaardesingel stimmte (nur die Umarmung fehlte). Wir haben uns angeregt darüber unterhalten, wie es in der Zuteilungsstelle nach van den Berg vor sich geht. Er spuckte dabei auf den Boden. Das fand ich nicht sehr manierlich, aber das kann auch an den NSBlern gelegen haben. Über Menschen, die man abgeholt hatte. Über die Nacht gesprochen, aber nicht weiter darauf eingegangen. Nur über Stempel haben wir nicht gesprochen, und das ist in diesen Zeiten eine Leistung.

Am Tunnel haben wir uns ganz normal mit einem »Tschüss« verabschiedet. Mit den Stempeln ist es folgendermaßen:

Die Leute, die beim Judenrat, in der Jüdischen Gemeinde, im Krankenhaus usw. usw. arbeiten, wurden durch die Personalkommission eingeteilt: Valk, de Liever, Messcher, in A-, B- und B2- und C-Listen. Die A-

Gruppe, 350 Personen in Rotterdam, bekommt einen Stempel auf den Ausweis, dass sie *bis auf weiteres** von der Arbeit in Deutschland freigestellt sind. Die B-Gruppe springt ein, wenn A ausfällt (»untergetaucht« oder so etwas), B2 und danach C bekommen in den Lagern administrative Aufgaben oder werden als Leute vom Judenrat betrachtet, die also erst »bevorrechtigte« Arbeit bekommen. Ich halte das alles für *»kwatsch«* [phonetische Schreibweise des deutschen »Quatsch«, A.d.Ü.], außer A, denn dann ist man wirklich vorläufig befreit.

Am Freitagabend brachte jemand einen Aufruf für Rachel: Sie solle sich in Amsterdam so einen Stempel holen. Bram hat auch einen bekommen, zusammen müssen sie sich am 9. Oktober den Stempel holen. Aber wir? Wir haben keinen. Wir stehen auf der C-Liste. Froukje hat alles Mögliche versucht, um auch für uns (denn Rachel und Bram haben ihre von ihr) so einen Stempel zu bekommen, konnte aber nichts tun. An diesem Freitagabend haben wir über nichts anderes mehr gesprochen als über Stempel. Rachel sagt, wenn wir wegmüssen, geht sie auch, aber hilft sie uns damit? Wir bleiben doch sowieso nicht zusammen. Vielleicht Rachel und ich, aber wer garantiert uns das? Wenn nur wenigstens einer aus unserer Familie gerettet wird. Aber was hat sie von einem Leben ohne Eltern + Schwester? Andererseits hat sie auch wieder Bram, der doch ihre Zukunft bedeutet. Also hat sie auf alle Fälle noch jemanden, aber ich? Wenn ich untertauchen würde und Ma und Pa gehen würden, sehe ich sie wahrscheinlich nie wieder, wenn sie weitergeschickt werden, oder Pa müsste als Schneider in Westerbork bleiben. So drehen wir uns immer nur im Kreis.

Als ich an diesem Samstagmorgen aus dem Judenrat kam, war Richard Goudsmid (ein Bekannter, 18 Jahre, ich finde ihn nicht nett, er ist zu locker) bei uns, und er war sehr verblüfft, dass wir nichts wussten. Alle Frauen und Kinder, deren Männer in den Arbeitslagern sind, waren in dieser Nacht mitgenommen worden, ±800 Rotterdamer. Papa bekam doch auch einen Aufruf, war aber von der Krankheit am Weggehen gehindert worden. Was für ein Glück war das, sonst wären wir alle nicht mehr dagewesen, zumindest nicht in den Niederlanden ... In Holland haben sie in dieser Nacht alle Frauen mitgenommen (von den Männern in den Arbeitslagern), insgesamt 13000 Juden. *Voilà,* das Essen in Westerbork ist alle, und es gibt eine große Hungersnot, weil die Päckchen, die wir schicken, nicht ankommen. Am Samstagabend hatten wir Todesangst, aber zum Glück ist nichts passiert. Auch an den Tagen danach nicht, nur am letzten Donnerstag haben sie in Rotterdam allein 1500 Menschen abgeholt. Größtenteils alte Menschen, im Alter von 60 bis 65 Jahren, die für die Arbeitslager ausgewählt worden sind. Das Altenheim[28] ist auch ganz geräumt worden (bis zu 90 Jahren!!). Furchtbar!! Am Freitagnachmittag waren Razzien auf der Straße. Mama wollte trotz wiederholter Warnungen doch zwischen 3 und 5 Uhr (der Judenzeit) Einkäufe machen, da kam eine Dame auf sie zu und flehte sie an, zurückzugehen, denn auf der Perniskade wurden Menschen in den Überfallwagen gestoßen. Richard G. war am Donnerstagabend noch bei uns und sagte, er werde wahrscheinlich abgeholt (Vater war 65 Jahre alt) und tatsächlich, er wurde abgeholt. Am Donnerstagnachmittag war das schon beim Judenrat bekannt. Jetzt ist es abends ruhig. Vielleicht noch ein paar Abende?!?! Wer weiß. Am liebsten würde ich untertauchen. Aber ... Das zieht so viel nach sich!

Teil 2
Untergetaucht: 1942 bis 1945

Erstes Heft

Weil die Familie Ulreich einen Aufruf fürchtet, mit dem man sie über die Halle 24 nach Westerbork bringen würde, beschließt sie unterzutauchen. Carry wird zunächst zu den Eltern von Bram de Lange nach Hoogezand gebracht. Man glaubte, die Nazis würden sich zunächst auf die Juden in den Städten konzentrieren, sodass ein Aufenthalt auf dem Land sicherer sei. Die ersten beiden Tagebucheinträge – vom 16. und 20. Oktober 1942 – wurden in Hoogezand verfasst. Innerhalb einer Woche stellt sich jedoch heraus, dass auch die Juden in Hoogezand verhaftet werden würden. Carry kommt also doch wieder mit ihren Familienmitgliedern zusammen – an der (von nun an) gemeinsamen Untertauchadresse bei der Familie Zijlmans in Rotterdam. Ab dem 22. Oktober 1942 wird das Tagebuch an diesem Ort fortgesetzt.

16. Oktober 1942

Ein ganz neues Leben begonnen. Gefällt mir bisher sehr gut. Langweile mich noch nicht. Habe heute Morgen für zwei Tage Kartoffeln geschält, weil ich das am שבת [Sabbat] nicht tun will. Ansonsten lese ich und stopfe Strümpfe (das habe ich übrigens bisher erst einmal getan, heute Morgen im Bett). Aber bis halb 11 im Bett gelegen, Frühstück im Bett, ich werde schändlich verwöhnt. Eigentlich ging es mir richtig gut, so ohne Eltern. Das muss ein Kind auch mal haben können, das schadet mir schon nichts. Bin aber neugierig, wie es Pa und

Ma geht. Werde ich vielleicht schon sehr bald oder vielleicht auch nie wissen. Hoffen wir auf Ersteres.

20. Oktober 1942

Gestern Tante zu Besuch gekommen. Glücklicherweise keine Schmerzen, zwei Mal Pulver genommen, ansonsten sehr verwöhnt, wie immer. Ich liege jeden Tag bis 12 im Bett. Mache Stopfarbeiten und lese im Bett; Frühstück bekomme ich oben, also so richtig ein Leben wie eine Prinzessin ...

Im Moment lese ich *De Veroveraar* und *Atie's huwelijk*, ein Theaterstück von Simons-Mees.[29] Gefällt mir ziemlich gut, ich bin ganz verrückt nach Theaterstücken, vor allem zum Lesen. Jetzt habe ich also alle Zeit der Welt dafür. Bisher vergeht die Zeit auch nicht langsam, gestern Esperanto gelernt. Kann schon etwas, schon 3 Kapitel *Robinson Crusoe* gelesen (Esperanto!).

22. Oktober 1942

So viel herumgelaufen, dass ich Blasen an den Füßen hatte, später herrlich ausgeruht. Um 9 Uhr aufgestanden (wie von jetzt an immer), Zimmer aufgeräumt, Kartoffeln geschält, Gemälde angeschaut usw. Nachmittags gelesen und genäht. Es war eine große Überraschung für uns alle. Ich bin gespannt, ob der Krieg wirklich bald zu Ende sein wird.

1. November 1942

Politisch läuft es ausgezeichnet. Noch bis zum 25., und dann ... ist sicher immer noch Krieg. Stell dir mal vor, wenn das nicht so wäre ... Wir haben mit den Leuten hier riesiges Glück gehabt. Es sind wirklich Goldschätze. Wir, ich zumindest, fühlen uns hier ganz wie daheim, sogar schon zu sehr, denn ich schreie manchmal zu laut mit meiner Piepsstimme, aber dann ruft meine liebe Schwester sofort: »Pssst, pssst«. Sie übertreibt schon ganz schön, aber das ist auch gut so. Gleich, wenn Bram kommt, wird es sicher richtig gemütlich ... Aber es wäre besser, wir hätten es weniger gemütlich und wären dafür wieder zu Hause.

Die Tage vergehen ruhig; ich räume das Zimmer auf, schäle Kartoffeln und lerne oder arbeite nachmittags ein bisschen (Chemie, Französisch, Esperanto, Steno). Aber ich komme nicht voran. Könnte ich nur wieder in die Schule. Wenn man etwas hat, will man es nicht, und wenn ... Na ja, so ist es doch einfach immer. Wenn ich im September wieder zur Schule gehe, hätte ich normalerweise mein Abschlusszeugnis von der MMS bekommen sollen und dann studieren, und stattdessen ... Bin ich dann erst in der 4. Klasse. Was für eine schreckliche Welt. In jeder Hinsicht!

Ich weiß wirklich nicht, was ich mir zum Geburtstag wünschen soll. Mal sehen, bis dahin dauert es noch so lange ...

Unbekanntes Datum

Vorgestern hatten wir einen Gast! Frau [Zijlmans][30] setzte eine große Menge Chinakohl auf, und ich machte eine Bemerkung deswegen, da sagte Herr [Zijlmans]: »Wir bekommen einen Gast.« Ich schaute sehr ungläubig drein. »Ja, Bram.« Erst glaubte ich es nicht. Nichts für ihn, aber Bob war ihm bis zum Tunnel entgegengegangen. Da sagte ich zu Rachel, dass ihre Frisur nicht richtig gut aussah, und Frau [Zijlmans] bestärkte mich darin. Da ging Rachel nach oben. Inzwischen kam Bram und ging auch nach oben. Eine halbe Stunde lang Begrüßung ...

Ansonsten war es sehr gemütlich. Um 8 Uhr muss er

wieder zu Hause sein. An meinem Geburtstag kommt er wahrscheinlich nicht. Ansonsten läuft alles so wie bisher. Diese Woche noch nichts gelernt. Habe auch Kopfschmerzen. Nächste Woche werde ich den Rückstand schon aufholen.

PS. Bram brachte ein Buch mit: *De neger zingt.*[31] Er fand es interessant, weil er sich selbst in derselben Situation wie die Neger sieht: wie ein aus der Gesellschaft Ausgestoßener. Sind wir Juden das?

15. November 1942

Der große Tag ist also endlich vorbei und ... war riesig nett. Morgens früh kam Bram und blieb mit Rachel zusammen unten sitzen, bis die Familie Zijlmans aus der Kirche zurückkam. Dann gingen wir auch nach unten; ich wurde mit Glückwünschen und Geschenken bestürmt. Von Pa und Ma ganz entzückende geflochtene Pantoffeln, einfach wunderhübsch. Natürlich direkt den ganzen Tag getragen. Von Rachel *De onbekende*[32]; dieses Buch wollte ich furchtbar gern haben, es ist schön geschrieben; und Freesien. Von Bram fünf kluge Bücher, um mir das Leben zu verschönern. Sehr nett. Von Mies und ihrem Verlobten ein Armband, aus Holz und handbemalt, und ein flüchtiges herzliches Küsschen von Mies. Was für ein Unterschied zum letzten Jahr; damals bekam ich von Pa und Ma ein goldenes Gliederarmband, ganz entzückend, das habe ich immer getragen, bis die Verordnung zum »Gold abgeben« kam. Schade, dass ich Armbänder nicht so gern mag. Vom Rest der Familie wurde mir von zweien ein Buch mit dem Titel *Hoe vindt u het jonge meisje?*[33] geschenkt. Auch sehr nett.

Also alles in allem, was die Geschenke betraf, ein sehr guter Geburtstag. Nur schade wegen der schlechten Neuigkeiten, die haben mir so ziemlich den Tag verdorben. Am Samstag bekamen wir von Bram (der noch manchmal im Haus die Post holen geht) zwei Postkarten von *Onkel** Iziu. Die erste ist eine Abschiedskarte von uns und vom Leben. Er findet es schrecklich, schon so jung sterben zu müssen, denn er fürchtet jeden Moment mitgenommen zu werden, und dann in Baracken oder so zu landen; auf alle Fälle, so schreibt er, kommt man nicht mit dem Leben davon. Aber auf der zweiten Karte steht, dass er entkommen ist, dass er also noch da ist; die Leute, bei denen er wohnt, eine Frau mit Tbc und eine sehr alte, sind nicht mehr da, deswegen muss er zum zigstenmal umziehen. Unten steht noch hingekritzelt, dass Frau Better weg ist. Das ist ein Schatz von einer Dame; Pa hat 1938 ihrer Tochter, Tante Hela, mit Mann und Sohn aus Berlin nach Palästina geholfen. Solche Leute hast du noch nie erlebt, solche Schätze!!!

Jetzt bekommen wir noch manchmal besorgte Rotkreuzbriefe von ihnen aus Palästina. Mama, die schon früh, im Alter von 10 Jahren, ihre Mutter verloren hat, war bei Frau Better. Sie war steinreich, hatte gerade erst die schönste Villa in Krakau bauen lassen. Zuletzt wohnte sie mit 8 Leuten in einem Zimmer. Würde sie nur noch dort wohnen! Jetzt ist sie leider schon weg, wer weiß, vielleicht schon tot? Arme Tante Hela!

Wie kann ich da unbesorgt meinen Geburtstag feiern? Alle fanden mich so still, aber kann ich daran etwas ändern? Wenn Mama sagt: »Ich spüre einfach, dass mir nach dem Krieg mein (*Onkel**) Iziu und meine (Tante) Dora fehlen werden« (und ihre Ahnungen bewahrheiten sich sehr oft), ist dann die Zeit zum Fröhlichsein? Tante Dora ist im Augenblick noch in Amsterdam (Bram hat sie neulich noch besucht). Aber jeden Tag fahren immer noch Transporte mit Hunderten von Menschen aus Amsterdam ab. Wie lange kann sie also noch dortbleiben? Könnten wir ihr nur helfen! Groningen hat man vor Kurzem vollständig geräumt, außer Hoogezand und den Randgemeinden, und dort wohnen Brams Eltern. Jetzt warten sie ab, was mit ihnen geschehen soll. Wir hoffen, sie werden nach Amsterdam geschickt, weil sie gesperrt [vorläufig von der Deportation zurückgestellt, A. d. Ü.] sind, aber wir fürchten, dass sie direkt nach Westerbork kommen, und das bedeutet so gut wie weitergeschickt nach Polen, in den Tod.

Das alles hing wie ein Nebel über dem Geburtstag. Davon abgesehen hatten wir es richtig nett. Frau [Zijlmans] hat ein prächtiges Essen zusammengestellt. Wir sind es schon gar nicht mehr gewohnt. Wir platzten fast, als wir vom Tisch aufstanden. Ich durfte gar nicht in die Küche, also habe ich mich wunderbar faul in einen Sessel fallen lassen.

Abends haben wir noch etwas geschwatzt und genascht. Um elf Uhr ins Bett. Der Tag an sich war also sehr schön, nur die Umstände waren es nicht. Außerdem bin ich erkältet, habe Halsschmerzen, aber bis ich heirate, geht das schon wieder weg. Mama habe ich auch angesteckt. Wir dürfen hier nicht krank werden. Stell dir vor: Wenn wir sterben, sagt Frau [Zijlmans], legt sie uns bei den NSBlern vor die Tür!

22. November 1942

Die ganze Woche schrecklich erkältet gewesen, zwei Tage im Bett gelegen, am ersten ist Tante zu Besuch gekommen. Keine Schmerzen. Vielleicht bin ich ja darum so erkältet gewesen, aber das bin ich immer noch, auch wenn Tante wieder verschwunden ist.

Rachel hatte gestern Geburtstag. Wir hatten einen sehr schönen Tag. Bram kam schon um halb acht und weckte uns alle auf, aber das war nicht schlimm, denn ich [bin] zu Pa und Ma ins Bett gekrochen, und wir haben wie Sardinen in der Dose weitergeschlafen.

Rachel bekam von Pa und Ma einen wunderhübschen Ring mit Mondstein (bedeutet Erfolg), wirklich schön, und Kämme fürs Haar; von mir Visitenkarten, noch aus altem holländischem Papier, von Bram zwei Bücher, Seife, Zigaretten, Blumen, alles sehr schön, von Mies + Verlobtem eine Brosche, sehr schön, vom Rest der Familie ein Buch aus der Palet-Serie: Breitner, und noch ein anderes Buch von Speenhoff, auch sehr schön. Bram sagte, auch wenn später der Krieg schon vorbei wäre, würde er trotzdem hier seinen Geburtstag feiern wollen, weil man dann viel bessere Geschenke bekommt, und damit hat er gar nicht so unrecht.

Ansonsten haben Ma und ich den ganzen Morgen und noch einen Teil des Mittags in der Küche gestanden, um alles zu putzen, Gemüse usw., denn Rachel durfte wieder nicht reinkommen. Mies' Verlobter kam im Rock, sehr schick und mit solchen Brustklappen, denn vor ein paar Tagen hatte ihn Rachel aus Spaß offiziell eingeladen, also ... kam er sehr offiziell daher. Wieder ein ausgedehntes Essen, nicht so wie bei mir (denn da war es außerdem auch noch Sonntag). Danach ging Bram weg. Habe sogar »einfach so« noch einen Abschiedskuss bekommen. Nach dem Abwasch ein bisschen gelesen. Als ich nach oben kam, hatte ich plötzlich schreckliche Lust, mir eine Zigarette anzustecken. Bekam die Erlaubnis von Rachel (denn sie waren von ihr), war sehr lecker. Ich rauche fast nie, nur manchmal bei Pa mit. Ich war Rachel wirklich dankbar, denn das befriedigte mich sehr, auch wenn ich niemals eine abhängige Raucherin werde. Eine abhängige Nascherin schon, dazu habe ich eine größere Veranlagung.

24. November 1942

Heute wollte Frau [Zijlmans] wissen, welchen Tag wir haben, und da war es schon wieder der 24. November. Gerade eben war es noch der 19. November; die Zeit fliegt nur so dahin. Genauso wie früher, als ich zu Hause war ...

Unbekanntes Datum

Eine Zeit lang nicht geschrieben. Es ist viel und zugleich auch wieder nichts Neues passiert. Brams Eltern in Hoogezand haben über Froukjes Protektion die Erlaubnis bekommen, mit allen Möbeln nach Amsterdam zu ziehen, was natürlich sehr praktisch für sie ist. Jetzt wird Bram wahrscheinlich bei ihnen einziehen, und für Rachel gibt es auch ein Plätzchen im neuen Haus. Sie will schon, aber ob es tatsächlich möglich ist ... Wahrscheinlich ist Letzteres für Rachel keine Möglichkeit. Bram hat neulich eine Nacht hier geschlafen, und gestern ist er wiedergekommen und bleibt bis heute Abend. Im Moment liegt das angehende Ehepaar bei mir im Zimmer auf dem Diwan und neckt sich zum Spaß, denn das Sprichwort sagt doch: *Wer sich liebt, der ...**

Seine Wirtin, Frau Mol, glaubt, dass er mit einer Reiseerlaubnis nach Amsterdam gefahren ist. In diesen Zeiten lernen wir wirklich noch richtig gut lügen!

Endlich ist man in England doch dahintergekommen, dass die Nachrichten, die schon lange hereinströmten, der Wahrheit entsprechen. Sie haben nie glauben wollen, dass in Polen ein gewaltiges Abschlachten unter den Juden stattfindet (kein gut verwendetes Verb, aber mir fällt kein besseres ein). Und jetzt stehen wir vor den Tatsachen. In der letzten Woche wurde immer wieder im englischen Radio gesagt, dass die englische und die amerikanische Regierung dagegen protestieren, und in Palästina ruft ein Rabbiner alle Juden auf der Welt zusammen, damit sie protestieren! Aber was nutzt das? Herr Hitler tut sowieso, was er will, und macht weiter mit dem Massenmord. Schon anderthalb Millionen Juden haben in Polen den Tod gefunden, und täglich werden immer noch Tausende ermordet. Ich begreife überhaupt nicht, wie sie das tun. Mama träumt fast jede Nacht von allen möglichen grausamen Dingen. Sie ist fest davon überzeugt, dass wir dort alle durch die Mühle gedreht werden. Heute Nacht träumte Ma wieder, dass ihr Dora die Todesnachricht von *Onkel** Iziu überbrachte, Mamas Lieblingsbruder. Wenn es noch lange dauert, wird es auch noch eines Tages dazu kommen, denn in seinen letzten Karten stand, dass er sich nicht über Wasser halten kann. Ein so junger Mann, gerade erst fertig mit dem Studium, noch nicht so lange eine Arztpraxis, nicht verheiratet, warum muss er sterben? Diese Frage können wir bei Tausenden anderen auch stellen. Warum? Warum? Auch von Pa sind schon ein paar Brüder und eine Schwiegertochter weg und auch Nichten und Neffen. Höchstwahrscheinlich sehen wir keinen von ihnen wieder. Es dringt wirklich nicht völlig zu einem durch. Stell dir vor, ich hätte Rachel nicht mehr. Ich darf gar nicht an so etwas Schreckliches denken.

Gestern wurde im englischen Radio wieder eine Sendung über die Juden ausgestrahlt. Da wurde das Gebet für die Toten erst auf Polnisch und dann auf Englisch ausgestrahlt. Zum Schluss hat ein Gazzen [jiddische Variante des hebräischen »Chasan«; Vorbeter, Leiter des Gottesdienstes in der Synagoge] es gesungen. So etwas Rührendes habe ich noch nie gehört. Eine prächtige Stimme, so voller Trauer, er sang wirklich für uns Juden, von Herz zu Herz. Tränen der Rührung stiegen uns in die Augen. Papa hatte sogar einen hörbaren Weinanfall, so sehr war es, als würde für seine Geschwister gesungen. Das vergisst man nie wieder, dieses Gebet, so prächtig.

Nur begreife ich nicht, dass es gerade am שבת [Sabbat] im Radio gesendet wurde, dann dürfen wir doch eigentlich gar nicht zuhören? Und wenn wir nicht gerade dieses Gebot übertreten hätten, hätten wir dieses Gebet verpasst. Ich begreife es nicht. Denn so etwas wird doch für Juden ausgestrahlt. Die Christen fühlen mit, begreifen so etwas aber sowieso nicht.

Habe immer noch Kopfschmerzen, mittags fängt es an, über dem rechten Auge, und abends, ungefähr wenn wir ins Bett gehen, hört es auf. Deswegen hindert es mich am Arbeiten. Selbst wenn ich weitermachen will, geht das nicht, und ich muss mich hinlegen. Ich vermute, dass es von zu wenig Luft kommt. Dabei gehe ich regelmäßig auf dem Dach Luft schnappen.

Bram ist sehr lieb zu uns allen. Er bringt uns manchmal heimlich, d. h. auf unser Zimmer, nur für uns, etwas Leckeres mit, denn abends haben wir oft Hunger, wenn wir schlafen gehen. Und auch Marken für die ganze Gemeinschaft. Wir hoffen, dass wir diesen Monat noch unsere Marken holen können. Hoffen wir, dass es klappt. Aber zuallererst will ich Gott anflehen, dass es Frieden wird, so schnell wie möglich, denn dann bleibt uns noch etwas, unserer Familie und unserem Volk.

Dezember 1942

Die ganze Stadt spricht wieder vom Fall Weinreb, wie unser besonderer Korrespondent Bram schreibt. Selbst Maschinisten sprechen davon (was die damit zu tun haben, ist mir ein Rätsel: vielleicht uns nach Frankreich bringen? Wie auch immer). Das unbesetzte Frankreich wurde vor ein paar Wochen von den Moffen besetzt. Aus der Reise würde doch nichts mehr werden, deswegen hatten wir das Ganze bereits als erledigt betrachtet. Aber jetzt kam Bram neulich mit der Neuigkeit, dass die Reise doch stattfinden soll: Wir gehen in drei Gruppen (diejenigen, die in Westerbork sind und tatsächlich von Weinreb festgehalten werden, gehen natürlich zuerst) nach Lyon. Dort bekommen wir ein Transformationsformular, das ein Jahr gültig ist, und damit müssen wir versuchen, in die Schweiz oder nach Portugal zu kommen. In diesem 1. Jahr gelten die Judengesetze für uns nicht. Also wieder so ein fantastischer Plan. Alle fahren mit, und es glauben auch alle, dass es klappen wird.

Jetzt zweifeln wir wieder. Was sollen wir tun? Ich fände es sehr gefährlich, wenn wir gehen. Erstens darf man den Moffen nie glauben. Vielleicht bringen sie uns über einen Umweg nach Polen, nachdem sie uns die besten Kleidungsstücke und Decken weggenommen haben. Und wenn wir tatsächlich in Lyon landen, können wir vielleicht nicht weg, weil die Zugverbindung unterbrochen ist und wir deswegen kein Geld haben und wir gerade von Amerika erwarten, dass sie uns helfen, nach Portugal zu kommen.

Für diejenigen, die keinen anderen Ausweg haben, ist es eine prächtige Chance, weil es sich hier tatsächlich um eine Chance handelt, einen Beweis, ob die Deutschen wirklich einmal ihr Wort halten. Die haben doch nichts zu verlieren. Im Moment werden aus Südfrankreich auch Juden nach Polen geschickt. Wenn sie dorthin kommen, sind sie Fremde, und wenn die Deutschen sagen »Ihr seid Juden« und »Was habe ich mit der Wehrmacht in Holland zu schaffen, ihr fallt einfach unter die Judengesetze«, nun, dann ist man dran. Da kann man nicht »schwimmen[34]«. Und auch hier in Holland ist es gefährlich für uns und unser 2. Zuhause. Wir sind schon 8 Wochen nicht mehr daheim gewesen. Alle Nachbarn wissen das, also sprechen die ganze Straße und jeder sonst darüber, dass man uns mitgenommen hat. Wenn wir jetzt plötzlich wieder auftauchen, spricht wieder jeder darüber, und auch die NSBler hinter und neben uns hören davon. Und wenn sie es seltsam finden (was sie ganz ohne Zweifel tun werden), melden sie es der SS, und wir sind alle fällig. Und selbst wenn sie es nicht tun, denn wir gehen ja legal weg, dann muss zu Hause alles gut laufen. Die Stoffe, Pressen, usw. Wir sind auch schon lange weg. Deswegen, wie man es auch betrachtet – ich finde, es ist und bleibt gefährlich. Andererseits dürfen wir die Menschen hier nicht ohne Grund in Gefahr verbleiben lassen. Bram wird mit Weinreb sprechen, sodass wir dann etwas anderes hören können. Die Wijlers gehen auch mit, aus der Mathenesserlaan 18 und 22 (beide Familien also).

Jet hat heute Dr. Henk Wijsenbeek geheiratet, sicher auch deswegen. Schade, in gewöhnlichen Zeiten hätte sie so eine Prachthochzeit gehabt, und jetzt ... Kurz sprach man darüber, dass die Wijlers und noch ein paar vornehme Juden in den Niederlanden nach Barneveld[35] gehen sollten, um da interniert zu werden, damit sie der Kultur erhalten bleiben. Sicher auch wieder ein Trick der Deutschen. Wozu sollten sie für die Kultur nach dem Krieg Kornhändler benötigen? Aber dieser Plan ist schon wieder Geschichte, denn sie gehen mit Weinreb ...

28. Dezember 1942

Ein riesig nettes Wochenende gehabt. Am ersten Weihnachtstag um 9 Uhr Weihnachtsfrühstück, sehr gemütlich und ausgedehnt, nur leider (oder eigentlich auch nicht, denn zurzeit sind da sowieso nur Katzen drin) essen wir kein gemahlenes Fleisch auf dem Brot (1 à 2x abends beim Mittagessen zur Stärkung).

Während des Essens merkte Pa plötzlich, dass er seinen Ehering verloren hatte, furchtbares Entsetzen; nach dem Essen haben wir unser ganzes Zimmer von oben bis unten durchsucht, aber nichts ... Er ist weg. Wir haben noch an allen möglichen Orten gesucht, aber den Ring noch nicht gefunden. Vielleicht finden wir ihn ja gerade, wenn wir nicht daran denken, aber es kann auch sein, dass er beim Händewaschen im Waschbecken durchgerutscht ist. Das würde bedeuten, dass wir in einer Woche zwei Ringe verloren haben, denn Rachel hat ihren Ring, den sie von Hans Schmerling bekommen hat, auch beim Kartoffelputzen verloren, er ist ihr vom Finger gerutscht, und gerade, als sie es merkte, wurden die Schalen im WC heruntergespült. Ganz schlimm für sie, denn es war eine Art Talisman; Rachel betrachtete ihn als eine Art Verlobungsring, obwohl er gar nicht von Bram war. Eines Abends, kurz vor den Aufrufen, wollten wir uns gegenseitig etwas zur Erinnerung schenken, da nahm Rachel diesen Ring vom Finger und wollte ihn mir geben, aber ich habe ihn nicht angenommen. Sie hat ihn immer getragen, es war also ihr Talisman, den ich ihr für Polen nicht wegnehmen wollte ... Trotzdem war es furchtbar rührend, als sie ihn vom Finger nahm, und nun ist er ein für allemal weg ... Diesen Augenblick damals werde ich nie vergessen ... da auf dem Diwan. Aber ich schweife ab.

Mittags Süßigkeiten gegessen, gelesen, zumindest: mit einem Buch vor mir dagesessen und ab und zu eine Seite gelesen. Abends um 6 Uhr kam Bram. Da haben wir den Tisch »schön ordentlich« gedeckt und bis um halb 9 Abend gegessen. Abgewaschen, uns zurechtgemacht, (echten) Tee getrunken, da war es sehr schnell 11 Uhr (wo bleibt nur die Zeit?), wieder ein bisschen geschwatzt und um halb 12 ins Bett. Abends haben wir nichts mehr heimlich gegessen, denn das konnten wir wirklich nicht mehr. Nach dem Essen habe ich sogar solche Magenkrämpfe bekommen (weil ich das überreichliche und auch fette Essen nicht mehr gewohnt war), dass ich mich hinlegen und das Korsett ausziehen musste. Es kann auch sein, dass es von Letzterem kam, weil ich das auch nicht gewohnt bin. Rachel natürlich wieder bis spät in die Nacht mit Bram geschwatzt. Am Morgen hat sich Rachel in einen dicken Frisierumhang gehüllt, und sie sind nebeneinander ins Bett gekrochen. Das würde ich nie tun. Ich will als verheiratete Frau zum ersten Mal bei meinem Mann liegen und mich nicht benehmen wie Rachel – die denkt, glaube ich schon, sie wäre schon verheiratet. Wenn Rachel das hier lesen würde, würde sie empört Einwände erheben, auch wenn sie findet, dass ich recht habe, »aber«, so sagt sie, »das jetzt sind keine gewöhnlichen Zeiten; stell dir vor, dass Bram verhaftet wird, dann will ich so viel wie möglich von allem schon erlebt und es auch so nett wie möglich gehabt haben.« Einerseits hat sie recht, aber Bram wird wahrscheinlich nicht mitgenommen (er taucht unter), also was soll Bram dann denken, sollte die Verlobung doch noch eines Tages gelöst werden? Das wird zwar wahrscheinlich nicht passieren, dafür lieben sie sich zu sehr. Aber man weiß nie, die Männer ... Und dann wird darüber geklatscht werden. Aber ich rede einfach so daher, denn soweit kommt es nicht. Sie werden bestimmt heiraten; ich wollte, es wäre schon so weit, denn ich sehne mich danach, Brautjungfer zu sein. In letzter Zeit schaue ich in allen *Libellen*[36] nach, ob nicht vielleicht etwas über eine Braut mit Zubehör drinsteht, denn ich will ein Abendkleid ... Wenn es nur schon nach dem Krieg wäre, dann würde sich das mit Brams Studium von selbst regeln, und wenn Bram *doctorandus* ist und eine Stelle hat, dann heiratet Rachel, und ich darf Brautjungfer sein. Das kommt dann ganz selbstverständlich so. Also zum zigsten Mal: Frieden.

Gestern Nachmittag habe ich mich allein im Vorzimmer auf das so herrlich gefederte Sofa gesetzt, nur mit dem Weihnachtsbaum und der kleinen Lampe. So etwas nennt man Atmosphäre. Einfach wunderbar, ruhig da zu sitzen und über alles Mögliche nachzudenken. Später haben sich Bob und Canis zu mir gesetzt und mir erklärt, wie das mit den Evangelien funktioniert: Vier Personen haben das Leben Christi niedergeschrieben, jeder in seinen eigenen Worten, die Fakten sind aber natürlich dieselben, nur manchmal unterscheiden sie sich ein wenig voneinander. Jesus ist erst ab seinem 31. Lebensjahr öffentlich aufgetreten und in seinem 33. gestorben, später wieder auferstanden. Jesus war auch derjenige, der das jüdische Gesetz erfüllt hat, glauben die Katholiken. Ich bin fast überzeugt, nur am »fast« hängt es noch. Trotzdem würde ich später gern mit jemandem darüber sprechen wollen, der mehr darüber weiß, zum Beispiel dem Rabbiner. Sollte jemand, der so viele Anhänger um sich sammeln konnte und dem so viele Märtyrer folgten, ein gewöhnlicher »falscher Messias« sein können? Wir tun fast nichts anderes als über Religion zu reden, über Zionismus (Bob und Canis sind dafür, Herr [Zijlmans] dagegen. Geht nicht, sagt er), Glauben, Katholizismus und Judentum, über alles Mögliche. Aber wir werden nicht überzeugt, also wird jedes Mal wieder eine Frage gestellt, und jedes Mal beginnt wieder eine Diskussion. Aber wir können nicht alles sagen, was wir denken, denn wir wollen sie nicht verletzen. Aber als Gesprächsthema ist es nie erschöpft, weil wir nicht wissen, wer recht hat. Jeder denkt von sich, er hätte das Richtige gefunden. Aber inzwischen weiß ich ein bisschen mehr darüber, und das finde ich schon gut. Zumindest habe ich wieder etwas gelernt.

Mies ist mit ihrem Verlobten nach Wageningen gefahren, zu seinen Eltern, und kommt erst morgen zurück. Man merkt wirklich, dass sie nicht da sind, denn es ist so still. Nicht, dass sie so laut wäre, aber es ist so ganz anders, wenn sie nicht da ist. Eine sehr muntere Person ist sie, aber sie wird langsam schon etwas launisch und alt; alte Jungfer. Dieses Titels darf ich mich auch rühmen. Mama sagt, ich bin viel zu anständig und wirklich der Typ für eine alte Jungfer, darum habe ich beschlossen, mit einer Katze in ein Dachzimmer zu ziehen, aber ich sage gleich dazu: nicht, weil ich es will, nur aus bitterer Notwendigkeit, weil mich niemand haben will. Und jetzt werde ich von allen mit meiner Dachkammer aufgezogen, und ich selbst ermutige das sogar noch. Aber es ist so, dass Mies neulich sagte, sie wolle um 25 Gulden wetten, dass ich vor meinem 30. Lebensjahr verheiratet bin, und Rachel auch, also werde ich 50 Gulden herausrücken müssen, denn ich bin doch fest entschlossen zu heiraten. Bob sagt sogar, innerhalb von 5 Jahren, aber das glaube ich nicht. Bob kommt Zuckerplätzchen essen, haben wir abgesprochen, da in der Dachkammer, als armer Maler, der etwas Gesellschaft braucht. Trotzdem würde ich mir das Leben dann sehr gemütlich einrichten. Schöne Möbel mit Lampen und indirekter Beleuchtung, vielen Büchern und einem Arbeitskreis, der mich interessiert. Bob würde sagen, dass ich dafür keine Zeit habe, denn mit meinen Kränzchen würde ich meine Zeit schon füllen, Strümpfe und Unterwäsche für die Soldaten stricken, denn es kommt natürlich wieder ein Krieg, oder sonst für die armen Kinder, oder wenn es ein idealer Staat ist, sodass es keine Armut mehr gibt, für die nackten Negerkinder. Aber das ist einfach Blödsinn.

Abends ging Bram weg. Abgewaschen, noch etwas mit Mama an die guten Zeiten vor den Deportationen zurückgedacht: an den Gartenbaukurs, die Schule im Allgemeinen, die letzte Chanukka-Versammlung. Wie weit weg mir das schon erscheint, wie gut war es damals noch ...

Später an diesem Abend haben Rachel, Bob und ich im Schein der kleinen Lampe im Hinterzimmer noch ein wenig geredet, u. a. wieder über ... Religion, dass die Religion uns Juden zusammengehalten hat. Unser Gegner war nicht ganz dieser Ansicht. Später, als ich mit Rachel allein dasaß, warf sie mir vor, ich würde mit Bob flirten, aber als ich sagte, dass ich es auch nicht richtig machen würde, wenn ich steif dasitzen und nichts sagen würde, und jetzt würde ich mich einfach ein bisschen geistreich mit jemandem unterhalten, und das wäre auch nicht gut, da war es plötzlich als Witz gemeint. Ich glaube, sie ist es nicht von mir gewohnt, und darum sagt sie so etwas, dass ich ... usw. usw. Aber jetzt, wo ich plötzlich einfach so immer ein paar Brüder um mich herum habe, ist es auch nicht mehr als recht und billig, dass ich in meinem Benehmen ein bisschen freier geworden bin; aber stell dir vor, jeder findet das, das würde mir dann doch auch wieder nicht gefallen. Jetzt will ich ein bisschen aufpassen und mich ein bisschen zusammenreißen, aber dann wird Rachel wieder sagen: »Du bist ja so steif!« Es ist aber auch niemals gut.

Januar 1943

Silvester auch schon wieder vorbei. Nachmittags allerlei Vorbereitungen getroffen, unter anderem Teig für Apfelpfannkuchen gerührt. Abends gemütlich zusammengesessen und geschwatzt (und nicht zu vergessen genascht, denn daraus besteht hier größtenteils die Gemütlichkeit). Um kurz vor 12: Souper. Husarensalat, sehr große

Schüssel voll, prächtig zurechtgemacht (u. a. mit Mayonnaise, ein sehr großer Luxus zurzeit). Dann schlug in England der Big Ben Zwölf, und wir haben schnell noch ein paar Happen im alten Jahr gegessen. Genau um 12 stand die Familie Zijlmans auf und wünschte sich gegenseitig ein gutes neues Jahr. Dann kamen sie an die Reihe. Ma II und Mies haben ein Küsschen bekommen. Plötzlich fangen die Boote an zu pfeifen, Rachel schaut nach draußen und sieht ab und zu ein großes Licht am Himmel, wir gehen aufs Dach und sehen, dass Leuchtraketen abgeschossen werden. Fast wie Feuerwerk, sehr schön anzusehen. Wieder nach unten, unser letzter Schluck Likör – Triple Sec – wird getrunken, wieder an den Tisch, wir soupieren weiter, alle ein wenig beeindruckt vom neuen Jahr. Als die Kaltschale aufgegessen ist, beginnt Herr [Zijlmans] mit seiner Neujahrsansprache (er hält jedes Jahr eine). Er geht alle wichtigen Ereignisse des Jahres durch, wir werden natürlich auch nicht vergessen, jedes Kind wird der Reihe nach behandelt. Mies ist immer so lieb zu allen und Bob auch, er tut wirklich sein Bestes, Canis auch eine große Stütze, aber muss sich selbst noch etwas besser kennenlernen, muss mehr Innensicht betreiben. Canis redet immer so viel, will die ganze Welt verändern: Der Staat war vor dem Krieg nicht gut usw., aber ist noch viel zu jung, viel zu unerfahren, und das kann Herr [Zijlmans] nicht ausstehen. Außerdem werden Niederländisch-Indien viele Worte gewidmet. Es war sehr rührend, und als Herr [Zijlmans] zu Ende gesprochen hatte, waren wir alle kurz still.

An solche Worte muss man sich das ganze Leben erinnern, und darum finde ich es so schön, alles aufzuschreiben, dann weiß man später, wenn man noch einmal an diesen Jahreswechsel denkt, und das werde ich zweifelsohne tun, ob einen etwas beeindruckt hat oder nicht. Zumindest, wenn man es sich noch einmal durchliest. Oder wenn einen die Kinder einmal danach fragen, wie man das gefeiert hat, als man untergetaucht war, ob man damals die ganze Zeit auf seinem Zimmer gesessen hat, dann kann man zumindest kurz nachlesen, wie es genau war.

Bram war abends kurz da gewesen (er verbrachte den Abend bei seiner Wirtin, Frau Mol hatte ihn schon eingeladen) und gab mir zwei Bücher, die ich Rachel nach Mitternacht geben sollte. Das eine war *Vredes-album*, allerlei Zitate über den Krieg, und das zweite ... *Baby's eerste levensjaar.*[37] Als Bram mir den Titel ins Ohr flüsterte, fand ich das so herrlich, und Rachel habe ich den ganzen Abend über neugierig gemacht. Ich habe ihr die Bücher im Familienkreis gegeben, aber als sie sie aufmachte, überzog eine Röte ihr Gesicht; erst fand sie es albern – aber später dann doch sehr schön.

Abgewaschen, Kaffee getrunken, noch bis zwei Uhr geschwatzt und danach ins Bett. Ansonsten ist in den Tagen danach nicht viel Besonderes passiert.

Unbekanntes Datum im Januar 1943

Bob hat bei einem Wettbewerb von Paul Tétar van Elven (Stiftung)[38] mitgemacht. Erst mussten eine ganze Menge Maler (±60 aus den Niederlanden, bis 35 Jahre) eine historische Probeskizze einschicken. Bob schickte die Emmausjünger. Ein wenig später hörten wir, dass er mit drei oder vier anderen zur Probeakademie zugelassen wurde. Das ist natürlich eine schrecklich große Ehre für ihn. Vorige Woche ist er nach Amsterdam gefahren, um dort die Skizze anzufertigen: die Versöhnung zwischen Tromp und de Ruyter durch Wilhelm III.[39] Er selbst fand seine Arbeit gelungen, und gestern erhielt er die Nachricht, dass er zum eigentlichen Wettbewerb zugelassen ist. Das sind nur 2, höchstens 3 Maler in den Niederlanden. Habe ich also kein Recht, auf meinen »Scheinbruder« stolz zu sein? Stell dir vor, er gewinnt den Wettbewerb ... Dann bekommt er eine Unterstützung von 8000 Gulden, um zu reisen. Und nicht nur das, auch das Prestige ... Das letzte Gemälde kommt in ein kleines Museum in Delft.

Rachel schmollt wieder. Das tut sie ständig. Ganz wunderbar, wenn man verlobt ist. Das mache ich sicher auch so. Jetzt haben sie wieder folgendes Problem: Bram hat jetzt einen sehr engen Freund: Roland Frederikstadt. Er schreibt Bram hin und wieder Briefe, aber die will Bram Rachel nicht lesen lassen, weil sie nicht für sie bestimmt sind, sagt er. Aber Bram will Roland nach der Hochzeit behalten und mit ihm korrespondieren, und damit hat Rachel dann nichts zu tun. Sie soll die Briefe, die für Bram kommen, nicht lesen. Ist das richtig so? Ich selbst habe noch keine richtige Antwort gefunden. Ich selbst kann mir eigentlich so etwas kaum vorstellen, denn ich werde mich an meinen eigenen Mann anpassen müssen, zumindest werde ich lernen müssen, mich anzupassen, aber da ich noch keinen habe ...

Nach der Hochzeit sind Mann und Frau doch eins. Also ist der Freund des Mannes auch der Freund der Frau. Also darf die Frau die Briefe auch lesen, aber diese Überlegung geht nicht immer auf. Wenn der Mann ein eigenes Leben führt und die Frau auch, dann kann es doch nie eine harmonische Ehe werden? Dann hat der Mann vielleicht Sorgen wegen seines Freundes, und davon darf die Frau dann nichts wissen. Das ist doch nicht gut? Aber andererseits kann ich begreifen, dass der Freund will, dass niemand sonst darüber Bescheid weiß. Wenn ich Rachel später einen Brief schreibe, ist es mir, glaube ich, auch lieber, dass er ihn nicht liest. Briefe von Frau zu Frau. Und so ist es vielleicht auch bei Briefen von Mann zu Mann.

Aber, wie man so schön sagt, ein Mann hat seine Frau, und der muss man vollkommen vertrauen und ihr alles anvertrauen, und dann braucht man keinen Freund mehr. Den hat man in seinem Junggesellenleben. Alles, was zwischen Mann und Frau geschieht, braucht nicht direkt an Dritte weitererzählt werden. Dann kann man gute Bekannte haben, aber ein richtiger Freund bei Mann oder Frau ist dann ausgeschlossen. Mies sagt, wenn man verlobt oder verheiratet ist, kann und darf man keinen engen Freund brauchen. Die Probleme müssen zwischen Mann und Frau selbst gelöst werden. Ich glaube, sie hat recht. Wenn ich verlobt oder verheiratet bin, werde ich versuchen, ein harmonisches Ganzes zu erreichen, in dem ich Dritten nichts von unserem Glück erzählen werde, und dann ist die Freundschaft zwischen mir und meiner Freundin (Sonja?) irgendwann von selbst vorbei. Dann ist das Briefproblem also von selbst gelöst, denn dann bekommt man keine. Bram will später auch noch mit einer ehemaligen Kollegin korrespondieren, Froukje Mulder. Gut, aber warum sollte Rachel das nicht lesen dürfen? Vielleicht würde sie es nicht verstehen, wegen der Wirtschaftsbegriffe, aber darum darf sie es doch trotzdem lesen? Natürlich! Zu dieser Schlussfolgerung komme ich: dass Bram unrecht hat. Zumindest ... Ihn selbst habe ich dazu noch nichts sagen hören; wenn er starke Argumente hat, werde ich bestimmt noch einmal darüber nachdenken und schreiben.

Unbekanntes Datum im Januar 1943

Tante zu Besuch gekommen. Fast nichts davon gemerkt. Einigen Berichten zufolge ist ein Transport abgefahren, darunter ±150 Personen von der Weinreb-Liste. Bisher hatte man sie in Westerbork festgehalten. Wird daraus jetzt nichts mehr? Der Transport wurde verschoben, aber trotzdem haben sie noch Hoffnung ...

Die Wijlers sind jetzt doch nach Barneveld gekommen. Zumindest die aus der Nummer 18. Papa Jo Wijler aus der Nummer 22 hat man verhaftet. Warum? Wahrscheinlich, weil er Jude ist. Schreckliche Geschichte. Hetty hat schon einen Brief aus Barneveld geschrieben.

PS: Einige Wochen später Papa glücklicherweise wieder frei.

Unbekanntes Datum im Januar 1943

Bisher hatten wir immer noch unsere Zuteilungspapiere: Entweder ging Bram oder Mies' Verlobter. Aber jetzt hat es eine Verordnung geben, dass man eine Vollmacht erteilen muss, wenn man nicht selbst geht, und auf dieser Vollmacht (die natürlich einbehalten wird) wird dann die Ausweisnummer des Ermächtigten vermerkt. Jetzt haben wir Angst, dass Mies' Verlobter, wenn er geht, später noch aufgesucht und gefragt wird: »Du hast Marken geholt, wo sind die hin?« Außerdem muss es eine Liste mit bestimmten Namen geben. Wer da draufsteht, wissen wir nicht. Nicht, ob da untergetauchte Juden darauf stehen und auch gar nicht, ob wir draufstehen, denn uns haben sie wahrscheinlich noch nicht gesucht. Die Nachbarn wissen zumindest nichts davon: Eines Morgens waren wir plötzlich verschwunden, haben sie zu Frau [Zijlmans] gesagt. Jetzt geht Pa gleich kurz selbst. Wir wollen hoffen und Gott bitten, dass alles reibungslos abläuft und Pa wohlbehalten mit den Marken zurückkommt. Mies' Verlobter wird das Ganze beobachten. Dann kann Pa später (hoffen wir) nicht einmal sagen, dass er wirklich untergetaucht war, denn er ist auf die Straße gegangen ...

Heute Morgen habe ich gehört, dass wieder eine kleine Prinzessin[40] geboren worden ist, die dritte, schön. Rachel hat gestern mit Bob um 5 Zigaretten gewettet. Rachel hat verloren.

Unbekanntes Datum im Januar 1943

Pa ist schon wieder zurück. Alles gut gegangen. Keine Bekannten getroffen, nur nachmittags auf der Zuteilungsstelle saß ein Nachbar von uns. Er hat Pa zugenickt. Er ist sehr *safe*, wenn wir also mal in der Bredouille sitzen, kann er uns vielleicht unsere Marken trotzdem noch geben. Also war es insgesamt vorteilhaft, dass Pa selbst gegangen ist.

Unbekanntes Datum im Januar/Februar 1943

Bin gespannt, was heute wieder Schreckliches passiert. Wir haben nämlich schon zwei Wochen hintereinander am Freitag furchtbare Dinge erlebt. Vor zwei Wochen kam ich nach dem Staubwischen in unserem Zimmer nach unten, um Kaffee zu trinken. Herr [Zijlmans] erzählte, dass in Rotterdam-Noord und in Blijdorp Hausdurchsuchungen durchgeführt worden waren; ganze Straßen haben sie nachts um drei durchsucht, ein Haus nach dem anderen. Sie haben die Leute nach ihren Ausweisen gefragt und sind dann wieder gegangen. Sie suchten nämlich nach einem Mann, der in der Insulindestraat (Noord) angeschossen worden und dann doch noch entkommen war, er konnte also noch nicht so sehr weit sein, musste sich in der Gegend befinden, deswegen haben sie alles durchsucht. (Der eine sagt, es war ein politischer Mörder, der andere, er hätte im August eine Bombe am Hofplein deponiert.) Es versetzte mich in große Angst, dass sie in den kommenden Nächten wieder in anderen Vierteln suchen würden, und dann ... Wären wir dran, wenn wir keine Maßnahmen treffen würden. Also ... (haben wir nach langem Hin und Her beschlossen) gehen wir aufs Dach, wenn es klingelt, und verstecken uns hinter einem Schornstein (in der Nacht danach haben wir uns dementsprechend auch fast nicht ausgezogen), und wir haben unsere Mäntel wieder hervorgeholt. Frau und Herr Zijlmans in Mamas Bett. Canis im Bett von Frau [Zijlmans]. Wir schliefen in dieser Nacht bei Ma (denn ihr Bett musste unbenutzt aussehen). In dieser Nacht haben wir ruhig geschlafen, es ist nichts vorgefallen. Auch in der nächsten nicht. Jetzt denken wir alle nicht mehr daran, aber trotzdem sind solche Vorbereitungen gut. Obwohl ich glaube, dass wir verloren sind, wenn sie wirklich zur Kontrolle kommen. Wenn sie aufs Dach leuchten, werden sie uns hinter einem Schornstein bestimmt sehen, aber wir können auch Glück haben, und sie suchen nicht auf dem Dach, und dann ... sind wir gerettet. Aber wir wollen hoffen, dass es nie so weit kommt.

Am Freitag letzter Woche haben wir noch tausendmal größere Angst erlebt. Am Donnerstagabend sind Mies und Bob beim Abendessen nicht da. Ach, die sind natürlich bei Mies' Verlobtem, dachten wir. Um Viertel nach Acht kommt Mies allein. Erst wollten wir nicht glauben, dass Bob nicht dabei war, aber sie schwor, dass sie nicht wusste, wo er war. Mies hatte sich ein bisschen verschwatzt, darum war es so spät geworden. Es wird immer später, Bob ist nicht da. Wir gehen schlafen. Wahrscheinlich ist er zu einem Bekannten gegangen und übernachtet dort (das tut er öfters mal, aber dann am Sonntag, und er kündigt es immer vorher an). Aber am nächsten Tag ist es schon zwölf Uhr, und er ist immer noch nicht da. Herr [Zijlmans] ruft bei dem gewissen Bekannten (wo er manchmal übernachtet) an, aber Bob war nicht da. In seinem Atelier war er auch nicht, die anderen Maler in der Wohnung haben ihn auch seit 5 Uhr am vorherigen Tag nicht mehr gesehen. Also ... Was sollen wir davon halten? Frau [Zijlmans] dachte, er hätte zusammen mit ein paar anderen Malern etwas gesagt (die Prinzessin war gerade geboren) und wäre von der Polizei mitgenommen worden, deswegen gingen wir davon aus, die Polizei könnte jeden Augenblick einen Überfall durchführen; vielleicht war es auch etwas mit dem Schwarzhandel, war etwas durchgesickert, und man hatte ihn darum festgenommen, und die Polizei würde deswegen eine Hausdurchsuchung machen. Alles ist möglich.

Zu allem Überfluss kommt Herr [Zijlmans] am Nachmittag an unserem Haus vorbei und sieht, dass die Tür offen steht, und Mussert vor unsere Fenster geklebt ist [An die Häuser untergetauchter Juden wurden Bilder des NSB-Leiters geklebt. A. d. Ü.]. Sie haben wahrscheinlich entdeckt, dass wir nicht mehr da waren (beim Inventarisieren *perhaps*, bei den Vromens waren sie auch schon). Also bringen wir Bobs Verschwinden mit unserem Haus in Zusammenhang. Auf alle Fälle ein schrecklicher Tag. Alles weg, unser Klavier, Möbel. Wir hatten noch die Hoffnung, unser Haus würde noch stehen, wenn der Friede bald käme, aber ...

Um 6 Uhr abends (wir fühlen uns wieder genau wie in der Zeit der Aufrufe, wenn geklingelt wird) kommt das Nachbarsmädchen und erzählt, dass mittags jemand aus Den Haag angerufen hat, dass Bob abends zum Essen nach Hause kommt. Sie hatten keine Zeit gehabt, uns früher Bescheid zu geben ... Und darum haben wir so viele Stunden lang Angst gehabt. Aber wir begreifen das Ganze trotzdem nicht. Abends kommt Bob wieder nicht, aber ein Bekannter von ihm, der Maler, der auch bei diesem Wettbewerb mitmachen darf, Kikkert. Frau [Zijlmans] war am Nachmittag bei ihm gewesen, um sich zu erkundigen. Wenn Besuch kommt, flüchten wir alle nach oben, das geht sehr gut; bevor die Leute die drei Treppen hochgeklettert sind, haben wir unsere eine längst geschafft. Nur mit dem Essen ist es lästig, die ganzen Teller ... Aber dann kommt niemand.

Kikkert erzählt, dass er sich an einigen Stellen erkundigt und dabei erfahren hat, dass Bob einem Freund begegnet ist, den er schon 6 Jahre nicht gesehen hat. Mit dem ist er nach Den Haag gefahren. *That's all.* Am Abend kommt Bob wieder nicht, aber wir machen uns keine Sorgen. Endlich, am nächsten Tag nach dem Frühstück, erscheint er, nachdem er genau 2x24 Stunden verschwunden war. Wir sind alle wütend auf ihn, weil er uns in solche Angst versetzt hat, aber es ist eigentlich alles eine zufällige Verkettung von Umständen: unser Haus und dann die Dame, die die Sache mit dem Telefongespräch nicht weitergeben konnte ... Es wäre alles nicht so schlimm gewesen, wenn er an diesem Donnerstag kurz angerufen hätte, bevor er nach Den Haag gefahren ist ... Ja, aber *wenn das Wörtchen »wenn« nicht wär ...*[*41] Er hat Besserung gelobt.

Gestern hatten wir ein bisschen eine Wiederholung der vorigen Woche. Wieder waren Mies und Bob nicht zum Abendessen daheim. Mies kam um halb 8 (verschwatzt), Bob wieder nicht. Heute Morgen hörten wir, dass er gestern, als er aus dem Atelier nach Hause gehen wollte, in ein Loch vor seinem Haus gefallen ist. Bewusstlos gewesen, wieder zu sich gekommen, zu einem Bekannten in der Nachbarschaft gegangen. Abends zurückgekommen. Seine Nase verletzt, große Wunde, nicht schlimm. So macht man sich Sorgen, wenn nichts passiert ist, und man macht sich keine, wenn wirklich etwas passiert ist. *So ist das Leben nun einmal**.

Ansonsten war ich diese Woche sehr erkältet, trotzdem arbeite ich fleißig. Aber ein französisches Übersetzungsbuch (Frz-Nl) gefunden und mich eifrig ans Übersetzen gemacht, ich will auf alle Fälle schon mal für den September üben, wenn ich wieder in die Schule muss ...

Ich habe fest vor, diesen Sommer eine Rundreise zu machen, aber ich glaube, dass es bei einer Rundreise durchs Haus bleiben wird. Ich wünsche mir nur so sehr, dass vor dem Sommer alles vorbei ist ...

Unbekanntes Datum im Januar/Februar 1943

So gelacht, war wirklich eine Szene, die ich aufzeichnen sollte, um sie später meinem Mann zu zeigen, damit er sieht, was für eine gefährliche Frau ich sein kann. Ich saß zwischen Pa und Bob auf dem Diwan eingeklemmt und las. Frau [Zijlmans] ging in die Küche, um die versprochenen Haferkekse zu backen. Darum wollte ich mich auf den Platz von Frau [Zijlmans] setzen. Bob zieht mich am Arm, ich darf nicht weg. Kurzes Hinundherziehen, schließlich wirft er mein Buch auf den Stuhl und sagt: »Geh schon, jetzt will ich nicht mehr«, und wirft auch sein Buch weg, aber das war ein Spiel mit dem Feuer, denn jetzt brachte er mein Haar in Unordnung (und ich finde es doch immer so schwierig, das ein bisschen ordentlich hinzubekommen). Ich versuche, Bob ins Haar zu fassen. Mit viel Mühe gelingt es mir. Aber jetzt beginnt der *Kampf um Leben**, um es auch in den Händen zu behalten. Unter großem Gelächter kämpfen wir weiter, bis ich plötzlich ein kleines Büschel blondes Haar in den Fingern habe. Eigentlich kein Büschel, sondern eine richtig dicke, ordentliche Strähne. Ich muss furchtbar lachen. Es ist aber auch ein Anblick. Zwei Kampfhähne, einer mit einer Haarsträhne in der Hand, wirklich schändlich von mir. Aber ich wusste nicht, dass ich so fest gezogen hatte. Und weh muss es auch getan haben, denn er sagte: »Ach, es war gar nicht so schlimm«, also kann man sich vorstellen, dass es schon ziemlich wehtat. Mama war sehr wütend. Ich darf nicht mehr so kämpfen, sagt sie. Aber wenn man sich den ganzen Tag langweilt (am Sonntag spiele ich lieber kein Klavier, wenn die ganze Familie weg ist, und auch dann geht es nicht besonders gut, denn der eine will Radio hören, der andere sich unterhalten, und es ist so warm ...! Ach, bäh) und wenn sich dann plötzlich die Gelegenheit ergibt, ein bisschen zu toben ... Aber *all by all* hatten wir (Bob auch) einen Riesenspaß. *Voilà* die gefährliche Frau.

PS: Bram versucht heute unsere Zuteilungsbescheide abzuholen, zusammen mit denen fürs Heim (dem Altenheim, in dem er arbeitet).

PS II: Geglückt, keine Fragen, wieder zu essen bis April. Wer dann noch lebt, kümmert sich um alles Weitere. Prima!!

Februar 1943

Vor Kurzem wurde hier in Den Haag ein gewisser General Seyffardt ermordet.[42] Niederländer, aber ein großer Verräter, ein NSBler, schickte Leute an die Ostfront und bildete sie aus. Um ±7 Uhr wurde er in der Nähe seines Hauses niedergeschossen. Am folgenden Tag ist er gestorben. Er hat darum gebeten, dass in seinem Namen kein Blutvergießen geschehen soll, was ihn doch sehr sympathisch macht, denn sonst müssen die armen

Geiseln dran glauben, aber nun werden in den letzten Tagen und Nächten überall Studenten von der Straße mitgenommen und aus den Betten geholt. Auch Schüler aus den weiterführenden Schulen. Aus Canis' Schule 40 Schüler. Er selbst wurde gestern Mittag nach Hause geschickt. Die Heizung war kaputt ...

In der Pension von Mies' Verlobtem haben sie den Sohn der Wirtin mitgenommen, obwohl er gar kein Student ist [allerdings war er früher auf der MTS; Middelbare Technische School: weiterführende techn. Schule, A. d. Ü]. Mies' Verlobter ist aufs Dach geflüchtet, denn er wusste ja nicht, wen sie mitnehmen wollen. Auf alle Fälle herrscht in der Stadt Panikstimmung; kein junger Mann traut sich mehr auf die Straße. Die Moffen behaupten, es wäre keine Repressalie wegen Seyffardt, aber was ist es denn sonst? Sicher haben sie Angst vor einer Invasion und wollen lieber keine jungen Männer in den Niederlanden haben. Die Jungs werden von Polizeibeamten und WA-Männern [der militärischen Abteilung der NSB, A. d. Ü.] abgeholt, zum Stieltjesplein gebracht (dorthin, wo wir Juden auch warten mussten) und nach Vught transportiert. Westerbork gibt es nicht mehr, verlegt nach Vught. Ein Konzentrations(straf)lager. Amersfoort (auch ein Straflager) wurde nach Vught verlegt. Jetzt heißt es, dort kommen sie hin. Es sind Jungs von 16 Jahren dabei. Und wer weiß, vielleicht werden sie auch nach Deutschland weitergeschickt. Denn auch dorthin finden umfangreiche Deportationen in großem Ausmaß statt. Männer bis 45 Jahre werden aus dem Büro aufgerufen, ausgewählt und weg ... Schreckliches Elend, überall, fast in jeder Familie.

Ma hat ein Buch gelesen, *Napoleon*[43], einen dicken Wälzer, 800 Seiten, und sie sagte, wenn sie es aus hat, ist der Krieg auch vorbei. Jetzt ist sie auf der letzten Seite, also muss heute oder morgen der Krieg zu Ende sein, denn was Mama sagt, wird meistens wahr ... Heute Nacht habe ich schon vom Frieden geträumt. Unser Haus war noch ganz intakt. Das Haus von Brams Eltern hatte man leer geräumt. Aber sie haben noch Möbel bei Nichtjuden, und die wollten sie ihnen nicht zurückgeben. Sonja habe ich gesehen. Ich war sehr froh, dass sie wieder zurück war, sie bekam einen Kuss von mir. Sie war in der Türkei gewesen. Noch viel mehr Bekannte gesehen. Es war natürlich ganz großartig! Ob dieser Traum einmal wahr wird? Nur ein einziges Mal ist bei mir ein Traum wahr geworden (und das auch nur teilweise, vielleicht wird der Rest später noch wahr), und auch damals war es gerade so eine besonders schreckliche Nacht gewesen. Überhaupt eine schreckliche Zeit, auch jetzt wieder! Wer weiß, vielleicht ist ja bald Frieden.

Groningen und Friesland hat man völlig judenfrei gemacht, alle Gesperrten wurden abgeholt. Was für ein Glück, dass gerade Brams Eltern in Amsterdam interniert sind, seit noch nicht einmal zwei Wochen. Was würden wir ohne Froukje machen? Zum Glück gibt es sie aber. Roland ist noch in Westerbork. Es ist ziemlich wahrscheinlich, dass er weitergeschickt wird ... Und es gibt eine winzige Möglichkeit, dass er nach Vught darf.

Unbekanntes Datum

Jetzt ist es also so weit, wir sind hauslos, und das an einem Freitag ... Letzte Woche kam Pa II nach Hause und erzählte, dass das kleine Fenster über der Haustür ganz fehlte. Wer das getan hat, wissen wir nicht. Noch ein paar Tage später war Mussert von unseren Scheiben weg. Dadurch hatten wir also schon den Beweis, dass sie in unser Haus gingen. Am Donnerstag hing ein Flaschenzug an unserem Haus, aber der war abends wieder verschwunden, was herausgeholt worden war, hatte niemand gesehen, und am Freitag ging es richtig los mit dem Plündern. Das Wohnzimmer und den Schreibtisch sah »jemand« im Umzugswagen von van Hoek stehen, Tel. 44400. Schrecklich *down* natürlich, als wir es gerade gehört hatten, aber es war ja jeden Moment zu erwarten gewesen, vor allem jetzt, wo man es vor einem Monat versiegelt hatte. Aber wir hatten immer noch gehofft ...

Vielleicht wäre es auch nicht so schnell gegangen, wenn wir zu Hause gewesen wären, denn wahrscheinlich kamen sie zur Inventarisierung, und wir waren nicht da. Außerdem hätte uns Froukje nach Amsterdam umziehen lassen können, und dann hätten wir unsere ganzen Möbel mitgenommen. Aber was hätte uns das genutzt? Wenn der Krieg dann nicht sehr, sehr schnell zu Ende geht, werden wir von Amsterdam aus nach Polen geschickt, und was hätten wir dann von unseren Möbeln? Jetzt haben wir wenigstens unser Leben, und so Gott will, haben wir nach dem Krieg noch ein bisschen Geld in Amerika, von dem wir neue Möbel kaufen können. Unser Leben oder unser Haus? Wenn wir unser Haus wählen, was haben wir dann davon, wenn wir tot sind? (die Wahrscheinlichkeit dafür beträgt in Polen 99 Prozent), und wenn wir uns für unser Leben entscheiden, wie jetzt, dann haben wir noch eine Chance, wenn auch vielleicht nicht so eine große, alles zurückzubekommen. Ich denke, so mancher würde mit uns tauschen wollen. Also ... guten Mutes sein und die *Down*-Stimmung hinter sich lassen.

Bram war neulich in Amsterdam und erzählte, dass man wieder 700 Menschen abgeholt hatte. Müssen wir also nicht glücklich sein, dass wir hier in Frieden leben können und nicht ständig Angst haben müssen? Außerdem erzählte er, dass man Menschen entdeckt hat, die untergetaucht waren. Jemand ging bei jemand anderem zum Bridge (Kartenspiel), dessen Haus bewacht wurde, und so ist es herausgekommen. Rachel hat jetzt noch mehr Angst. Trotzdem gilt auch bei uns die Losung: Aufpassen!

Tante Dora ist untergetaucht!!! Die genauen Umstände kennen wir nicht. Bevor wir weggingen, haben wir Tante Dora gesagt, sie sollte auch versuchen unterzutauchen. Aber wie sollte sie an Beziehungen kommen? Im Krankenhaus in Utrecht kam eine nichtjüdische Dame eine Zimmergenossin besuchen, und mit ihr hat Tante Dora einmal übers Schwimmen[44] gesprochen, aber diese Dame war nicht noch mal da, und Tante Dora zog nach Amsterdam. Sie wusste dort auch keine Adresse, aber vielleicht hat sich diese Dame darum gekümmert. Wir vermuten jedenfalls, dass Tante Dora bei ihr ist. Oder hat ihr Froukje vielleicht geholfen? Diese Frage stellen wir uns alle.

Politisch läuft es ziemlich gut. Rostow und Charkow sind wieder in russischer Hand. Churchill hat sich in Casablanca (Afrika) mit Roosevelt beraten und einen Neunmonatsplan erstellt. Innerhalb dieser 9 Monate soll die Invasion stattfinden. Also gibt es Aussicht darauf, dass erst diese 9 Monate vergehen, und dann beraten sie sicher noch einmal und erstellen noch so einen Plan. Herrliche Aussichten! Trotzdem lasse ich mich davon nicht unterkriegen und lebe in der angenehmen Hoffnung auf einen schnellen Frieden. Mama sagt auch, dass der Frieden bald kommt, und sie hat auch immer gesagt, dass sie unser Haus gerade noch im letzten Augenblick plündern werden. Und das ist schon passiert, also jetzt noch der Frieden ... Mama hat wirklich etwas Prophetisches in sich, aber was den Krieg betrifft, will es einfach nicht klappen; sie hat schon letztes Jahr gesagt, es wäre bald vorbei.

Nach Seyffardt wurden noch ein paar Leute ermordet. Erst gab es einen Anschlag auf Reydon[45] und seine Frau. Er war gerade erst zum Minister gewählt worden. Leider ist er nicht tot, aber am Rückenmark verwundet, also hat er noch eine winzige Überlebenschance, wird aber für sein ganzes Leben entstellt sein. Wenn Pa II nach Hause kommt, ist zurzeit die erste Frage: »Wer ist tot?« In letzter Zeit lautet die Antwort »Niemand«, aber am Anfang war es jedes Mal ein anderer. Ein WA-Mann, ein Offizier, ein Bürgermeister von Utrecht, aber Letzteres stimmt wahrscheinlich nicht. *En tout cas* hat man auch ein paar guten Leuten ins Jenseits geholfen. Nicht nur in Holland, sondern auch in Bulgarien hat ein Ministerpräsident dran glauben müssen.

Die Mols sind nach Amsterdam gezogen. Froukje hat das für sie organisieren können, aber jetzt muss Bram umziehen. Er zieht bei Vorst ein, in derselben Straße. Vorst ist ein richtig guter Kerl, Religionslehrer, sehr fromm und klug. Bram hatte noch ein Bücherregal in seinem Zimmer stehen, das hat jetzt Bob in seinem Atelier. Alles, was er an altem Zeug hatte, will er mitnehmen, sogar leere Dosen und Zigarrenschachteln. Denn, so sagt er, die Moffen benutzen alles. Als wir was aus unserem Haus holen wollten, sagte er: »Ach, warum? Wenn ihr euer Leben retten könnt, braucht ihr das doch nicht mehr«, aber jetzt, wo es ihn betrifft, nimmt er sogar einen kaputten Kleiderbügel mit. Daran kann man sehen, dass ein Mensch viel mehr erreicht, wenn er ruhig ist, als wenn er so nervös ist.

Er hat jetzt bei uns gesehen, dass alles so gut verlaufen ist, und jetzt hat er selbst viel mehr Mut. Trotzdem dürfen wir eigentlich nicht klagen, weil das meiste schon aus unserem Haus weg war, von den Möbeln einmal abgesehen. Aber unser Silber, Gold, Leinen und die kostbaren transportablen Dinge sind auch untergetaucht … Wenn wir sie nur zurückbekommen, wenn es so weit ist. Aber daran denken wir noch nicht …

Pa oder Ma sprach den Plan an, direkt nach Palästina zu gehen, wenn es so weit ist. Ich finde das schon eine gute Idee, obwohl ich eigentlich doch lieber erst meine Schulausbildung, meine allgemeine Entwicklung, beenden würde. Erst noch 2 Jahre HBS, und dann vielleicht den Analystenkurs. Das würde mich wirklich reizen. Wenn ich doch eine alte Jungfer bleiben muss, will ich nicht mein ganzes Leben lang in einem Büro oder im Haushalt vor mich hin schuften, sondern einen Arbeitskreis haben, der mich auch anzieht: Chemieproben nehmen. Aber ich weiß nicht, ob ich dafür gut genug in Chemie bin, und ich weiß auch nicht, ob sie so jemanden in Palästina noch gebrauchen können, denn früher oder später muss meine Zukunft doch dort liegen. In einem eigenen Land *muss* die Lösung der Frage liegen, wie es für die Juden weitergeht. Und trotzdem – wenn ich an später denke, denke ich an meine Zukunft hier, in Holland. Aber wer weiß, vielleicht finde ich auch noch einen Lebensgefährten, und mit ihm zusammen würde ich gern in unser neues Land ziehen. Oder begegnet mir dieser Gefährte dann vielleicht in Palästina? Ich selbst denke immer noch an Sam als Lebensgefährten, aber wer weiß, vielleicht hat er sich (weil es so besondere Zeiten sind) doch schon inoffiziell mit diesem nichtjüdischen Mädchen verlobt? Eifersüchtig, Carry?

März 1943

Zu allererst *News of the Day* (schon von vor einem Monat, denn ich habe mein Tagebuch schändlich vernachlässigt): Jet Wijler bekommt ein Kind. Pa Wijler war in der Stadt beim Arzt, und dort hat ihn Bram gesprochen.

Ich finde es prächtig, so eine Kindfrau als Mutter. Auch sie ist in Barneveld. Schlimm für sie, dass sie unter solchen Umständen ihr erstes Baby bekommen muss.

Roland Frederikstadt wurde nach Vught verlegt. Gut hat er es da nicht, aber immerhin besser als in Polen.

Am Freitag vor 2 Wochen – wohlgemerkt: wieder an einem Freitag – hat man das Jüdische Altenheim[46], das Krankenhaus und das Waisenhaus geräumt. Morgens kam eine ganze Abteilung WA-Männer und Moffen und Ermittler und holländische Polizei mit schrecklich vielen Überfallwagen; man besetzte erst das ganze Krankenhaus, sodass es keine Seele mehr verlassen konnte. Etty Vromen und Tilly Bosman kamen gerade dort an, um ins Büro zu gehen, und drehten sofort um, nach Hause, glücklicherweise. So sind sie zumindest noch verschont geblieben. Bram sah es auch und ging schnell ins Altenheim und sagte zu ein paar jungen Männern: »Versucht zu flüchten!« (im Altenheim waren die Moffen noch nicht). Aber er hatte kaum ausgesprochen, da kamen die Dreckskerle schon an. Sie zeigten auf die offene Tür und wollten von Bram wissen, ob jemand gegangen war. »Weiß ich nicht.« Vorbeifahrende wurden von den Fahrrädern gerissen, und die WA setzte den paar Jungs nach und hat sie alle erwischt. Bram trug eine Binde vom Judenrat um den Arm (die hatte er vor ein paar Tagen bekommen) und war deswegen frei, sonst hätte er mit dem Rest mitgehen müssen. Jeder, buchstäblich jeder, der im Krankenhaus oder im Altenheim war, musste mit, sogar ein paar, die in der Synagoge waren. Bram bat noch um Gnade für einen Blinden, aber nein! Alle Schwestern, alle Patienten, mit! Arme Frau van Zwanenbergh, arme Dora Landau, arme Tausende andere. Ein Mädchen von Frenkel wollte nur einen Tag lang dort helfen, weil es so viel zu tun gab – auch mit. Herr

Rokach, Vorbeter, war als Geistlicher im Krankenhaus – mit! Der medizinische Direktor Dr. Elzas – mit! Der Sohn des Rabbiners, angeblich dort Koch – mit! Mit einem Wort: alle! Und Bram, Bram dieser Glückspilz, ist gerade noch entkommen und ist frei. Was für ein Glück. Ist es also nicht wahr, dass Gott bei uns ist? Natürlich!

Dabei hatte es Bram gerade so gut im Altenheim. Die Mols sind schon umgezogen, und Bram aß im Heim: Brei und sieben Gläser Vollmilch am Tag, Zuckerplätzchen, einfach prächtig. Er war noch nicht einmal eine Woche da, als schon wieder dieses Elend passierte. Er war seit ein paar Wochen Direktor des Ganzen gewesen, denn Frau [den] Hartog, die Direktorin[47], ist untergetaucht. Wir hatten noch eine ganze Diskussion deswegen, ob sie wirklich gut daran getan hatte, ihren Posten zu verlassen, denn sie ist doch verantwortlich für das Heim. Als sie weg war, sind alle sehr nervös geworden, denn sie dachten, es würde schon geräumt werden ... Die Schwestern wollten nicht mehr dort wohnen, aber Bram hat alle beschwichtigt. Andererseits sehen wir, dass sie recht damit hatte, wegzugehen, denn was hätte sie helfen können, es wäre allenfalls noch ein Mensch mehr mit in den Tod gegangen! Das ist die Erklärung vom Verstand her, aber das Gefühl sagt trotzdem etwas anderes!

In dieser Zeit schlief und aß Bram einfach bei Vorst und auch manchmal bei uns. Für Frau Vorst war es zu schwierig, immer noch einen zusätzlichen Esser dabeizuhaben, vor allem jetzt, wo sie wieder ein Kind bekommt ... Aber jetzt hat Froukje gesagt, dass Rotterdam demnächst geräumt wird, und deswegen muss Bram nach Amsterdam umziehen. Er schlief schon die ganze Woche entweder bei uns oder zu Hause in Amsterdam, denn bei den Vorsts war es schon zu gefährlich, und vorgestern ist er ein für alle Mal verschwunden. Und wir sehen ihn erst wieder, wenn es in Amsterdam wieder zu gefährlich wird und er untertauchen muss. Wir wollen hoffen, dass das nie nötig sein wird, weil dann Frieden ist.

In Russland stehen die Moffen wieder ein bisschen besser da. Charkow ist wieder ein Stück in deutscher Hand, und bald wird es wieder zurückerobert und dann wieder zurück, und so geht das ein paar Jahre hin und her. Rachel meinte am Beginn des Monats, morgen würde die Invasion beginnen, und jetzt spricht sie schon vom kommenden Monat. Ma, die »Hellsichtige« (ich glaube – sonst – wirklich an sie, und jetzt hoffe ich auch, dass es so kommen wird), sagt, dass es Anfang des nächsten Monats vorbei sein wird ... durch ein Wunder ... Abwarten und Tee trinken. Ich gehe davon aus, es dauert bis zum Ende diesen Jahres: Oktober, November. Jetzt ist es schon so ein herrliches Wetter. Gerade saß ich auf der ersten Stufe am Dach, und die Sonne war schon so warm, dass ich wirklich kurz ein Sonnenbad genommen habe, aber ich ging nach unten, um mir eine Sonnenbrille zu holen, und da dachte ich, es wäre wieder einmal Zeit fürs Tagebuch, und *voilà*.

Peretz, oder, was wahrscheinlicher ist: Juchoes, ist in Vught. Die genauen Umstände kennen wir nicht, wahrscheinlich *Wehrmach[t]ssperre*, dadurch wurden eine ganze Menge Leute aufgegriffen. Gestern sind hier auch Juden auf der Straße mitgenommen worden. Manche meinen, Untergetauchte ... 15 Häuser weiter. Andere sagen, es war wieder eine Razzia.

Wir bekommen manchmal von Groesbeek Kartoffelmarken vom Land, die müssen dann in einem Dorf benutzt werden. Canis fährt dann auf dem Fahrrad nach Zoetermeer, in der Nähe von Leiden, und bringt so 30 Kilo mit. Bisher ist es gut gegangen, bis er letzte Woche angehalten und aufgeschrieben wurde. Weil er noch nicht volljährig ist, wollten sie mal vorbeikommen und mit seinem Vater sprechen – was sie danach auch taten. Sie sagten, 15 Kilo würden sie noch durchlassen, und sie redeten ein bisschen, und Pa II musste zugeben, dass Canis mit seinem Wissen gefahren war, und dann machte sich der Kontrolleur wieder davon, wahrscheinlich 6 Gulden Buße. Noch mal gut gegangen! Aber jetzt wurden die Kontrollen verschärft, sodass sie keine Kartoffel mehr durchlassen. Aber Ma II hat eine Bekannte, die immer Moffen bei sich wohnen hat, und als sie davon hörte, dass Canis angehalten worden war, hat sie angeboten, dass dieser Mof die Kartoffeln mit den schwarzen Marken mit dem Wehrmachtsauto abholen wird. Also ist auch diese kleine Schwierigkeit aus dem Weg geräumt. Ma II würde sagen: Siehst du, alles wird gut, so sollte es kommen.

Ansonsten kann ich gar nicht glauben, dass wir schon fast fünf Monate hier sind. Wie im Flug sind die vergangen! Arbeit habe ich sicher noch für 5 Monate, trotzdem hätte ich lieber Frieden (da komme ich wieder mit meinem alten Steckenpferd: dem Frieden). Vielleicht schreibe ich nächstes Mal wieder in meinem eigenen alten Tagebuch über den Frieden.

PS: Ma hat schlimme Schmerzen im Ohr gehabt und im linken Kiefer: erkältet oder eine Nervenentzündung! Nun ist es zum Glück schon fast wieder vorbei. Wir dachten schon beinahe, wir müssten Dr. Koning holen (das ist hier der Hausarzt, 100 Prozent zu vertrauen, sagt die Familie).

Meine Tantenbesuche verlaufen derzeit zum Glück auch schmerzlos. Von *Onkel** Iziu bekommen wir über Froukje Post. Er sollte schon in die Baracken, aber zum Glück hat er wieder Aufschub bekommen. Familienangehörige, Bekannte oder Patienten gibt es nicht mehr. Wenn der Frieden oder die Invasion nicht bald kommt, ist es hier auch bald so weit. Im Übrigen sieht es schon sehr danach aus.

(Was ich später nicht mit meinen Kindern machen werde):

1. Nie wegen eines Jungen aufziehen, vor allem nicht, wenn er dabei ist.

2. Keine Anspielungen (im Scherz) über Verliebtheit machen, wenn die beiden freundschaftlich miteinander umgehen (freundschaftlich, wenn z. B. eine Heirat wegen unterschiedlicher Religionen oder dergleichen nicht in Frage kommt).

Zweites Heft

11. Mai 1943

Es durfte nicht so kommen, wie ich gedacht hatte: nämlich mit dem Weiterschreiben in meinem alten Tagebuch. Darum habe ich schon so lange nicht mehr geschrieben, denn jeden Moment dachte ich: vielleicht ja doch ... Aber jetzt fand ich, es war genug. Auch wenn der Frieden jetzt wirklich bald kommen kann, denn man hat die Deutschen schon aus Afrika vertrieben. In der Woche vor meinem Geburtstag war ich am Sonntagmorgen oft zum Frühstück unten, und da erzählte »man«, dass die Amerikaner[48] in Afrika gelandet waren. Erst begriff ich die Bedeutung nicht, denn die Engländer kämpfen dort schon lange so ein bisschen. Aber von diesem Tag an kam der Sieg. Den Moffen wurde ordentlich zugesetzt. Ich dachte, sie würden sogar schon viel früher verschwinden, aber in Tunis haben sie ausgehalten, d.h. die Engländer wollten sie von dort noch nicht so schnell vertreiben, denn dann würde irgendwo in Europa die Invasion kommen, und darauf waren sie offensichtlich noch nicht vorbereitet. Aber in den letzten paar Wochen rücken sie wieder vor, und die Moffen haben nur noch eine ganz kleine Spitze von Afrika: Tunis und Bizerte. Letzte Woche Montag wurde Mateur (in der Nähe von Bizerte) eingenommen, und Ma sagt: »Wenn der Montag gut ist, wird die ganze Woche gut«, und wahrhaftig, Dienstag fällt noch ein kleiner Ort usw., die ganze Woche geht es so weiter. Am Freitagabend verkündet das englische Radio: »Noch drei Kilometer von Tunis entfernt.« Wir waren alle froh. Die Pessimistin Mies sagt: »Oh, vielleicht schaffen sie es dann am Mittwoch.« Der objektive Pa sagt: »Vielleicht schon am Sonntag«, aber am nächsten Morgen, am Samstag, hören wir, dass *sowohl* Tunis *als auch* Bizerte gefallen sind. Hipp hipp hurra! Die Truppen sind alle auf einer kleinen Halbinsel zusammengetrieben, und nun müssen sie sich entweder ergeben oder im Meer ertrinken. Das ist sehr günstig. Aber jetzt kommt die Invasion: Wo wird sie wohl stattfinden? Da, wo wir nicht mit ihr rechnen, aber wir rechnen überall mit ihr. Wird sie also nirgends kommen?

Einerseits hoffe ich, dass in Deutschland eine Revolution ausbricht, sodass das Deutsche Reich von selbst kapituliert. Und dann kommt der Frieden, und dann ist die Invasion nicht mehr nötig, denn man kann davon ausgehen, dass sie Tausende Opfer (auch unter der Bevölkerung) fordern wird.

Am 31. März[49] – wir sind gerade mit dem Mittagessen fertig, saßen noch am Tisch – gibt es Fliegeralarm, und direkt danach fallen Bomben. Ganz in der Nähe, das ganze Haus dröhnt und bebt (à la Mai 1940), die Abwehrgeschütze feuern wie die Rasenden, es ist wirklich, als würde die Welt, und vor allem die Welt für uns, untergehen. Furchtbar ist es; ich sehe plötzlich, wie der Vorhang zerreißt. Später, als der Lärm abgenommen hat, gehen wir im Wohnzimmer nachschauen und sehen, dass ein Bombensplitter eingedrungen ist. Durch die Scheibe, die Gardine, den Übervorhang hindurch ... Durch einen großen altmodischen Lehnstuhl, einen Crapaudsessel, in die Wand, wo er ein Stück herausgeschlagen hat und dann auf die Ofenplatte geschleudert wurde. Genau quer durch den Stuhl, auf dem Ma II immer sitzt.

Wenn es also 5 Minuten später passiert wäre, hätte Frau [Zijlmans] wieder da gesessen (das tut sie immer nach dem Essen) und Frau [Zijlmans] wäre also getroffen worden: Sie hätte ein Stück glühend heiße Bombe an den Kopf bekommen. Aber zum Glück hat Gott für uns alles wieder prächtig ins Reine kommen lassen. Im ganzen Westen sind Bomben heruntergekommen, und durch den heftigen Wind ist dementsprechend auch fast der ganze Westen verbrannt. Bei uns in der Straße sind sie auch gefallen. Aber glücklicherweise ist es weit genug von uns weg, sodass das Feuer uns nicht erreichen konnte, davor hatten wir auch Angst. Zielpunkte haben sie fast keine getroffen, nur genau daneben. Es war auch so ein Wind, dass die Bomben abgetrieben wurden. Aber am darauffolgenden Sonntag hatten wir wieder Fliegeralarm, und da haben sie tatsächlich mal getroffen. Zurzeit ist fast jeden zweiten Tag Fliegeralarm, manchmal ohne Grund, aber manchmal auch, weil es wirklich notwendig ist. Und dieser 31. März war nur ein kleiner Vorgeschmack auf die Invasion! Ich denke mit Schrecken an den Tag, an dem es hier so weit ist, aber trotzdem lieber heute als morgen.

Bis zum 23. April (mitten während der Pessachtage, gerade nach dem Seder[50]) mussten Zuid-Holland und Noord-Holland und die übrigen Provinzen (außer Amsterdam) *»judenfrei«** sein. Zum Glück ist Bram schon in Amsterdam, der wäre nicht mehr dorthin gekommen. Es ist sogar so, dass diejenigen, die nach dem 1. April nach Amsterdam gekommen sind, auch nach Vught müssen. Nur Herr van den Berg und Dr. Cohen dürfen bleiben (Vorsitzende des Judenrates) und vorläufig später nach Amsterdam und noch etwa 20 Familien.

So viel über die *Jehudim* [Hebräisch für »Juden«]. Den Nichtjuden ergeht es schon nicht viel besser. Vor drei

Wochen stand in der Zeitung, dass die ehemaligen Soldaten, die Kriegsgefangenen, sich wieder melden müssen, denn sie haben sich im Vergleich zu den gütigen Moffen, die sie nach Mai 1940 freigelassen haben, nicht anständig genug verhalten. *Quatsch* natürlich, sie haben einfach Angst davor, dass die Männer mitkämpfen, wenn hier die Invasion kommt. Donnerstag stand es in der Zeitung. Und am Freitag haben die Leute gestreikt. Mies auch. Wir hatten ein paar Stunden kein Wasser. Sonst nichts. Der Streik wurde nicht gut umgesetzt, denn es gab eine ganze Menge Fabriken, in denen nicht gestreikt wurde. Am Samstag oder spätestens am Montag arbeiteten alle wieder. 25 Menschen sind erschossen worden. Aber trotzdem war es gut. Die Bauern lieferten einfach nichts und verkauften die gute Milch an alle oder stießen die Kannen um. Deswegen bekamen wir 12 Tage lang keine Butter, überall in den Niederlanden war das so, weil die Bauern einen Tag lang streikten, sodass wir 24 Tage mit einem halben Pfund auskommen müssen. Und mit der Fleischration auch 2x so lang, sodass wir jetzt einmal in zwei Wochen am Sonntag ein Fleischbällchen bekommen. *Voilà!* Ja, wir werden hier wirklich nicht fett!! Obwohl ich mit der Zeit immer dicker werde, aber das kommt, weil ich so überaus wenig Bewegung habe. Am Freitag mussten die ersten Berufsoffiziere sich melden. Wir hofften auf einen Eisenbahnstreik, aber nichts da, es ist nichts passiert.

Mies' Verlobter muss auch weg, taucht aber wahrscheinlich unter! Aber sie hörte aus zuverlässiger Quelle, dass es wahrscheinlich bei den Berufssoldaten bleiben und die Reserve noch nicht aufgerufen wird. Aber auch wenn das so käme, würde er sich noch melden müssen, denn wie lautet die letzte Verordnung? Alle Männer zwischen 18 und 34 Jahren müssen sich melden und werden (wahrscheinlich in Deutschland) für den *Arbeitseinsatz** verwendet und später sicher an die Front geschickt, wenn sie schon lange weg sind. Auch Bob muss also weg, aber er ist Mitglied der »*Kulturkammer*«[51], und die kann ihn vielleicht sogar frei bekommen, und er geht sowieso nicht. Aber so gehen Tausende nicht, und was ist die Folge davon? Hausdurchsuchungen, und dann sind wir auch dran. Wir haben furchtbare Angst. Aber vielleicht bauen wir uns hier noch irgendeinen Unterschlupf, in dem wir uns dann verstecken können, und wenn dann eine flüchtige Durchsuchung stattfindet, hoffen wir, dass man uns nicht findet. Anders sieht es natürlich aus, wenn wir verraten werden, denn dann stellen sie das ganze Haus auf den Kopf, um uns zu finden, und dann klappt das auch. Wenn dieses Versteck dann nur schnell gebaut wird, sonst sind wir schon dran, bevor es überhaupt losgeht. Ja, unterzutauchen ist nicht angenehm!!!

Pessach haben wir dieses Jahr natürlich so gut wie gar nicht gefeiert. Das alljährliche Sedermahl haben wir ausfallen lassen müssen. Wir wollen hoffen, dass ich nur einmal in meinem Leben darauf werde verzichten müssen. Aber in unseren Herzen haben wir es umso mehr gefeiert. Stell dir vor, der Auszug, als Juden nicht mehr als Sklaven waren. *L'histoire se répète* [die Geschichte wiederholt sich, A.d.Ü.]. Die Sklaven sind zurückgekehrt. Aber die Freiheit? Die kehrt sicher auch zurück!

Ostern haben wir hier auch gut gefeiert. Wir hatten sogar ein Osteressen, und Ma II hat Butterkekse gebacken. Ich habe sie nicht gegessen, alles aufbewahrt, übrigens alle Leckereien. Und so hatte ich nach Ostern dann zumindest noch etwas. Dann kam eine ehemalige Nachbarin der Familie aus Amsterdam zu Besuch, und wir haben einen ganzen Tag oben gesessen. Alles ging gut. Als sie sich die verwüstete Stadt ansah, gingen wir aufs WC und bekamen oben zu essen.

Von Hetty Wijler haben wir über Bram einen Brief bekommen. Sie hat es dort ziemlich gut. Arbeitet hart, denn fast alle Lehrer sind auch in Barneveld, sodass sie noch hofft, ihre Abschlussprüfung in Amsterdam abzulegen. Auch Wiet arbeitet für seine Abschlussprüfung (wenn man sich vorstellt, dass ich auch schon so weit wäre). Ansonsten sind dort viele ältere Menschen, für die es nicht so angenehm ist. Es ist alles sehr behelfsmäßig. 15 Personen schlafen in einem Saal und haben da noch ihre ganzen Habseligkeiten bei sich (außer den Möbeln, denn die durften sie, glaube ich, nicht mitnehmen). Es muss ein großes Gelände sein, denn man läuft ewig überall hin. Außerdem gibt es da einen großen Wald, in den sie dürfen, sogar bis zehn Uhr abends!! Es werden Kurse organisiert. Hannele liest mit einem weiteren Paar zusammen: Shakespeare. Jet geht es nicht so gut, sie isst schlecht, Ende September soll das Baby kommen. Von Sam kein Wort. Essen brauchen sie noch keins. Allerdings gibt es ein paar Scharlachfälle. Schlimmer ist es in Vught. Dort herrschen verschiedene Kinderkrankheiten (sogar so schlimm, dass die Deutschen erlauben, dass 2x pro Woche ein Professor kommt), und viele Kinder sterben. Vornehmste [vornehmliche][52] Ursache: schlechtes Essen und zu wenig. Einige Juden aus Vught arbeiten an der Moerdijkbrücke. Die Juden in Doetinchem (NSB-Unterstützer, ungefähr 15)[53] hat man nach Theresienstadt weitergeschickt. Dort muss es gut auszuhalten sein, denn die alten Leute aus Deutschland sind auch immer noch dort ... Aber wer weiß schon, ob sie wirklich dort sind? In Barnefeld hat man auch schon Angst.

Im Augenblick lese ich einen sehr schönen estnischen Roman: *Indrek* von Tammsaare.[54] Später will ich eine sehr große Bibliothek. »Die Bibliothek von C. U.« sollen die Leute dann sagen. Aber wo soll ich arme alte Jungfer das Geld hernehmen? Sicher nicht von meiner ärmlichen Chemikerinnenstelle (zumindest wenn ich bei diesem Vorhaben bleibe)! Heute schrieb ich Bram einen Brief und fragte ihn, ob sie solche Leute noch in Palästina gebrauchen können. Jetzt muss ich die Antwort abwarten!

13. Mai 1943

Ich muss kurz die wichtige Neuigkeit festhalten, dass ich ein Sonnenbad genommen habe und fast so braun wie ein Neger bin (übertrieben, aber so weit kommt es vielleicht noch). Ich war nämlich in meinem (geblümten) Unterrock + Rock auf dem Dach, herrlich! Die Sonne brannte. Nur das Meer fehlte, sonst hätte man sich einbilden können, man wäre in Scheveningen.

Letztes Jahr habe ich auch ein paar Mal bei uns auf dem Dach gesessen, aber wir hatten keine Fläche, nur ein kleines Fensterchen, durch das ich dann nach draußen kletterte. Einmal saß ich da mit Leny van Zwanenbergh, das war sehr gemütlich. Sie kam mich zu einer Fahrradtour abholen, und ich lag gerade da oben und ließ mich braten, und sie setzte sich dazu. Verrückt, dass ich mich daran noch so genau erinnere, aber ich glaube, ich werde diesen Nachmittag und Leny nie vergessen. Wenn die Menschen nicht mehr da sind, lernt man sie erst zu schätzen. So auch bei ihr. Als ich sie noch hatte, fand ich sie schon sehr nett, ich bin ein paar Mal mit ihr weggegangen, aber sonst nichts. Aber jetzt, wo sie in Polen (!) ist und wahrscheinlich nicht mehr lebt, hätte ich so schrecklich gern noch einmal mit ihr gesprochen, über alles Mögliche. Aber ... ach, vielleicht wird ja doch noch alles gut, und ich sehe sie wieder. So eine gute Kameradin. Ich war einmal ein bisschen krank, und sie kam sofort zu mir und brachte mir ganz viele Trauben mit. So aufmerksam von ihr. Übrigens fand ich die ganze Familie nett. Aber sie sind alle weg. Was bleibt von unserem jüdischen Volk noch übrig??

Gerade gab es das Gerücht (heute Abend wird es vielleicht in der Zeitung stehen), dass alle Radiogeräte abgegeben werden müssen, sie werden einfach beschlagnahmt. Furchtbar schade, denn dann bekommen wir überhaupt keine Nachrichten. Man schätzt die Dinge wirklich nicht, wenn man sie hat. Auf Papa bin ich immer so böse, denn er sitzt den ganzen Tag da und fummelt am Radio herum, und dann muss man die ganze Zeit den Mund halten, wenn es niederländische Nachrichten gibt, deutsche, polnische, belgische, manchmal englische und auch deutsche aus Amerika, alles zusammen bestimmt 25x eine Viertelstunde lang den Mund halten. Darum haben wir das Radio schon manchmal verwünscht. Aber jetzt, jetzt wo man alles nur von den Deutschen erfährt, ist es auch schrecklich. Denn niemand hat ein Radio, also weiß niemand etwas. Früher hörte wenigstens der eine was, und beim anderen kam es nicht durch, wegen der vielen Störungen. Dann weiß man nicht einmal, wo und wann die Invasion stattfindet, außer natürlich, es passiert in den Niederlanden. Aber bisher mussten sie schon ab und zu ihre Niederlagen zugeben, weil jeder es aus dem englischen Radio wusste. Aber jetzt? Jetzt ist es sowieso egal, denn niemand kennt die Wahrheit. Obwohl ich glaube, dass schon ein paar Leute heimlich ihre Radios behalten werden. Jetzt sagen die Leute schon: »Sie sollen kommen und sie sich holen, bringen werden wir sie ihnen nicht.« Und wir waren noch so dumm und haben es abgegeben.

30. Mai 1943

Das mit den Radiogeräten ist tatsächlich wahr! Am Abend stand es in der Zeitung. Aber wir haben einige Bekannte, die zwei Geräte haben und nur eines abgeben ... Also doch Nachrichten. Kommenden Dienstag fängt man in Rotterdam mit den Buchstaben A an, also sind wir die Allerletzten, und bis dahin ist die Invasion vielleicht da. Mies' Verlobter sagt, vor dem 1. Juni (aber dann würde die Invasion wirklich sehr bald kommen). Und es liegt etwas in der Luft. Deutschland wird jede Nacht mit 1000 Flugzeugen bombardiert. Diese Woche große Angriffe auf Essen, Dortmund, Wuppertal und das Rheinland. Aber besteht darin die Lösung? Ich glaube, sie müssen da etwas Positiveres, etwas Größeres haben. England hat schon eine Geheimwaffe, heißt es. Was das ist, werden wir wohl bald herausfinden. Churchill war gerade erst wieder zu Besprechungen bei Roosevelt. Ich hoffe, dass die laschen Engländer noch für 1943 Pläne gemacht haben.

Letzten Sonntag wurde um halb 10 dreimal geklingelt. Schnell die Tassen zusammengestellt. Besuch. Vielleicht die van Dijks, die wollten vorbeikommen und klingeln immer dreimal. Aber Bram klingelt auch so, und es sagte auch jemand »Bram«. Aufgemacht, und wer stand da vor unserer Nase? Bram in voller Größe. Ich erschrak gewaltig, denn das ist das Zeichen, dass es in Amsterdam für die Juden zu heiß wird. Am Donnerstag hatten wir schon einen Notfallbrief von Bram bekommen, dass wir sehr bald mit ihm rechnen sollten. Es war furchtbar dort. Alle ehemals Gesperrten, ±4000, mussten sich melden, ±800 haben das getan. Dann musste der Judenrat selbst als Strafmaßnahme 7000 von den 12000 Gesperrten einen Aufruf schicken. Dazu hat man eine Kommission mit den Chefs der Abteilungen ernannt. Bram fürchtete, davon würden sich nicht so viele melden und ist weggegangen. Zum Glück gerade noch rechtzeitig, denn Bob erzählte (er ist diese Woche ein paar Mal bei Froukje gewesen), dass in der Nacht von Dienstag auf Mittwoch[55] im Zentrum und in Zuid schreckliche Razzien abgehalten wurden (auch nachmittags). Es fuhren Autos mit Lautsprechern in den Judenvierteln herum und die schrien, die Juden sollten aufstehen und alles innerhalb einer Stunde vorbereiten. An Flucht war nicht zu denken, denn um ein Uhr darf niemand, und sicher keine Juden, auf der Straße sein. Alle Straßen waren abgesperrt, und man hatte alle Brücken hochgezogen. Also ist so ziemlich ganz Amsterdam (außer Oost) »gesäubert«, und niemand kommt frei. Nicht einmal die Höchsten beim Judenrat. Vielleicht ist auch Froukje dabei gewesen, auch wenn wir das noch nicht wissen. Ja ja, ein schönes »neues Europa«! Ist das noch ein Leben, wenn man die Sache weiterdenkt? Alle Bekannten, sofern sie nicht untergetaucht sind, hat man aufgegriffen, und dann: Sind all die, die untergetaucht sind, auch sicher? Und die Familie, was weiß man von der? Nicht viel, aber schon, dass nicht viele davon übrig geblieben sind. Man muss sich einmal überlegen, dass dazu auch Geschwister von Papa und Mama gehören! Stell dir vor, dass Rachel weg wäre, bah. Man darf gar nicht daran denken, denn sonst wird man verrückt, wie Bram sagt. Er hat sich noch nicht ganz beruhigt, schläft noch schrecklich viel (wie auch wir das am Anfang getan haben). Roland hat aus Vught heimlich einen Brief geschickt. Schrecklich! Buchstäblich und im übertragenen Sinne geschlagen! Vor allem geistig. Auch das findet er das Schlimmste. Er ist Lehrer, kümmert sich um das Anlegen einer Bibliothek ... Aber man hat ihn in ein neues Lager in Amersfoort verlegt. Was das ist, ist noch nicht bekannt.

Die Leute in Mischehen (±300) in Westerbork haben die Deutschen wählen lassen: weitergeschickt werden oder Sterilisation. 57 haben sich operieren lassen. Das im 20. Jahrhundert!!! *Kultur**!!

Professor Cohen bemüht sich auch, nach Barneveld zu kommen (dann muss es schon sehr schlimm sein in Amsterdam, was). Ob ihm das gelingen wird? Vielleicht darf Froukje mit. Aber ist es dort so *safe*?? Auf alle Fälle ein günstiges Zeichen. Wenn der Professor es tut. Aber wer weiß, vielleicht werden sie dort später als Geiseln benutzt. Es sind dort in Barneveld alles Intellektuelle und Menschen, die im Staatsdienst waren.

Wir haben uns große Sorgen um Brams Eltern gemacht, aber er erzählte, sie seien vorläufig für zwei Wochen »woanders auf Besuch«. Danach werden sie mit falschen Ausweisen irgendwo in Amsterdam wohnen (alles ist dort chaotischer, weil alle Papiere verbrannt sind). Viel hat man schon aus ihrem Haus weggeschleppt. Außer Büchern (und das sind so einige, und die werden sie hier auch zu retten versuchen). Ma II ist ein Schatz, sie hat sogar noch darüber nachgedacht, Brams Eltern und Schwester auch hier aufzunehmen. Aber das ist unmöglich: 8 Personen. Bram ist schon weg, bei einem Bauern, er hat es dort sehr gut. Aber jetzt ist doch alles schon gut geregelt! Wird noch alles gut werden?[56]

1. Juni 1943

Unser Schicksal (Radio Oranje berichtet heute Abend).

Aus den wenigen Juden, die noch von den 3 Millionen in Polen übrig waren, hat man in Warschau ein großes Getto gebildet. 50 000, diese Zahl blieb konstant, weil aus anderen Ländern Menschen dazugeholt wurden. Es gibt (oder besser: es gab) einen Judenrat. Der musste jeden Tag 6000 Juden abliefern. Die wurden entweder an die Wand gestellt und erschossen oder ins Unbekannte weggebracht. Was geschieht dort mit ihnen? Wahrscheinlich arbeiten, bis sie umfallen, oder sich selbst erschießen. Der Vorsitzende des Judenrates[57] konnte es, was ich sehr gut verstehe, nicht mehr aushalten und hat sich eine Kugel durch den Kopf gejagt. Das ist die schlimmste Art des Tötens: Selbstmord!! Die polnische Regierung in England erfuhr, was da Schreckliches vor sich ging, und ließ Waffen ins Getto schmuggeln. Die Juden, die sahen, dass sie doch nichts zu verlieren hatten, kämpften[58]!! Was taten die Moffen? Riegelten das Getto ab, machten die Wasserleitungen dicht und warfen Brandbomben!! Lebendig verbrannt sind die Menschen. Ohne Löschwasser!!! Ja, Kinder, das schreibe ich für euch auf, damit ihr wisst, wie man euer Volk behandelt hat. Und für mich selbst, damit ich nicht vergesse, wovon wir bisher verschont geblieben sind! Denn wenn wir am Leben bleiben, dann kann ich es euch vorlesen, und wenn nicht, wenn wir entdeckt werden und dasselbe Schicksal erleiden müssen, dann wird dieses Heft sicher von den feigen Moffen vernichtet. Sind das noch Menschen? Nein, nein, nein, es sind Tiere, die alles zerfetzen!!! Wahrscheinlich ist in Warschau kein Jude mehr übrig. Und neulich haben sie noch etwas über Krakau gesagt, da wird es wohl nicht viel besser sein. Von *Onkel** Iziu schon seit April keine Neuigkeiten mehr. Wenn er nicht untergetaucht ist (und ich glaube, das ist er nicht), dann ist er auch schon tot. Was hat er von seinem jungen Leben? Opa hat nicht erleben dürfen, dass sein Sohn sein Studium beendet hat. Als er fertig war und schon eine gute Praxis in Krakau hatte, schon einiges an Bekanntheit, brach der Krieg aus. Er wollte gern nach Amerika, konnte aber nicht ins Land kommen. Aber mein Vertrauen in Gott ist sehr groß. Er wird alles geregelt haben, so wie es gut für uns war. Bisher hat sich alles für uns so prächtig entwickelt. Wenn der Krieg jetzt sehr bald zu Ende ist, haben wir vielleicht noch die Chance, dass noch ein paar der *Jehudim* und von denen, die man ins »Unbekannte« weggebracht hat, zurückkommen, aber ich fürchte ... ich befürchte das Allerschlimmste.

26. Juli 1943

Mein Tagebuch ist untergetaucht, darum habe ich so lange nicht geschrieben. Gleich mehr dazu.

Amsterdam ist mehr oder weniger *Judenfrei**. Noch ±100 (von den 7000) haben eine besondere Sperre vom Judenrat (auch Froukje) und dürfen vorläufig (!) bleiben. Wie lange? Die anderen wurden in zwei Runden abgeholt. Sogar an einem Sonntagmorgen.[59] Um 5 Uhr kommt plötzlich ein Auto ins Zentrum, glaube ich, und verkündet über einen Lautsprecher, dass die Juden sich bereithalten müssen und die Gojim nicht auf die Straße dürfen. Auch bei ihnen haben sie Häuser kontrolliert. ±4000 gleichzeitig mitgenommen! Froukje hörte es im letzten Augenblick und ist doch weggegangen. Unterwegs festgenommen. Bob war in Amsterdam, um mit ihr zu sprechen, sagte aber, dass sie in Den Haag Unterhandlungen führte. Wollte uns nicht beunruhigen. Am nächsten Tag ist er wieder hingefahren und erzählte uns, dass sie frei war. 3 Tage und Nächte wurde sie festgehalten und ist als Einzige rausgekommen. Aber wenn sie zu Hause geblieben wäre, wäre nichts passiert, denn zufällig (oder vorherbestimmt?) haben sie ihr Haus ausgelassen und noch einige andere. Ein Onkel war bei ihr zu Hause. Er ist als Einziger von Brams ganzer Familie noch übrig. Selbst den Rabbiner[60] hat man schon nach Polen geschickt!! Aber *en tout cas* sind wir dankbar, dass Froukje noch da ist.

Am Mittwoch, dem 16. Juni, hat das englische Radio verkündet, man habe die Nachricht erhalten, in den ganzen Niederlanden würden am 17. Juni die Ausweise in Häusern und auf der Straße kontrolliert. Und am 25. Juni beginnen die Hausdurchsuchungen. Zum Glück haben wir ein Versteck!

In Ma IIs Zimmer haben wir eine zweite Wand vor die erste gebaut, aus Latten, mit Leinen bespannt, mit Tapete beklebt und dann das ganze Zimmer gestrichen. Vor dem Loch, durch das wir müssen, steht ein schwarzer Wäscheschrank aus Eichenholz. Wenn man einfach so ins Zimmer kommt, sieht man nichts davon. Es hat wunderbar geklappt. Nur wenn man gut hinter die Rückseite des Schranks schaut (wenn man den wegschiebt natürlich), sieht man einen dunklen Fleck vom Loch. Da haben wir auch einen Rucksack reingehängt: mit all unseren Papieren, jüdischen Büchern, Kalendern, Fotos, und ... dem Tagebuch. Deswegen der Begriff »untertauchen«. Wenn es jetzt nachts klingelt, müssen wir alle in den Schrank. Wir (Rachel und ich) schlafen mit einer Decke auf dem Boden, die im Notfall auf das Bett von Pa und Ma geworfen werden muss. Mit Rachel gibt es jeden Abend Diskussionen, denn sie sagt, heute Nacht kommen sie doch nicht, aber das kann man nie vorher wissen. Und es geht ums Prinzip. Auch wenn sie sich manchmal auf den Diwan legt – ich tue das nicht. Man schläft auf dem Boden auch wunderbar. Besser als in Vught.

Bram schläft mit einem Mantel unten auf dem Wohnzimmerdiwan. Wenn da etwas ist, schläft Ma II in Ma Is Bett, und Bob in Ma IIs, und wir verschwinden im Schrank. Am 17. und 25. Juni ist natürlich nichts passiert, aber seit dieser Zeit sind wir sehr auf der Hut. Bob bekommt manchmal Warnungen von Leuten, aber darauf kann man sich meist doch nicht verlassen.

Unser Radio ist schon einen Monat weg. Aber wir haben stattdessen zwei viel bessere. Ein ganz kleines Gerät von einem Bekannten und ein großes, sehr gutes, schönes Ding gekauft. Aber das benutzen wir nie, das ist für nach dem Krieg und vorläufig auch im Schrank untergetaucht. Auf dem kleinen hören wir jeden Tag ein paarmal treu zu und bekommen die besten Nachrichten.

Die Vorinvasion ist in Sizilien. Pantelaria und Lampedusa, kleine Inseln bei Italien, werden zuerst eingenommen. Aber es tat sich noch immer nichts Entscheidendes. Dann kam eines Morgens (am 10. Juli?) Bram herein und sagte: »Sizilien ist angegriffen worden!« Wir waren alle natürlich sehr enthusiastisch. Invasion. Aber auch das ist noch nicht das Entscheidende. Sizilien ist nun zu 7/8 in englischer Hand, am Samstag ist sogar Palermo gefallen, nur bei Pantelaria will es noch nicht so ganz klappen. Da kämpfen sie schon eine Woche, aber kommen nicht so voran. Sehr gut verteidigt. Aber auch das wird natürlich bald fallen, und Messina, und dann fällt natürlich ganz Sizilien und wahrscheinlich ganz Italien, denn Italien wird keinen Sinn mehr darin sehen, gegen eine solche Übermacht zu kämpfen. Rom wurde vor Kurzem bombardiert!

Einerseits ist es eine Schande, andererseits ihre eigene Schuld, denn man hat sie vorher gewarnt. 2½ Stunden am Stück mit einem speziell ausgebildeten Korps. Man ist tatsächlich sehr vorsichtig vorgegangen, denn es wurde nur eine Kirche (von den 400) getroffen: die Basilika. Schrecklich schade, aber wahrscheinlich ging es nicht anders. Jetzt die Neuigkeit, die mich eigentlich so sehr zwingt, alles aufzuschreiben.

Mussolini ist zurückgetreten.

Gestern Abend hörten Pa und Ma die polnischen

Nachrichten an und erfuhren das. Vor lauter Freude haben wir uns gegenseitig mit Tomaten beworfen. Denn das ist doch der Anfang vom Ende. Badoglio (73 Jahre), der ehemalige Vizekönig von Abessinien, königstreu und, soweit ich gehört habe, anti-Moffen, ist jetzt an der Regierung. In Deutschland heißt es, dass Mussolini aus gesundheitlichen Gründen zurückgetreten ist. Italien hält wohlweislich den Mund. Die faschistische Partei wird fast zur Gänze entbunden, und es werden allerlei Maßnahmen getroffen, die darauf hindeuten, dass man Angst hat, es gibt Stunk. Der Duce hatte vor ein paar Tagen noch Unterredungen mit Hitler, zu denen sie sich schon nicht so besonders herzlich begrüßt haben, und jetzt das. Es ist großartig!

Wir haben alle fast gar nicht geschlafen. Ich träumte immer wieder vom Duce. Das ist schon mal ein guter Fortschritt, aber jetzt noch den 2. Hund, und der ist der wichtigste.

Die Fokker-Fabrik in Amsterdam wurde gestern bombardiert. Ich glaube, auch getroffen, vor ein paar Tagen hatten sie danebengeworfen, à la am 31. März hier. Auch Schiphol bombardiert. Die Flughäfen in Frankreich bombardieren sie schon lange, und jetzt fangen sie mit Belgien und den Niederlanden an. Was bedeutet das? Invasion hier? Einerseits ist das zu hoffen: Dann sind wir schneller frei. Aber andererseits: Dann machen sie Rotterdam platt, und kommen wir dann mit dem Leben davon? Die Guerrillatruppen (Truppen, die von sich aus zu kämpfen angefangen haben) haben in Jugoslawien und Bulgarien schon eine Provinz erobert; wie sie das hinbekommen haben, ist ein Rätsel. Sie sind sogar in Kontakt mit den Engländern. Vielleicht, wahrscheinlich sogar, kommt die Invasion auf dem Balkan, Griechenland.

Ma II und Pa II sind im Urlaub (2 Wochen), kommen

erst am Sonntag zurück. Mies ist diese Woche auch nicht daheim. Ma I kümmert sich um alle, und Canis bringt alles. Bob kümmert sich um das Obst, »für die Gemälde«. Alles läuft ausgezeichnet. Nur schade, dass man Canis nicht ganz vertrauen kann. Wo es nur geht, klaut er sich ein paar Cent. Schrecklich gemein, denn erstens nutzt er unsere Position aus, missbraucht unser Vertrauen. Zum Beispiel essen wir ab und zu Eis, 8 Portionen 40 Cent. Jetzt schrieb er gestern auch 40 Cent auf die Liste, dabei hatten wir überhaupt kein Eis gegessen. Dann sagte er, als Ma eine Bemerkung darüber machte: »Das habe ich gegessen.« Dagegen kann man doch nichts machen? Und so auch beim Milchmann, beim Gemüsehändler. Überall kommen 20 Cent dazu. Der Junge bekommt doch Taschengeld, sollte man meinen. Aber das ist eben so, wenn man schon so jung eine Beziehung hat, dann muss man mit seinem Mädchen Pop ausgehen. Obwohl ich überhaupt nicht dagegen bin, dass ein 17-jähriges Mädchen schon einen Freund hat. Sie gehen schon ungefähr 4 Jahre miteinander (sie ist ein paar Monate älter als er, aber er ist schon sehr vernünftig) und haben immer noch nicht genug voneinander. Wenn daraus etwas wird, fände ich das sehr schön. Die ganze Familie zieht ihn damit auf. Ma II will sie nicht im Haus haben, denn wenn es doch irgendwann auseinandergeht, will sie keine Mitverantwortung für den Kummer tragen. Ich hätte es vielleicht auch nicht in Ordnung gefunden, solche Rotznasen, aber ich selbst bilde mir auch ein, dass ich jemanden liebe, und nur von unserer ersten Begegnung hängt es ab, ob ich mit 17 oder 18 auch eine Beziehung habe (je nachdem, ob wir dieses Jahr freikommen, das muss sein, sonst ist er nicht mehr da). Vielleicht ist er ja schon verlobt. Ich überlege mir plötzlich, wie ich Jahre später über diese Seite lachen werde, wenn ich glücklich mit einem anderen verheiratet bin und überhaupt nicht mehr an ihn denke. Dann krieche ich zu meinem Mann auf den Schoß und frage ihn, ob er mir deswegen böse ist. Aber ich hoffe, dass du, mein lieber Mann, vernünftig bist. Jetzt kenne ich dich wahrscheinlich (80 Prozent) noch nicht, aber zu 20 Prozent besteht auch die Möglichkeit, dass ich dich kenne, und stell dir vor, du bist es wirklich, an den ich gerade denke. Aber so beständig sind Frauen meistens nicht, auch wenn ich mir wünsche, die positive Ausnahme zu sein.

Mit Bob komme ich auch sehr gut zurecht. Ich liebe ihn wirklich, aber wie einen Bruder. Wir gehen sehr kameradschaftlich miteinander um; dass ich irgendwann einmal so ungezwungen mit einem jungen Mann umgehen würde, hätte ich nie gedacht. Ma II hat einmal die Bemerkung gemacht, Bob sei in mich verliebt, da war er wirklich kurz verlegen, und er sagte mit einer verlegenen Geste, dass er alle liebt, ein großes Herz hat. Und er erweist mir auch öfters mal sehr zärtliche Gesten. Setzt sich zu mir usw., aber trotzdem geht es nie zu weit. Und dann kämpfen wir manchmal wieder ganz altmodisch, ich ziehe ihm die Krawatte aus, und dann kann ich sicher sein, dass er mein Haar in Unordnung bringt. Aber das ist kein Problem. Man könnte es als Außenstehender vielleicht auch als eine Art Flirt betrachten, aber das ist es nicht. Ich finde es angenehm, einen Bruder zu haben, und noch dazu einen so intelligenten, so vielseitig entwickelten, trotz seiner 2 Jahre Gymnasium (denn damals wollte ihn überhaupt keine Schule mehr aufnehmen, weil er so wild war). Wir unterhalten uns oft, aber ich bin noch zu jung, zu wenig entwickelt mit meinen 3 Jahren HBS, ich kenne noch keine Literatur. Erst hier fange ich an, einige gute Bücher zu lesen (sogar so viel, dass aus der Arbeit nichts wird, habe schon mindestens

2 Monate nichts gemacht). Selbstständig habe ich *Olie voor China's lampen*[61] gelesen. Ganz ausgezeichnet. Verrückt, ich interessiere mich wirklich für die Chinesen. Vielleicht fahre ich noch mal dahin, mit meinem Mann, obwohl mich das Reisen eigentlich überhaupt nicht reizt. Aber wir werden sehen.

Um auf Bob zurückzukommen: Er hat lauter Ideen, die ein gewöhnlicher Mensch nicht hat, und die sind gar nicht mal so verrückt. Hier in dieser Familie wird zumindest noch manchmal diskutiert. Früher bei uns nie. Ra und ich waren uns meistens sowieso einig, ich nahm klaglos alles hin. Auch wenn man mich immer ausgeschimpft hat, ich wäre in der Opposition. Hier muss man seine Meinung verteidigen. Das ist nicht immer leicht.

Bob arbeitet diese Woche hier zu Hause. An einem Akt: Eva, die einen Apfel aus einer ganzen Schale mit Obst nimmt. Ich stehe für die Hände und für die Gesichtszüge Modell (und für die Silhouette, vermute ich heimlich), aber diese Woche hatte er keine Lust; wir haben Kreuzworträtsel gelöst, sind also überhaupt nicht weitergekommen. Morgen machen wir uns wieder ordentlich an die Arbeit. Ich finde den Akt langsam richtig schön; jeden Tag schaue ich mir das Bild an, und dann lernt man jeden Pinselstrich kennen. Und das Gesicht ist auch so lieb, auch wenn er es jetzt verdorben hat.

Ma II hat morgen Geburtstag. Vielleicht schicken wir ein Telegramm. Die erste Woche waren sie in Groesbeek, die zweite in Schin op Geul. Den ganzen Monat hat es gegossen, aber gerade, als sie abfuhren, klarte es auf, und das Wetter wurde herrlich. Wir hier in Rotterdam ersticken fast. Meine Vermutung, dass ich dann nur eine Rundreise durchs Haus mache, wenn es nicht anders geht, ist leider eingetreten, obwohl man nie wissen kann, denn jetzt läuft es gut.

13. August 1943

Neulich sind an einem einzigen Tag Orel und Catania gefallen, beide waren wochenlang schwer umkämpft. Ein großer Sieg. Nun kämpfen sie um Charkow. Wahrscheinlich wird es heute Abend fallen. Ich schreibe das alles so leicht hin, aber wenn man sich bewusst macht, wie viele dabei fallen, dann ... Wie viele Frauen dadurch zu Witwen geworden sind, schrecklich. Aber die Leute da kämpfen zumindest, haben eine Waffe in der Hand, um sich zu verteidigen. Wir nicht!!

Aus Polen ist neulich eine heimlich verschickte Postkarte von einer Bekannten gekommen. Sie arbeitet in einer Textilfabrik und hat es ziemlich gut, nur das Essen ist sehr schlecht. Froukje sagt, von jungen Leuten kommen öfter Nachrichten durch, dass sie irgendwo arbeiten. Also gibt es zumindest wieder Hoffnung.

Vught, das Straflager für Juden und Nichtjuden, war sehr, sehr schlimm. Folterwerkzeuge, schreckliche Strafen (z. B. sah jemand eine Möhre auf der Erde liegen, hob sie auf, der Mof sah es, und er musste einen ganzen Tag mit dieser dicken Wintermöhre im Mund an einem Pranger stehen). Da kann man sich vorstellen, wie sich dieser Mensch abends fühlt; wenn sie aus jemandem etwas herausquetschen wollen, lassen sie ihn an einem entsetzlich heißen Tag mit drei elektrischen Öfen (und mit 3 Decken auf dem Rücken) dastehen. Genauso lange, bis derjenige zusammenbricht, sie schlagen die Leute, bis sie bluten. Jemand, der aus dem Lager kam, berichtete davon. Jetzt wird es langsam besser. Seyss-Inquart [Reichskommissar für die besetzten Niederlande, A. d. Ü.] und Schmidt[62] (der vor Kurzem aus dem Zug »gefallen« ist, das war großartig) haben dem Lager einen Besuch abgestattet und die schlimmste Folter abgeschafft. Jetzt wird es dort sogar fast »gut«. Jemand, der vor Kurzem von dort kam, erzählte, er hätte 15 Pfund zugenommen. Arbeiten musste er dort fast nicht (war, glaube ich, Aufseher bei den Frauenbaracken und bekam sehr viele Pakete). Man möchte fast denken: ein idealer Ferienort. Aber es ist ein Glück, dass es dort nun ein bisschen anständiger ist.

Für diesen Monat haben wir unsere Marken noch bekommen. Aber im nächsten? Wir fürchten um den Judenrat. Es ist dort nicht mehr so *safe* für die Juden. Froukje taucht bald unter. Sie ist sehr lieb, schickt uns hin und wieder etwas Leckeres.

Ist es wahr, dass ich einen Minderwertigkeitskomplex oder einen Mangel an Vertrauen habe, weil ich mein Tagebuch versiegle? Ich weiß es nicht. Was ich schreibe, ist nur für sehr wenige bestimmt, vielleicht nicht einmal für meinen Mann. Und was das Zweite betrifft: Menschen sind schwach, vielleicht können sie der Versuchung einmal nicht widerstehen, und dann ist man wieder beim ersten Punkt: Es ist nicht für ihre Augen bestimmt. Obwohl, wäre es so schlimm?

Eigentlich wissen sie alles, was darin steht, denn jeder erlebt es. Nur, wie ich es in Worte fasse, wie ich es empfinde, das ist für mich selbst. Vielleicht ist es auch ein bisschen minderwertig. Ich versiegle es auf alle Fälle! Bis es Menschen gibt, die es wert sind, dass ich es öffne.

29. September 1943

Morgen Rosch ha-Schana! Das Ende des Jahres 5703. Rabbi Davids sagte, er sei davon überzeugt, es werde im Jahr 5703 Frieden geben. Vielleicht bis Jom Ha-Kippurim. Ich hoffe, bis dahin! Ma II sagt immer: »Im September gehst du wieder in die Schule, arbeiten!« Aber ich kann es fast nicht. Wie das kommt, weiß ich nicht. Aber mittags habe ich nach der Arbeit ein bisschen gelesen, manchmal geschlafen, aber nicht gelernt. Seit ein paar letzten Wochen tue ich es schon wieder jeden Nachmittag. Französisch und Erdkunde und bald auch Chemie. Denn ... wenn ich nach den Weihnachtsferien wieder in die Schule gehe, will ich in die 4. kommen und nicht noch ein Jahr verlieren. Morgen muss ich an das letzte Jahr zurückdenken; viel Gutes habe ich nicht getan. Wenn ich schlau gewesen wäre, hätte ich gearbeitet, aber Umstände außerhalb meiner Kontrolle haben mich daran gehindert. Eingeschlossen sind wir gewesen. Gott schenke uns das folgende Jahr in Freiheit! Frieden! Ewigen Frieden! Nicht wieder nach ein paar Jahren diesen schrecklichen Krieg mit einem anderen Hitler. Nein, Frieden! Und dass ich klüger werde, mich mehr durchsetze!

23. November 1943

Rosch ha-Schana ist vorbei. Jom Ha-Kippurim ist vorbei (sehr gut gefastet, wir alle; ich hatte Kopfschmerzen, denn ich bin zu lange im Bett geblieben). Mein Geburtstag ist vorbei, Rachels, und es ist immer noch Krieg ... Noch immer werden Menschen abgeschlachtet ...

Rabbi Davids durfte nicht Recht bekommen. Vielleicht noch vor Anfang 1944. Jetzt will ich meinen zweiten Geburtstag in der Verbannung beschreiben. Wir haben jetzt alles hier im Haus schon mal miterlebt. Am 21. Oktober haben wir unser einjähriges Untertauchjubiläum gefeiert. Ma II hat eine sehr nette Rede gehalten, u. a. gesagt, dass sie es noch keinen Augenblick bereut hat, uns aufgenommen zu haben, dass sie froh ist über unsere muntere Laune usw. Aber meinen Geburtstag vom letzten Jahr finde ich trotzdem immer noch das schönste Fest, das wir gehabt haben (letztes Jahr schon beschrieben), und auch dieses Geburtstagsfest fand ich das schönste von den ganzen Festen! Morgens im Zimmer (meine übliche Tätigkeit) Staub gewischt. Um 12 Uhr kam Miesje aus Wageningen zum Kaffee und brachte einen Brief von ihrem Verlobten mit (stell dir vor, einen Brief!) und Rosen. Der Brief war sehr nett; ich sollte den Tag vor allem in der angemessenen Fröhlichkeit zubringen, schrieb er. Ich glaube, wir haben ihn in der angemessenen Fröhlichkeit zugebracht (dazu später mehr). Gleichzeitig verehrte mir Ma II wieder einen Strauß Chrysanthemen (mit schmeichelhafter Beschriftung von Pa II) und ein Buch von Arthur van Schendel, *Angiolino en de lente.*[63] Sehr schön. Von Ma und Pa sollte ich eine Pflanze bekommen, und dann kamen sie mit einer Riesenbegonie an, einfach unglaublich. Von Rachel und Bram ein Buch von Dr. Knobbel für Rätselrater[64] (ich hatte eine Zeit lang eine Denksportmanie), zum ausgedehnten Kaffeetrinken waren alle gekommen, statt Brei hatten wir ein festliches Makkaronigericht. Auf meinem Teller lag ein mit einer roten Schnur zusammengebundenes Gedicht. Ich hatte Ma II so sehr darum gebeten, dass sie es schließlich gemacht hat. Ich bin riesig froh darüber. Ein ziemlich ernster Text mit ein paar spöttischen Bemerkungen zu meiner Tageseinteilung. Von Bram bekam ich auch eins, in leichterer Stimmung, aber auch richtig ordentlich gereimt. Am Nachmittag schaute ich Canis kurz ganz, ganz lieb an, und wirklich, abends bekam ich von ihm auch eines. Mir zu Ehren, auch über mich, aber größtenteils über den ganzen Zustand, wie wir, die ganze Familie, zum Untertauchen kamen. Ganz wunderbar. Über diese drei Dinge habe ich mich am meisten gefreut. Ich werde sie auch gut aufbewahren.

Von Pa und Ma bekomme ich nach dem Krieg einen kleinen Diamanten in meinen Goldring, den ich dann tragen werde, bis mir mein Verlobter einen größeren an dessen Stelle schenkt. Den bewahre ich dann auf, bis meine Tochter 17 geworden ist, dann bekommt sie ihn von mir. Versprochen!!

Am Nachmittag haben wir (echten) Tee getrunken, Rätsel aus dem Buch gemacht, eines gelöst. Abends ausführlich gegessen mit Schokoladenpudding (ich hatte Ma II kurz darum gebeten, und sie hat welchen gemacht, so lieb!). An diesem Abend haben wir Gesellschaftsspiele gespielt, mit Karten: Lügen, Mau-Mau usw. Sehr lustig! Wir haben viel Lärm gemacht (es war wirklich, als wäre ein ganzes Waisenhaus untergetaucht), und dann sind Mies, Bob, Canis, Bram um halb 11 sehr laut nach unten gegangen (für die Nachbarn) und sehr leise wieder nach oben. Dann haben wir sehr ruhig Kaffee getrunken und ... sind ins Bett.

Alles in allem ein sehr vergnüglicher Tag. Vielleicht für mich, weil ich überhaupt nichts getan habe, nur den Tisch sehr schön gedeckt und die Gläser abgewaschen, und weil ich besonders im Mittelpunkt stand, aber alle fanden ihn schön. Bei Rachel war nicht so viel los, denn genau am Abend vorher war eine Party bei Jaap Keizer (Bekannten). Ich habe Mies geschminkt, sie sah richtig gut aus, und wir sind das von ihr gar nicht gewohnt, darum war es erst ein bisschen komisch, so gefärbt, so rot (Lippen und Wangen) und schwarz (Augenbrauen). Am nächsten Tag waren sie ein bisschen verkatert (die ganze Familie war ein bisschen *tipsy* gewesen) und sie schliefen deswegen am Nachmittag. Nur Canis war nicht dort gewesen. Rachel bekam von mir eine niedliche Brosche, mit Eicheln, wirklich etwas für den Herbst. Von Pa und Ma Musik (Jalouzie, Creme, von der Familie Zijlmans Puder, eine große Dose). Von Bram ein Buch und Blumen. Mies' Verlobter war am Donnerstag zu Pa IIs Geburtstag (18–11) gekommen und war gerade den letzten Abend da, bis sie bridgen gingen. Wir haben mit Rachel, Bram und Ma ein bisschen geschwatzt. Und abends nach dem Gebäck noch ein deftiges Häppchen (Cracker + Käse), wodurch die Geburtstagsstimmung verstärkt wurde. Auch dieser Tag ist wieder vorbei. Und nächstes Jahr?? Ich hatte so gehofft, zu meinem *sweet seventeen* zu Hause ein Fest zu geben. Vielleicht beim *sweet eighteen?* Und vielleicht nicht einmal das. Aber ich will nun meiner optimistischen guten Laune treu bleiben, nicht *down* werden. Auch wenn es dazu Gründe gibt. Am 28./29. September wurde Amsterdam *Judenfrei** gemacht. Niemand wusste davon. Nicht einmal der Judenrat, und das Schlimmste ist: Froukje, die untertauchen wollte, hatte (wovor sie Mama so oft gewarnt hat) keine Zeit zum Flüchten. Hat zu lange gewartet und wurde zusammen mit Prof. Cohen mitgenommen. Sie ist jetzt in Westerbork, in der Poststelle, eine Position, um die sie viele beneiden. Sie ist munter, schläft gut, ist aber in der Hand der Moffen. Froukje, die so viel für andere getan hat, ist jetzt das Opfer. Im Zug schrieb sie eine Karte an Bob, ihre einzige Sorge galt unseren Marken, tapfer, aufmerksam, aber warum? Gerade sie? Die Familie Zijlmans hat uns nichts davon gesagt. Offiziell wissen wir es noch nicht, und Bram weiß es auch wirklich nicht. In der ersten Oktoberwoche taten sie alle sehr geheimnisvoll, haben aber nichts erzählt. Sonst sagt Ma II hin und wieder etwas, aber jetzt nicht. Als Bob die Marken holen ging und zurückkam, war er sehr nervös und erzählte »Amsterdam *Judenfrei**, Froukje untergetaucht«, brachte einen Abschiedsbrief mit, und für die Marken hatte sie eine Adresse beim Judenrat hinterlassen. Rachel war direkt misstrauisch, sie dachte schon die ganze Woche, dass etwas mit Brams Eltern los war, aber jetzt kombinierte sie sofort. Getippter Zettel, unterzeichnet, Bob ein Maler – eine Fälschung. Später erhielten wir Gewissheit darüber, weil Rachel einen Brief las (was ich ihr überhaupt nicht übel nehme), dem wir mit Sicherheit entnehmen konnten, dass sie in Westerbork ist. Ma II verrät sich oft, aber wir helfen unauffällig, damit Bram seine Illusionen nicht verliert. Aber es wird natürlich peinlich, wenn Bob in Amsterdam war, und Bram fragt, ob man überhaupt noch etwas von Froukje hört, und er sagt Nein. Ma II schickt regelmäßig Päckchen: Butter, Marmelade, Haferflocken, sehr lieb!! Bob hat auch bei den Deutschen versucht, sie freizubekommen, aber sie fanden, er solle sich nicht mit »den Juden« (verächtlich) abgeben. Auch Barneveld ist in Westerbork, alle gleichzeitig weggebracht, vielleicht bleiben diese Leute in den Niederlanden, aber großes Vertrauen habe ich nicht, was das betrifft. Warum durften sie denn nicht bleiben? Werde ich all die Menschen, die dort sind, die doch gute Bekannte von mir sind, nie wiedersehen? Auch nicht Sam? Nicht einmal als Bekannten? Und Jet Wijler, die inzwischen ihr Baby bekommen hat? Wie geht es ihr?

All diese Dinge mit Fragezeichen, und wenn es nicht sehr bald zu Ende ist, werde ich nie eine Antwort darauf bekommen. Politisch geht es gut. Die Russen sind fast in Polen. Wenn sie sich nur beeilen und die Juden befreien. Pa hofft noch auf den 11. Dezember (dann hat dieser Krieg genauso lange gedauert wie der vorherige) oder ansonsten auf den Verlauf des Monats oder den Verlauf des nächsten Jahres. Oder vielleicht nie. Nein! Nein! Es muss bald sein, wir wollen es alle.

6. Januar 1944

1944. Was wird es bringen, den Frieden? Ja! Es muss sein! Die Russen sind gestern schon ein kleines Stück über die polnische Grenze gekommen, und das ist doch der Anfang vom Ende? Wenn jetzt auch die Invasion noch kommt ... Aber davor hat Mama so schreckliche Angst, dass (wenn sie hier erfolgt) wir es nicht schaffen, wegen Bombardierungen. Ich habe auch eine schreckliche Vorstellung von der Invasion, aber wenn das die Hilfe bringen wird, dann in Gottes Namen los; Er hat uns schon durch so viele Dinge geholfen, Er wird uns auch weiter beschützen! Gottvertrauen habe ich noch und hoffe, es immer zu behalten. Aber ... Vielleicht fällt das deutsche Heer ja auch ohne Invasion in sich zusammen, und wir bekommen Frieden, ohne dass so viel Blutvergießen geschehen muss!

Der 11. Dezember hat keinen Frieden gebracht, nicht einmal Weihnachten, das wir ansonsten sehr angenehm verbracht haben. Mies' Verlobter war auch da, er brachte ein Kaninchen mit, das er selbst gezüchtet hatte. Abends beim Diner haben wir es verspeist, es war in Butter gebraten ... Das erste und hoffentlich auch das letzte Mal, dass wir so etwas Treifes [den jüdischen Speisegesetzen nicht gemäß, nicht koscher] essen. Obwohl es sehr, sehr lecker war, genau wie Huhn. Warum dürfen wir das eigentlich nicht essen?

Aber am Tisch ist es so ungemütlich, wenn wir uns weigern, etwas zu essen (und dann natürlich auch die Suppe und die Soße). Das Essen war im Allgemeinen sehr lecker und gemütlich. Der Weihnachtsbaum war wieder sehr schön und groß! Die Tage sind ruhig vergangen, ohne schreckliche Ereignisse. Zwischen Weihnachten und Silvester wurden beide Mütter krank: die Grippe; wir haben sie beide gleichermaßen verwöhnt, wir fürchteten schon, es würde mit dem 31. Dezember nichts werden, aber am Nachmittag sind sie aufgestanden, und Ma II hat Apfelkrapfen gebacken (für den Dezember hatten wir alle Öl, eine Süßigkeitenmarke und ein Töpfchen

Sirup extra bekommen). Abends bekam ich schreckliche Kopfschmerzen, habe mich hingelegt, mit 2 Aspirin, aber erst kam Pa und hörte Radio. Dann fing Ma II zu schreien (Verzeihung, zu singen) an, dann kam Rachel und wollte wissen, ob ich nicht aufstehen wollte, sodass es durch diese ganzen Ärgernisse nicht besser wurde. Endlich schlief ich ein, wurde um 9.30 mit klappernden Zähnen wach, zog mich schnell an, hatte inzwischen Temperatur, traute mich kaum hinzuschauen, aber ich hatte zum Glück nur 37,2. Unten saßen sie schon lange schick zurechtgemacht im Salon, und man rief Hurra, als ich erschien. Bob hatte eine Flasche Jenever bekommen, die fast leer ist. Wir Kinder bekommen natürlich nichts, aber Ma schon ... Also ist er größtenteils bei mir gelandet, trotzdem darf ich das nicht tun; vor allem, wenn ich jetzt so bald wie möglich in die Schule will, muss mein Gehirn frisch bleiben, aber ich hatte Kopfschmerzen ... Ma flüsterte mir zu, ich würde noch eine richtige »pijanka« (Trinkerin) [Polnisch: pijący]. Ich kann es nicht ändern, es ist lecker! Die Kaltschale war wieder sehr lecker, danach hat Herr [Zijlmans] eine Rede gehalten. Jeder wurde sehr gelobt, nur Canis wurde geschimpft, weil er ein schlechtes Zeugnis hatte (ich habe es zufällig gesehen: ein paar Vieren und eine ganze Fünf, einige Sechsen ... Aber eine dicke Anmerkung, dass er mehr an die Arbeit und weniger an sein Mädchen denken soll!!! Deswegen tut er natürlich alles so heimlich). Ich wurde wegen meiner guten Laune gelobt. Um 12 Uhr gaben sich alle die Hand, die weiblichen Anwesenden bekommen einen Kuss (außer Rachel, die einen einzigen von Bob bekommt). Nach Tisch für mich der Höhepunkt des Abends, vielleicht sogar des Tages, des Jahres, des Lebens! Ich setze mich zu Bob auf den Diwan und ziehe ihn damit auf, dass er Rachel einen Kuss gibt und mir nicht. Nach kurzem Hin und Her sagte er, dass er einem Mädchen nie zuerst einen Kuss gibt, sondern erst, nachdem sie ihm einen gegeben hat. Also sagte ich: »Den bekommst du von mir niemals.« Dann plötzlich: »Warte, erst einen Schluck aus meinem Glas, dann bekommst du einen Jeneverkuss.« Bevor ich wusste, was los war, packte er mich, aber ich habe mich gewehrt, wir rollten zusammen herum, aber es gab heftigen Widerstand von meiner Seite, jedes Mal die Gesichter dicht beieinander, aber dann wieder ein Schlag, und weg ist es. Ganz erschöpft von Müdigkeit und Lachen bleibe ich sitzen und bekomme, glaube ich, einen Kuss auf die Backe. Alle lachen laut. »Aber«, sage ich, »ich habe noch gar keinen gehabt.« Danach geht es richtig los: »Ich habe schon mindestens dein ganzes Gesicht abgeküsst, aber jetzt bekommst du noch zehn dazu!« (Auch wenn ich Ersteres abstreite, vielleicht durch mein Handeln, aber das zählt nicht.) Jetzt beginnt der Kampf von Neuem, aber schon bald gebe ich auf und lehne mich ergeben nach hinten, während ich unter dem Gelächter meiner alles beobachtenden und genießenden Zuschauer 11 Küsse (halbnasse Bauernküsse) kassiere. So habe ich meinen ersten Kuss von einem Jungen bekommen. Ist das etwa kein Ereignis im Leben eines Mädchens?

Und so furchtbar schlimm konnte ich es auch nicht finden, denn es war kameradschaftlich. Auch wenn Bob am nächsten Tag, auf Pa's Frage, ob es ihm leidtäte, das mit vollem Mund abstritt. Nicht doch! Meinen ersten Tanz habe ich mit Carel Kaufman gehabt (am ersten Weihnachtsfeiertag habe ich auch kurz mit Mies' Verlobtem getanzt). Was für ein Kind bin ich, was? Denn das ist alles noch nicht so schlimm, aber ich habe, während Mama so krank war, mit Bram unten in einem Zimmer geschlafen. Ich auf dem Diwan, er auf dem Boden.

Ich werde hier noch verdorben!! Nein, Mam, man kann mir zu 100 Prozent vertrauen, was das betrifft! Der Neujahrstag ging unter ganzen Kussserien ruhig vorbei. Und jetzt sind wir schon wieder mitten im Jahr ... Nur der Frieden muss bald kommen, denn als ich einen Kaninchenknochen abnagte, brach noch ein Stück von meinem Zahn ab (das zweite schon), also muss ich zum Zahnarzt. Ich würde mich das sogar trauen und auch wollen, aber die anderen nicht.

Es ist viel schwieriger geworden, Päckchen nach Westerbork zu schicken, Froukje ist wahrscheinlich noch dort. Unsere Marken bekommen wir auch noch regelmäßig. Nur unser Bargeld wird immer weniger. Aber darüber machen wir uns keine Sorgen. Es soll uns nicht hindern, wenn sich nur die Moffen vermindern!!!

Sonntag, 27. Februar 1944

Gerade schaute ich aus dem Fenster und sah ein junges Mädchen in einem Wagen für Invalide, das von einem jungen Mann mit künstlichem Bein geschoben wurde. Ich dachte: Was können wir doch glücklich sein, weil wir gesund sind. Obwohl, meinst du, sie sind deswegen unglücklich? Man kann auch glücklich sein, wenn man körperlich Invalide ist. Wenn man nur geistig stark ist. Ich würde, glaube ich, durchaus einen Invaliden zum Mann nehmen, wenn ich ihn lieben würde, sehr, sehr lieben. Aber Gott gebe, dass das nie geschieht. Die Kinder!

Das war eigentlich der Anlass dafür, dass ich schrieb; die Ursache ist, dass der Februar schon zu Ende geht und ich noch nichts geschrieben habe. Bob hat mit Pa und Mies um 10 Gulden bzw. 2,50 Gulden gewettet, dass im Februar die Invasion kommt; leider, leider verliert er, wenn die Sache nicht schnell geht. Dann eben im März, wenn die Erlösung nur bald kommt und wir gerettet werden.

Schade, dass ich noch kein Abschlusszeugnis von der HBS habe, dann würde ich keine Minute zweifeln und nach dem Krieg nach Palästina gehen. Jetzt habe ich erst eine halbe Ausbildung genossen und wenn ich sie abschließe, habe ich mich wieder so an meine Umgebung gewöhnt, dass es mir sehr schwerfallen wird, wieder damit zu brechen. Auch Pa und Ma sind nicht mehr so jung, dass sie dort wieder ganz von vorn beginnen könnten. Hier wird es, wenn auch sehr schwierig, doch einigermaßen in Ordnung sein. Aber wenn wir wieder Möbel kaufen, wieder ein Haus einrichten und dann 2 Jahre später weggehen, ist es wieder viel schwieriger. Ich stehe, oder wir stehen vor einem sehr schwierigen Dilemma. Und dann würde ich eigentlich sehr, sehr gern studieren: Chemie. Nicht nur als Analystin, sondern ein echtes Chemiestudium. Aber ... Dafür braucht man HBS-B [mit mathematisch-naturwissenschaftlichem Schwerpunkt, A. d. Ü.] als Abschluss, und das schaffe ich sicher nie. Aber wenn doch, dann will ich Proben nehmen, nicht irgendeine miese Stelle irgendwo, sondern als Assistentin eines Professors arbeiten: mein Ideal. Aber es wäre kein Ideal, wenn es sich verwirklichen ließe. In Palästina werden Arbeiter gebraucht, und *wenn nicht* ... wenn ich heirate ... Was bleibt dann noch von meinem Ideal. Außer, ich heirate ebendiesen Professor. Ich lese gerade ein sehr gutes Buch, das beste aller Zeiten: *Heimwärts**[65] von Niels Hoyer. Ein deutscher Jude in einer Mischehe in Dänemark, der *heimwärts** fährt; er ist 2000 Jahre nicht dort gewesen, um für seinen Sohn Existenzmöglichkeiten zu suchen. Beschreibung und Stil, Sprache sind großartig!! Auf meine Reise nach Palästina nehme ich es sicher mit!

Draußen bin ich zum letzten Mal ± am 10. Januar gewesen. Ma II war müde, und wir brauchten noch Butter, und da habe ich es gewagt, die holen zu gehen. Kaum war ich zur Tür hinaus ... bin ich zwei Männern mit Sternen begegnet!! Ein Höhepunkt! Habe noch kurz mit dem Fräulein im Laden geschwatzt, auf dem Rückweg habe ich mich in der Drogerie wiegen lassen: beinahe 69 Kilo, schändlich viel. Sie wollte es aufschreiben, aber ich hatte Angst, sie würde mich nach meinem Namen fragen, darum sagte ich Nein. Antwort: »Haben Sie Angst, dass man zu Hause erfährt, wie viel Sie wiegen?« So ein Fräulein! Mein Heft ist fast voll, deswegen muss ich Papier sparen. Sparsamkeit ist das Motto von Ma II, bei Butter, Zucker, Käse, Marmelade usw. usw. Wenn die Invasion kommt und wir vielleicht flüchten müssen, würde ich am liebsten meine Tagebücher mitnehmen, wenn das nicht zu gefährlich ist.

Montag, 27. März 1944

Am Freitag zum ersten Mal alle zusammen im Schrank gesessen! Ich spiele fast nie Klavier (trotz Aribo, der Berühmtheit, von der ich Unterricht hatte; meine Finger haben schon fast alles verlernt). Gerade an diesem Freitagmittag aber doch, Ra und Bram saugten im Salon Staub. Ma II war allein zu Hause, zufällig im Flur, wollte Einkäufe erledigen, als sie hörte, dass geklopft wurde. »Schnell nach oben!« Mein Spiel wird abgebrochen. Wir standen mitten auf der Treppe, als Ma II öffnete. Ein Herr sagte: »Messungen im Haus, für die Elektrizität.« Als ich das hörte, habe ich schnell den Schrank zur Seite geschoben. Ma I, Rachel und Bram gewarnt, alle in den Schrank, Frau [Zijlmans] macht ihn wieder zu, geht nach unten und führt den Herrn herum, dabei lässt sie durchblicken, dass es nicht angenehm ist, wenn man in einem unordentlichen Haus überfallen wird! (Das natürlich als Entschuldigung dafür, dass sie nach oben gegangen war.) Pa II stand in der Küche, als Rachel und Bram nach oben mussten, aber er hat es wahrscheinlich nicht gesehen. Also wieder einmal gut überstanden. Natürlich hatten wir Angst, es wäre eine Art Hausdurchsuchung, weil in der Stadt Gerüchte umgehen, dass demnächst gesucht werden soll. Aber weiter haben wir nichts davon gehört. Vor ein paar Wochen hatten wir einen hohen geheimen SS-Mann auf Besuch, einen Käufer von Bob. Totenstill mussten wir natürlich sein. Wenn der gewusst hätte. Neulich wurde noch nach 11 Uhr geklingelt. Wir lagen schon im Bett. Sind natürlich zu Tode erschrocken. Rachels Matratze aufs Bett geworfen, völlig verrückt natürlich, muss man sagen, denn die Familie war sowieso noch nicht ausgezogen: Die Betten warm, aber zum Glück war nichts. Die Tür stand sperrangelweit offen, der Nachbar kam und klingelte. Trotzdem habe ich die Gefahr wieder nur halb erlebt. Ich war ruhig, aber es hätte genauso gut die Polizei sein können, und dann wären wir dran gewesen!!!!

Als ich 1942 herkam, war der Erste, der mich begrüßte, Maupie, der Hund. Ein Schatz von einem Hund. Klug, lieb, Spielkamerad von uns allen. Aber er wurde so dick und träge (schon 1943 wohlgemerkt), dass ich zu Bob sagte: »Maupie ist aber dick.« »Ach nein, man spürt seine Rippen noch durch die Haut.« Thema abgehandelt. Bis Bob eines Tages sagte: »Entweder bekommt er Junge oder er ist todkrank.« Zum Arzt, und leider war Letzteres der Fall: Wassersucht. Nur wenig Chance auf Genesung, aber er kann durchaus noch eine Weile leben. Wird er es bis Weihnachten schaffen? Er hatte Phasen, in denen er Gewicht verlor, aber er war immer lebhaft, fröhlich, verspielt, fraß aber fast nichts mehr, wurde so mager, nur noch Haut und Knochen! In den letzten Tagen wird sein Bauch auch etwas dünner, aber es ist kein Leben mehr in ihm. Er hat kein Fell mehr. Gestern sank sein Kopf plötzlich nach unten; wir dachten, er würde sterben. Aber glücklicherweise hat er sich wieder berappelt. Wird er es bis Ostern schaffen? Wahrscheinlich nicht. Werden wir es schaffen? Ich hoffe schon. Im Mai ist Frieden (sage ich, aber das heißt noch nichts!). Stell dir vor, wir dürften draußen in der Sonne herumlaufen!

11. Juni 1944

Inzwischen längst ein neues Tagebuch genommen. Und es ist schon wieder so viel passiert. Allerwichtigstes Ereignis: Invasion in Frankreich. Sehr heftig wird dort gekämpft. Tausende fallen, obwohl die Engländer der Ansicht sind, die Verluste seien noch tragbar. Viel weniger, als sie ursprünglich berechnet haben. Nun, denken wir, kommt der Engländer vielleicht sehr bald hierher. Darum werden wir nochmals unsere Rucksäcke packen. Zu einem besseren Zweck als beim ersten Mal. Die Tagebücher hoffe ich mitzunehmen. Darum höre ich jetzt auf zu schreiben. Und hoffe auf Segen.

Drittes Heft

1. Mai 1944

Maimonat – Friedensmonat?

Ich vertraue so sehr darauf, dass ich nur ein dünnes Heft mit gutem Vorkriegspapier genommen und das dicke, weniger gute, verschmäht habe. Dieser Monat *wird* den Frieden bringen. Bevor ich das Ende der Omer [Die fünfzigtägige Phase zwischen Pessach und Schawuot, nach Levitikus 23,15.] gezählt habe, hoffe ich, dass er (oder sie?)[66] da ist. Gestern war der 22. Tag des Omer. Also weniger als vier Wochen. Gott allein weiß es, und wir Geschöpfe wüssten das auch so gern.

Mitte April, als wir 1½ Jahre hier waren, hat auch Pa angefangen, eine Art Tagebuch zu schreiben, einen Brief an Onkel Adolf in Amerika. Es geht vor allem um Juni bis Oktober 1942. Pa wird es uns vorlesen, wenn es fertig ist; jetzt benimmt er sich, was das Verstecken betrifft, genauso übertrieben wie ich. Im Radio wird geredet, als könnten wir jeden Tag mit der Invasion rechnen, und wir, die Verrückten, glauben das auch noch. Jeden Abend sagen wir: Ob sie heute Abend kommt? Und morgens nichts! Ausgezeichnet! Gestern wurden auf dem Fußballplatz Kontrollen der Landwacht (NSB) durchgeführt; 40 Mann für die 30000 Zuschauer. Nur den Ausweis zeigen, jeder ist natürlich gut durchgekommen. Die Jagdgewehre wurden in der Mitte durchgebrochen und in den Graben geworfen. Heute wurden die HBS-Schulen kontrolliert. Es wurden 50000 zusätzliche Essensportionen bei den Garküchen bestellt (für die Landwacht). Niemand ist in die Schule gegangen!! Schöner Zustand!!

Am Morgen des 1., ich liege noch im Bett, kommt Bram nach oben und sagt, dass Maupie gestorben ist. Es ging ihm in den letzten Tagen schon sehr schlecht. Erst glauben wir es natürlich, betrauern ihn schon (zu Unrecht natürlich), aber plötzlich merken wir: natürlich ein Aprilscherz! Ich war wütend. Bin sofort auf Bram zugerannt und habe ihn sehr ausgeschimpft, weil er mit so etwas seinen Spaß trieb. Bah, widerlich, gemein!

Letzte Woche am Sonntag habe ich von halb 1 bis 6 Uhr in der glühend heißen Sonne gesessen (als Freundin von Mies, habe kurz mit einem Halbjuden gesprochen). Alle erschraken sehr, als ich knallrot verbrannt nach unten kam. Mama dachte, sie müssten mich direkt zum Schie (Friedhof) tragen. Glücklicherweise hat die höhere Macht über mich gewacht, und die Haut pellt sich dank gründlichem Einschmieren auch nur ein bisschen. Sodass ich nun einen frischen Teint habe, Beine und Arme auch knallrot, sodass mir, wenn ich diesen Monat nach draußen gehe, niemand glauben wird, dass ich fast zwei Jahre im Haus gesessen habe.

Leider ist der Aprilscherz Wirklichkeit geworden. Maupie ist tot. Er wurde zu dick, die Beine waren voller Wasser, er konnte den Kopf nicht mehr senken, denn dann drückte ihm das Wasser auf die Brust. Da hat der Arzt ihm hier eine Spritze gegeben, und ohne jede Regung schlief er für ewig ein. Schade, es war ein so freundliches und intelligentes Tier. Wenn ich am Sonntagmorgen nach unten gehe, um in Ruhe lesen zu können, wenn die Familie in der Kirche ist, vermisse ich Maupie am meisten. Dann saß er immer so still bei mir im Sessel. Aber es ist doch gut für ihn, sonst hätte er sicher Schmerzen bekommen.

Im Moment lese ich einen sehr guten Roman über Tibet, das eine sehr abergläubische und der Vielgötterei zugewandte Bevölkerung hat. Die wiedergeborenen Lamas spielen dabei eine große Rolle. Die englische Grammatik arbeite ich zurzeit auch durch, denn wenn ich bald vor [Frau] de Koe (unserer Direktorin von der MMS) erscheine und sie fragt, was ich getan habe, muss ich eine gute Antwort geben können.

8. Mai 1944

Da mein Tagebuch nicht im Loch ist (sonst muss ich in Ma IIs Schlafzimmer gehen und störe sie), könnte ich wieder etwas öfter schreiben. Aber es muss auch etwas geben, das ich aufschreiben kann. Politisch nichts Neues, Stillstand in Russland vor Sewastopol, Ruhe an allen Fronten. Auch in der Stadt Ruhe. Die Ruhe vor dem Sturm!

Bob muss in ein paar Wochen auf einem Fest tanzen, jetzt bringen wir es ihm bei, oder besser gesagt: Ich bekomme auch Unterricht. Bram spielt großartig, und mit Rachel, Mies, Canis oder Bob tanze ich. Bob führt gut. Auch wenn ich mich nicht so gut führen lasse, geht es mit ihm gut. Mit Canis weniger, weil er noch zu viel läuft, keine rhythmischen Schritte macht. Ma und Pa tanzen zusammen sehr schön Walzer. Ma schwingt noch sehr gut das Tanzbein, das hätte ich nie gedacht. Auch Ma II kann gut Walzer und tanzt überhaupt gut. Mies ruhig, beherrscht, gut. Pa II kann gar nichts und sitzt dementsprechend immer dabei.

Das Buch über Tibet habe ich aus, ich fand es sehr gut. Es ist von Lama Jongden, einem Tibeter?[67] Ich weiß es nicht. Er sagt schon im Vorwort, dass er beinahe dazu vorbestimmt war, das ganze Leben in einem tibetanischen Kloster zu verbringen, als ... Jetzt lese ich *Mar-*

bäcka von Selma Lagerlöf.[68] Eine Geschichte über das Heranwachsen, auch sehr nett. Aber die beiden sind nicht zu vergleichen, ein ganz anderes Genre. Das ruhige Leben und die ruhige Lebensbeschreibung von Selma Lagerlöf und das ebenfalls ruhige Leben der Tibeter, aber viel fesselnder wiedergegeben. Bis zum nächsten Mal.

10. Mai 1944

Sewastopol gefallen. Gestern kurz vor Mitternacht. Heute, als der Krieg genau 4 Jahre dauert, hörten wir diese Neuigkeit. 4 Jahre. Einerseits scheint es mir, als ob es nie etwas anderes gegeben hätte als Krieg; ich weiß nicht mehr, wie Frieden ist. Andererseits: Wie schnell die Zeit vergeht! Am 10. Mai 1940 standen wir um 6 Uhr da, in großer Verlegenheit. Rachel ging Koffer packen, meine erste Frage war: »Verteidigen wir uns?« Die 1,5 Jahre, die wir hier sind, sind auch so schnell vergangen. Genau so, als wäre es nie anders gewesen. Als wäre ich erst vor Kurzem mit Bram hierhergelaufen. Seltsame Welt. Ein seltsames Kind bin ich, voller Widersprüche. Bin immer halb, außer etwas halb tun, das *kann* ich nicht, z. B. etwas beim Französischlernen. Das kann ich überhaupt nicht, bin viel zu pedantisch (à la Ma II) und zu langsam. Wenn sich jemand über jemand anderen beschwert, fühle ich mich ein bisschen dazu berufen, den Abwesenden zu verteidigen, und wenn derjenige dann hereinkommt, schimpfe ich den wieder aus. Bei Diskussionen stimme ich manchmal dem einen Sprecher zu, aber dann redet der andere so überzeugend, dass ich wieder dem recht gebe. Und sogar wenn ich selbst etwas zum Gespräch beitrage, mich dann verteidige, kann ich mich so gut in die Meinung meiner gegnerischen Partei hineinversetzen ... Aber so eigensinnig bin ich dann doch, ich bleibe bei meiner eigenen Meinung. Und einen starken Willen habe ich auch, einen Starrkopf. So will ich zum Beispiel nach Palästina. Und das werde ich wahrscheinlich auch in die Tat umsetzen, wenn ich mal *den* Mann gefunden habe, und wenn er dann auch geneigt ist mitzugehen. Aber das *muss* sein! Basta.

Diesen Monat Frieden, könnte es wahr werden? *I hope so.*

15. Mai 1944

Was für ein Schreibeifer! Aber ich finde es schön. Genauso, als würde ich mir selbst einen Brief schreiben, und immer, wenn ich das vorher Geschriebene wieder durchlese, ist es, als würde ich in meiner Korrespondenzmappe blättern, um hier eigene Briefe zu lesen.

Am Freitag wurde ich krank, hatte wieder große Schmerzen. Pulver habe ich keins mehr, traue mich nicht, es holen zu lassen, Aspirin durfte ich von Mama aus nicht nehmen, sie ist sehr dagegen. Und ich als gehorsame Tochter (Kinder, hört ihr das?) nehme sie wegen Mama auch nicht. Aber weil ich Galle erbrochen hatte, bin ich schlafen gegangen und danach erfrischt wieder aufgestanden. Jetzt habe ich es glücklicherweise wieder für einen Monat hinter mir.

Ma gab mir gestern noch einen guten Rat. Mies und Bob waren zum Pferderennen gegangen. Mies ist schon ein paarmal dort gewesen, hatte manchmal gewonnen und war dann natürlich begeistert. Jemand aus ihrem Büro reitet und gibt ihr gute Tipps. Bob ist gestern auch zum ersten Mal dort gewesen. 12,50 Gulden und 2,50 Gulden verloren. Da waren sie nicht mehr so begeistert, auch wenn Bob sagt: Ich bin trotzdem auf den Geschmack gekommen. Und das ist für ihn, den Spieler, fatal. Wenn er wirklich davon abhängig wird, wird er alles, wirklich alles verspielen. Aber Ma II und Pa II fanden das nicht gut: lange Gesichter. Und dann der Alkohol, der dort zwischendurch getrunken wird, ob man jetzt gewonnen oder verloren hat: Jeder gibt mal eine Runde aus. Mies war gestern ein bisschen *tipsy.* Ma sagte zu Recht: »Sag es deinen Kindern, Kind, und den Kindeskindern deines Kindes: Nie auf Pferde wetten, wenn man sich das angewöhnt, geht man zugrunde.« Ein Verwandter von ihr hat immer in so großer Anspannung gelebt, dass er dadurch viel zu früh ins Jenseits ging. Obwohl meiner Theorie zufolge niemand zu früh gehen kann, sonst wäre er ja sicher zurückgekommen.

Zu Hause sind die Leute auch alle gereizt. Bei Mies und Canis kann man das begreifen – nie allein, immer müssen sie mit fünf Wildfremden um sich herum zurechtkommen. Wenn man nach Hause kommt und nie mal gemütlich allein mit der Mutter im Wohnzimmer am Teetisch sitzen kann, sondern da stattdessen eine andere Mutter ist, die sich um den Tee kümmert, und noch ein paar Leute, die einfach in den Sesseln herumsitzen.

Ma II nehmen wir so viel Arbeit wie möglich ab, nur schleppen muss sie alles, denn die Kinder helfen kein bisschen. Wir gehen auch öfters mal nach unten, um Gemüse- und Kartoffeltaschen die 3 Treppen hochzuschleppen. Aber wenn Ma II dann nach oben kommt, sinkt sie erschöpft in ihren Sessel. Ihr Herz ist sehr schwach. Sie wird diesen Sommer schon 60, aber man würde sie ohne Weiteres für unter 50 halten, so fit und schlank, flott und lieb ist sie. Mit einem Wort, ein Engel. Aber sie wird ein bisschen faul. Wenn wir weggehen (wenn es nur schon so weit wäre), wird sie es sehr schwierig finden, wieder alles allein tun zu müssen; sie kann es vielleicht schon gar nicht mehr, ist es nicht mehr gewohnt, zu schlapp, und sie tut nie etwas im Haushalt, höchstens Blumen arrangieren, wenn Bob sie am Samstag kauft.

Heute Morgen habe ich noch etwas erlebt. Heute ist einer der Bitttage [der Montag, Dienstag und Mittwoch vor dem Himmelfahrtstag im katholischen Kalender]; alle gehen um halb 7 in die Kirche und sind um acht Uhr wieder zu Hause. Gestern Abend habe ich schon mal die Tassen abgewaschen, umgedreht trocknen lassen. Heute Morgen kocht Frau [Zijlmans] für ihre Familie eine Tasse Tee und nimmt nur ihre eigenen Tassen aus dem Stapel und lässt unsere Tassen einfach so durcheinander liegen. Das finde ich eine ungeheure Unhöflichkeit, Faulheit, wir tun so viel für sie, ich kann es nicht in Worte fassen. Als wir um 9 Uhr nach unten kamen, saßen sie alle (Mies, Bob, Ma II) da und lasen in der Unordnung ein Buch oder die Zeitung, nichts war aufgeräumt, Mama konnte als Dienstbotin im Zimmer staubwischen, abstauben, während Frau [Zijlmans] die *Libelle* las. Der Tisch war nicht gedeckt. Nein, ich fand es einen Skandal, bah. Da kannst du sicher begreifen, dass wir sehr nervös sind. Man schluckt alles runter, und sagen kann man nichts. Denn eigentlich ist man ein ungebetener Gast. Immer nur den Mund halten. Was es auch sein mag, immer schiebt Ma II uns die Schuld in die Schuhe. Manchmal kann man es nicht aushalten. Dann gibt man ein Widerwort, aber unhöflich darf man nicht werden, und am Ende gibt man ihnen einfach recht. So ein Zustand! Aber schön ist es nicht. Rachel sagte neulich halb im Scherz zu mir: »Warum dürfen die alles? Warum dürfen sie nach draußen? Warum müssen wir bei ihnen untergetaucht sein? Warum nicht sie bei uns? Sind wir denn keine Menschen? Warum das hier?« Warum, warum?

Rachel ist die Nervöseste von allen, sie ist ja früher immer zu Bekannten oder Kursen oder solchen Dingen gegangen. Manchmal schreit sie einfach plötzlich los. Ich bekomme dann eine Todesangst, beruhige sie aber, so gut es geht. Vor allem, wenn es zwischen Bram und ihr nicht so gut läuft, ist sie halb wahnsinnig. Bram ist eigensinnig, und das kann Rachel nicht vertragen; sie will, dass sich Bram ein wenig nach ihr richtet, und das ist eine gerechtfertigte Forderung, wenn man verlobt ist. Sonst muss man Junggeselle bleiben. Aber manchmal verlangt sie unmögliche Dinge von ihm oder macht wegen einer Kleinigkeit einen so schrecklichen Aufstand, dass ich mich frage, ob es mit den beiden wirklich gut gehen wird. Aber die Liebe siegt meistens bald, und nach einer Aussprache läuft es dann wieder ein paar Tage oder Wochen gut zwischen ihnen. Bis wieder ein Ausbruch kommt. Unsere Rachel war schon immer sehr, sehr nervös, aber jetzt ist es ganz schrecklich. Wir schieben es vor allem auf die Zeiten, in denen wir leben, aber es ist ihr Charakter: aufbrausend, zornig. Genau wie Pa, unbeherrscht. Auch hier ist Pa nicht beherrscht, obwohl er sich prächtig schlägt. Er wird sehr mager, aber er klagt nie. Pa kommt wirklich sehr zu kurz, wenn man sieht, wie Ma II die Brote sehr dünn mit Butter bestreicht und wie Pa immer das meiste Wasser aus der Soßenschüssel bekommt! Zu Hause wussten wir zum Glück nie, was überhaupt in die Soße kam, denn Mama servierte sie uns fertig zubereitet, aber hier werden wir einfach so kleinlich! Nach dem Krieg (???), sagt Papa, isst er Butter mit Brot. Und nie wieder Sauerkohl oder rote Rüben. Der arme Mann. Mit 53 Jahren noch mal ganz von vorn anfangen. Wir sind jung, aber Pa ... Alles neu kaufen, sich irgendwo richtig niederlassen. Aber wie lange kann er noch arbeiten? Pa meint: Ich gehe nicht mehr in die Schneiderei, sondern in den Handel. Wir lachen ihn aus, wenn er so etwas sagt. Aber wer weiß, vielleicht wird daraus noch Ernst. Dann kann er die Agentur von einer großen amerikanischen Kleiderfabrik von Mamas Cousin übernehmen: Tannenbaum.

16. Mai 1944

Gestern plötzlich abgebrochen, weil es schon so dunkel wurde (halb 10), dass ich nichts mehr sehen konnte. Mama kam schon zum Schlafen, und sie hat mir verboten, weiterzuschreiben, und ich als gehorsame Tochter ... Aber jetzt mache ich weiter. Vielleicht wird etwas daraus. Vielleicht wird Pa irgendwo Zuschneider. Eigentlich bräuchten wir uns jetzt überhaupt keine Sorgen zu machen; wir müssen erst abwarten, ob es überhaupt ein Später für uns gibt. Zum Glück haben wir unser Geld nach Amerika gerettet und sind noch nicht (schrecklich) arm. Mama hat große Angst, ob es für uns überhaupt noch ein Später gibt. Die Invasion oder so etwas erleben, oder lieber nicht überleben, sagt Mama. Eine einzige Hausdurchsuchung, eine Unvorsichtigkeit von Ma II (Sie holt z. B. alle Krämerwaren bei einem einzigen Fräulein, sie kauft Marken, aber wenn man jede Woche genau 5 Marken von allem dazu kauft, ist das schon ein bisschen seltsam, finde ich, und wenn Ma wirklich nicht genug hat, kauft sie dort auch noch eine Buttermarke oder so. Na, da kann man mir nicht weismachen, dass sie noch nichts gemerkt hat.) Alles Faktoren, die uns, wenn es nicht bald, sehr bald vorbei ist, wie der Blitz erwischen (im Haus verwendeter Begriff, unser Vokabular ist hier nicht gerade erweitert worden). Ma ist sehr schwach und gleichgültig geworden. Alles ist ihr genau genommen egal. Das Essen kann man nicht gut vertragen. Aber: »Mir ist alles egal, gib mir einfach ein paar Zigaretten, dann brauche ich nichts mehr zu essen.« Sie »isst« die Zigarette förmlich auf, wird wirklich eine *»leidenschäft-*

liche«* Raucherin. Und ... Ma sehnt sich nach *Onkel** Iziu und Tante Dora. Für Ersteren habe ich nicht mehr viel Hoffnung. Und für die Zweite ... eigentlich auch nicht. Tante Dora war wahrscheinlich untergetaucht, ist aber vielleicht verhaftet worden oder so etwas. Denn Ma II sagte schon vor Monaten, dass viele Menschen andere vermissen werden, von denen sie glauben, sie würden sie noch vorfinden, und das hat sie mehrmals zu Mama gesagt. Da hatte ich die Vermutung, dass Bob sie im Theater[69] gesehen hatte, oder wahrscheinlich Froukje. Ich weiß nichts Sicheres, vermute es aber und hoffe natürlich das Beste. Wegen des Geldes hat sich Tante Dora auch nicht an Cor[70] gewandt. Ma II hat sich noch danach erkundigt. Also ... Aber Mam ist so froh, dass zumindest wir zusammen sind. Jedes Mal, wenn ich mich zu ihr ins Bett lege, schmiegt sie sich an mich, und verhätschelt mich, ihr Baby (von fast 18 Jahren) und ist Gott jedes Mal dankbar, dass ich auch hier bin. Aber auch ihre Nerven sind unter diesen Umständen natürlich sehr angespannt.

So auch Bram, der nichts von seiner Familie weiß, nur manchmal einen Brief von Borah bekommt. Ihr geht es ausgezeichnet. Im Hinblick auf Froukje vermutet Bram nichts. Aber oft ist er *down* und dann sehr ungerecht zu Rachel. Aber wenn er in guter Stimmung ist, könnte es nicht besser sein. Ausgelassen, küsst die ganze Familie, Rachel den ganzen Tag, bis einem ganz übel davon wird. Von einem Extrem ins andere. Auch nicht gut. Ich bin noch die Ruhigste. Versuche so wenig wie möglich an alle Leute zu denken, was mir sehr gut gelingt. Sie ganz aus den Gedanken zu verbannen, geht natürlich nicht, aber das ist auch nicht nötig. An Leute, die mir am liebsten sind, denke ich eigentlich am wenigsten. Ich wage es nicht, an sie zu denken. Vogel-Strauß-Politik, aber damit bin ich glücklich. Habe zum Glück eine optimistische, fröhliche Natur, singe (oder besser gesagt summe) sehr oft oder pfeife das ganze Haus zusammen, aber dann wird Ma wütend. Das kann sie einfach nicht haben.

Nachts träume ich auch fast nie vom Krieg oder von dem, was damit zu tun hat (hatte), sondern vom Frieden, von Menschen, die aus Polen zurückkommen und die ich vom Zug abhole. Und wenn ich dann am Morgen aufstehe und höre, ob draußen alles ruhig ist, was bedeutet, dass es noch keine Invasion gibt, dann bitte ich Gott, dass es doch bald passieren soll und dass ich die Leute vom Zug abhole und sie in unserem leeren Haus verwöhne. Und dann gehen wir alle zusammen nach Palästina, um eine holländische *Kwutza* [Hebräisch für »Gemeinschaft«] zu gründen (auch wenn das ein Fehler ist: ein Staat in einem Staat, aber darum kümmere ich mich später). Amen!

Dienstag, 6. Juni 1944

»*Die Invasion hat angefangen!**« So wurde es heute Morgen im Radio bekannt gegeben. Zwischen 6 und 8.30 Uhr sind Luftlandetruppen in Nordfrankreich gelandet, zwischen Cherbourg und Le Havre. Letztere Stadt wurde schwer bombardiert und steht noch in Flammen. General Eisenhower hat das Kommando über die Landung und hat vor den Soldaten eine Rede gehalten (ihnen Mut zugesprochen). Tausende Schiffe kommen nach Frankreich. Wir hier haben nichts davon gemerkt. Im Gegenteil, es ist sehr ruhig. Schon Wochen keinen Fliegeralarm mehr gehabt. Frankreich in letzter Zeit schwer bombardiert. Cherbourg gestern 4 Mal. Die armen Leute! Wer hätte je gedacht, dass wir das noch erleben. Wir sprachen darüber und glaubten eigentlich nicht daran. Und jetzt ganz unerwartet. Gestern ist Rom gefallen. Heute Invasion in Frankreich. Morgen? Auch für Belgien werden viele Nachrichten durchgegeben. Vielleicht morgen dort. Eine Stunde, bevor sie herkommen, werden sie Flugblätter abwerfen, und wir müssen 35 Kilometer von der Küste weggehen. So das englische Radio. *Also jetzt geht's los!** Russland wird nun auch bald mit einer neuen Offensive beginnen, sodass Deutschland zusammenbrechen wird. Noch diesen Monat, und dann dürfen wir wirklich noch diesen Sommer Gottes Natur genießen. Und haben nie wieder Angst vor Hausdurchsuchungen.

Am Donnerstag war unsere Klingel kaputt. Rachel, Bram und ich waren in der Küche. Plötzlich wird an die Schiebetür geklopft. Canis, der »allein« zu Hause war, macht auf: Der Hauszimmerdienst kommt das ganze Haus vermessen. Oh Schreck! Rachel verlässt in ihrer Schürze die Küche, sagt den Herren Guten Tag und warnt Papa, der oben bügelt. Er steigt in den Schrank. Mama sitzt im Wohnzimmer und macht Flickarbeiten. Die Herrn vermessen den Flur. Plötzlich geht die Küchentür auf, und sie müssen da auch schauen. Bram und ich schälen Kartoffeln, Bram dreht sich nicht um. Ich begrüße sie. Plötzlich denke ich ans Radio und will nach oben. Aber die Herren sind gerade nach oben gegangen. Rachel kommt bewaffnet mit Staubtuch und Wischmopp nach unten und sagt, sie hat es in den Koffer geworfen. Das ist also in Ordnung! Die Herrn vermessen das Zimmer, in dem Pa sitzt, sie stehen genau vor dem Schrank. Aber sie haben nichts bemerkt. Allerdings murmelt einer der beiden etwas über den Schornstein, der nicht herausschaut. Jetzt sehen die Herren im Zimmer ein Foto vom Graal (einem katholischen Mädchenverein)[71] und [einer] erkennt es. Er war vor 10 Jahren auch dabei, ist auch katholisch (beide übrigens), und sie unterhalten sich lebhaft ein bisschen mit Canis. Sie kommen im Auftrag eines Archivs, in dem alle Häuser von Rotterdam erfasst sind. Im großen Bombenangriff verbrannt. Jetzt muss es wiederhergestellt werden. Dann gingen sie an die Arbeit. Ma und Pa haben sie nicht gesehen. Und wir wollen hoffen, dass sie wegen uns dreien auch nichts Seltsames vermuten. Schon wie Bram da Kartoffeln geschält hat ...! Aber sie sind gute Katholiken, also werden sie, wenn sie etwas vermuten, wahrscheinlich den Mund halten. Du siehst also, Untertauchen ist doch nicht so ohne Emotionen. Aber das ist noch nicht das Einzige, was wir erlebt haben. Natürlich haben wir alle nacheinander darüber geredet, das muss hier im Haus sein, und abends sagt Ma II: »Bleib doch morgen, wenn Mies van Dijk + Verlobter zu Besuch kommen« (Mies hatte Geburtstag), »und spiel Klavier, Bram.« Erst wollte er nicht. Dann wurde auch Rachel eingeladen, und dann wäre es für mich so blöd gewesen, wenn ich allein oben gesessen hätte, dass ich auch kommen durfte, und dann dachten wir uns alles Mögliche aus, wofür wir uns den Nachbarn gegenüber ausgeben sollten, und dann war Bram ein Kollege von Manus. Zum Schluss einigten wir uns, dass wir zusammen Tennis spielten. Aber Pa und Ma waren dagegen. Wir durften nicht, aber wir wollten so gern tanzen, und da haben sie nachgegeben. Also saßen wir um acht Uhr sehr ordentlich zurechtgemacht im Salon, um als »Besuch« auf den Besuch zu warten. Alles ging prächtig. Dieser Wim Hesseling musste in dieser Woche graben, d. h., in Hoek van Holland Verteidigungsvorrichtungen gegen die Engländer bauen. Er stand unter der Leitung eines übergelaufenen Polen, der sehr gut für sie sorgt. Und er erzählte lauter solche Geschichten. Sodass wir eigentlich gar nicht zu Wort kamen. Miesje v. D. ist ein sehr nettes, geistreiches

Mädchen (27 Jahre, aber man würde sie nicht einmal für 19 halten). Viel haben wir nicht getanzt. Wir hauptsächlich mit Bob und Canis und Mies' Verlobtem. Wim nicht. Vor halb elf waren sie schon weg. Da haben wir Pa und Ma nach unten geholt und uns noch eine Weile unterhalten. Es war sehr nett. Ma II hat nur ein paarmal »Bram« statt Wim gesagt. Aber das haben sie nicht bemerkt.

Am Sonntagabend haben wir auch kurz getanzt. Aber ich hatte Bauchschmerzen (ganz normale!) und deswegen überhaupt keine Lust. Bei den anderen war die Stimmung auch nicht so gut, sodass wir einfach früh aufgehört und über die Invasion gesprochen haben!! Also, wenn das alles keine aufregenden Neuigkeiten sind! 1. Hausvermessen, 2. die Geburtstagsfeier, 3. Rom gefallen und 4. Invasion!

Freitag, 9. Juni 1944

Es wurden schon Brückenköpfe gebildet. Einen ganz kleinen Küstenort haben die Alliierten schon erobert. Die Landungen gehen immer weiter. Am ersten Tag haben die Engländer keinen einzigen deutschen Jäger gesehen. Die Verteidigung wird nun stärker. Wahrscheinlich werden sie auch in anderen Ländern landen, sagt Churchill, um den Deutschen keine Chance zu lassen, ihre Truppen an einem Punkt zu konzentrieren. Belgien ist wahrscheinlich bald an der Reihe, denn dort wurde auch sehr bombardiert. Und vielleicht auch Holland. Unsere Rucksäcke haben wir auf alle Fälle schon hervorgeholt. Damals, um in den Tod zu gehen!! Aber wir werden so lange wie möglich im Haus bleiben, haben wir abgesprochen, auch wenn die Engländer eine Stunde, bevor sie kommen, Flugblätter abwerfen werden, und dann muss man 35 oder mehr km von der Küste entfernt sein. Ich denke, dass sie am Montag in Belgien landen werden, denn dann ist es schon fast eine Woche her, dass sie in Frankreich gelandet sind. Und erst wollten sie auch am Montag kommen, aber durch die Wetterumstände wurde es um einen Tag verschoben. Es ist aber auch schlimm: Sturm, Regen, sodass die meisten Soldaten seekrank ankommen. Nicht günstig!

In Italien ziehen sich die Truppen organisiert zurück. Ohne Flugzeugschutz. Ein gutes Zeichen? Russland muss nun auch sehr bald beginnen. Vielleicht mit Fallschirmen in Polen landen und die Juden befreien ... Gestern hatte ich wieder schlimme Schmerzen: Meine Periode hat eingesetzt. Auch Rachel und Mies sind krank. Vielleicht, weil wir das nächste Woche überhaupt nicht gebrauchen können, weil hier die Invasion stattfindet. Undenklich [Undenkbar][72], dass sie jetzt schon so nahe ist und man noch nichts davon merkt. Aber lieber soll es so bleiben und dann plötzlich Frieden sein.

Dienstag, 20. Juni 1944

Keine Landungen mehr, d.h. irgendwo anders als in Nordfrankreich. Die Normandie ist fast ganz in alliierter Hand, ±10 Kilometer noch von Cherbourg. Das Wetter war bis jetzt schrecklich. Heute hat es aufgeklart, aber es stürmt noch heftig. Vielleicht gibt es jetzt bald auch irgendwo anders eine Invasion. Russland ist schon in Finnland einmarschiert. Sie kämpfen, aber Finnland wird klug sein und sich bald ergeben.

Rachel letzte Woche beim Zahnarzt gewesen: gegenüber. Gerade saß sie im Wartezimmer, da kommt ein dicker Mann in schwarzer Uniform und flachem Käppi herein, mit Stiefeln. Rachel erschrak natürlich sehr, aber sie haben sich nett unterhalten, erst allein, später mit noch ein paar Herren. Dann stellte sich heraus, dass »die

Uniform« ein Berufsfeuerwehrmann war, also brauchte sie überhaupt keine Angst zu haben. Der Zahnarzt hat sich als unhöflicher Kerl erwiesen (ihm ist gerade die Frau weggelaufen), er sagt sofort: »7,50 Gulden, sonst können Sie gleich wieder gehen.« Er gibt einem nicht einmal Wasser zum Ausspülen, manchmal steht sogar noch ein halbes Glas kaltes Wasser vom vorigen Patienten da. ±3 Minuten Zeit nimmt er sich für jeden, hat furchtbar viel zu tun, das Wartezimmer ist immer voll. Aber er hat ihren Zahn, an dem sie mit der Zeit ein wenig Schmerzen bekam, zumindest plombiert. Ich müsste auch ganz dringend hin, aber wenn ich das tue, dauert es mindestens 6 Monate, und das geht nicht. Trotzdem bin ich am Samstag draußen gewesen: Blumen kaufen für Ma II. Sie fragte, ob ich das kurz für sie erledigen wollte, Bob war auch da. Da fragte ich, ob er mitkommen würde. »Ja.« Also los. Erst hatte ich Gewissensbisse. Nie mache ich Einkäufe, und dann auch noch genau am שבת [Sabbat], aber ich habe mir das selbst wieder ausgeredet. Regenmantel an und auf nach schräg gegenüber. Dort prächtige Blumen gesehen und gekauft. Aber die Preise ... schrecklich. Ich sah Rosen: »Bitte geben Sie mir davon für 1,50 Gulden.« Da gab sie mir zwei kleine Zweige!! Ich habe zu Bob gesagt, der großzügig mit dem Geld ist (man muss es sich leisten können): »Ach, was soll's, lass uns noch ein paar dazunehmen«, und kam dann mit einem Sträußchen für 7,50 Gulden ... für seine Mutter wieder zu Hause an. Ich kaufte Goldmohn und noch andere rosa Blümchen: 2 Gulden, schrecklich viel! Dann wieder nach Hause. Es war sehr schön gewesen, aber später wurden die Gewissensbisse wieder stärker. Dazu kommt, dass es unvorsichtig ist, auch wenn die Wahrscheinlichkeit sehr gering ist, kann es doch sein, dass die Landwacht die Ausweise sehen will, und dann ...?

Jetzt habe ich mir selbst versprochen, nicht mehr auf die Straße zu gehen, außer es ist unbedingt notwendig oder Frieden!! Was man verspricht, muss man auch halten, auch bei sich selbst, also hoffe ich, die Kraft zu haben oder zu empfangen, dass ich stark bleibe!

2. Juli 1944

Heute wieder mal Klavier geübt. Länger als eine Stunde: Händels Largo und das Blumenlied von Lange. Aber ich kann es immer noch nicht richtig, denn als ich am Ende das erste noch einmal durchspielte (wo ich vorher eine Dreiviertelstunde mit 1 Seite verbracht hatte), war es immer noch unter aller Kritik. Aber zufällig war niemand im Zimmer, sodass ich ungestört spielen konnte: großartig. Gerade habe ich zu Ma gesagt: »Für nichts, was ich gern studieren würde, bin ich klug genug.« In der 1. Klasse der HBS dachte ich an Naturkunde, aber mehr als eine Sechs habe ich nie bekommen (letztes Mal sogar eine Vier in Chemie), aber auch da zweifle ich an mir. Klavier würde ich gern studieren, aber ... Mir fehlt das Talent. Also kann ein Mensch ohne Talent wohl am besten heiraten, und selbst dafür braucht man Talente. Aber die hoffe ich lernen zu können: im Haushalt.

Aber zuerst muss ein Mann auftauchen.

Wenn wir nur schon wieder aufgetaucht[73] wären!!!

Um die Politik kümmere ich mich nie. Lese nie die Zeitung, höchstens, um ein Kreuzworträtsel zu lösen. Aber die wichtigsten Nachrichten erfährt man sowieso immer. Denn wer auch immer da kommt, immer lautet die erste Frage der anderen: »Gibt es etwas Neues?« Ich finde das aber eine dumme Frage, denn wir bekommen doch die zuverlässigsten Nachrichten aus erster Hand. Cherbourg ist definitiv gefallen. Jetzt haben die Alliierten zumindest einen großen Hafen, wo sie ohne Risiko Truppen landen lassen können. Russland vollbringt große Offensiven: Finnland wird sicher bald kapitulieren, Minsk (in der Nähe von Polen) und Tarnopol (in Polen). In Italien können die Engländer den Deutschen fast nicht folgen, nur noch ±45 Kilometer vor Livorno. Also ist es bald vorbei. Rachel fragt mich ab und zu, was ich tun werde, wenn Frieden ist. Antwort: sofort mein altes Tagebuch suchen und schreiben!

Nachmittags, 5. Juli 1944

Mies hat neulich Koos Kloppert (Erdkundelehrer) getroffen. Sie saß in der Straßenbahn, deswegen haben sie einander nicht gesprochen. Er sah ziemlich gut aus. Er war bereits seit '41 in Geiselhaft. Ich bin riesig froh für ihn, denn es ist ein Schatz von einem Mann. Am liebsten würde ich ihm ein paar Blumen schicken. Aber Pa ist dagegen: »Wenn du untergetaucht bist, bist du für die Welt gestorben.« Dann eben nach dem Krieg persönlich. Obwohl er auch froh wäre, von einem Mitmenschen gute Nachrichten zu bekommen. Heute große Schmerzen gehabt (Tante ist gekommen), aber jetzt ist es fast vorbei. Trotzdem gehe ich bald wieder ins Bett.

Freitag, 21. Juli 1944

Gestern Attentat auf Hitler[74]. Seine eigenen Generäle haben in seinem Hauptquartier Bomben geworfen. Leider sind sie zwei Meter von ihm entfernt explodiert, sodass er nur Brandwunden davongetragen hat. Heute Nacht um halb 1 hatte Hitler noch im Radio gesprochen und sich mit dem Aufruf an sein Volk gerichtet, ihn zu unterstützen. Wie schade, dass er nicht getroffen wurde, aber ... auf alle Fälle der Anfang vom Ende. Das Radio beginnt mit »Bürgerkrieg in Deutschland«. Obwohl das Volk noch keine Revolte begonnen hat, nur Generäle unter sich. Viele Generäle sind auch verwundet. Man sagt sogar, dass sich eine Regierung unter der Leitung von Rundstedt[75] (der letzte Woche »aus gesundheitlichen Gründen« entlassen wurde) gebildet hat. Aber Hitler sagt: Hört nur auf mich, folgt meinen Anweisungen! Also heißt es abwarten. Nächste Woche fahren Herr und Frau Zijlmans und Mies in den Urlaub, in der Woche darauf ist Mies zu Hause, Canis weg. Bob bleibt wahrscheinlich wieder im Vorzimmer und malt. Pa II ist beinahe davon überzeugt, dass der Frieden kommt, wenn er weg ist. Letztes Jahr ist Mussolini auch in der Ferienzeit zurückgetreten, gab es Frieden in Italien (obwohl erst da für Italien der Krieg begann).

±1/3 von Polen haben die Russen schon hinter sich. Brest-Litowsk und Lemberg sind kurz davor zu fallen. Auch in der Normandie wird heftig gekämpft. Livorno gefallen. Alles läuft ausgezeichnet. Der Anschlag auf Hitler ist noch ausgezeichneter. Aber der Frieden danach ist das Beste. Wir wollen beten, dass er bald kommt.

Montagabend, 7. August 1944

In den Zeitungen wird viel Aufhebens um das Attentat auf Hitler gemacht. Die Vorsehung hat ihn gerettet (leider). Trotzdem muss sein Ende nun schnell kommen: In Frankreich ziehen die Alliierten nach dem Fall von Caen weiter nach Nantes und Saint Nazaire. Am Samstagabend kommt Pa plötzlich und sagt, dass sie in den Vorstädten von Brest sind!! Still und leise an der Küste entlang aufgerückt, ohne großem Widerstand zu begegnen. Jetzt sind sie schon wieder auf dem Weg nach Paris. Warschau so gut wie gefallen, ±50 Kilometer vor Krakau. An der ostpreußischen Grenze Kämpfe. Überall ziehen sich die Deutschen zurück. Das *muss* doch gut ausgehen ...!

Pa II und Ma II, Mies und Canis waren im Urlaub. Alles lief prächtig: Ab der 2. Woche musste Bob abends malen. Dann musste ich die Tür aufmachen, weil eine Pflanze aus Den Haag erwartet wurde. Den Milchmann kennengelernt, das Postpaket angenommen (mit Zijlmans unterschrieben). Dann kam die Pflanze. Ein gewaltiges Ding in einem prächtigen Topf. So ähnlich wie Metall. Ein indisches Stück, mit mindestens 8 Pflanzen darin: Köstliches Fensterblatt, Herzbaum, Gummibäume, ganz großartig (allerdings auch zum Preis von 145 Gulden; Ma II hat nämlich Geburtstag). Aber das war noch nicht genug. Bob sah noch eine Schale (für Blumen oder Obst), sehr hübsch, mit Schmetterlingen bemalt, auch sehr schön, und hat die gekauft (130 Gulden). Er hat für das Wandgemälde 300 Gulden verlangt, sagt er (3 Nachmittage Arbeit), warum soll ich das Geld nicht ausgeben, wenn ich es doch habe? Und das ist auch gar nicht so dumm. Bald ist das Geld sowieso nicht mehr viel wert. Jetzt hat Ma II zumindest schöne Sachen.

Im Vorzimmer hat er nicht gearbeitet. Erst dachte ich noch, er würde mich malen, aber bei näherer Betrachtung bin ich sehr froh, dass er das nicht getan hat. An einem Nachmittag haben wir uns ein wenig unterhalten. Da erzählte er, dass er sich im Moment nicht konzentrieren kann. Er hat so viele andere Dinge im Kopf (tut sehr viel für andere Leute), außerdem hat er das Atelier nicht vor Ort. Erst muss er in eine zum Bersten volle Straßenbahn, dann noch ein Stückchen laufen. So kann man nicht konzentriert arbeiten. Die Umstände in diesen Zeiten.

Früher, so erzählte er, hatte er das ganze Jahr über genauso viel Konzentration wie nun 2 Monate im Jahr. Erst neulich hat er ein Porträt gemalt, und das muss prächtig geworden sein. So auch, wenn er zu Hause gearbeitet hatte; morgens Einkäufe für uns erledigen, nachmittags arbeiten und zwischendurch vielleicht noch: Kannst du eine Flasche Milch holen, es tut mir leid, das habe ich vergessen. Nein, ich bin riesig froh, dass er es nicht getan hat. Darum will Bob auch nicht heiraten, jedenfalls nicht vor seinem 40. Lebensjahr. Wenn man ihn reden hört, hat er mit allem Recht. Wenn man gerade mitten in einer Arbeit ist, muss man essen kommen, sonst wird das Beefsteak hart, und die Frau ist beleidigt, oder man denkt abends gerade ganz intensiv an die Arbeit, und die Frau will ins Kino. So geht es ihm gut, bei seinem Pa und seiner Ma, und er hat seine Freiheit. Wenn er plötzlich Kinder haben möchte, wird er heiraten. Seine Frau muss ein sehr unabhängiges Leben führen, und manchmal treffen sie sich. Nein, ich glaube nicht, dass es etwas für mich wäre, obwohl, wenn ich ein Labor im Haus hätte, hätte ich meine Probleme und er seine. Aber würde das eine gute Ehe werden? Würde man auf diese Weise nicht schrecklich nebeneinander herleben? Und die Kinder? Nein, dann muss die Frau zuallererst Mutter sein. Für Rachel wäre das überhaupt nichts, die will immer wissen, was der andere denkt, um den anderen verstehen zu lernen, aber in ganz seltenen Fällen kann man es nicht sagen. Dann ist es zu subtil, würde lächerlich werden. Ich kann Bobs Gedanken sehr gut nachvollziehen, aber trotzdem würde ich wahrscheinlich eine ganz gewöhnliche Ehe schließen wollen, genau wie alle Mädchen, Mutter werden und mein Leben als Hausfrau verbringen, Staub wischen, immer putzen. Bah, davon habe ich schon genug, und dabei erledige ich nur einen ganz kleinen Teil. Aber wir werden sehen. Und neben meinem Mann herleben will ich auch nicht.

Mittwoch, 23. August 1944

Gerade kam die Nachricht vom Fall von Paris! Engländer und Amerikaner ziehen ein. Paris war schon lange »*umgangen*« (100 Kilometer sind sie schon über Paris hinaus). Orléans ist auch schon gefallen. Vorige Woche gab es eine alliierte Landung in Südfrankreich, zwischen Cannes und Toulon. Beide Städte schon erobert. Ein paar Kilometer von Marseille! Die Partisanen helfen ganz ausgezeichnet, ein Drittel von Frankreich ist schon in ihrer Hand. Nur noch 240 km von Deutschland entfernt!!

In Polen geht es zurzeit nicht voran. Aber vielleicht fällt Warschau heute doch auch noch! Alles läuft prächtig! Mama sagt, dass sie zum Friseur will. Ra ist gerade dort gewesen. Sie hatte so glattes Haar, und das steht ihr überhaupt nicht. Jetzt sieht sie hübsch aus. Nächsten Monat gehe ich auch. Ich mag eigentlich keine Locken, aber so ganz lang ist es auch nichts. Vielleicht lasse ich es auch ganz wellen oder nach innen rollen.

Unser Gespräch über die Ehe haben wir am Sonntag wiederholt und gestern Nacht bis 12 Uhr fortgesetzt. Trotzdem will ich irgendwann noch mal mit Bob allein reden. Ein starkes Individuum, will nichts von seiner Persönlichkeit verlieren. Also können zwei Starke nicht heiraten. Zu einem Starken passt ein Schwacher, also keine gute Ehe. Zwei Schwache, das geht schon, dann sind beide oberflächlich. Ein Tässchen Tee?; Ja, gerne; Schönes Wetter; Ja, schönes Wetter; Lecker, die Bohnen; Ja, lecker. Bah, so eine Ehe!! Aber was sonst, keine Ehe? Viele Verlobungen und Ehen gehen auseinander, weil man nicht zueinander passt. Ist es dann besser, Junggeselle (alte Jungfer) zu bleiben? Und einsam? Sich nie bei einem Vertrauten aussprechen zu können. Oder darf man als starke Persönlichkeit nicht das Bedürfnis haben, löst man seine Probleme selbst? Ich bin froh, dass ich eine Zeit lang hier gelebt habe. Hier lernt man Probleme kennen und zu durchdenken, mit denen ich zu Hause sicher nicht in Berührung gekommen wäre, weil Pa jeden Versuch, ein Individuum zu sein, sofort im Keim erstickt, einen immer als »Rotznase« abtut, wenn man seine eigene Meinung äußert. Auch darum wäre ich fast zum Herdentier geworden; was sollen denn die Leute denken, wenn ich das tue. Aber was kümmern mich »die Leute«, man lebt doch sein eigenes Leben, nicht das von diesen »Leuten«? Wenn man 5 Minuten zu spät heimkam, stand der ganze Haushalt kopf. Aber man kann noch sehr gut auf sich selbst aufpassen, auch wenn der Vater nicht dabei ist? Nein, ich werde meine Kinder sicher selbständig erziehen, wenn ich jemals heirate. Meine Selbständigkeit hoffe ich noch zu erlangen; ich hoffe, ich bin noch nicht zu alt, um über alles hinauszuwachsen, über die bedrückende Atmosphäre, unter der tyrannischen Unterdrückung von Eltern und älterer Schwester hervor. Wenn ich du wäre, würde ich das machen ... Aber du bist nicht ich. Ich bin ich! Sei selbstständig, sei du selbst, sei ein starkes Individuum! Die Ehe ist auch nicht so problemlos, wie es aussieht. Du musst noch viel nachdenken und reden, bevor du dich dafür entscheidest. *Voilà*!

Montag, 4. September 1944, 12 Uhr

Brüssel gefallen! Pa kommt gerade mit der Neuigkeit. Gestern Abend sind schon die Amerikaner eingezogen. Gestern Morgen sind sie über die belgische Grenze gekommen. In Frankreich sind die Kämpfe auch schon so gut wie vorbei. Sie stehen vor der deutschen Grenze und nur noch ±60 Kilometer vor Holland (oder weniger!). Heute oder morgen ist das Märchen (?!) Wirklichkeit.

Prinz Bernhard in England hat die Leitung über unser Heer (auch, vor allem jetzt, über die nationalen Streitkräfte, das illegale Heer, die Partisanen!). Canis freut sich schon darauf, mitzumachen, der Militarist! Er wird sich auch direkt für die Ausbildung als Rekrut in Indien melden. Nie würde ich dafür kämpfen (in der wörtlichen Bedeutung, meine ich). Jetzt kommen die allerletzten schwersten Hürden, vor denen sich Mama immer so gefürchtet hat. Wenn wir morgen nur den endgültigen Sieg, den Frieden, erleben dürfen. Bram hat heute Geburtstag. Der arme Junge. Wo sind seine Eltern? In letzter Zeit fragt er sich das immer häufiger. Ma II spricht auch so viel über Menschen, die nicht zurückkommen, und sie fragt, ob Bram weiß, wo seine Eltern alles untergebracht haben, und so werden wir argwöhnisch. Vielleicht zu Unrecht. Und seine Schwestern? Von einer von ihnen wissen wir bestimmt, dass sie weg ist, und Borah? Ach, wir dürfen gar nicht daran denken. Zu diesen Zeiten kann man besser an der Oberfläche bleiben, was Menschen angeht, die einem viel bedeutet haben, dann tut es weniger weh. Ich gab ihm einen Kommentar zum *Faust* von Roel Houwink.[76] Von den anderen gab es auch Bücher. Gefeiert haben wir natürlich nicht, aber es gab Gebäck. Aber wir werden auch Röstbrot einbehalten, denn ... man weiß nie, ob man auf die Straße darf oder kann (Straßenkämpfe). Da hilft nur beten!

Maastricht, Eindhoven, 8 Uhr. Sie sind da!!!! Breda, Tilburg gefallen, d.h., die englischen oder belgischen Panzer fahren hindurch. Widerstand gibt es nirgends. Am Nachmittag erzählte Canis es schon, aber wir glaubten es nicht. Um 6 Uhr bestätigte es Bob mit Sicherheit. Und er nahm mich mit an ein Fenster, da stand ein deutscher Wagen, vollgeladen mit allem Möglichen, u.a. Fahrrädern, Kleidung, Autoreifen usw., und die Moffen daneben standen herum und unterhielten sich. Sehr bedrückt. Die erste spontane Reaktion war: Wie schrecklich (sie sind doch ausgezogen, um zu siegen), aber im Grunde genommen gehen sie zurück in ihre *Heimat**. Und es ist ihr verdienter Lohn, dass sie verlieren, diese Antisemiten! Wir dürfen uns bitte nicht den Gefühlen des Hasses überlassen, denn dann sind wir genauso schlecht wie sie! Man darf nichts so heiß essen, wie es gekocht wird. Vielleicht sind sie morgen hier, wenn man die Moerdijkbrücke nicht in die Luft gesprengt hat!! Nächste Woche (nächsten Monat) in die Schule!! Heute Nacht oder morgen werde ich krank. Das brauche ich jetzt auch noch zu aller Aufregung. Aber wir haben das erlebt, worauf wir gewartet haben. Im Radio haben sie allerdings noch nichts gesagt. Die Nachrichten hinken völlig hinterher, denn Bob erzählte z.B., dass gestern Antwerpen schon gefallen ist! Ich hoffe, dass Rotterdam nicht verteidigt wird, dass die Moffen alle nach Deutschland gehen und wir so schnell und ohne Probleme freikommen.

10 Uhr

Gerade kommt Bob nach Hause und erzählt, dass diese Nacht wahrscheinlich schwer wird. Scheinbombardements in den Außenbezirken von Rotterdam (um die Moffen dorthin zu locken). Inzwischen werden Waffen für die Partisanen abgeworfen. Wird hier dann also doch noch gekämpft? Es herrscht gewaltige Aufregung! Heute Abend sagte Bram: »Wenn Froukje in Vught war (untergetaucht), ist sie beinahe befreit.« Später, als er nicht im Zimmer war, sagte Ma II: »Er wird nach dem Krieg am meisten zu verdauen haben.« Etwas sehr Vages über seine Eltern, dass sie, wenn sie untergetaucht waren, doch gestorben wären (beide zuckerkrank). Da kam er ins Zimmer, also haben wir über etwas anderes gesprochen. Der arme Junge! Kopf hoch, hin zum Frieden! Gute Nacht!

Dienstag, 5. September 1944, 8 Uhr abends

Es heißt, sie sind in Dordrecht. Aber von Schießen und dergleichen keine Spur. Gestern Nacht ist nichts vorgefallen. Vielleicht heute Nacht? Heute Morgen rief Ma II Ra zu sich und erzählte: »Froukje ist in Palästina!« Sie war in Celle (bei Hannover)[77] und wurde gegen deutsche Kriegsgefangene ausgetauscht. Gestern Abend spät erzählte Bob es ihr. Rachel hörte zu dieser Zeit die Nachricht im Radio. Was für ein Glück. Wenigstens noch eine aus der Familie übrig, denn leider, leider ist es wahr. Mies hat es mir nicht ausführlich erzählt: Frau und Herr de Lange wollten in ein vorläufiges Versteck in Amsterdam auf der anderen Seite des IJ [IJ: Hafen von Amsterdam. A. d. Ü.], während sie auf ihre falschen Ausweise warteten. Sie standen ohne Stern am Bahnhof: Ausweiskontrolle! Natürlich wurden sie erwischt! Sie hatten noch ein Fässchen Butter und jede Menge Buttermarken bei sich, alles natürlich beschlagnahmt. Ist das nicht Vorsehung? Ich kann mir so gut vorstellen, wie sie dort gestanden haben, nervös, verlegen. Aus dem einen Stadtteil in den anderen. Aufgegriffen! 3 Tage, nachdem Bram zu uns kam, und Froukje, die arme Seele, durfte nicht einmal zu ihren Eltern, konnte nichts tun. Sie hat Prof. Cohen um Hilfe gebeten und es hinbekommen, dass es kein »Straffall« wurde, also hat man sie nicht sofort weitergeschickt. In Westerbork waren sie den Baracken zugeteilt, also konnten sie gut für sich selbst sorgen. Bis eines Abends ein Kindertransport abfuhr. Es waren noch ein paar Plätze frei, man hat ein paar alte Menschen in die Waggons gestoßen. Auch Frau und Herrn de Lange.

Wahrscheinlich ist dieser Transport vergast worden! Sanfter Tod! Man wird verrückt, wenn man daran denkt: lauter Kinder, die Eltern noch in Westerbork, vergast. Wenn die Eltern das hören, dann ... ja, was dann? Was können sie tun? Hilflos stehen wir da. Und Brams Eltern? Wenn sie vergast wurden, ist das doch ein sanfter, süßer, schneller Tod. Da ausgehalten hätten sie es sowieso nicht. Sie brauchen nur wenig zu essen (das ließe sich dann wohl machen), aber Gutes, Fett, Butter! Und vielleicht sind sie noch in Theresienstadt und kommen zurück? Das wäre zu schön! Von Borah wissen wir auch noch nichts Genaues. Die Menschen, mit denen sie Kontakt hatte (Marken usw.), hat man verhaftet. Warum, weiß niemand. Ob es an Borah lag? Niemand weiß es. Allerdings waren die Verhafteten sehr unvorsichtig, und das Haus war nicht zum Untertauchen geeignet. Eine Tante von Bram war dort, natürlich auch weg. Eine verheiratete Tochter dieser Tante ist in Palästina. Froukje ist bei ihr, schrieb sie in einem Telegramm über das Rote Kreuz.

Ma II hat es gerade Bram erzählt. Er wollte es erst nicht glauben, ist jetzt aber natürlich unendlich froh. Auch von diesen Leuten hat man ihm erzählt. Er macht sich Sorgen wegen Borah, obwohl es natürlich noch gar nicht sicher ist, dass sie verhaftet wurde. Wir wollen beten, dass sie noch da ist. Die 3 Kinder können sich dann zumindest aneinander festhalten. Wie sollen wir ihm die Sache mit ihren Eltern beibringen? Wir lassen schon etwas durchblicken. Ja, ja, in den vergangenen Stunden habe ich viel mitgemacht. Ich bin doch froh, dass ich es nicht vorher wusste. Jetzt, wo der Friede in Aussicht ist, haben sie es uns erzählt. Bram soll Milch trinken, angeblich, weil er manchmal so blass ist, in Wirklichkeit aber, um stark zu sein, damit er den Schlag verkraften kann. Wie sehr muss Froukje gelitten haben. Bob ist oft nach Amsterdam gefahren, um sie zu trösten und ihr zu helfen. Hat ihr auch zugeredet, sie solle untertauchen. Als sie endlich einwilligte, war es schon zu spät. Ihr 1. Gedanke galt uns. Auf dem stockdunklen Bahnhof hat sie Bob einen Brief geschrieben und ihn gebeten, unsere Stammkarten beim Judenrat abzuholen. (Bob hat uns den Brief sogar lesen lassen.) Tapferes Mädchen. Bob hat es getan, fast unter Einsatz seines Lebens. Denn als er im Gebäude war, kam die SS. Er sprang aus dem Fenster (3 Meter), flüchtete durch eine versiegelte Tür, direkt einem Deutschen in einem Auto in die Arme, der ... zufällig mit in die Hand gestütztem Kopf in eine andere Richtung schaute. Er rannte weg. Stell dir mal vor, mach dir bewusst, was er durchgemacht hat. Wir wären alle zusammen dran gewesen, wenn Gott nicht über ihn gewacht hätte. Ma II hat Froukje oft Päckchen geschickt. Und jetzt ... Jetzt pflückt sie Apfelsinen.

Montag, 11. September 1944

Gerüchte, Gerüchte und nochmals Gerüchte. Keine von den Nachrichten über Maastricht, Breda usw. hat gestimmt. Noch kein englischer Soldat auf niederländischem Boden. Sie haben uns angeschwindelt. Wer? Die Engländer? Im Radio hieß es, Breda wäre gefallen, keine weiteren Berichte. Die Niederländer selbst? Die vielleicht eine Patrouille sahen, über der Grenze, die später wieder zurückging. In Amsterdam erzählte man sich, sie wären in Halfweg. In Den Haag war Rotterdam schon besetzt. Wo nehmen die Leute das nur her? Trotzdem sind wir alle reingefallen. In Belgien wurde unterdessen sehr heftig gekämpft, 13 km vor Aachen stehen sie nur, 10 km vor Maastricht. Jetzt können wir wirklich mit ihnen rechnen. Viele Truppen stehen bereit.

Prinz Bernhard ist in Belgien. Ma II hat geröstetes Brot und Weizenmehl eingelagert. Zum Glück bin ich schon krank gewesen. Auffallend wenig Schmerzen (Aspirin). Bram bereiten wir ein bisschen vor. Er vermutet schon etwas, denn er sagte, seine Eltern hätten vielleicht zu diesen »aufgegriffenen Menschen« gehört, wären also auch mitgenommen worden. Es ist schrecklich für ihn, denn jedes Mal sagt er »Wenn meine Mutter das hört oder sieht, wie froh wird sie dann sein« und »Sie kann doch so guten Apfelkuchen machen« ... Das bekomme ich dann mit. Ja ja, meine ehemaligen Untertaucheltern. Meine Friedensfreude ist gedämpft, denn der Frieden wird sehr viele Enttäuschungen bringen. Auch für Ma: Tante Dora ... Pa, seine Geschwister ... Aber trotzdem soll er so bald wie möglich kommen. In Erwartung des Friedens machten wir gestern Bekanntschaft mit Herrn Anton van der Burg, dem neuen Freund von Mies. Mit ihrem Verlobten Manus ist es aus. Ihr zufolge ging es schon Jahre nicht mehr gut. Im Januar wurde sie bei der Firma van Woensel als Einkäuferin angenommen (in ihrer letzten Stelle verdiente sie zu wenig), und sie hat sich in den Buchhalter verliebt. Von März an hat sie fast jeden Abend woanders gegessen und manchmal auch geschlafen. Im letzten Monat kam er schon zum Essen hierher (wir mussten deshalb oben bleiben, was also sehr lästig war). Wir vermuteten, er wüsste von uns. Obwohl sie behauptete, sie würden ihm nichts erzählen. Gestern Morgen hat er hier gefrühstückt. Um 12 Uhr lud Ma II uns zum Kaffee ein: unten, sie hatten es ihm erzählt! Eigentlich habe ich schon ein Vorurteil gegen ihn: Er hat doch Manus weggedrängt, den wir alle so mögen. Trotzdem ist es ein anständiger Mann, seriös und flott. Aber wenn man sieht, wie Mies mit ihm flirtet, dann empfindet man ein Gefühl des Abscheus, weil man denkt: Gestern hat sie das noch mit einem anderen getan, und morgen tut sie es wieder mit einem anderen (denn dieser hier wird sich auf die Dauer bestimmt nicht als der Wahre herausstellen). Er sagt: Jetzt begreife ich, warum Mies immer so viele Strümpfe und Schuhe gebraucht hat (nämlich auch für uns). Wieder jemand mehr, der es weiß, wieder eine Gefahr mehr. Aber jetzt ist es doch sowieso bald vorbei, und er ist *safe*, *safe* wie ein Haus, denn er tut selbst auch viel für andere.

8 Uhr abends

Endlich sind sie wirklich über die Grenze! Inoffizielle Nachrichten (privat, aber sehr verlässlich) sprechen von amerikanischen Truppen in Eindhoven. Jetzt geht es erst los, aber es ist auch der Anfang vom Ende.

Erev Rosch ha-Schana [Vorabend zum jüdischen Neujahr], *17. September 1944*

Nach den Kämpfen merken wir noch nichts, sie fliegen nur viel. Maastricht gefallen. Es muss eine riesengroße, ausgelassene Freude gewesen sein, jedenfalls laut Radio: die 1. befreite Stadt in den Niederlanden. In Aachen wird gekämpft, nur noch 650[78] Kilometer von Köln. Deutschland selbst ist jetzt dran.

Wie sich herausstellt, ist Ton van der Burg ein sehr netter, großzügiger junger Mann. Die ganze Woche hat er bei uns gegessen und geschlafen, weil er sich nicht nach Den Haag traut, da Züge beschossen werden. Gestern hat er einen Bridge-Drive organisiert. Ja, wir spielten zusammen und gewannen mit 1600 Punkten! Den versprochenen Preis (einen Kuss) wollte ich nicht haben! Ton: ein Gewinn für unser langweiliges Leben, »in Erwartung des Friedens, Leute«. Morgen Neujahr! Letztes Jahr schrieb ich auch: Friedensjahr? Es sollte nicht so sein. Dieses Jahr schon! Ganz bestimmt!

Froukje und noch ein paar glückliche Freunde sind in Palästina. Einige denken in ihren Verstecken daran, viele wissen nicht einmal, dass Rosch ha-Schana ist, und eine ganze Menge feiert das Fest im Himmel! Wer von ihnen allen sind die Glücklichsten? Darüber können wir Menschen nicht urteilen. Dieses Jahr habe ich etwas besser genutzt als das letzte, aber trotzdem noch nicht 100 %. Trotzdem hat der Tag für mich nicht genug Stunden. Mittags habe ich nur 3 Stunden zum Arbeiten (zumindest, wenn kein anderer das Zimmer mit Beschlag belegt), und das ist doch zu wenig für eine ernsthaft Arbeitende, die mal sagte: Wenn ich hier wieder rauskomme, kann ich in allen möglichen Fächern promovieren! Chemie ... Ob überhaupt noch etwas aus diesem Studium wird? Sollen wir nicht so bald wie möglich nach Eretz gehen und es aufbauen? Leschana haba'ah be Jeruschalaim [»Nächstes Jahr in Jerusalem«; traditioneller Wunsch zu Pessach]. Als Froukje das sagte, konnte ich nicht wissen, dass es einmal wahr werden würde. Wir? Wir vielleicht auch bald. Zumindest, wenn Gott uns lebend aus diesem Krieg hervorgehen lässt und wir den Mut haben, mit allem zu brechen. Ein neuer Frühling, ein neues Gebiet. Ein neues Jahr ...?

Dieses Jahr wartet der Frieden nicht, alles geht in die richtige Richtung. Dieses Jahr haben wir wieder nicht bewusst gelebt. Hören Nachrichten, lassen sie an uns abgleiten, denn »es« ist noch nicht da. Wir wollen wieder bewusst leben, wenn wir frei sind. Offen für alle Eindrücke. Nicht oberflächlich wie jetzt, wo man die Augen eigentlich vor dem Leid verschließt, weil man Angst hat, nicht stark genug zu sein. Gott schenke uns ein gutes, glückliches, gesundes Jahr. Amen.

Viertes Heft

20. Oktober 1944

Nie hätte ich gedacht, noch ein 4. Tagebuchheft anfangen zu müssen, nachdem ich mein letztes abgeschlossen habe. Am Nachmittag des Erev Rosch ha-Schana haben wir Flaggen gemacht, amerikanische und englische (aus gefärbtem Papier). Um 5 Uhr kommt Pa nach unten und sagt: Landungen bei Arnheim und Nimwegen[79], Tausende Fallschirmjäger, Segelflugzeuge usw. Bob konnte sofort nicht mehr weiterarbeiten und musste versuchen, genaue Nachrichten zu erfahren. Gleichzeitig wurde durch die niederländische Regierung in England ein Eisenbahnstreik angekündigt.[80] Wieder waren alle froh und begeistert. Der Eisenbahnstreik läuft tatsächlich (dauert noch an). Bei Nimwegen wurde schrecklich heftig gekämpft, um die Brücke über die Waal, die sie unbeschädigt erobern wollten, zu bekommen. Es war schlechtes Wetter, Regen! Die Brücke wechselte viele Male den Besitzer. Tausende fielen auf beiden Seiten. Nimwegen ist nun in alliierter Hand (schon ±2 Wochen), nach schrecklichen Kämpfen. Aber sofern das überhaupt geht, war der Kampf um Arnheim noch schlimmer: die Brücke über den Rhein. Auf der Brücke waren sie gelandet, wurden geschlagen, nahmen sie wieder in Besitz, wurden wieder zurückgeschlagen. Elst (zwischen Nimwegen und Arnheim) war tagelang heftig umkämpft. Endlich in alliierter Hand, aber nicht für lange. Und wir, die wir so froh sind und nur darauf warten, dass sie uns (Rotterdam) befreien, und hören, wie sie zurückgeschlagen werden ... So viele Soldaten fallen auf beiden Seiten, und warum ... Letzten Endes kapituliert der *Führer** doch! Und jedes Mal fragen wir: Gibt es etwas Neues? Womit wir eigentlich meinen: Ist der Feind noch hier? Elst wird wieder zurückerobert. Die Rheinbrücke müssen sie ganz in die Hand bekommen (dann können die Deutschen nicht zurück nach Deutschland). Auf der Brücke wird heftig gekämpft, mit Revolvern; Mann gegen Mann, schließlich mit Messern!! Hunderte werden mit abgeschnittenen Hälsen gefunden. Im 20. Jahrhundert! (Die Engländer hatten angefangen, es gab keine Munition mehr.) Die Brücke blieb in deutscher Hand. Das Wetter war schlecht: Es konnte nicht genug durch die Luft herbeigeschafft werden. Die Fallschirmjäger, die gelandet waren, hatten nicht genug mitgebracht, und das Heer konnte nicht zu ihnen kommen. Die heftigste Schlacht des ganzen Krieges muss da gewütet haben.

Jetzt ist es dort wieder ruhig, zumindest berichtet das Radio nicht viel mehr darüber. Letzte Woche ist die Rheinbrücke von den Engländern bombardiert worden. Vor Tilburg stehen sie schon ein paar Wochen, der Zustand ist dort schlecht. Maastricht war die erste Stadt in englischer Hand. Ein großer Teil von Limburg ist befreit, aber von dort kommen keine Nachrichten durch, darum wissen wir so wenig, und das Radio nennt nur einige Orte, z.B., dass bei Overloon heftig gekämpft wird. Eindhoven ist auch schon besetzt. Den Hafen von Antwerpen versuchen die Kanadier einzunehmen. Seeländisch Flandern ist heftig umkämpft. Breskens besetzt. Walcheren hat man vor Kurzem übers Radio gewarnt, die Leute sollten sofort die Häuser verlassen: Der Seedeich wurde schon am nächsten Tag bombardiert. Das

Wasser kommt schon bis Middelburg. Aber es war die einzige Methode, damit die Moffen so schnell abhauen. Was für eine schreckliche Sünde, das ganze fruchtbare Marschland verdorben durch das Meerwasser. Das wird nie wieder zu gebrauchen sein. Noch eine Erinnerung an den Krieg. Auch Rotterdam hat seine Erinnerung: die Häfen. Als es nämlich den Alliierten so gut ging, dass sie glaubten, bald Rotterdam oder sogar ganz Holland preisgeben zu müssen, gönnten sie es den Engländern nicht, dass sie unseren Hafen heil und ganz bekommen sollten (oder so wie in Antwerpen, wo sie überrascht wurden). Da haben die Scheißmoffen angefangen, die Kaimauern, Lagerhäuser, Schuppen, Docks usw. sprengen zu lassen. Heftige Schläge (es wurde mit Bomben gemacht), jedes Mal ein Stückchen Rotterdam, ein Stückchen von deinem Leben, von deinem Herz weg, in die Luft gesprengt. Dann hörte es an einem Tag (einem Sabbat, wir haben noch Witze über die frommen Deutschen gemacht) auf. Man hatte uns gewarnt, an diesem Tag unsere Fensterscheiben auszubauen, weil in der Nähe die Häfen gesprengt werden sollten. In der ganzen Straße gab es keine Fensterscheiben. Das sah sehr nett aus, bei allen Nachbarn konnte man durchs ganze Haus schauen (wir haben die Gardinen hängen lassen, bei uns war Schauen verboten). Auf der anderen Seite sah es aus, als hätte es einen Bombenangriff gegeben, so ein Chaos ohne Scheiben! Wir warten auf die Schläge, es kommt nichts. Um 12 Uhr wird geschrien: »Abgeblasen!« Man sieht alle die Fenster putzen, jeder nutzt die Gelegenheit: Lustig, alle Hausfrauen sind gleich.

Bis jetzt sind sie nicht weiter vorgerückt. Der eine sagt, dass Völkers[81], der Kommissar der Stadt Rotterdam, in Berlin protestiert hat; er fühlte sich verantwortlich für Rotterdam. Andere behaupten, dass es jetzt wieder aussieht, als würde Deutschland gewinnen, und da wollen sie den Hafen behalten. Hmm!! Sie schaufeln sich das eigene Grab, wenn sie Rotterdam zerstören. Der ganze Handel mit dem Rheinland würde doch dann vernichtet. Oder soll alles nach dem Krieg modernisiert werden, alles per Flugzeug?? Auf jeden Fall sind wir froh, dass nun noch etwas vom Hafen übrig ist. Auch in Amsterdam. Aber die Amsterdamer Kais sind alle beim Teufel. Milliardenhohe Schäden! Um Aachen wird heftig gekämpft. Letzte Woche ein Ultimatum: Wenn die Deutschen sich nicht ergeben, wird bombardiert. Von Kapitulation natürlich keine Rede. Jetzt ist es ein einziger Trümmerhaufen, die Bevölkerung durfte nicht weg! Und immer noch keine Kapitulation. In Ostpreußen sind gestern Abend die Russen einmarschiert. Monatelang standen sie an der Grenze, *aber jetzt geht's los!**

Aus Warschau[82] gibt es traurige Nachrichten. Vor Monaten standen sie vor der Stadt. Jeden Augenblick konnte die Offensive beginnen, aber die Partisanen in der Stadt fangen schon an (also ohne Zustimmung der Russen). Heftige Gefechte fanden statt. Die Russen kamen ihnen nicht zu Hilfe (auf der einen Seite war das richtig: Es entsprach nicht ihrem Plan, sie wollten ihrer eigenen Strategie folgen), aber auch wenn die Partisanen einen Fehler begangen haben – soll man sie darum ihrem Schicksal überlassen? Monate haben sie es noch aushalten können. Schreckliches Elend (Hunger) in der Stadt. Nur Partisanen gegen eine solche Übermacht. Vor ein paar Wochen haben sie sich ergeben. Die Deutschen bringen die Übriggebliebenen (auch Frauen, denn sie haben als Soldaten gekämpft) in Konzentrationslager, zwei Fünftel der Bevölkerung sind umgekommen. Jetzt werden die Russen sicher innerhalb von ein paar Tagen oder Wochen, wenn es ihnen in den Kram passt, eins, zwei, drei Warschau erobern, während damals Millionen für nichts gefallen sind. Politik, Krieg, bah!

Gestern sind die Amerikaner auf den Philippinen gelandet, nachdem wochenlang bombardiert wurde und man die Landung vorbereitet hat. Ein großer Teil ist schon in amerikanischer Hand.

Wenn ich so weitermache, wird das hier ein Faktenbuch statt eines Buches mit persönlichen Eindrücken und Gedanken. Aber es geht nicht anders. Das hier (die Politik) ist doch mit dem Leben verbunden, davon lebt man, davon erwartet man alles, und darum ist es wichtig und interessant, mitzuteilen. Und gerade jetzt musste ich viel aufholen: die ganzen Kämpfe in den Niederlanden. Wir haben das Buch *Liefde, Tscheka en dood*[83] von Alja Rachmanowa wieder im Haus, das ist auch ein Tagebuch von einer Frau (Studentin) in Russland während der Revolution, genauso schlimm wie jetzt. Die Deutschen hatten einen guten Lehrmeister an Russland. Ein prächtig mit Gefühlen durchsetztes Buch (wie kann es anders sein bei einem Tagebuch). Ich habe es vor Jahren schon gelesen, und immer habe ich es Bram empfohlen. Jetzt endlich haben sie es uns mitgebracht, und ich will es noch einmal lesen, weil ich damals eigentlich zu jung war und es jetzt noch besser nachvollziehen kann.

Montag, 23. Oktober 1944

Gestern Abend ein bisschen Streit mit Bob gehabt: Pa hat für mich aus einer alten Jacke von Ma II einen Rock gemacht. Mein alter Rock ist völlig kaputt, ich laufe mit einem Loch mitten auf dem Bauch herum (ich bin hier aber auch so in die Länge und in die Breite gewachsen). Nun wollte ich Pa für seine Mühe eine Zigarette geben, um nett zu sein. Morgens gehe ich zu Bob und bitte ihn um zwei Zigaretten. »Nimm sie dir einfach aus der Packung.« Kein Wort über die Bezahlung. Ich krieche zu Pa ins Bett und gebe ihm eine (die andere ist für nächste Woche, für die Bluse). Große Freude! Pa sagte, er würde jetzt bald die Bluse fertigmachen ...

Abends gebe ich Bob einen Gulden (1 Zigarette = 0,45 Gulden!). Er will ihn nicht annehmen. »Jetzt sei nicht so albern«, Hin und Her, keiner von uns beiden will nachgeben (das Ganze fand einfach in der Familie statt). Dann war ich so wütend, dass ich zu Mies ging und sagte: »Gib mir 2 von deinen Zigaretten, hier hast du einen Gulden.« Aber Bob will auch die beiden Zigaretten nicht haben. Ich habe sie liegengelassen. Später hat Mies sie sich genommen (jetzt hat sie sowohl einen Gulden als auch zwei Zigaretten, aber damit habe ich nichts zu tun, ich habe abgerechnet). Albern und kindisch ist es von ihm. Wenn ich Pa eine Zigarette schenken will, braucht er doch nicht zu bezahlen? Er kauft viel auf dem Schwarzmarkt, wenn ich etwas bei ihm kaufe, kann er doch einfach Geld annehmen. Sonst ist es so, als wären sie für mich persönlich. Er gibt so oft etwas aus, dann wäre Bezahlen eine Beleidigung. Aber jetzt hat er mich gezwungen, zu jemand anderem zu gehen. Er muss sich auch mal in einen anderen Standpunkt hineinversetzen können. Würde es ihm gefallen, wenn er eingesperrt wäre, von jemandem etwas kaufen wollte, und der will kein Geld? Dann kann man ihn doch nie wieder um etwas bitten? Nein. Ich bin nicht einverstanden mit Bobs Verhalten. Neulich war ich auch wütend auf ihn. Er bringt mein Haar in Unordnung. Daraufhin ziehe ich ihn an der Krawatte. Dann geht der Kampf erst richtig los. Aber dabei war er so grob, er zog mich mit ein paar groben Bewegungen zu sich auf den Schoß (vielleicht war es bei ihm aber auch ein Ausdruck der Zärtlichkeit), aber das will ich nicht. Ein bisschen Kabbeln ist gut (ich tue es einfach nur aus sportlichen Gründen, da ist kein bisschen Koketterie oder Flirten dabei, wie man mir manchmal vorwirft), aber wenn jemand grob wird … Ich habe sofort den Heiratsantrag abgelehnt, den ich noch immer offen hatte (schon länger als gut ein Jahr, glaube ich). Den Grund habe ich ihm nicht gesagt, aber sehr wohl, dass er sich wohl nach einer andern umsehen muss. Also sind wir jetzt wieder frei. Ich fühlte mich schon so gebunden!!! Zum Glück ist meine Grundeinstellung eine ernsthafte, sonst würde ich hier zu freie Vorstellungen entwickeln. Die Zeit hier hat doch einen großen Einfluss auf meinen Charakter gehabt, und vor allem Bob, weil er ein rechtschaffener, guter Mensch ist. Aber was Mädchen, Ausgehen und Beziehungen betrifft, nimmt er es nicht so genau. Und wenn er erzählt, dass die Mädchen alle gleich sind, sich alle zum Narren halten lassen, lache ich darüber, nehme es mir aber sehr wohl zu Herzen, und denke, dass ich ihn an der Nase herumführen würde (oder andersherum, wenn wir noch einmal freikommen). Aber ich habe es schon gesagt: Ich bin zu ernsthaft; wenn die Zeit reif dafür ist, suche ich mir eine »feste Beziehung«. Aber darauf habe ich noch nicht richtig Lust, wenn ich hier sehe, was vor sich geht. Entweder sehr zärtlich miteinander tun (Sabbern nenne ich das) oder Streit. Und dafür habe ich nichts übrig. Es lebe die Freiheit! Aber ich hoffe nicht, dass ich mir eine zu freie Einstellung für den Umgang miteinander angeeignet habe … Gerade sprach ich von Charakterbildung. Ist das richtig? Bekommt man bei der Geburt nicht einen bestimmten Charakter, nicht eine bestimmte Anzahl gute und schlechte (von Vater und Mutter geerbte) Eigenschaften mit?

Deswegen glaube ich auch nicht, dass ein Kind, das gut und unverdorben ist, durch ein Buch schlecht wird.

Höchstens, wenn die schlechte Veranlagung in einem ist, kann sie tiefere Wurzeln schlagen. Also können die guten und schlechten Eigenschaften durch den Umgang mit guten (schlechten) Menschen (oder Beherrschung, wenn man auf die Fehler hingewiesen wird) verstärkt werden. Aber wenn man in seinem Wesen gut ist, wird man nicht schlecht. So auch andersherum.

Darum ist das, was ich gerade gesagt habe, eigentlich auch nicht wahr. Meine Auffassungen sind hier beeinflusst worden. Die Grundlagen guter Eigenschaften sind vielleicht ein wenig mehr nach oben gekommen, genauso die optimistische Natur (Wenn ich zu Hause etwas gebrochen hatte, wurde gejammert und geweint, hier sagt Ma II und nun auch ich: Was nutzt es, wenn du traurig bist und weinst, davon heilt es doch nicht!). Vielleicht, weil hier eine religiöse Atmosphäre herrscht, man in Gottes Händen ist, »dir kein Haar auf dem Kopf gekrümmt wird ohne Seinen Willen«. Sodass man nicht zu schwermütig sein kann und darf. Alles Sein Wille! Fatalistisch? Nein! Glauben! Nein, ich bin froh, diese Familie kennengelernt zu haben. Später werde ich sicher viel mit Bob, Canis und Mies sprechen. Jetzt funktioniert mein Gehirn fast nicht. Entweder aus Mangel an frischer Luft, Sauerstoff, oder vielleicht aus Mangel an Obst (Vitaminen), ich weiß es nicht, aber ich spüre, dass ich mich seit meinem 15. Lebensjahr, als ich herkam, nur sehr wenig weiterentwickelt habe. Von den Diskussionen behalte ich wenig, mein Gedächtnis lässt mich im Stich (wahrscheinlich auch durch Sauerstoffmangel) und weil ich noch zu wenig ausgebildet bin (es entspricht nicht meiner Art, über Dinge, über die ich nichts weiß und deshalb nicht kompetent urteilen kann, zu diskutieren, wie die meisten hier im Haus, und *au fond* eine verschlossene Natur). Was nützt es der Gemeinschaft, wenn ich hier im Wohnzimmer meine bescheidene Meinung kundtue? Darum halte ich meistens den Mund und höre bei Diskussionen zu. Vielleicht ist es überhaupt nicht notwendig, dass ich mitrede (es schreien doch sowieso schon so viele durcheinander), aber Canis, der doch nur ein paar Monate älter ist als ich, redet durchaus mit, hat sehr wohl eine eigene Meinung und gibt diese auch zum Besten. Wenn ökonomische Fragen besprochen werden, hat jeder eine andere Meinung, aber wenn der Ökonom Bram die Lösung nennt und die anderen nicht mit ihm einer Meinung sind oder wenn er die Lösung nicht weiß, wer soll es dann wissen? Er ist auf diesem Gebiet doch der Experte. Alle Möglichkeiten, mit denen wir aufwarten, haben die Professoren an der Universität natürlich schon lange durchdiskutiert und bewiesen, dass sie nicht stimmen. Warum ist es dann notwendig, noch weiter darüber zu sprechen? Es ist nutzlos. Über religiöse Probleme werden wir uns nie einigen, da sind wir bei Jesus dem Vollender (?) stecken geblieben, und ab diesem Punkt wird es verletzend. Wir kennen die Meinungen der anderen schon, warum sollen wir dann noch darüber sprechen, wo wir einander doch nie überzeugen werden? Immer kommen wir auf dieselben Themen zurück, dann erinnere ich mich wieder, was letztes Mal gesagt worden ist, aber daran, dann mitreden zu können und der Meinung der anderen Raum zu geben, liegt mir nichts. Später, oder in der Schule, werde ich dann einmal lesen, was die ganzen Parteien wollen (DAP [Deutsche Arbeiterpartei, Vorläufer der NSDAP], NSB), denn ich glaube, hier verurteilen sie sie alle, ohne zu wissen, worin ihr Ziel besteht. Jeder verurteilt Russland, weil 1917 während der Revolution Tausende Priester, Juden usw. ermordet wurden. Das war eine Übergangszeit. Kann es darum dort nicht gut sein? Zumindest sollten sie m. E. danach streben.

Wenn ich es jetzt lesen würde, würde ich es 1. wieder vergessen, 2. bekommt man jetzt keine objektive Lektüre, verboten, 3. bin ich noch zu jung. Ich bin hier ja nur von Erwachsenen umgeben, bin es aber selbst noch nicht. Darum sehe ich wahrscheinlich meine geistigen Mängel deutlicher. Bram sagte neulich noch, ich hätte eine Phase übersprungen, und dass ich später sicher deswegen einen Rückschlag feststellen würde. In der Schule wird es tatsächlich sehr schwierig für mich sein, mich einzufügen, gehorsam zu sein. Ich tue lieber, was ich will, lebe mein eigenes Leben. Aber wenn man Kenntnisse erwerben will, muss man sich beugen.

Dienstag, 24. Oktober 1944

Heute Morgen Unruhen in der Stadt. Schon die ganze Woche wurden wir gewarnt, dass ±1000 *Grüne Polizei* (SS) angekommen sind. Heute Morgen haben sie Wilder Westen gespielt. ±11 Passanten erschossen, und die mussten liegen bleiben (also nicht geborgen). Menschen werden nach illegalen Zeitungen (Freie Presse) oder Waffen durchsucht. Wenn man etwas findet, werden die Leute sofort erschossen, oder Menschen, die weiterlaufen, obwohl Halt gerufen wird, erschossen. In der Mathenesserlaan ist ein Zahnarzt[84] getötet worden, man hat sein Haus in Brand gesteckt, es darf nicht gelöscht und nichts rausgeholt werden. In der Nachbarschaft war er als NSBler bekannt. Sicher ein Illegaler, der pro forma im Bund war und jetzt geschnappt worden ist. Wir müssen uns ganz schrecklich vor Hausdurchsuchungen in Acht nehmen. Jetzt geht es nicht so sehr um uns, sondern vor allem um die Männer. Alle Männer, die kämpfen können, müssen weg aus den Niederlanden. In Utrecht haben sie neulich die ganze Stadt abgeriegelt. Alle Männer von 15–60 haben sie mitgenommen. Darum sollen die Männer nachts im Versteck schlafen, wenn nötig, und die Mädchen bleiben einfach im Bett. Wann wird diese schreckliche Zeit vorbei sein? Bob, der gestern Abend nicht zu Hause geschlafen hat (um 8 Uhr müssen wir drinnen sein, und das schafft er oft nicht, weil keine Straßenbahnen fahren), ist noch nicht nach Hause gekommen.

Gerade ist er wohlbehalten eingetroffen.

Am Abend

Eine illegale Druckerei[85] ist im Souterrain des Franziskuskrankenhauses entdeckt worden. ±10 Personen verhaftet (2 vor Ort erschossen). Die Nachtwächter haben es getan: Statt ihre Runde zu machen, sorgten sie dafür, dass die Nachrichten in Rotterdam verbreitet wurden. Großartige Arbeit, aber ist sie wirklich so wichtig, dass Tausende Menschen (auch die, die die Nachrichten verbreiten) ihr Leben dafür lassen müssen? Denn nicht nur die Wächter (die Entdeckten) gibt es, sondern noch viele andere; wenn einer von ihnen jetzt täglich die Nachrichten drucken würde (Radio haben die meisten nicht), würde das dann reichen?

27. Oktober 1944

Am Dienstagabend hat man sofort einen Überfall auf die Polizeiwache Haagsche Veer[86] verübt. 5 Pseudo-Polizeibeamte + 8 SS-Männer (!) haben 46 Verhaftete befreit. Das ist großartige Arbeit. Hier setzt man sein Leben ein, nur für ein Ziel: andere Leben aus den Klauen des Feindes zu retten, und nicht nur das. Bei den Verhören könnten sie Dinge preisgeben, Andere verraten und damit noch mehr ins Unglück stürzen. Nein, das ist doch die *safeste* Methode. Menschen mit Revolvern, sie verpassen denen, die sich wehren, einen Schlag mit dem Gummiknüppel und gehen weiter auf ihr Ziel los. Am Mittwochmorgen, als die Moffen oder die NSB-Beamten es bemerkten, waren sie so wütend, dass sie die ersten vier Verhafteten (2 Zivilisten, 2 Feldjäger) sofort erschossen und vor der Wache am Coolsingel ablegten. Schrecklich, da geht ein Mann morgens unbesorgt zur Arbeit und kommt nie wieder zurück. Das muss man sich mal vorstellen. Man wartet, und wenn endlich etwas kommt, ist es die Todesnachricht. Terror! Gestern berichtete das Radio, dass in Amsterdam ein niedriggestellter einen hochgestellten Moffen[87] erschossen hatte. Die Deutschen nahmen als Repressalie (!!!) willkürlich 29 Zivilisten fest und erschossen sie an Ort und Stelle. Gestern Abend im Bett habe ich mit Bram diskutiert. Er sagt, diese Leute muss man, wenn man sie zu fassen bekommt, nach dem Krieg erschießen. Ich: Verhält man sich dann nicht genauso verbrecherisch? 1. Gebot: Du sollst nicht töten! Dürfen wir über solche Menschen urteilen? Das sollten wir dem Gerechten, Gott, überlassen. Allerdings muss man sie, um sie unschädlich zu machen und ein weiteres solches Verbrechen zu verhindern, lebenslang einsperren, verbannen, aber niemals töten. Das Leben ist heilig. Gott hat es gegeben, Gott soll es nehmen. Es ist vielleicht menschlich, so zu denken wie Bram. Jeder tut das manchmal, aber ich hoffe nicht, dass es jemals in die Praxis umgesetzt werden wird.

Die letzten Außenviertel von Den Bosch werden von Deutschen gesäubert. Vught befreit (*leider** hat man die Gefangenen bereits nach Deutschland gebracht), das Lager wird nun für NSBler verwendet. 3 Kilometer vor Roosendaal (gestern las Ton einen Brief vor, von Rachel auch eine Art Tagebuch ab September, die falschen Gerüchte vom Fall von Breda). Es wurde sogar gesagt, Rotterdam ist schon frei, sie fingen an, die Deutschen zu töten, die noch dort waren, NSBler zur Verantwortung zu ziehen, Flaggen heraus, usw. Dann wurde dem Gerücht widersprochen, die Deutschen kamen wieder zurück, und es wurden wiederum die Anderen zur Rechenschaft gezogen. Heftige Bombenangriffe finden dort statt (am 5. Oktober wurden alle Wolldecken eingezogen). Ob nun Rotterdam an die Reihe kommt?

Montag, 30. Oktober 1944

Gestern kam die Nachricht: Die Armee, die am dichtesten vor Breda steht, ist noch 5 Kilometer von der Stadt entfernt. Am Abend warteten wir alle darauf, dass Roosendaal fällt (die Vororte waren bereits gefallen). Aber Rachel kam und erzählte: Breda ist gefallen! Wir waren so froh! Wahrscheinlich ohne Blutvergießen. Großartig!! Wir hören jetzt regelmäßig Kanonendonner und das Dröhnen von Bombardierungen in der Gegend (gestern Gouda). Tilburg inzwischen auch befreit. Goes schon befreit. Nach Zuid-Beveland sind die Alliierten vorgestern von Seeländisch Flandern aus herübergekommen.

Nur bei Venlo läuft es nicht so gut. Kleinere Orte werden wieder zurückerobert. Sie stehen jetzt wieder 25 Kilometer vor Eindhoven. Schade. Erst die Festfreude und dann wieder dieser Dämpfer (der Kater nach dem Fest). Stell dir das vor: Rotterdam befreit, wir auf der Straße, die Deutschen kommen zurück, die NSB ist wieder an der Macht, und wir sind dran. Also, Untergetauchte, bleibt noch drinnen! Darum hoffe ich, dass Rotterdam gleichzeitig mit den gesamten Niederlanden kapitulieren wird, denn die Versuchung ist sehr groß, und die Menschen hier sind so unvorsichtig.

8. November 1944

Als Folge des Eisenbahnstreiks haben wir (Rotterdam) nur noch einen beschränkten Kohlenvorrat (Und natürlich, weil unsere Kohlenminen schon von den Engländern besetzt sind. Sparsamkeit ist nun das Gebot, selbst in der illegalen Presse wird das gesagt). Gas bekommen wir noch 2 Stunden am Tag, den Rest kochen wir auf dem Ofen. Elektrizität von morgens 5 bis halb 8 und von 11.45 bis 13.15 Uhr (dann können wir Radio hören und staubsaugen) und abends von 17.15 bis halb 10 (letzte Woche war es bis 11). Wir gehen ins Bett und unterhalten uns noch ein bisschen. Die Familie Zijlmans bleibt unten bei einer Kerze sitzen. Ton hat letzte Woche eine Karbidlampe aus Den Haag mitgebracht (er besucht ab und zu auf einem Fahrrad mit oder ohne Reifen noch seine Eltern). Die wollten wir ausprobieren. Karbid + Wasser, keine offene Flamme, kurz warten. Dann steckte sich Bram eine Pfeife an und hielt das Streichholz dicht an die Lampe. Wusch! Ein Stück aus der Decke. Blut, Blut! Eine Verletzung an der Hand. Das Gesicht voll Wasser. Wahrscheinlich eine zu große Gasansammlung. Bob wollte es später noch mal probieren. Wusch! Zwei Finger verletzt. Eine großartige Erfindung, diese Dinger. Na ja, gestern Abend saß ich ausgezogen auf dem Bett, schimpfte über das Scheißlicht, die Scheißzeiten, die Scheißmoffen, Scheiß... usw. Bah, man verschläft sein ganzes Leben. Tagsüber lese ich nicht, und abends geht das Licht aus. Halb 10, 10 nach halb 10 ... Es geht einfach nicht aus. Bis um 10 Uhr noch an. Gegenüber ist alles dunkel. Wir überlegen, ob vielleicht Hausdurchsuchungen stattfinden. Ob es sein kann, dass ein bestimmter Häuserblock durchsucht werden soll (bestimmte Viertel können ja Licht behalten). Auf jeden Fall räumen wir das Zimmer ordentlich auf (ich habe mein

Tagebuch in Sicherheit gebracht). Aber später am selben Abend hören wir Autos, Soldaten, Pferde. Wir denken, dass es Truppen sind, Verschiebungen, Einquartierung (was sich inzwischen als richtig herausgestellt hat), und dass sie darum Licht brauchen. Aber sicher wussten wir es nicht. Ruhig? Glücklicherweise wachten wir heute Morgen in unseren eigenen Betten auf. Trotzdem ist es nötig, dass wir hin und wieder daran erinnert werden, dass wir noch nicht am Ziel sind, dass wir vorsichtig sein müssen, dass unser Leben doch von der Höheren Macht abhängt. Dass wir nicht einfach »später tun wir das«, sagen dürfen, weil es erst einmal ein Später geben muss.

9. November 1944

Es ist schreckliches Wetter, Regen, Kälte, Wind. Die Truppen können natürlich jetzt nicht operieren. Sie stehen kurz vor dem Moerdijk (Willemstad gefallen). In Seeland müssen nur noch Schouwen und Duiveland erobert werden. Bah, es ist kalt draußen, und drinnen müssen wir mit den Kohlen sparsam umgehen! Aber wir haben zum Glück noch etwas; viele haben schon gar nichts mehr, und es besteht keine Chance, dass sie noch etwas bekommen.

Freitag, 10. November 1944

Hausdurchsuchung! Wir haben sie zum Glück gut überstanden. Aber Tausende andere mussten dran glauben. Gerade gingen ganze Reihen vorbei, bestimmt 5000. Trostlos. Genau wie bei uns mit Rucksack und Koffer. Heute Morgen um 5 Uhr wurde ein Befehl in den Kasten geworfen: Alle Männer zwischen 17 und 40 haben mit Gepäck direkt vor der Tür zu stehen. Niemand darf auf die Straße. Sonst Hausdurchsuchung. Was sollten wir in unserer Position tun? Da gehen natürlich die Männer. Ton und Canis sagen, dass sie gehen. Aber Ma II will es nicht. Wir packen alle Männerkleidung in Koffer, machen die Betten, verbrennen die Papiere oder bewahren sie auf, kurzum, räumen gründlich alles weg, was auf Männer hindeutet. Die müssen zuallererst weg. Und jetzt wir? Alle Frauen? Pa und Ma (die Ausländisch Sprechenden) auch verstecken, für uns ist dann kein Platz. Nicht schlimm, Mädchen. Ich arbeite hier (studiere), Rachel ist eine Freundin von Mies, nur für einen nachbarlichen Schwatz vorbeigekommen.

Als alles ordentlich aufgeräumt war, haben wir alle ein Brot aus der Hand gegessen, allen Männern plus Ma auch etwas gebracht (denn die blieben in der Nähe des Verstecks), danach habe ich mich doch ganz ruhig an die Arbeit gemacht. Französische Übersetzungen, aber die SS schrie herum (und du hättest hören sollen, was sie schrien), die Männer kamen kurz herein. Nein, es war nicht gerade ruhig! Plötzlich jemand mit dem Vorschlag: Es machen so viele Mädchen auf der Straße Einkäufe, macht das doch auch, viel *safer!* Inzwischen begann am Anfang der Straße die Suche: 4 Männer, 2 nach oben, 2 ins Untergeschoss. Sie kamen schon näher. Da sind wir nach draußen. Milch und Brot holen. Eiskalt war es. Wind, hin und wieder ein Regenschauer. Vor einem Brotladen eine Schlange. Wir gehen weiter (es war ±11 Uhr). Zum Milchmann. Am Marconiplatz steht eine lange Schlange Männer, und es kommen immer mehr dazu. An der Straßenecke stehen weinende Frauen, oft mit Kindern: Tschüss Papi! Ein Mädchen steht mit einem Paar Socken da: »Mein Bruder hat nicht einmal Strümpfe bei sich.« »Dann gib sie jemandem mit.« »Einfach irgendjemandem oder wie? Man kann doch niemandem vertrauen, alles wird gestohlen.« Ein paar SS-Leute mit Karabinern jagen uns weg. Beim Milchmann viele Frauen, eine mit schrecklicheren Geschichten als die andere. Wir nur: Ja? Nein? Es ist kalt. Wir bleiben ein Weilchen im Laden, wir können sowieso nicht nach Hause ... (vorausgesetzt, es gibt noch ein Zuhause, wenn wir zurückkommen; wenn alles entdeckt ist, bekommen wir wahrscheinlich ein paar Granaten ab). Die Milch schwappt aus der Kanne, bah, wir sind wirklich aus der Übung, endlich nach vielen Hinweisen, dass wir in der Straße wohnen, bekommen wir durch eine Seitenstraße Sicht auf unser Haus. Abgesprochen haben wir: Wenn der mittlere Vorhang weg ist, ist alles gut, wenn die Seiten weg sind, ist alles verloren, dann sind wir aufgeflogen.

Aber alles noch da, also war man noch nicht im Haus. Wieder zurück. Ein Mof kommt. Halt! *»Brot holen*«*. *Aber schnell**! Brot holen, aber wo, nirgends Brot. Unten in Spangen. In einem Laden erfahren wir, dass es für jeden eine Süßigkeitenmarke gibt. Eine Frau: »Die sollen verrecken mit ihrer winzigen Menge Süßigkeiten!« Ein halbes Päckchen Butter bekommen wir nun alle 2 Wochen, Notration! Einen halben Liter Milch pro Monat. Bei einer Bäckerei stellen wir uns an. Sicher hundert Menschen stehen da schon, wir können sowieso nicht nach Hause. Zeit genug. Fast an der Reihe. Moffen mit Karabinern jagen uns weg. Wieder zurück. In einem Gemüseladen können wir Tomaten bekommen. Wir hantieren ungeschickt mit dem Geld herum, wir hatten nicht viel bei uns. Und dabei die ganze Zeit die Milch mitschleppen! Wir kamen zu ein paar Frauen: »Sie haben wenigstens noch Milch.« Rachel sofort: »Wollen Sie einen Liter?« Da war eine Frau mit einem Baby, die nichts hatte, und sie nahm das Angebot gern an. Inzwischen war es 1 Uhr. Nach Hause. Wir kommen wieder in die Seitenstraße, ich schaue: Gott sei Dank! Der mittlere Vorhang ist weg. Gott sei Dank! Unser Bäcker gegenüber hat Brot. Aber wir haben zwar Marken, aber kein Geld. Ra geht schon mal in den Laden. Ich frage einen SS-Mann, ob ich nach Hause darf. Sicher hat er mich aus der Bäckerei kommen sehen, denn er fragt, ob ich Brot habe. Was soll ich antworten? Nein, aber Tomaten. Kein Brot? Nein, ich habe kein Geld bei mir. Barsch ist er, aber ich darf nach Hause. Vor der Tür steht auch ein Mof. Halt! Wieder, man wird ganz wahnsinnig davon, *»Nach Hause*«*. Sehr freundlich, ich traute mich, ihn zu fragen, ob ich zurückdurfte, um Brot zu holen, wenn ich Geld geholt hatte (alles auf Deutsch, um ihn milde zu stimmen). *»Gut*!« »Danke*.«* Zu Hause alle unendlich froh. Aber sie waren im Haus! Sie haben flüchtig die drei Zimmer unten durchsucht, das WC, die Küche. *»Keine Männer versteckt*?«* Sie nickte nur (also hat sie nicht mal gelogen). Sie waren sehr anständig, 3 Nächte nicht geschlafen, weil sie ständig Treppen hoch- und wieder runtergelaufen sind, todmüde. Vor dem Herz-Jesu-Bild blieben sie stehen. Auf der amerikanischen Flagge (unter der Tapete) bewunderten sie Bobs Gemälde. Allerdings kamen sie mit den Karabinern im Anschlag nach oben. Als ich alles gehört hatte, ging ich wieder zu Rachel, sprach erst noch kurz mit dem Deutschen. Als er zurückkam, fragte er: *»Schwester*?«* »Ja*.« Also durften wir weiter. Mussten nicht einmal unsere Ausweise zeigen. Todmüde waren wir. Kopfschmerzen vom Wind oder von den Emotionen. Ich weiß es nicht. Aber mein Kopf dröhnt. Heute Nachmittag ruhig dagesessen. Allerdings kamen die ganzen Truppen von Leuten vorbei. Schrecklich! Stell dir vor, unsere Jungs wären dabei. Es ist stockdunkel, ich sehe nichts mehr.

Sonntag, 12. November 1944

Wie froh sind wir, dass wir alle noch zusammen sind. Dass wir nicht einem Impuls von Ton nachgegeben haben und sie haben mitgehen lassen. Stell dir vor, auch wir hätten unseren Jungs nachgewunken und ihnen im letzten Augenblick noch etwas zugesteckt. Nun ja, man kann nicht wissen, wie es ablaufen wird. Genausogut hätten sie die Männer vor den Türen stehenlassen und dort suchen können, wo niemand stand (dann wäre die Wahrscheinlichkeit, dass wir entdeckt würden, natürlich sehr groß, wenn niemand dasteht). Aber ganze Straßen wurden weggeschickt, und überall wurde flüchtig geschaut. Also haben wir mit unserem Versteck eine kleine Möglichkeit, entdeckt zu werden. Ja, alles ist mit Risiken behaftet. Man muss etwas wagen im Leben! Und wir hatten noch das Glück, auf Gutmütige zu treffen. Jetzt müssen wir uns nur sehr vor Verrätern hüten. Alle Nachbarn fragen: Sind eure Jungs auch weg? Alle eifersüchtig. Ma II sagt natürlich Ja. Aber die Jungs hier sind so laut, sie denken so wenig daran, dass sie jetzt auch untergetaucht sind. Bob sagt: »Morgen verkleide ich mich als Mädchen und gehe auf die Straße« (nur seine Nase ist zu groß, sein Gesicht zu scharf geschnitten, ansonsten wäre er in Kleid, Mantel und Kopftuch ein großer Erfolg; meine Schuhe könnte er anziehen). Warum sollte man sich unnötig in Gefahr begeben? Wir können ruhig 2 Jahre drinnenbleiben, und sie noch nicht einmal 3 Tage.

Die Milch von gestern ist nicht zu bekommen. Aber heute soll der Milchmann sie bekommen, vor 9 Uhr. Aber dann sind Pa II, Ma II und Mies in der Kirche. Ma II fragte, ob ich gehen würde. Heute Morgen wurde die Straße freigegeben, sogar bis über die Brücke (der Heemraadsingel ist tabu, dort suchen sie noch).

Ehrlich gesagt wollte ich das überhaupt nicht – all die Nachbarn, die mich am Sonntag mit einer Milchkanne rein- und rausgehen sehen, das bedeutet nur ein unnötiges Risiko. Und heute dies, morgen das, wo ist die Grenze? Ma II und Pa II tief beleidigt. Sie beschimpften Bram (der alles erklärte) als Feigling. Aber auch Bob war dagegen. Er sagte (wobei wir uns natürlich nicht einmischen können): »Wenn ihr Milch wollt, müsst ihr etwas dafür tun. Dann geht ihr eben einmal nicht zum Hochamt, sondern eine Messe früher oder später.« Das Ende vom Lied war, dass Mies selbst ging, nach dem Hochamt, und die Milch war noch nicht da. Dann hätte ich da 3 Stunden in der Kälte stehen können ... Und mir das Geklatsche anhören. Was aber kein Geklatsche ist: Rotterdam ist bald von Männern gesäubert, genauso wie Hillegersberg, Schiebroek und Schiedam, Maassluis u. a. Schon zwei Nächte hintereinander brennt jetzt das Licht, und immer noch sind viele Straßen im Westen noch lange nicht ganz durchsucht. 8000 Männer waren gleichzeitig in Rotterdam an der Arbeit (auch auf der anderen Maasseite). In Schuppen, wo ihnen die Ratten über das Gesicht liefen, schliefen einige Gruppen, wieder andere mussten nach Delft laufen oder mit dem Boot nach Gorinchem fahren. Man kann davon ausgehen, dass man die bis zum Frieden nicht wiedersieht. Tausende und Abertausende sahen wir vorbeiziehen, nur an unserem Haus vorbei, nur aus dem Westen. 90 000 wollen sie haben, würden sie dann so viel weniger aus Rotterdam und Umgebung holen? Da können sie prächtige Verteidigungsanlagen anbringen lassen, die Gefechtspause ist eingetreten; Holland wird nicht einmal mehr im Radio genannt. Ach, wäre der Krieg nur schon vorbei, in 3 Tagen habe ich Geburtstag. Traurig sieht es aus.

Donnerstag, 16. November 1944

18 Jahre. 3. Geburtstag in der Verbannung!! Der Tag ist ruhig vergangen; wir sind jedenfalls dankbar, dass wir noch alle beieinander waren. Am Morgen, nachdem ich unser Zimmer aufgeräumt hatte, habe ich ein bisschen gelesen, mittags wie immer oben gearbeitet (französische Übersetzungen). Als ich nach unten kam, bekam ich von der Familie Zijlmans eine niedliche rote Kugelbegonie in einem weißen Muroplasttopf (eine Art Plastik). Habe mich sehr darüber gefreut. Letztes Jahr bekam ich von Pa und Ma eine hohe Begonie! Aber im Laufe des Jahres wurde sie einmal umgeworfen, die Steckhölzer sind gebrochen, darum ist sie an ihrem ersten Geburtstag nicht mehr so schön. Von Pa und Ma einen Umschlag mit 5 Gulden. Von Ra und Bram Pantoffeln, von Mies Strümpfe. Ich freue mich darüber, wenn ich zum Geburtstag Luxusartikel bekomme (nicht nur praktische wie Socken, Kleider usw., die bekommt man sowieso dazu). Aber unnötige Dinge, das ist schade. Wie die Strümpfe: Hier trage ich sie sowieso nicht, und für die Freiheit habe ich noch einige Paar. Also ist es schade, wenn sie einfach herumliegen. Pantoffeln habe ich zwar nicht, aber ich trage sie sowieso nie. Nur manchmal, und dann nehme ich die von Mama. Aber es wirkt so undankbar, wenn man kein dankbares, frohes Gesicht macht. Sie finden mich sowieso schon schwierig, weil ich nicht so schnell zufrieden bin. Puder, Parfüm usw., was mir überhaupt nicht wichtig ist, wollte ich nicht haben. Parfüm finde ich gut, lecker bei anderen, aber für mich selbst, nein! Puder haben wir zusammen. Warum nutzlose Geschenke? Wir haben echten Tee mit ein paar Zuckerwürfeln getrunken. Ma II hatte morgens 2 Stunden dafür in der Schlange gestanden, mit einer Süßigkeitenmarke. Um halb 10 ging wie gewöhnlich das Licht

aus. Schufte sind das, ich habe Geburtstag, und sie berücksichtigen das keine Minute lang. 18, ich werde älter, aber nicht vernünftiger. Ich kann mich nicht entscheiden. 20, 21 Jahre werde ich alt sein, wenn ich die Abschlussprüfung mache, und dann? 6 Jahre studieren. 27! Nach Palästina? Die Zeit wird es weisen. Aber um mich herum gibt es bewusst denkende Menschen, und ich fühle mich nichtig dabei. Darum will ich weiterkommen. Heute Morgen Diskussion mit Canis, heute Nachmittag weiter mit Pa und Mies darüber, ob ich studieren soll oder nicht und ob es Verschwendung ist, wenn Frauen studieren, weil sie doch sowieso heiraten. Warum darf eine Frau denn nicht ihrem Ehrgeiz nachstreben? Wer kann ihr garantieren, dass sie heiratet, und wenn sie eine Berufung zur Chemie fühlt, warum sollte sie ihr nicht folgen dürfen? Je mehr gut ausgebildete Menschen es gibt, desto mehr nutz das der Gemeinschaft. Warum unterscheidet man nach Mann-Frau und nicht nach Mensch? Sogar, wenn die Frau verheiratet ist, kann sie noch weiter studieren, kann sie noch für die Wissenschaft arbeiten und sich gleichzeitig um die Kinder kümmern (Dienstmädchen für den Haushalt!). Nein, ich kann Canis nicht darin zustimmen, dass die Frauen nur speziell weibliche Berufe ergreifen dürfen: Kinderfräulein, Näherin, Dienstbotin, Krankenschwester. Im Büro verrichten all diese Mädchen die niederen Arbeiten, die geistestötenden, zu denen niemand Lust hat. Canis zufolge liegt das nur daran, dass Frauen billiger und oft viel besser als Männer für Geduldsarbeiten usw. geeignet sind, deswegen werden sie genommen. Und sie muss dem Mann gleichgestellt werden. Darum muss sie genauso gut wählen, ihrem Lebensziel nachstreben dürfen, darum findet man sie auch im Büro und an der Universität. Nie ist das Geldverschwendung (auch nicht für den Staat, der zu den 300 Gulden Studiengeld etwas dazubezahlt), wenn man dafür Kenntnisse erwirbt.

24. November 1944

Mama ist krank gewesen. Jetzt geht es ihr zum Glück fast wieder besser, sie ist nur noch sehr schwach. Sie hatte nämlich zehn Tage hintereinander ihre Periode. Und das Blut kam in großen Stücken (sogar bis zu einem halben Pfund, sagt Ma). Jetzt ist es flüssig und sogar ein bisschen weniger geworden, aber Ma ist schrecklich geschwächt wegen dem ganzen Blutverlust. Darum bleibt sie noch im Bett.

Der Zustand in Rotterdam ist kritisch. Die letzten paar Tage hatten wir noch von 5.15 bis 6.45 Uhr Strom. Gas anderthalb Stunden am Tag. Ab morgen bekommen wir weder das eine noch das andere. Essen aus den Garküchen oder wenn möglich (was wahrscheinlich besser sein wird) auf dem Ofen gekocht. Zucker bekommen wir überhaupt nicht (manchmal ein bisschen statt Marmelade), Butter bekommen wir überhaupt nicht (vielleicht Speiseöl, sofern vorrätig). Die Brotration wird reduziert, Kartoffeln sind in den Läden nicht zu bekommen, überall Elend! Aber in Noord-Holland ist das schon lange so, nur noch ein Stück schlimmer, weil das Wasser rationiert wird (3 Liter pro Tag). Das stelle ich mir schlimm vor. Aus der illegalen Presse wissen wir, dass es in Rotterdam genug Kohlen (also Strom) bis Februar gegeben hätte, aber die Moffen fanden den Vorrat zu groß und haben ihn nach Deutschland weggeschleppt. Darum sitzen wir im Dunkeln. Das ist schrecklich. Allein der Gedanke, dass man kein Licht machen kann, wenn etwas passiert. Aber gestern haben wir uns etwas für die Schlafzimmer ausgedacht (Ausziehen, Anziehen, Mama Essen bringen, im Wohnzimmer brennt eine Karbidlampe, genau wie eine gemütliche kleine Lampe). Wir haben nämlich einen Glastopf mit Petroleum gefüllt, ein Loch in den Deckel, dann durch ein Ventil mit Baumwolle anstecken, und man hat eine schöne kleine Flamme, gerade genug, dass man sich nicht ganz einsam und verlassen auf der Erde fühlt.

Rachel hat am Dienstag Geburtstag gehabt. Der Tag ist sehr ruhig vorbeigegangen. Ma lag übrigens auf dem Bett. Ich habe ihr einen eingeölten Lampenschirm geschenkt (die Glaskugel war kaputt) und Ma und Pa einen Zehner, die Familie Z[ijlmans] Pantoffeln, Mies und Ton Strümpfe, Bram niedliche Freesien. Ein schlichter Geburtstag, wenn man 22 wird. Aber im nächsten Jahr muss und wird es besser sein.

Mittwoch, 29. November 1944, 1 Uhr

Gerade eben um 11 Uhr sind ein paar Flugzeuge sehr niedrig über uns hinweggeflogen, ±14. Geschossen! Mit Abwehrgeschützen und Maschinengewehren! Ein Lärm, schrecklich! Und zwischendurch wurden Bomben geworfen. Eine Rauchsäule. Später hörten wir, dass das Gebäude des Sicherheitsdienstes auf der Rückseite getroffen wurde, wahrscheinlich ist im Gebäude alles eingestürzt. In der Umgebung viele Häuser beschädigt (nicht kaputt, aber kaputte Scheiben). 1 Flugzeug habe ich gesehen. Aus sehr niedriger Höhe ging es in den Sturzflug. Ein prächtiger Anblick. Wunderbar, wenn gut getroffen wurde. 8 Zivilisten getötet, und viele Deutsche, aber noch lange nicht genug, denn sie sind entkommen.

Am Abend

Ma hat mit Ma II einen kleinen Spaziergang gemacht. Heute war so schönes Wetter. Der 1. sonnige Tag nach Monaten des Regens. Und wem sind sie auf dem Heemradsingel begegnet? Pa II! Im Corner House ein Glas Heemraadsingel getrunken (einen kleinen Likör, zwei Schlückchen für 3 Gulden!). Ma wollte ein Brot und eine Krokette bestellen. Der Kellner fragte daraufhin, wann sie das letzte Mal das Haus verlassen hätte (wenn er wüsste). Es hat Ma wirklich gutgetan. Durch den hohen Blutverlust ist sie noch sehr blass. Stärkungsmittel bekommt sie nicht, es gibt keine. Frische Luft hat sie nicht. Ma fühlt sich sehr schwach. Sie sind dicht beim Gebäude gewesen. Aber die Straße war natürlich gesperrt.

Donnerstag, 30. November 1944, 1 Uhr

Jetzt werden die Moffen in Angst und Schrecken versetzt. Heute Morgen gab es schon 4x Fliegeralarm. Gestern mussten sie wahrscheinlich die ganze Sireneninstallation noch in Ordnung bringen, den Strom einschalten, denn erst als alles fertig war, gab es Alarm. Um halb 10 heftiger Beschuss mit Maschinengewehren und aus den Flugzeugen mit Waffen an Bord. Jedenfalls so heftig, dass die Flugzeuge nicht zu ihren Zielen kommen konnten. Aber ... sie kommen zurück.

Freitag, 1. Dezember 1944

Dezember ... Wo bleiben nur die Monate!! Sie vergehen wie im Flug. Im Moment kochen wir auf einem Kohlenofen, weil wir ja kein Gas mehr haben. Aber das kostet Kohlen, wir haben noch etwas, denn im Wohnzimmer gehen wir sehr sparsam damit um, aber Co będzie, jak nie będzie? [Polnisch, auf Deutsch ungefähr: »Was wird sein, wenn da nichts ist?«] Darum beschlossen wir, Rachel zu ihrem Chef zu schicken, nicht zum Direktor, denn der ist ein echter Aristokrat, der geht nicht mit seinem Personal um, kennt sie also quasi nicht. Gestern Nachmittag stieg sie mit Bob auf Mies' Fahrrad. Sie fährt einfach so weg, als würde sie nie etwas anderes machen. Beim Chef trifft sie seine Frau an. Er ist nicht zu Hause. Nein, er kommt heute nicht. Er ist ein halbes Jahr nicht daheim gewesen, denn ... er wohnt mit einem Fräulein aus dem Büro zusammen. Als Rachel das hörte, dachte sie, sie wäre verrückt geworden. Ein seriöser Mann, den sie immer respektiert und sympathisch gefunden hatte. Das Mädchen kennt sie sehr gut. Nicht das, was man einen raffinierten Flirt nennt, auch wenn sie mit einem Lehrer verlobt war und jeden Tag das Telefon im Büro benutzte, um sich mit einem Herrn aus einem anderen Büro zu verabreden. Und jetzt das. Am Samstag hat sie ihre Verlobung gelöst, und am Sonntag wohnten sie schon zusammen. Eine Schande. 23 Jahre ist sie alt, er 43 mit einer Tochter von 18 Jahren. Die Frau erzählt Rachel alles (was natürlich idiotisch ist, einfach so dem erstbesten Bürofräulein alles erzählen), mit Kommentaren, was dieser und jener davon hält und derjenige, der Blumenhändler, der Bäcker usw. Also das, was man so eine »offenherzige« Frau nennt. Sie will die Scheidung, er nicht. Das ist schon etwas komisch. Wo das doch so offensichtlich Ehebruch ist, und dafür kann man eine Scheidung bekommen. Wie auch immer, vielleicht erfahren wir nach dem Krieg, wie es wirklich war, und sie kann es jetzt nicht sagen. Aber für Geschwätz war sie nicht gekommen. Also fuhr sie weiter, doch zum Direktor. Den traf sie nicht zu Hause an. Dafür seine Frau, einen lieben, herzlichen Menschen. Sie war gerade beim Kochen. Rachel stellte sich zu ihr in die Küche und erklärte ihr alles. Da versicherte sie ihr, dass es bestimmt in Ordnung gehen würde. Jetzt heißt es abwarten. Rachel war begeistert, so eine schöne Wohnung hatten sie, und in der Küche so einen weißen Ofen, und sie hatte so eine schöne Fahrradtour gemacht. Nun, es sei ihr von Herzen gegönnt, denn sie schuftet sich hier kaputt.

5 Uhr

Gerade kommt Bob nach Hause und erzählt, dass 2 Mud [Nicht mehr gebräuchliche niederländische Maßeinheit, die einem Hektoliter entspricht. A. d. Ü.] in Taschen (bekommt niemand sonst) abgegeben wurden. Ohne Rechnung. Großartiger Chef. Rachel ist froh. So konnte durch *ihre* Verbindungen und ihren Einsatz zumindest auch etwas erreicht werden.

Sonntag, 3. Dezember 1944

Rachel schreibt einen Dankesbrief! 10 Entwürfe. Jeder muss etwas dazu sagen, und dann nimmt sie am Ende doch das Allererste, was sie selbst verfasst hat. So ist Rachel. Wenn jemand einen Brief schreiben muss, mischt sie sich ein – das muss erwähnt werden, das nicht. Aber wenn sie einen schreiben muss, dann holt sie sich ihrerseits wieder bei einem anderen Unterstützung ... Ist es nicht viel besser, wenn alle stark sind, alle auf ihren eigenen Beinen zu stehen lernen und so eine Gemeinschaft aus starken Individuen bilden?

Dienstag, 5. Dezember 1944

Heute Nachmittag habe ich die Treppe geputzt. Eine Scheibe Brot hatte ich zum Trocknen in den Ofen gelegt. Als ich nach unten kam, biss ich im Vorbeigehen ein Stück ab. Steinhart war das Stück. Als ich es heruntergeschluckt hatte, hatte ich plötzlich etwas Hartes im Mund. Die Füllung. Ein ganz großes Stück Füllung, das auf einem ganz kleinen Stückchen Zahn gesessen hatte, war herausgefallen. Letztes Jahr zu Weihnachten war schon ein kleines Stück herausgefallen. Damals war es noch nicht so *safe*, nach draußen zu gehen, aber jetzt war ich entschlossen zu gehen! Ma II sagte: »Geh zu unserem Zahnarzt; du bist eine Nichte, die aus Tilburg zu Besuch war und nicht zurück kann.« Ganz schnell habe ich die Treppe fertiggemacht. Dann bin ich allein losgezogen. Beim Arzt klingle ich, keine Antwort (vielleicht keine Elektrizität, manche Ärzte haben aber Strom). Gegen die Scheibe geklopft, aber das Haus wirkte wie ausgestorben. Ein Stück weitergegangen. Das ganze Spiel von vorn. Umsonst. Und jetzt bin ich wieder zu Hause und bin wütend, wütend und noch mal wütend. Wenn ich einmal irgendwohin gehe, ergibt sich daraus nichts. Und draußen ist alles trist, ein Cornelis-Jamin-Laden [bekannte Rotterdamer Kette von Süßigkeitenläden] zum Beispiel alles ganz leer, und am 5. Dezember ist Sinterklaas.[88] Aber auch völlig leer. Und grässliches Wetter, und draußen ist es unangenehm. Bah, ich lasse mich gleich mit meinen kaputten Zähnen gemütlich am Ofen nieder.

Freitag, 1. Dezember 1944

Am Mittwoch wollte ich zurückgehen, aber in der Nacht habe ich meine Periode bekommen. Ich habe ein paar schwierige Stunden durchlebt (auch meine Zimmergenossen, denn die können nicht schlafen, wenn ich so stöhne und mich zu allem Überfluss auch noch übergeben muss). Aber gegen Morgen schlief ich ein. Den ganzen Tag habe ich weiter im Bett gelegen, weil ich zu schwach zum Aufstehen war. Eine so schwierige Nacht kostet mich viel Kraft und Energie.

Gestern Abend habe ich mit Ma II Großputz im Flur gehalten, alle Türen gemacht. Ich fühlte mich noch ziemlich kaputt, aber ich kann ja keine ganze Woche krank bleiben. Am Nachmittag bin ich wieder schnell zum

Arzt. Wieder geklingelt, an die Scheibe geklopft. Eine ganze Weile gewartet. Endlich wird geöffnet. Der Arzt war nicht da, er ist zusammen mit allen Männern zwischen 17 und 40 aufgerufen worden. Ein paar Zahnärzte sind zurückgekommen, aber er noch nicht. Da stand ich also dumm da. Für Notfälle gibt es genau bei uns gegenüber einen Arzt, bei dem Rachel damals auch gewesen ist. Gerade als ich wegwollte, kam ein altes Frauchen an, das das Gebiss einer Schiffersfrau instandsetzen lassen wollte. Ich habe ihr alles erklärt und sie gefragt, ob sie mit zu Dr. Hans gehen wollte. Das tat sie. Unterwegs habe ich eine Geschichte über ihre »Rheumafüße« gehört. Und über die schlechten Zeiten usw. Ich habe gar nicht gewusst, dass ich auch so schwafeln kann (so einen Unsinn). Es war genau, als würde da eine andere sprechen, Rachel z. B. kann das sehr gut, sich mit jedem unterhalten. Zu Hause Kriegsrat. Mies erkundigte sich bei Bekannten nach einem »guten« (zwei Bedeutungen)[89] Zahnarzt, und das Resultat besteht darin, dass ich morgen zu einem darf. Es ist ziemlich weit. Heute hatte er nichts mehr frei, und J., die für mich den Termin vereinbart hat, hat vergessen, dass ich am Sabbat nicht Fahrrad fahre (denn ich durfte mir das Fahrrad von Mies leihen). Dann also morgen zu Fuß. Ich finde es sowieso nicht gut, am Sabbat zu gehen, aber Termin ist Termin. Ich kann ihn nicht einfach sitzenlassen. Es ist noch ein junger Mann, sagt Bob. Ich bin gespannt. Wenn er mir nur nicht wehtut, denn Zahnärzte kann ich nicht ausstehen (zumindest, was ihren Beruf betrifft).

10. Dezember 1944

Gestern beim Zahnarzt gewesen. Bin schnell gegangen, damit ich niemandem begegne. Nur Herrn Nachtegall habe ich getroffen. Erst später, etwa eine Sekunde später, in einem Reflex, wurde mir klar, dass es Onkel Nico ist. Er rauchte eine riesige Zigarre und erkannte mich glücklicherweise nicht! Ein Stück weiter sah ich seine Tochter Elly. Mit schöner Frisur. Aber ich wollte sie nicht sehen, darum habe ich schnell den Kopf weggedreht. Beim Arzt wurde ich in ein prächtiges Wartezimmer eingelassen. Schöne neue »alte Möbel«, ein prächtiger Teppich über einem niedrigen Buffet mit einem Krug. Und Bob hat mich auf ein paar Radierungen aus der Empirezeit aufmerksam gemacht, aus dem 16. Jahrhundert, sehr schön. Ich wurde gerade vom Arzt geholt. Ein sympathischer Kerl, ±35 Jahre, fragte nichts, bohrte ein bisschen in meinen Zähnen herum (er fing systematisch am Anfang an, tat mir nur ganz kurz weh, rief die Assistentin, die Notfüllungen vorbereitete, und schon war ich fertig). Alles in allem hat es vielleicht 10 Minuten gedauert. Der Zahn, mit dem alles angefangen hat, kann nicht gemacht werden. Er ist schon zu kaputt, von der Stelle, auf der die »Krone« gesessen hat, ist letztes Jahr noch ein Stückchen abgebrochen, und wenn ich mit dem Ziehenlassen zu lange warte, bekomme ich einen Abszess. *Voilà*. Mama will nicht, dass ich ihn ziehen lasse, ich soll warten, bis Onkel Mondek zurückkommt, das ist so ein Wunderheiler, der bringt auf einem kleinen Stückchen noch einen ganzen Zahn unter, aber wenn es zu lange dauert, bekomme ich große Probleme. Auf dem Nachhauseweg habe ich mir in aller Ruhe alle Läden angeschaut. Aber ich habe nichts gekauft. Und als ich wieder zu Hause war, habe ich alles ganz ausführlich erzählt. Muss am Montag wieder hin.

Donnerstag, 14. Dezember 1944

Am Montag bin ich wieder dort gewesen; etwa 5 Minuten lang bohrte er mit einem einzigen Bohrer 5 Löcher aus. Dann war ich fertig. So etwas habe ich noch nie erlebt, und ganz ohne Schmerzen. Auf dem Hinweg hatte ich es sehr eilig. Ich war schrecklich spät dran, und trotzdem sah ich noch Simon Nachtegall (sie wohnen nämlich dort in der Gegend), aber ich habe den Kopf weggedreht. Gestern habe ich erfahren, dass er mich erkannt hat; das hätte ich nie gedacht. Er war zu schüchtern, mich anzusprechen. Besser so, denn ich rannte schon, so eilig hatte ich es. Von ihm haben wir auch erfahren, dass viele untergetauchte Bekannte gefasst worden sind: Gorki, Viool u.a. Sie hatten angenommen, wir wären beim Bombenangriff vom 3. März 1943 getötet worden. Als ich wieder zurück war, habe ich für Ma II Einkäufe gemacht, aber es ist traurig. Überall: Haben wir nicht! Ich kam mit einer Flasche Rumpunsch nach Hause: eklig, sauer, vergoren, und ich hatte noch gedacht, ich hätte einen fantastischen Fund an Land gezogen. Bei einem Buchhändler herumgeschnuppert, aber es gab nichts Besonderes. Nur ein Exemplar von der Einleitung zur chinesischen Philosophie für 5,90 Gulden. Das war mir zu teuer. Morgen, am Freitag, muss ich wieder los. Gestern ist der 2. Gast hier eingezogen: ein halber Inder[90], der uneheliche Sohn von Babu und einem europäischen Herrn, der im Alter von 2 Jahren zu seiner Großmutter geschickt wurde, hier an der Gemeindeuniversität studiert (herumgebummelt) hat: In diesen ganzen Jahren hatte er noch kein einziges Examen abgelegt. Jetzt ist er 24 Jahre alt und hat im Ministerium in Den Haag gearbeitet. Aber dort herrscht Hungersnot. Schon seit Tagen essen sie dort Kartoffelschalen, für die Marken ist nichts zu bekommen, und in Den Haag wird auch noch scharf kontrolliert, darum kann er nicht auf die Straße. Jetzt hat Ton ihn gestern mitgebracht. Es ist ein stiller, netter Junge. Eigentlich ist er schlimm dran. Kein Zuhause, nur eine alte Großmutter und einen Onkel, der sehr eigenartige Auffassungen vertritt. Der hat ihm auch zu dieser Stelle verholfen. Hier bei uns, bei den ganzen fremden Leuten, hat er nicht einmal ein winziges Plätzchen, das ihm ganz allein gehört, wo er mal alleine sitzen kann. Wir haben zumindest glücklicherweise noch ein eigenes Zimmer. Am Tisch ist er so still. Vielleicht fühlt er sich noch nicht richtig wohl. Vor allem ist er ausgehungert, er muss sich erholen. Aber man muss Mitleid mit ihm haben, er ist ja selbst ein schwacher Mensch. Er wusste nicht, was er tun sollte, wurde unglücklicherweise für Indien abgelehnt: Kulturen und Innere Angelegenheiten, also hat er einfach Ökonomie studiert. Hat fünf Jahre mit Feiern, Schwatzen, Nichtstun und Schlafen verschwendet. Und das ist schade. Er hat seine ganze Zukunft ruiniert. Jetzt, in der Zuteilungsstelle für Öfen und Herde, hat er gut gearbeitet, ist zum stellvertretenden Leiter seiner Abteilung aufgestiegen und hat es gut. Wenn er also will, dann kann er (sein Onkel saß ihm im Nacken). Damit genug über unseren 9. Untertaucher!!!

Montag, 18. Dezember 1944

Ich habe mal wieder auf einem Fahrrad gesessen! Und es ging, nur habe ich noch ein paar schmerzhafte Stellen! Am Freitag musste ich zum Zahnarzt. Nun stand in Hillegersberg Mies' Fahrrad. Wenn ich das abholen würde, dürfte ich zurückfahren. Ich habe mich auf dem Weg zum Arzt wieder schrecklich beeilt (niemanden getroffen), er hat alle meine Zähne plombiert, sehr sorgfältig und schmerzlos, nicht mal gebohrt. Eigentlich war ich fertig, aber ich habe vereinbart, den Zahn ziehen zu lassen. Ich habe einfach schreckliche Angst vor Komplikationen. Bin weitergelaufen nach Hillegersberg, habe unterwegs versucht, Einkäufe zu machen (etwas zu bekommen), aber es war fast überall vergeblich. Als ich endlich todmüde ankomme, erfahre ich, dass der Hausherr noch kurz auf dem Fahrrad eine Besorgung macht. Eigentlich gehört sich das nicht, denn sie wussten, wann ich kommen würde. Aber gut, mit der Frau des Hauses habe ich mich eine halbe Stunde unterhalten. Dort hing ein sehr schönes Porträt von ihr, das Bob gemalt hat. Es war sehr nett, aber viel zu voll im Zimmer. Ich habe ein paar Leute getroffen, u.a. einen Philosophen, Dichter. Er kam mit einem großen Kalabreserhut herein; erst hielt ich ihn für einen Maler. Die Hausherrin zeigte mir das Untergeschoss. Ein prächtiges Zimmer am Wasser. Das wäre herrlich als Arbeitszimmer, so ruhig. Ein ganz entzückendes Haus ist es. Aber inzwischen war es sehr spät geworden, und ich wollte mir einen BH kaufen. Um 4 Uhr machen die Geschäfte zu. Habe mich sehr beeilt, aber der Laden war schon geschlossen.

Dann bin ich ganz gemütlich und zum Spaß ein bisschen durch Blijdorp geradelt. Es war schön kalt. Eiskalt. Ich hoffe, dass es dieses Jahr nicht friert, denn es herrscht doch schon solche Not. Wir sind privilegiert, dass wir noch Kohlen und Essen haben, das wir auf den Kohlen zubereiten können. Aber die Menschen, die von den Rationen leben: 1 Kilo Kartoffeln und Brot, eine halbe Unze Käse, 1 Unze Fleisch pro Woche (mehr nicht), die hungern. Glücklicherweise kann man genug Weißkohl bekommen, aber davon kann man sich letzten Endes nicht voll ernähren, und nach 2 Wochen wird einem übel davon. Ich esse hier ungefähr am wenigsten zu Mittag (Eintopf mit Weißkohl oder Rotkohl), aber das entspricht drei Portionen aus der Garküche: Die Familie Zijlmans sah neulich jemanden mit einem Topf auf der Straße; es war wenig, aber gute fette Soße dabei. Ein Kilo Kartoffeln und 2x pro Tag warm essen! Hunger!

Wir bekommen glücklicherweise hin und wieder etwas zusätzlich, so dass wir, im Vergleich zu anderen, reichlich haben. Am Morgen drei Scheiben Brot, zum Mittagessen 3 mit Kohlsuppe, abends einen guten vollen Teller Eintopf und davor Suppe! Jetzt kommen die Weihnachtstage. Nächste Woche schon. Wie schnell ist dieses Jahr vorbeigegangen! Das kommt wahrscheinlich, weil wir auf den Frieden warten, denn wir leben von einem Monat zum anderen, von einer Hoffnung zur anderen. Die Tage sind in den letzten Monaten so kurz, dass sie vorbei sind, bevor man etwas anderes gemacht hat als abwaschen, sich um das Essen kümmern, abwaschen usw., aber dieses Jahr will Ton hier zu Weihnachten ein Fest feiern: Abendgarderobe für die Herren und Abendtoilette für die Damen. Wir haben keine, leider, sonst wäre die Atmosphäre noch vollkommener. Aber vielleicht hole ich auch Pa's Smoking. Dansé, Burp, Schritt. Schön, kurz aus dem Alltagstrott auszubrechen.

Montag, 1. Weihnachtsfeiertag, nachmittags, 1944
Gerade kam Besuch, sodass wir in unser kaltes Zimmer flüchten mussten. Wir saßen alle ordentlich angezogen im Salon. Hatten gerade Kaffee mit Sahne getrunken (d.h. mit Kondensmilch aus der Dose) und Kekse und echten Zucker (!). Und heute Morgen gab es Butter auf dem Brot. Was sind wir bescheiden zurzeit, dass wir solche ganz gewöhnlichen Dinge als Luxus erleben. Wir haben sogar ab und zu vergessen, Butter aufs Brot zu schmieren. Heute Abend werden sich die Herren in Schale werfen, statt Jacketts und schwarzen Anzügen Smoking oder Frack. Mit Pa's Smoking hatte ich ganz viel Aufwand: 3x bin ich hingegangen, und erst beim 3. Mal habe ich die betreffende Person zu Hause angetroffen. Sie war sehr, sehr froh, mich zu sehen, erkun-

digte sich nach Pa, Ma usw. Ich habe ihr einiges erzählt, wie wir leben, aber sie hat nichts davon begriffen. Und wo, das wollte sie unbedingt wissen! Ich habe nichts erzählt, nur gesagt »Rotterdam Zuid«. Beim letzten Mal, gestern Abend, war es eiskalt. Eisblumen auf den Fenstern, es fror! Mit einer langen Strandhose aus Wolle und Wollstrümpfen und einer Weste bin ich aufs Rad gestiegen, ganz so, als wollte ich eine Reise zum Nordpol machen. Am Ziel war ich halb erfroren und unendlich dankbar für eine Tasse schwarzen Kaffee. Da haben sie noch Elektrizität. Was für ein Luxus, auf der Treppe Licht anmachen zu können. Sie gab mir einen Apfel und eine Tüte Salz, die sie von ihrer eigenen kleinen Ration eingespart hatte, und als ich ging, drückte sie mir einen Reichstaler für die Weihnachtstage in die Hand. Natürlich wollte ich ihn nicht annehmen, aber nach einigem Hin und Her und »Beleidige mich nicht« steckte sie ihn mir in die Tasche, »Kauf eine Blume für deine Ma davon.« Natürlich sehr lieb von ihr, so gut gemeint. Nett. Wirklich lieb war sie. Beim Smoking fehlten nur leider Fliege und Bänder. Vielleicht hat sie die irgendwoanders aufbewahrt. Aber Pa hat jetzt auf alle Fälle seinen Smoking mit geliehener Fliege und Bändern. Wie schön wir heute Abend alle aussehen werden. Mit uns sind wir 13 am Tisch (der kleine Inder wird mein Tischherr sein, die 13. ist Pop, die Freundin von Canis, sie kommt auch). Danach Ball, d.h. Tanzen. Bram spielt, und ... Es gibt ein geliehenes Grammophon.

Tanzen, brrr, ein *crime*. Vor allem jetzt, jetzt wo wir so sehr auf den Frieden gehofft haben, dass dieses das Friedensfest werden würde, ist es so traurig. Das wird eigentlich dafür sorgen, dass keine richtige Atmosphäre aufkommt, vielleicht sogar den Abend verderben, weil die wirkliche Freudenstimmung fehlt. Aber wir werden abwarten und sehen, wie es ist.

Am Freitag habe ich mir den Zahn ziehen lassen. Jetzt ist alles noch geschwollen und tut ein bisschen weh, ist empfindlich. Ein ganz kleines Stückchen ist drin geblieben, ob es jetzt ein Stückchen Kiefer oder Zahn ist, wissen wir nicht, aber hier meinen sie, es wird von selbst ausfallen. Auch deswegen wird meine Stimmung alles andere als ungetrübt sein.

Dienstag, 2. Weihnachtsfeiertag 1944

Wir hatten ein riesig gemütliches Abendessen! Die Herren waren alle so schick. Bram, zum ersten Mal im Smoking, war stolz wie ein Pfau; als er in den Spiegel schaute, glaubte er erst gar nicht, dass er es selbst war. Der Smoking stand ihm aber auch sehr gut. Passte wie angegossen. Den ersten Umtrunk seines Lebens hat er gehabt; gesüßten Beerenschnaps, 15% (!). Und am Tisch zwei Gläser Wein. Er fand alles ganz wunderbar, unser Antialkoholiker. Aber als er mit Ma einen Walzer wagte, ging es bald los: Ihm wurde schwindlig und übel. Er hat sich übergeben! Ja, ja, das kommt davon, wenn man nichts verträgt. Nachts hat er sich noch oft übergeben und gezittert, und jetzt liegt er mit einem Kater im Bett und schnarcht. Gegessen hat er noch nichts, nur getrunken, Nachdurst von diesem einen Getränk. Wie haben wir gestern über ihn gelacht, während der arme Junge vorm WC stand. Er sagt, er wird nie wieder Alkohol anrühren, aber wir versuchen ihm einzureden, dass es vom Drehen (Walzertanzen) kommt, und außerdem vom fetten Essen, das wir nicht mehr gewohnt sind. Als gestern gegen 5 Uhr der Besuch gegangen war und wir wieder nach unten konnten, lag dort Ton in einem Sessel. Kopfschmerzen, halb ohnmächtig. Ganz plötzlich ging es los.

Wahrscheinlich zu viel geschafft die letzten Tage. Selbst den Weihnachtsbaum gemacht – Zweige an einen Besenstiel gebunden, sehr schön geworden, nicht von einem richtigen Baum zu unterscheiden, obwohl er sich schon da nicht wohlgefühlt hat: Grippe, Hexenschuss. Als Mies und ich zusammen den Tisch deckten, saß er ruhig in einem Sessel am Ofen, stöhnte aber und griff sich ans Herz (er hat schon immer Probleme mit dem Herzen gehabt, und neulich ist er beim Beten ohnmächtig geworden). Aber er hielt sich tapfer. Der Tisch sah prächtig aus. Viele Kerzen, wir hatten gutes Licht (wir hatten uns ein paar Karbidlampen geliehen). Viel gemütlicher als bei elektrischem Licht. Wir hatten alle Menükarten auf Französisch geschrieben, mit einer Zeichnung von Bob, die zum Weihnachtsfest passte. Niedlich.

Wir fingen mit *toast de la paté de poisson* an, Truthahnpotage, Makkaroni, als Zwischengericht Truthahn mit Apfelmus, Pudding usw. Herrlich ausgedehnt. Wir aßen von 7 bis 10 Uhr, die Zeit flog nur so vorbei. Rachel und ich haben zwischendurch alles abgewaschen. Ton aß nur ganz wenig von allem, sein Gesicht war schmerzverzerrt. Trotzdem hat er noch ein paar Worte gesagt und drei Wünsche geäußert: 1. dass der Wunsch von Ma II in Erfüllung gehen möge, dass Aad und Bob ein Mädchen finden, 2. dass der Familie Ulreich die Freiheit wiedergeschenkt wird und 3. einen privaten: dass Mies bald seine Frau wird. Das muss ihn sehr viel Mühe gekostet haben, und er hat es so lieb gesagt.

Bram sprach der Gastgeberin seinen Dank aus. Pa II dankte für das Essen und sprach noch über Aad, Ma II und das Weihnachtsfest *an sich*. Ma II bat ums Wort und dankte auch uns, für die ganze Hilfe. Das war zumindest sehr aufmerksam von ihr, denn die anderen hatten daran nicht gedacht. Mein Tischherr hat sich sehr gut benommen, so aufmerksam, suchte die besten Bissen für mich aus, häufte mir Truthahn auf den Teller. Selbst hätte ich mich nie getraut, so viel zu nehmen. Eine Prise Salz, Pfeffer usw., und er stellte alles wieder an seinen Platz, mit einem Wort perfekt. Ja, das Diner war wirklich gemütlich. Danach Abwaschen, Aufräumen, Frischmachen, und als wir alle wieder im Salon saßen, deklamierte Canis »O kerstnacht schoner dan de dagen« [»Oh Christnacht, reiner als die Tage«: Traditionellles Weihnachtslied nach Joost van den Vondel]. Prächtig, auch wenn es zu dramatisch vorgetragen wurde. Poppie trug »Iris« von Jacques Perk vor. Sie hat eine gute Stimme. Sie war ganz versunken, richtig in Trance, den abwesenden Blick hatte sie auf einen Punkt gerichtet. Sehr gut ausgesprochen. Was für eine herrliche Sprache ist das doch, diese Klänge, die Alliterationen. Großartig.

Dann eine Platte aufgelegt. Ton war direkt nach dem Essen ins Bett getaumelt, er hat hohes Fieber, gut 39, und er fantasierte. Aber die Musik hat ihn nicht gestört, hat er gesagt. Schade für Ton, er war der geistige Vater des Festes, er, der uns einmal anders sehen wollte als im Overall und mit Rußhänden, lag im Bett. Das hat den Abend verdorben, denn für Mies war es nicht schön, und wir wagten nicht, viel Krach zu machen. Einmal mit Hans getanzt. Aber er kann es nicht und ich auch nicht, also ein Fiasko, ein paar Mal zugeschaut. *Café noir* aufgesetzt, so auch ein paar Tänze verpasst und mit Bram einen *slow pose* getanzt. Aber da ging es ihm schon nicht mehr so gut. Trotzdem war es noch ein urgemütlicher Abend. Habe noch etwas getrunken (Säuferin!!), und um 2 Uhr lagen wir im Bett. Meinem Tischherrn habe ich noch die Hand gedrückt und ihm gedankt, weil er sich so gut um mich gekümmert hat. Aber der Zustand von Ton ... Vielleicht machen wir es zu Silvester noch mal, wenn es ihm besser geht. Er klagt über Schmerzen in Rücken, Beinen und Kopf – alles besser als das Herz ... Pop ist ein liebes, sanftes Mädchen. Canis ist ganz verrückt nach ihr, küsst sie und nimmt sie auf den Schoß. Ganz wie ein richtiges Paar. Rotznasen!!! Gerade kam Canis aus der Kirche, aber er fühlt sich nicht besonders gut, ihm ist übel. Eben kam Mam nach oben und bat um Aspirin; sie hat Kopfschmerzen und einen übersäuerten Magen. Sie kann das ganze Fett nicht vertragen. Wer ist eigentlich noch fit nach diesem Fest?

Sonntag, 7. Januar 1945

Tatsächlich, wer ist noch fit (Bezug zum letzten Satz)? Nachdem ich in mein Tagebuch geschrieben hatte, ging ich am Dienstag vor 2 Wochen nach unten, und es war mir schrecklich kalt. Ich zitterte am ganzen Körper. Habe mich in die Küche gestellt, ganz dicht über den Ofen, und trotzdem zitterte ich noch. Plötzlich kam ich darauf, dass ich vielleicht auch Fieber hatte. Beim Essen, noch ein paar Überreste vom Weihnachtsessen, habe ich nur sehr wenig gegessen. Nach dem Essen ruhig am Ofen gesessen, aber immer noch war mir eiskalt. Da habe ich die Temperatur gemessen: 39. Ich bin furchtbar erschrocken. Mies sagte: »Ach, du hast bestimmt das Thermometer nicht zurückgeschlagen, Ton hatte auch 39, oder du hast nicht richtig hingeschaut«, sie glaubten es auf alle Fälle nicht. Trotzdem bin ich schnell ins Bett gegangen und eine Woche dringeblieben. Die ganze Zeit hatte ich 39 Fieber. Als wenn ich dann einen ganzen Morgen geschlafen und nichts gegessen hatte, dachte ich »Jetzt ist es bestimmt weniger«, und dann war es 39,4. Während der ersten Tage habe ich nichts gegessen. Dann eine kleine Schüssel Reis. Anderthalb Tage Reis gegessen. Nach 5 Jahren Krieg. Trotzdem habe ich noch keinen richtigen Appetit. Ich bekam die harten Körner nur schlecht runter. Vielleicht, weil ich überhaupt keinen Appetit hatte. Ich hatte ein bisschen Probleme mit Durchfall, schreckliche Kopfschmerzen, einen steifen Hals, Rückenschmerzen. Wahrscheinlich eine leichte Influenza. Am Donnerstagabend hatte ich hohes Fieber, ±40, und am Freitagmorgen ging es plötzlich auf 37,5 runter. Freitagnacht bekam ich schreckliche Bauchschmerzen. Ich saß auf dem WC und habe mich eine halbe Stunde lang gekrümmt. Bis Ma kam, weil Mies mich hatte stöhnen hören, und mich mit nach oben schleppte. Am folgenden Tag bekam ich ohne Schmerzen meine Periode. Also waren das in der Nacht wahrscheinlich Vorschmerzen gewesen. Am Sonntagmittag bin ich aufgestanden, noch sehr schwach auf den Beinen. Aber ich habe mich ruhig verhalten, und beim Silvestergericht habe ich die roten Rüben sehr dünn geschnitten. Bob hat die Apfelkrapfen und das Ölgebäck gemacht, ganze Schüsseln voll. Wir haben alle nur 3 bekommen. Wo der Rest geblieben ist? In den Mägen von Bobbeltje, Miesje; Ma II nimmt sich noch ein einziges aus der Schüssel, der Hausherr sagt »lecker« und nimmt sich noch eines. Wir trauen uns das nicht, und gestern hat Mama in Ma IIs Wäscheschrank zufällig noch eine ganze Schüssel voll gesehen (bestimmt für Ton, denn dem geht es noch nicht wieder richtig gut).

Ich finde es nicht schlimm, ich hätte doch nicht mehr essen können, aber die anderen ... Rachel zum Beispiel stand in der Küche, während Mies buk. 4 hintereinander aß Bob auf. Rachel gab er nichts ab, ihr lief das Wasser im Mund zusammen. Ja, Untertauchen ist keine reine Freude. Uns allen reicht es langsam. Es dauert zu lange. Und die Leute hier finden es natürlich auch anstrengend. Nun ja, wir müssen beten, weiterbeten für den Frieden.

Etwas getrunken (ich ein paar Schlucke Beerenschnaps), das Essen war sehr lecker (aber ich hatte noch überhaupt keinen Appetit). Ton war auch kurz aufgestanden. Um 12 Uhr gab es ein »Feuerwerk«. Die Soldaten schossen mit Leuchtkugeln, 10 Minuten lang, sehr schön. Danach die übliche Rede. Noch kurz geschwatzt und um halb 2 ins Bett.

Jetzt fühle ich mich wieder ganz gesund. Wenn man aufsteht, geht es einem von selbst besser, wenn man ein bisschen durchhält. Ich konnte doch Ma und Rachel nicht alles allein erledigen lassen. Diese Woche habe ich Kartoffeln geschält und Rachel oben in unserem kalten Zimmer. Bram hat sich wieder an seine eigene Arbeit gemacht. Pa II sagte in seiner Silvesterrede, dass er jetzt auch einmal an seine Zukunft denken muss, die Kartoffeln werden doch erledigt. *Au fond* hat er recht, nur sind wir verwöhnt, denn Bram hat gewaltig mitgeholfen, und jetzt sind wir die Dummen. Pa II hat leicht reden.

Ton ist noch krank. Er fühlt sich noch sehr schlapp, und er sieht aus wie ein Schatten seiner selbst. Er hatte schreckliche Probleme mit Durchfall und hat Mittelchen eingenommen, aber zu viele, denn jetzt hat er dieses Jahr noch keinen Stuhlgang gehabt, obwohl er gestern Wunderöl eingenommen hat, aber das hat noch nicht geholfen. Bram hustet noch ein bisschen, er hat Pulver vom Arzt bekommen. Ansonsten wird es langsam anstrengend mit ihm. Die Zeiten sind nicht günstig für uns, vor allem für ihn nicht, da er wegen seiner Eltern und Borah das Schlimmste vermutet, aber das ist noch kein Grund, sich ständig in einer Depression zu suhlen. Zu Rachel ist er richtig unhöflich und unfreundlich. Er selbst findet, glaube ich, dass er sogar noch sehr lieb ist, und so etwas passiert gerade Rachel, die es so sehr liebt, wenn ein Mann galant und zärtlich ist. Wenn es Diskussionen gibt, ist es immer Bram, der Rachel angreift, und sie bekommt von beiden Seiten Vorwürfe. Rachel will aus Bram nämlich eine Puppe machen, so wie sie ihren Mann gern hätte, und dann heißt es immer: »Du tust dieses und jenes nicht für mich« und »Das musst du so lassen, wie deine Verlobte es mag« usw. Dumm, meiner Ansicht nach, denn dann ist Bram nicht mehr Bram, und das spürt er auch und will so nicht mit sich umspringen lassen.

Aber in gewissen Dingen muss er auch nachgeben. Sonst hätte er sich nicht verloben dürfen. Andererseits darf Rachel nicht zu viel verlangen. Wenn es ihr gar nicht gefällt, sollte sie den Mut haben, mit ihm zu brechen. Aber so sind wir nicht. Was wir einmal angefangen haben, bringen wir auch zu Ende. Aber ist das vernünftig? Es betrifft das ganze Leben einer Person, den eigenen Mann und eventuell auch Kinder. Ist es da nicht viel vernünftiger, die Beziehung zu beenden? Dafür gibt es schließlich die Verlobungszeit: um zu sehen, ob man zusammenpasst. Ich würde es schade finden, wenn es aus wäre, aber ... vielleicht wäre das viel besser.

9. Januar 1945

Krakau und Warschau gefallen!!! Vor ein paar Tagen stand in der Zeitung ein Artikel, dass Russland gewaltige Truppenkonzentrationen hätte, noch nie hatte man so viel Material an einem Ort gesehen. Das Volk wurde auf eine vielleicht schicksalhafte, gewaltige Schlacht vorbereitet. Einen Tag später waren sie 50 Kilometer vor Krakau, noch einen Tag später gab es Gefechte in Krakau, und gestern kam Bob nach Hause und erzählte sehr neutral, dass Warschau geräumt wurde. Wie sehr haben wir vor Monaten darauf gewartet! Und jetzt, jetzt wo die Stadt verwüstet ist, die Zivilisten als Geiseln weggebracht und so viele ermordet und gefallen, jetzt fällt Warschau ohne Kämpfe. Und Krakau gefallen, erzählt Mies kurz darauf, als sie nach Hause kommt. Mam weinte fast vor Freude, aber wo ist *Onkel** Iziu? Und andere Familienmitglieder? Die Russen rücken einfach vor und kämpfen sich weiter! Nicht mehr lange, und sie sind in Berlin!

Auch hier (heißt es, denn es kommen keine Nachrichten durch, und England sagt darüber fast nichts) erfolgen kleine Offensiven der Alliierten. Tiel ist gefallen, man rückt nach Gorinchem vor und beschießt es. Aber diese letzten Nachrichten wurden noch nicht offiziell bestätigt. Jedenfalls sind wir froh, dass endlich Schwung in die Sache kommt. In der ganzen Zeit, während ich nicht geschrieben habe, war es kalt. Ständig bestimmt 10 Grad unter Null. Nachrichten hatten wir überhaupt keine. Alle waren erkältet. Bah, eine deprimierende Zeit. Und dann haben sich alle über den Hunger beschwert. Wir haben zum Glück noch einige Mud Kartoffeln gehabt. Aber die werden noch diese Woche aufgegessen sein. Jeden Tag essen wir gut 10 Kilo auf (Suppe auch mittags). Dabei haben wir eigentlich entsprechend der Zuteilung Anrecht auf ein Kilo pro Person pro Woche, also 1½ Kilo pro Tag für alle zusammen. 1 Brot bekommen wir, ein Kilo Kartoffeln, 1½ Unzen Fleisch und ½ Unze Käse. *Voilà!* Das ist doch Hungern, und so müssen 50 % der Bevölkerung über die Runden kommen, die anderen 50 % tauschen Schuhe ein oder gehen zu den Bauern. Aber das sind Schweine. 20 Gulden wollen sie für ein Brot haben, 330 Gulden für 1 Mud Kartoffeln, 1500 Gulden für 1 Mud Weizen. Das kann also kaum jemand bezahlen. Und dann Kohlen. Wenn man etwas zu essen hat, muss man es ja noch kochen! Wo soll man den Brennstoff hernehmen? 1 Mud Anthrazit 180 Gulden! Bäume sieht man auf der Straße fast nicht, jeder schneidet heimlich Äste ab und heizt den Ofen mit Holz an. Nein, es ist ein Elend. Wir sind wenigstens drinnen und schlafen viel und bekommen sicher 7x unsere Rationen (Kartoffeln allerdings 6x). Aber andere, die arbeiten in kalten Geschäften und müssen durch den Regen ... für sie ist es noch viel schrecklicher. Und stell dir vor, dass man dann nach Hause kommt und wieder in der Kälte sitzt und drei dünne Scheiben Brot ohne Belag hat. Was für eine schwache nächste Generation werden wir bekommen. Die armen Babys sterben wie die Fliegen an Zucker- und Milchmangel. Wie gut werden wir es später haben, wenn wir wieder Kaffee mit Milch und Zucker darin bekommen, und dann gibt es auch wieder »Gebäck«. Wir sprechen manchmal über Essen, dass uns das Wasser im Mund zusammenläuft, und reden über die »gute alte Zeit«. Kälte, Hunger, Dunkelheit, Krieg! Ganz herrlich! Aber ... Jetzt wird es besser, jetzt beginnen die Offensiven, aber jetzt haben wir so ein schlechtes, regnerisches Sturmwetter, genau wie im Herbst, dass die Soldaten nicht kämpfen können, und so gibt es immer irgendetwas. Gott schenke uns den Frieden!

Der Hunger ist sogar so schlimm, dass, als es einen Aufruf in der Zeitung gab, jetzt müssten sich alle Männer von 17 bis 40 melden (auch die mit *Ausweisen**), sich so viele gemeldet haben, sogar Männer bis 50, dass die Deutschen die Kräftigsten ausgewählt und den Rest vom Feyenoord-Gelände gejagt haben. »Was sollen wir mit den ganzen Leuten anfangen?« In Den Haag haben sich 52000 freiwillig gemeldet, in Rotterdam 18000 Mann, aber 16000 wurden zurückgeschickt. »*Wohl fressen, nicht arbeiten.**« Ja, vor Hunger und wegen ein paar Scheiben Brot mehr verbrüdern sich diese Leute mit dem Feind und bauen Schutzvorrichtungen gegen unsere

Bundesgenossen. Eine Schande! Aber ... Ich selbst habe noch nie Hunger gelitten, darf also vielleicht nicht so hart urteilen.

Montag, 29. Januar 1945

Es friert nun schon mehr als 5 Wochen hintereinander. Es herrscht ein entsetzliches Elend. Pro Woche ein halbes Brot und 1 Kilo Kartoffeln. Fleisch gibt es schon nicht mehr. Es ist schrecklich kalt, wenn man nach Hause kommt und kein Feuer brennt (denn die halbe Bevölkerung muss ohne auskommen), ist das nicht zum Verrücktwerden? Wir persönlich hatten noch einen kleinen Vorrat an Kartoffeln und Erbsen, aber morgen gehen sie auch uns aus. Aber ... Wir sind guten Mutes, dass wir mit Tauschen usw. noch an einiges kommen. Unsere Kohlen hatten wir auch fast aufgebraucht; gestern ging Rachel zu ihrem ehemaligen Direktor. Eine dicke Schneeschicht lag auf dem Boden. Mit dem Fahrrad war kein Durchkommen. Also ging sie zu Fuß. Um halb 1 weg, um halb 5 zu Hause. Mit 10 Minuten Ausruhen bei den Leuten. Aber sie hatte Erfolg. Zumindest eine Zusage, und heute konnte Canis schon begeistert 2 Mud abholen. Sind wir gesegnet oder nicht? Gott sei Dank sind wir es! Aber das Elend, das Rachel unterwegs gesehen hat ... Ein junger Mann von 18 Jahren, bleich und ausgezehrt, mit einem Topf fragte sie, ob sie denn nichts hätte. Bei bestimmt 20 Leuten hatte er geklingelt und nichts bekommen. Er hatte keine Hoffnung mehr! Zwei Kinder, 11 und 5 Jahre alt, mit einem kleinen Päckchen Kohlen bei sich. Rachel gab dem Mädchen kurz ihren Muff, damit sie sich die Händchen wärmen konnte. Der Junge erzählte, ihm wäre nicht kalt und er hätte keinen Hunger, denn er bekam in einem Kinderheim zu essen, aber seine Eltern hatten schon vier Tage nichts gegessen, und seine Mutter hat Tbc. Jeden Morgen gehen sie nach Pernis, um Holz zu holen. Rachel gab ihnen ein Stück Würfelzucker mit. Das Mädchen mit den ganz kalten Händen, dem Rachel ihren Muff gegeben hat, erzählt, dass sie in einem Heim ist, wo sie morgens 1 Scheibe Brot bekommen, mittags Brei, abends wieder 1 Scheibe Brot. Sie war von ihrer Mutter weggelaufen, weil die nicht gut für sie gesorgt hat. Also 3 solche Fälle. Aber ist das nicht entsetzlich? Ist das nicht zum Weinen?

Keine Kohlen, um sich zu wärmen oder auch nur, um sich Essen aufzuwärmen, keine Tasse warmen Tee. Und abends im Dunkeln sitzen. Keine Petroleumlampen, denn die sind auch aufgebraucht. Ach, wann kommt der Frieden?

Mit den Kriegsnachrichten geht es gut, sehr gut! Breslau ist gefallen! Und in Königsberg wird gekämpft. Die Zeitung liest man zurzeit zum Spaß. Sie wird nach dem Essen im Schein der Karbidlampe von einem von uns vorgelesen. Sehr produktiv, denn anders kommt man nicht dazu, weil die Lampe direkt nach dem Essen schwächer wird. Man versucht trotzdem zu lesen, aber damit ruiniert man sich die Augen. Wir warten alle auf den Fall von Berlin, noch 175 km. Aufstand in bestimmten Teilen Deutschlands. In Ostpreußen ziehen die Menschen mit ihren Bündeln auf dem Rücken weg. Sehr schlimm, aber die Deutschen selbst dürfen auch ruhig einmal spüren, was sie anderen angetan haben. Wir mussten schon vor 2 Jahren so weg, und im letzten Jahr waren es die niederländischen Männer. Wer weiß, vielleicht wurden wieder ein paar Lager mit Juden befreit: Da in der Gegend waren sie doch, und die Russen sind so unerwartet eingerückt. Wer weiß, *Onkel** Iziu und Pa's Geschwister? Ach, als wir weggegangen sind, waren sie schon weg. Ob sie also dann jetzt noch leben?

Kattowitz ist auf alle Fälle heute offiziell gefallen. Es ist so schön, wenn man jeden Ort kennt, der fällt, wenn man selbst dort gewesen ist. Man kann der Route ganz einfach folgen. Wenn sie jetzt nur nicht aufhören, bevor sie in Berlin eingezogen sind. Ach, wenn zu allererst dieser Frost aufhört und man wieder etwas heranschaffen kann, sodass die allerschlimmste Not beendet werden kann. Oh Gott, dann sind wir schon dankbar, und wie dankbar werden wir später für alles sein (müssen).

Donnerstag, 1. Februar 1945

Gott sei Dank! Der Schnee ist weg! Gestern früh begann es zu tauen, der Schnee schmilzt einem vor den Augen weg, und heute Morgen waren die Straßen ganz sauber! Einfach ein Wunder, dass die dicke Eis- und Schneeschicht innerhalb eines einzigen Tages weg ist. Aber zum Glück. Und ... Unsere Kartoffeln sind auch weg, d. h. in unseren Bäuchen verschwunden. Keine einzige haben wir mehr im Haus. Heute Mittag beim Mittagessen die letzte gerieben in brauner Bohnensuppe, und heute Abend essen wir nur noch Erbsen. Sehr lecker, aber das können wir nur ein paar Tage so machen. Und wir haben es noch gut. Was sollen die Tausenden von Menschen tun, die diese kleine Notration nicht aufbewahrt haben? Schon seit Wochen haben die Gemüsehändler kein Gemüse mehr. Aber jetzt wird sicher wieder etwas hereinkommen, jetzt wo die Straßen wieder befahrbar sind.

±100 Kilometer vor Berlin. Wann ist es Zeit für das große Fest?

Freitag, 9. Februar 1945

Prächtiges Sonnenwetter. Und draußen ist es so herrlich. Ich komme nämlich gerade vom Zahnarzt. Wieder ein

Loch, ein schmerzhaftes. Da ging ich zum Arzt gegenüber, und heute wurde der Zahn plombiert. Er hat noch mehr gefunden. Die anderen Stellen werden am Montag plombiert. Ich hoffe, dann ist es auch wieder so sonnig. Verrückt, erst letzten Monat habe ich mein Gebiss nachschauen lassen, und jetzt habe ich schon wieder ein paar Löcher. Das geht wahrscheinlich mein ganzes Leben so weiter. Auf alle Fälle war ich heute auf der Straße, und nicht nur in der Funktion einer Patientin, sondern auch als Einkäuferin. Bram und Mama (und Papa ist so mager) sind nämlich sehr schwach. Wie kann es auch anders sein, wenn man 3 Scheiben Brot zum Frühstück und ein Tellerchen Suppe als Mittagessen bekommt. Wir zumindest!

Wenn sie ins Büro geht, schneidet sich Mies 7 Scheiben Brot hintereinander ab und isst sie in aller Ruhe auf, Bob isst, wann immer er Lust hat, Canis nimmt sich, soviel er will, Pa II bekommt eine Scheibe Brot extra mit. Und wir sitzen auf dem Trockenen und schauen zu und werden immer schwächer. Denn auch ich fühle mich manchmal so schlapp. Dann nahm ich heute Mittag ein paar Strümpfe mit, um sie gegen Käse oder Butter einzutauschen. Eigentlich ist das gegen meine Prinzipien. Erstens: Wir leben in einer Gemeinschaft, wenn ich also etwas will, sollte ich es unten abliefern. Aber ... Die Familie Zijlmans isst so oft etwas extra, von dem wir nichts zu sehen bekommen. Und nicht einmal alles von dem Wenigen, das wir auf Marken bekommen, ist für uns bestimmt, z.B. Käse. Am Sonntag bekommt jeder seine Portion ausgeteilt. Eine Viertelunze, und unsere Ration ist eine halbe Unze. Die andere Hälfte verteilen sie also natürlich abends oder essen sie auf Brot. Auf alle Fälle: Den Schlüssel des Wäscheschranks (des privaten Vorratsschranks von Ma II) trägt sie um den Hals, und darum finde ich es nicht so sehr schlimm, wenn ich nun auch einmal etwas, wofür wir doch unsere eigenen Strümpfe eintauschen, in unserem eigenen Familienkreis ausgebe. Trotzdem dürfen wir nicht in den gleichen Fehler verfallen wie die anderen, denn dann sind wir genauso asozial wie sie. Aber als ich gestern die bleichen Gesichter sah, habe ich beschlossen, es doch zu tun. Zweitens: Wenn ich in einem gewöhnlichen Käseladen etwas schwarz kaufe, muss es doch auf die Kosten der Kunden gehen. Einerseits-andererseits, sie bekommen immer etwas weniger, und jeder Ladenbesitzer hat immer etwas »unter der Hand« vorrätig. Also Schluss mit den Gewissensbissen, und rein in die Läden. Der eine brauchte keine Strümpfe, der andere hatte keinen Käse, der 3. nicht die richtige Menge. Völlig ratlos bin ich in einen RMI-Laden [*Rotterdamsche Melkinrichting*] gegangen. Da stand eine altmodisch gekleidete alte Jungfer, aber sie wollte die Strümpfe gern für ihre Tochter. Ich wollte 3 Pfund, aber daran war gar nicht zu denken, sie musste es von ihrer eigenen Ration einsparen (wenn es wirklich stimmt, wäre das natürlich nicht richtig, siehe 2). Sie hat sich mit ihrer Tochter und ihrem Mann beraten. Ich bekomme ein 1 gutes Kilo. Ihr zufolge kostet der Käse 5 Gulden pro Unze. Ein Pfund mitgenommen, das andere dann Montag. Sie holte den Käse aus ihrer eigenen Wohnung, fast einen ganzen (so schlimm muss sie also wohl nicht sparen), 40+, aber nicht vollfett. Auf alle Fälle sehr lecker. Rachel öffnete mir die Tür und nahm den Käse schnell mit nach oben. Ich habe eine Geschichte erzählt, dass es so voll gewesen wäre beim Arzt ... Eine Entschuldigung für das lange Wegbleiben. Mama ist so froh darüber. Sie segnet mich im Stillen. Jetzt hat sie wieder schlimme Schmerzen in den Zähnen und im Ohr. Auf der anderen Seite als beim letzten Mal, aber dieselben Symptome. Sie lebt wieder von Aspirin und ist ganz benommen davon. Darum bin ich froh, etwas für sie zu haben. Aber der Frieden wäre das Allerbeste. ±50 Kilometer vor Berlin.

Dienstag, 13. Februar 1945

Gestern bekam ich das ganze Stück, das noch vom Käse übrig war, ±9 Unzen. Also habe ich doch fast 3 Pfund bekommen. 75 Gulden pro Kilo, sagte Ton neulich. Also habe ich für das Paar Strümpfe 100 Gulden bekommen. Ja, ja, diese Zeiten. Was sollen Menschen tun, die kein Geld haben? Kartoffeln 350 Gulden pro Mud, ein Brot 50 Gulden (!!!), ein Kilo Erbsen 40 Gulden. Anthrazit kostet 165 Gulden pro Mud. Usw. usw. Überall herrscht Hunger: außer man kann etwas tauschen. An den Türen bitten einen die Leute täglich um eine Kartoffel oder ein Stück Brot. Wirklich anständig angezogene Menschen kommen und fragen. Einige werden darunter sein, die es heimlich verkaufen oder die aus Gewohnheit betteln (auch vor dem Krieg). Aber auch sehr oft erzählen sie einem alle möglichen Geschichten über 10 Kinder, keine Arbeit und eine kranke Frau, obwohl die sehr gut sind, aber niemand bettelt aus Reichtum, das dürfen wir nicht vergessen. Wenn wir nach dem Krieg einem Armen begegnen, werden wir ihm direkt helfen können. Man geht in einen Laden und kauft 10 Brote, 2 Gulden, pro Pfund Käse 0,50 Gulden und ein Pfund Butter 1 Gulden. Also kann man mit 3,50 Gulden schon ganz schön weit kommen. Jetzt zahlt man für ein Stück trockenes Brot so viel. Stehlen lernt man auch. Wäre es mir früher je eingefallen, eine Scheibe Brot aus der Trommel zu nehmen? Selbst in Zeiten des Überflusses nicht, niemals! Wenn man jetzt die Gelegenheit dazu bekommt, nimmt man sich ein Stückchen Käse und ein Löffelchen Soße extra und sogar heimlich ein Stück Brot, aber das kommt auch daher, dass die anderen im Haus das alle tun. Nacheinander gehen sie in die Küche und dann zack, das Brot ist alle. Ganze Brote verschwinden, sind weg, ohne dass wir auch nur ein Stückchen davon gesehen haben. Das berechtigt uns nicht dazu, uns auch zu bedienen, nein, ganz und gar nicht, denn wenn sich der eine etwas nimmt, darf das der andere noch lange nicht. Aber was, wenn derjenige auch Hunger hat, und nicht so sehr ich, sondern eher Pa und Bram und Ma, die haben es am nötigsten, also nehmen Ra und ich durchaus mal etwas für sie, und dann essen sie es in ihrem eigenen Zimmer auf. Es ist schrecklich, dieses heimliche Getue, aber notwendig, um sich ein bisschen über Wasser zu halten. Nach dem Krieg werde ich mir das alles hoffentlich wieder abgewöhnen können und anständig weiterleben.

Bei Nimwegen hat eine neue Offensive begonnen. Kleve ist gestern gefallen. Am Montag Gennep. Mit jedem Tag wird die Position der Deutschen prekärer, und trotzdem geben die Barbaren nicht auf. Die Konferenz von Jalta ist vorbei. Die polnische Regierung in Lublin wird in die von England aufgelöst. Polen wird in Richtung Westen ausgedehnt. Wird darin nicht die Saat für einen nächsten Krieg liegen?

Freitag, 16. Februar 1945

Hurra! Das Schwedische Rote Kreuz stellt uns allen im Westen der Niederlande ein Brot und ein halbes Päckchen Butter zur Verfügung! Nächste Woche geben wir ein Brotfest. Dann können wir uns zumindest einmal alle den Bauch vollschlagen.

Fünftes Heft

Freitag, 23. Februar 1945

Sehr, sehr schade, aber mein 5. Kriegstagebuch muss ich mit Schrecklichem beginnen. Zuallererst mit der schrecklichen Tatsache, dass noch immer Krieg ist. Dass es noch hoffnungslos draußen ist und hoffnungslos drinnen. Denn die Menschen lassen sich von ihren Nerven leiten und führen untereinander Krieg. Wir stolpern über Kleinigkeiten, und daraus ergeben sich große Wortwechsel. Während ich Gott um Frieden anflehe, höre ich unten 2 Leute streiten. In einem Haus zusammen, und dann noch unter solchen Umständen Streit, wie soll es dann in der Welt anders laufen? Oder kommt das gerade *durch* die Umstände?

Heute las ich in einer Zeitschrift etwas über die Gedanken unserer Königin im Jahr 1931 über geistige und moralische Wiederbewaffnung. 1938 haben wir darüber zu wenig nachgedacht (der Krieg sollte ja kommen), dann sollten wir doch zumindest jetzt anfangen, selbst friedfertiger zu werden. Uns geistig und moralisch wiederzubewaffnen.

Dann das Schreckliche, dass am Dienstag ein Mof erschossen[91] worden ist (Einer?! An diesem Tag wahrscheinlich Tausende.) oder, wie man später behauptet hat, er hat Selbstmord begangen: vor der Börse, am Coolsingel. Am nächsten Tag wurden 10 völlig unschuldige Zivilisten aus dem Haagse Veer geholt und auch erschossen und auf dem Coolsingel liegenlassen.

Dann noch 10 Menschen willkürlich in der Stadt. Ein Freund von Canis ging zum Bridgen zu einem anderen Freund – er wurde auf der Mathenesserlaan erschossen, hat 6 Schüsse in die Brust abbekommen. Nachdem er gesagt hatte, dass er ins Franziskuskrankenhaus wollte, ist er gestorben. Ein 18-jähriger Junge, stell dir vor. Die Eltern wussten bis zum nächsten Tag nichts davon, denn sie dachten, er würde bei dem Bekannten übernachten, und die Leute haben vergeblich gewartet. Frohgemut von zu Hause weg, wahrscheinlich ohne sich zu verabschieden, und für ewig. Entsetzlich! Manus, der arme Manus. Man hat ihn festgenommen. Er wohnte in der letzten Zeit nach seiner Evakuierung in Ede. Dort forderten die Deutschen die Fahrräder ein. Er wollte es nicht sofort abgeben und beschwindelte sie. Kurz darauf kamen sie zurück, nahmen das Fahrrad und Manus mit. Man verdächtigt ihn, Jude zu sein (!). Er bekam einen Schlag ab, dann 20 Schläge mit einem Baumstamm auf den bloßen Rücken und die Arme. Viel Blut, aber er hat keine Miene verzogen. »Das gönnte ich ihnen nicht«, schrieb er. Jetzt ist er in einem Arbeitslager (Lunteren??), muss hart arbeiten, viel laufen, aber was das Essen angeht, schreibt er, habe ich es viel besser als ihr, ein halbes Brot am Tag, morgens Brei, abends Brei. Und ziemlich viel Freiheit, denn er hatte in einer Salzfabrik, die brachlag und wo alles verrottete, Salz gefunden. Der gute Kerl wollte uns auch etwas davon schicken, wenn wir es brauchen. Niemand kümmert sich darum, und es zerfällt einfach: Chlor, Suppenwürfel usw. (alles Artikel, die wir hier gar nicht mehr kennen!). »Meine Lederjacke haben sie mir abgenommen, jetzt laufe ich in Lumpen herum.« Armer Kerl, erst wird sein ganzes Haus zerstört, jetzt haben sie ihn selbst, und zuallererst war noch sein Mädchen weg. Seine Liebe zu ihr ist noch nicht weniger geworden. Aber trotzdem ist er munter und macht sich mehr Sorgen um uns als um sich selbst.

Unsere Lebensmittelsituation hat sich noch nicht verbessert. Die Gabe des Schwedischen Roten Kreuzes ist noch nicht angekommen. Dafür haben die Deutschen unsere Ölration im Voraus einbehalten (seit Weihnachten verwenden wir denselben halben Liter Öl). Den kleinen Vorteil der 125 Gramm Butter für uns alle zusammen gönnen sie uns nicht. Jetzt bekommen wir 800 Gramm Brot statt 1000 Gramm, plus 1 ohne Mehlmarkenzuteilung. Bah, was für ein Elend.

Ton hat neulich auf dem Schiff nach Den Haag selbst gesehen, dass die Moffen sich dicke Scheiben Brot abschneiden und 1 cm Butter draufschmieren. Einem Mädchen traten die Tränen in die Augen – vor Hunger, Neid, Abscheu? Was für Materialisten sind wir zurzeit. Wenn abends die Zeitung kommt, schauen wir zu allererst, ob nicht eine neue Marke für irgendetwas ausgeschrieben ist (und dann muss es die Sachen später noch zu kaufen geben), und dann schauen wir erst nach der Politik. Wir halten es nicht aus, wenn einer etwas mehr bekommt als die anderen. Abends verteilt Ma II das Essen. Jeder Mann bekommt 4 Löffel Kartoffeln. Aber die Männer in der Familie Zijlmans bekommen andere Löffelgrößen. Jetzt, wo wir alle Hunger haben, macht uns das etwas aus, aber das hätten wir früher nie getan, und wir wollen hoffen, später auch nicht mehr. Und die Brotmahlzeit, wie sehr freuen wir uns darauf! Alle bekommen wir unser Brot und unsere Butter für uns, und Ma II zaubert dann etwas Leckeres aus ihrem privaten Proviantschrank, und dann schneiden wir alles auf und essen 20 Scheiben Brot ... Was für Menschen, was für Anhänger des Materialismus.

Pa hat neulich Nico Nachtegall einen Brief geschrieben, Ma II hat ihn abgeliefert. Pa II war ab und zu dort gewesen, um Grüße von uns zu überbringen, und jetzt wollte Pa im Brief etwas mehr über Bekannte wissen. Prompt konnte Herr [Zijlmans] am nächsten Tag einen Brief abholen, und Pa fand darin ein Päckchen Shag von Onkel Nico und von Tante Cor eine Schachtel Consis [Verkürzung von »Concentraatcigaretten«, Ersatzzigaretten] ... Wie unglaublich freundlich und lieb von ihnen. In diesen Zeiten, in denen man diese Produkte nirgendwo mehr findet oder sie entsetzlich teuer sind (Consi 15 Gulden). Und einen riesig herzlichen Brief, der einem guttut. Leider sind viele Bekannte aufgegriffen worden. Alle sogar. Pa hat einen Dankesbrief zurückgeschrieben. Elly ist verlobt! Von der [unleserlich] ist sie noch so ein Kind, auch wenn ihr Brief ganz nett war, nur etwas ernsthafter ist sie geworden. Unser erster Weg wird uns zu ihnen führen, das haben wir ihnen versprochen.

Sonntag, 25. Februar 1945

Je länger ich über das Brotfest nachdenke, desto lächerlicher finde ich das Ganze. Erst stopft man sich den Bauch mit allerlei Leckereien voll, und dann geht man ins Bett. Und dann ist es vorbei. Da hat man höchstens noch ein paar unangenehme Folgen des übermäßigen Essens, weil man es nicht mehr gewohnt ist: so viel und dann auch noch mit Butter! Sinnlos! Eine sinnlose Existenz, wenn man Epikureer ist. Ein kurzes, aber nichtssagendes, nicht andauerndes Gefühl des Vergnügens. Lieber sollte man sich jeden Mittag, wenn man Hunger bekommt, ein paar Brotscheiben nehmen können, aber wir dürfen die Stimmung nicht verderben. Gestern Mittag kam plötzlich ein Mof mit einem großen Paket die Treppe hoch. Ein Freund von Ton hatte etwas mit der deutschen Wehrmacht mitgeschickt: Roggenbrot, Roggenmehl, Puddingpäckchen und ein deutsches Kommissbrot. Sofort bekam jeder eine Scheibe deutsches Roggenbrot und Käse. Das war sehr lecker, wir hatten großen Appetit darauf, und es war auch ordentlich. Es war nichts Übermäßiges, kein epikuristisches Vergnügen. Nein, aber weißt du, was sehr wohl ein bleibendes, tiefes Gefühl des Vergnügens verschafft? Manchmal entsteht an den Abenden eine bestimmte Atmosphäre, wenn die Karbidlampe so schlecht brennt, dass man sowieso nicht mehr lesen kann, und Bram spielt Klavier. Stimmungsvolle Musik, entweder fröhlich oder klassisch, seiner Stimmung entsprechend. Das ist manchmal so herrlich, wirklich wunderschön. Nur schade, dass wir unsere Stimmung anpassen müssen, denn wenn das nicht so ist und wir ihn mal um ein anderes Stück bitten, spielt er das entweder nicht, oder er spielt es, aber wie! So, dass es besser nicht gespielt worden wäre. Die Familie Zijlmans schläft dann meistens oder schlummert in ihren Stühlen, denn sie leben erst auf, wenn wir ins Bett gehen, und wir hören zu und denken bei jedem Lied, das er spielt, an die damit verbundenen Erinnerungen. Wir leben von diesen Erinnerungen. Bei bestimmter Tanzmusik denke ich entweder an die Abende zu Hause oder hier, an letztes Jahr, als wir noch miteinander getanzt haben. Manchmal an Simon de Haas, den Pianisten. Wie gern würde ich ihn wieder einmal hören. Und die Familie Vromen, wo ist sie jetzt? Mit ihnen haben wir ihm doch immer zugehört. Oder an Max Hach[g]enberg, der diese Lieder immer pfiff. Kommt er wieder zurück? Es war so dumm von ihm, dass er gegangen ist! Aber wie tapfer ist er gegangen! Oh, wie tapfer sind viele gegangen und kommen nicht zurück?! Im Westen läuft eine große Offensive, in Richtung Köln, etwa 45 km vor

Köln stehen sie. Bei Roermond sind sie über die Rur. Auch im Osten hat man mit der Offensive angefangen. *Jetzt geht's los!**

Donnerstag, 1. März 1945

»Zou jij nog een borreltje lusten?« [»Möchtest du vielleicht noch ein Gläschen?«: Populäres Volkslied] habe ich gestern gesungen, als ich die Treppe hochkam. Und ja, gern etwas Kräftiges, denn ich hatte wirklich keinen Hunger mehr, niemand im Haus. Wir hatten nämlich das Brotfest hinter uns. Es war sehr gemütlich. Der Tisch ordentlich gedeckt. Auf jedem Teller ein ganzes Brot, eine Viertelpackung Butter und ein Stückchen Käse. Außerdem Schalen mit gebackenen Zwiebeln und ein paar »Schokoladenstreusel« (für jeden 1 Scheibe Brot aus dem privaten Vorratsschrank von Ma II), ein Stückchen Frühstückskuchen (desgleichen), eine Mischung, die an Erdnussbutter erinnerte, mit gebackenen Zwiebeln, sehr lecker, Sirup, eine Scheibe Speck(!). Also eine ausführliche Vorkriegsmahlzeit. Und das Brot war weiß und lecker, hmm!! Echtes Weißbrot, genau wie Kuchen, jedes Mal, wenn ich eine Scheibe abschnitt, erstaunte mich wieder das prächtige weiße aufgegangene Brot. Früher hatten wir das immer. So verwöhnt waren wir. Jetzt begreife ich Tante Dora, die fand, dass unser Brot wie Kuchen war, und nicht genug davon bekommen konnte. Und die Margarine war und ist so lecker. Den unangenehmen Beigeschmack bemerkt man fast gar nicht, sie ist sehr fett, ein bisschen mehlig, vielleicht aus Milchpulver gemacht, aber herrlich lecker. Die Grasbutter habe ich nicht vermisst. Alle Mitglieder der Familie Zijlmans wollten alles ganz und gar aufessen, und nur Pa II ist das auch gelungen. Die anderen ließen alle ein kleines Stückchen übrig. Ma II ein halbes. Mama und ich auch. Pa, Rachel, Bram ein Viertel. Ich habe 17 Scheiben Brot gegessen, aber hauchdünne (das kannst du dir vorstellen, aus einem halben Brot). Wenn ich gewollt hätte, hätte ich vielleicht noch mehr essen können, wenn ich dicker geschnitten hätte, aber ich wollte etwas aufheben, denn heute Nachmittag werde ich auch Hunger haben und morgen auch. Alles großzügig mit Butter beschmiert, und trotzdem habe ich noch welche übrig behalten, heute Mittag habe ich ein leckeres Bisschen in meinen Brei getan. Es stand alles Mögliche auf dem Tisch, und womit habe ich angefangen? Mit einem dünnen Stückchen mit Butter und ... Salz! Wir haben alle geschlemmt wie die größten Schlemmer, aber dieses eine Mal ist das verzeihlich.

Bram sagt, dass Rachel mit so großem Genuss in ihr Butterbrot biss, dass sie eine gute Reklame für »Esst mehr Brot«[92] darstellen würde. Ich habe nicht darauf geachtet. Ich hatte viel zu viel mit mir selbst zu tun, als dass ich auf die anderen geachtet hätte! Habe eine halbe Scheibe Räucherspeck gegessen (ohne Butter natürlich), aber auch wenn man mich totschlägt, ich weiß nicht, wie es schmeckt, ich fand, ich hätte das Fett nötig, darum habe ich es getan, die andere Hälfte habe ich Pa gegeben. Beim letzten Bissen hatte ich plötzlich genug, selbst so sehr, dass ich Bram ein schon abgeschnittenes Stück Brot gegeben habe. Die Butter verursachte bei mir schließlich ein Gefühl der Übelkeit. Den Tisch haben wir einfach so stehen lassen und sind nach oben gegangen. Da sagte Bram: »Eigentlich würde ich doch noch gern ein Brot essen«, und er fing wieder an, da habe ich ihm einfach Gesellschaft geleistet und auch noch eine gegessen ... Die gemäßigte Carry. Alles in allem war es gemütlich und ganz unbestreitbar lecker. Bram und Rachel aßen heute Morgen im Bett noch ein paar Scheiben, und Bram machte nach dem Mittagessen *Haschiwenu* [Hebräisch/Jiddisch. Im wörtlichen Sinne: Führ uns zurück (Klagelieder 5,21)] mit dem Rest von seinem Brot. Während ich dies schreibe, stecke ich mir auch wieder jedes Mal einen Bissen von dem ganz dünnen Brot in den Mund, und diese ganze Freude verdanken wir dem Schwedischen Roten Kreuz. Dank an Schweden! Ehre an Schweden!

Die Zeitungen schreiben Artikel darüber, dass eine Mutter zumindest ein einziges Mal ihren Kindern genug zu essen geben kann. »Greif nur zu, heute brauchst du nicht hungrig ins Bett zu gehen.« Schrecklich, aber wahr an den anderen Abenden, an denen wir keine schwedischen Spenden genießen können. Und was für einen Hunger muss Bram sonst haben – direkt nach dem Frühstück und Mittagessen floh er mit einem Messer nach oben. Oder ist das nur, weil man weiß, dass noch etwas da ist, dass man die Finger nicht davon lassen kann? Dass man weiß »Heute braucht mir meine Portion nicht zu genügen, denn wenn ich will, kann ich noch etwas dazu nehmen«? Und dann spielt der Faktor »Wenn man mehr isst, kriegt man auf Dauer größeren Appetit« eine große Rolle. Wenn man seinen Magen ausdehnt, will er am nächsten Tag wieder genauso viel. Wir z.B. haben gestern erst ganz normal gegessen: weiße Bohnen, Suppe zum Mittagessen, um halb 5 (also früher als sonst) mit Schale gekochte Kartoffeln mit gesalzenen Prinzessbohnen aus dem Fass. Und danach noch diese ausgedehnte Brotmahlzeit. Heute wird es uns nicht gefallen, wenn wir nach den Kartoffeln mit Rotkohl nichts mehr bekommen. Und wie viele würden trotzdem mit uns tauschen wollen! Bei uns gibt es ständig Segnungen und Wunder. Wem von uns wir diesen ganz besonderen Schutz im Haus zu verdanken haben, weiß ich nicht. Der betenden Ma II und ihrer Familie oder den Untergetauchten aus dem Auserwählten Volk? Sehr typisch war Folgendes: Am Morgen stellten wir fest, dass das Salz aufgebraucht war. Plötzlich konnten wir kein Körnchen mehr finden, für den Kartoffelbrei hatten wir sogar gar nichts. Niemand hatte mehr etwas »zurückbehalten«. Abends klingelte es an der Tür. Jemand, der Salz für 6 Gulden pro Kilo anbieten konnte. Ein Wildfremder, der an allen Türen anklopfte. Ist das ein Wunder oder nicht? Natürlich haben wir sofort 5 Kilo gekauft. Am Dienstag schälten wir gerade die letzte Kartoffel. Da wird geklingelt. Mies kommt mit einem Wagen herein, auf dem anderthalb Mud Kartoffeln liegen. Von ihrem Chef bekommen, sie hatte Schuhe dafür eingetauscht! Ist das ein Wunder oder nicht? Brot hatten wir fast keins mehr (das schwedische hatten wir doch extra aufgegessen). Heute kommt eine große Packung mit Roggenbrot und Roggenmehl für Ton aus Holten. Ein Wunder, oder etwa nicht? Immer, wenn etwas aufgebraucht ist, kommt Neues. Immer wieder eine neue Segnung, und zum Glück!

Sonntag, 4. März 1945

Rachel ist die Einzige, die negative Folgen vom schwedischen Brotfest erleiden musste, und dann noch nicht einmal vom Fest selbst, sondern am Tag darauf; da aß Rachel noch mal 4 dicke Scheiben Brot mit noch dicker Butter darauf, das hat sich nachts gerächt, und Rachel wurde es übel, sie musste sich übergeben, lag am Freitag mit weißem Gesicht im Bett und wollte überhaupt keine Butter mehr, aber heute ist sie wieder kerngesund und würde am liebsten noch ein schwedisches Brot essen. Übrigens würden wir das gern alle ...

Heute hat Joechoes Geburtstag! Ich hoffe, dass er noch lebt und noch viele Jahre leben wird!

Dienstag, 6. März 1945

Den Haag heftig bombardiert, Tausende Tote und Verwundete! 30 000 obdachlos. Das Bezuidenhoutviertel wurde schon ein paar Tage hintereinander bombardiert. Ständig wurden Häuser getroffen. Wir begriffen nicht, was das zu bedeuten hatte. Eine Bombe kam in einer Cafeteria in der Spuistraat herunter, vor der eine sehr lange Schlange stand und auf eine Portion Essen aus der Garküche wartete. Entsetzlich, und am Samstagmorgen plötzlich das große Bombardement. Wir hatten es zwischen 8 und 10 Uhr die ganze Zeit dröhnen hören, und später am Tag waren aus der Richtung von Den Haag Rauchsäulen und Feuersglut zu sehen. Am Sonntag fuhren Mies und Ton auf dem Fahrrad dorthin, und gerade sind sie zurückgekommen. Sie stehen sehr unter dem Einfluss des Gesehenen. Das ist auch nicht verwunderlich, denn dort muss es schrecklich sein. »Du brauchst mich gar nicht erst zu fragen, ob das oder jenes im Bezuidenhoutviertel noch steht, denn alles ist völlig zerstört«, so Ton. Dort wurde in Garagen Tag und Nacht an Unterteilen der V1 gearbeitet. Die sind natürlich jetzt auch weg. Aber wie viele sind obdachlos geworden? Wie viel Elend hat die ganze Sache mit sich gebracht? Radikal, alles weg. Die Tommies dachten sich natürlich: »Warum sollen wir die ganze Zeit dieses Elend mit der V1 in London ertragen?« Besser sie als wir, und tatsächlich, wir hören jetzt auch viel weniger V1 aufsteigen. Ob die Startbahnen auch getroffen sind? (Wassenaar wurde sehr oft bombardiert.) Auf jeden Fall haben wir gehört, dass in Rotterdam, Blijdorp, Voesenpark Startbahnen angelegt werden. Also werden wir in Kürze wieder zum Brandherd. Aber vielleicht ist bis dahin auch Frieden. Jetzt ist Den Haag im Elend. Das Rote Kreuz hat direkt 800 schwedische Brote geschickt (meins habe ich heute ganz aufgegessen, es war schon lecker, aber ich bin froh, dass ich es nicht als Ausgleich für den Schreck oder für ein verlorenes Haus bekommen habe). Zaandam schickte 20000 Schnitten belegte Butterbrote und Verkadekuchen. Stell dir vor, wenn jemand jetzt sein Haus verliert. Eine Freundin von Mies ist obdachlos, mit nach Hause nehmen kann sie sie natürlich nicht (wegen uns). 3 kleine Kinder, für die sie keine Kleidung hat, ein Baby, das Wärme braucht. Zu Hause hatte sie auch keine Kohlen, sondern heizte mit Küchenschränken, Türen usw. Jetzt ist sie froh, dass sie es getan hat, und findet es schade, nicht noch viel mehr verheizt zu haben. Aber wer weiß so etwas vorher? Sie hatte schon Angst genug, dass der Vermieter es merken würde. Aber jetzt gibt es keine freien Häuser, und wie soll sie an Möbel und Kleidung kommen, wenn sie wirklich eines zugewiesen bekommt? In keinem einzigen Laden ist mehr etwas zu haben. Und wieder anzufangen, ohne Lebensmittel vorrätig zu haben ... Schlimm! Sehr großes Elend. Vorläufig sind sie bei Brüdern in einer Schule untergekommen, und die Den Haager haben solche Angst, dass das noch nicht alles ist, dass sie noch einmal alles bombardieren ... Alles durch diese großartige Scheißerfindung der V1, der fliegenden Bombe, hier wird sie abgeschossen und irgendwo in London kommt sie herunter? Aber abwarten. Man kann es nicht berechnen, also haben alle immer Angst. Was für ein Leben.

Sonntag, 11. März 1945

Die Engländer sind über den Rhein! Letzte Woche ist Köln gefallen! Und am Freitag haben sie bei Remagen auf der anderen Rheinseite einen Brückenkopf gebildet. Wenn sie nun an vielen Stellen über den Fluss kommen oder von dieser einen Stellung aus vorrücken und den

Feind so von rückwärts anfallen, dann ist es sicher bald vorbei. Wenn nur das Rheinland erst in der Hand der Alliierten ist. Dann werden wir (Holland) sicher ohne Kämpfe befreit, weil das deutsche Heer dann kapituliert. Die Russen haben sich ein bisschen »ausgeruht« und fangen jetzt wieder an, gestern gab es sogar das Gerücht, sie wären über die Oder, in Richtung Berlin. Das wäre herrlich. Wenn sie sich nur beeilen. Das können wir leicht sagen, wenn wir auf einem Stuhl sitzen und in ein Tagebuch schreiben. Sehr leicht, aber man macht sich nicht bewusst, dass bei jedem »Vorwärtskommen« Tausende fallen, Tausende weinende und trauernde Mütter dazukommen. Und trotzdem muss es so sein. Es ist nun einmal Krieg, und wenn wir sobald wie möglich Frieden wollen, müssen sie vorwärtskommen. Mit so geringem Blutvergießen wie möglich, sobald wie möglich Frieden, das ist jeden Morgen mein Gebet. Und darum ist es gut, dass das verdammt zähe Deutschland von 2 Seiten zugleich bedroht wird. Dresden ist von der Landkarte verschwunden, so entsetzlich ist es am Mittwoch bombardiert worden. 10 000 liegen zusammen in Massengräbern. Die Feinde, aber trotzdem doch auch Menschen?

In knapp 3 Wochen ist Pessach. Ich hatte so gehofft, dann frei zu sein, vielleicht klappt es noch, aber wir können uns bis dahin doch nicht woanders niedergelassen haben, und Matzen [Zum Pessachfest gehörendes ungesäuertes Brot. A. d. Ü.] hätten wir auch nicht. Aber wenn wir zuallererst einmal Seder feiern könnten, wie froh und glücklich wäre ich dann. Jeden Tag singen wir »Und wenn es Frühling (Frieden) ist, ist jeder Tag ein Fest« und beten, dass der Frühling und der Frieden zugleich angeweht kommen.

Dienstag, 13. März 1945

Gestern Abend eine heftige Diskussion. Ma sagt, dass sie, so sehr sie auch den Frieden herbeisehnt, doch lieber noch 4 Monate länger Krieg hat, als dass hier (Rotterdam) 4 Tage gekämpft wird. Bram sagte »Finde ich auch«, aber Ma hat noch keinen Hunger (Appetit natürlich schon), wie ihn Tausende erleiden, und denen ist es vielleicht egal – wenn es noch ein paar Wochen dauert, sterben sie sowieso. Also ziehen sie Kämpfe hier dem Weg vor, Deutschland zuerst zu befreien, weil dann für sie eine große Chance besteht, dass sie es doch schaffen.

In Rotterdam sterben täglich 225 Menschen an Unterernährung. Ich wurde nach meiner Meinung gefragt. Aber ich traue mich nicht und kann es nicht sagen. Ich bin riesig froh, dass mir nie so eine Frage vorgelegt werden wird, von der Tausende und Abertausende Menschenleben abhängen. Hier heftige Kämpfe, das bedeutet am Ende für Viele eine Erleichterung, aber es wird Menschenleben kosten ... Und egoistisch betrachtet, muss man wieder aus dem Haus und wird vielleicht die liebsten und einem nächsten Menschen entbehren müssen. Andererseits können wir es noch gut 4 Monate aushalten, wir haben schon so lange *so* viel ertragen, und Deutschland wollte den Krieg, also muss Deutschland auch das Elend in der Konsequenz ertragen. Dann kommen wir von selbst frei, wenn Deutschland kapituliert. Eine sehr schwierige Frage, auf die ich keine Antwort weiß. Ein Bombenangriff ist schon so schrecklich, wie ist es dann erst, wenn man zum Kampfgebiet der gegenwärtigen englischen Kriegsmethode wird.

Heute Nachmittag kamen die Kinder nach Hause und ... erzählten, dass man sagt, dass »die englische Flotte vor Goeree und Overflakkee patrouilliert«. Daraus leitet man ab, dass wahrscheinlich schon bald eine Landung erfolgen könnte. Ja tatsächlich, die illegalen Kämpfer müssen gewarnt werden, damit sie sich parat halten, weil es sehr gut passieren kann, dass sie hier in Rotterdam schnell anfangen müssen zu kämpfen. *Voilà.* Was hilft es, wenn man darüber debattiert, ob sie kommen oder nicht und ob hier gekämpft wird. Es kommt doch so, wie es kommen muss. Einfach abwarten, ob tatsächlich diese Woche etwas passiert. Hoffnung ... und Angst!

Freitag, 23. März 1945

Das Internationale Rote Kreuz hat diese Woche ein halbes Brot (Regierungsmehl) zur Verfügung gestellt. Fast jeder maulte: »Nur ein halbes Brot, was haben wir denn davon?« Aber jeder hat es dankbar angenommen und verspeist. Tatsächlich, viel Nahrung haben wir davon nicht gehabt, aber es ist besser als nichts. Das Schwedische Rote Kreuz gibt uns auch wieder etwas – was, wissen wir nicht. Es ist die Rede von Butter, Brot und einer Überraschung. Vielleicht Sardinen oder ein Ei zu Ostern, *I don't know.* Aber das Tagesgespräch lautet: Was wird das Schwedische Rote Kreuz uns wohl geben? Und wie viel? Hungerleider!

Gerade kommen Mies und Ton nach Hause. Die 3. US-Armee von General Patton ist über den Rhein gekommen, bei Oppenheim und im Süden von Mainz. Gestern Abend. Es läuft sehr gut. Aber das ist noch nicht die große Offensive. Mit der rechnet man auch demnächst. Fast ohne Widerstand hat man einen Brückenkopf geformt. Bei Remagen wurde der Brückenkopf bis auf 50 Kilometer Breite erweitert, nach heftigen Kämpfen. Die letzte Brücke über den Rhein, die noch bei Spiers in deutscher Hand war, ist zerstört. Die Deutschen sind nun quasi ganz in die Gegend westlich des Rheins zurückgetrieben. Prächtig. Im Westen von Deutschland sind keine Deutschen mehr (bis auf ein paar Brücken). Wenn es jetzt nur schnell vorbei ist. Frühling, und strahlendes Sommerwetter. Warm ist es, sogar glühend heiß. Auch wenn wir Kohlen hätten, würden wir sie nicht zu verwenden brauchen (im Küchenofen benutzen wir schwarze Steinkohle, das rußt höllisch, da war es nicht auszuhalten, nicht einmal mit offenen Fenstern, weil der warme Wind nach drinnen wehte). Ach, wann ist die Zeit gekommen, dass wir hier einmal »hereinwehen«?

Sonntag, 25. März 1945

Montgomery ist bei Rees im Süden von Emmerich über den Rhein. Die große Offensive hat begonnen. Gestern bekamen wir die Nachricht. Wer weiß, vielleicht landen sie auch bald hier, oder sie fangen mit der Offensive über den Moerdijk an, um uns so zu befreien. Eigentlich kommt diese Offensive ganz unerwartet: über den Rhein bei Emmerich. Ich begreife nicht, wie die Moffen das aushalten und worauf sie jetzt noch warten. Auf den Tod des letzten Soldaten? Dummköpfe sind das alle! Von Rundstedt wurde abgesetzt. Kesseling [Deutscher General und Feldmarschall.] wurde jetzt zum Oberbefehlshaber des Westens ernannt (in Italien gibt es sicher nichts mehr für ihn zu tun). Von Rundstedt soll bei den Alliierten um Friedensverhandlungen gebeten haben. Abgelehnt natürlich, mit diesem Regime wollen sie nichts zu tun haben. Aber auch Kesseling wird nichts ausrichten können. Früher oder später kapituliert das Deutsche Reich doch!

Gestern stand in der Tageszeitung, was wir für die abgegebene Marke des Schwedischen Roten Kreuzes bekommen: ein halbes Brot und ein halbes Päckchen Butter (125 g Margarine). Die Überraschung war auch eine Überraschung, nur ein halbes Brot. Sie sind anständiger als das Internationale, denn sie geben einem Margarine dazu. Zumindest etwas aufs Brot, viel ist es nicht, aber ... Wir müssen zufrieden sein. Was wir bekommen, nehmen wir gern, wenn wir nur am Leben bleiben. Zufrieden sein, müssen wir uns immer wieder sagen, wenn wir morgens feststellen, dass abends einfach so ein ganzes Brot aufgeschnitten worden ist und Käserinden auf dem Boden liegen. Dann müssen wir auch zu uns selbst sagen: Was geht es dich an? Sie tauschen doch Dinge ein, also haben sie auch ein Recht darauf, aber ... Demgegenüber steht, dann sollen sie auch nicht sagen, dass alles, was ins Haus kommt, so ehrlich geteilt wird. Denn wir wissen es durchaus besser. Die getauschten Waren, oder wenn Ton in Den Haag gewesen ist, sein Koffer, werden in den Salon gebracht, und dann findet eine Familienzusammenkunft statt. Und danach kommt Ma II herein und zeigt uns Teeersatz und andere solche Kleinigkeiten. Einmal haben wir sogar Eierschalen gefunden! Aber warum nörgeln? Warum auf die Menschen schauen, die es besser haben als wir, warum nicht nach den tausenden, die es schlechter haben, im Vergleich zu denen wir noch den Himmel auf Erde erleben. Wir, die wir noch jeden Tag genug Kartoffeln und Gemüse haben. Hülsenfrüchte und hin und wieder Fleisch! (Heute hatten wir zum Frühstück jeder eine Karbonade; 5 Pfund Fleisch, also bei einem einzigen Frühstück für 150 Gulden Fleisch aufgegessen.) Heute Abend bekommen wir nämlich Fleisch auf unsere Marken. Im Augenblick essen Rachel und ich auch Fleisch zum Frühstück, denn das wenige, was man bekommt, hat man bitter nötig. Jedes bisschen Fett und Kraft, das man bekommen kann, muss man unbedingt zu sich nehmen. Gott wird es uns vergeben, wenn wir es uns nach dem Krieg nur schnell wieder abgewöhnen. Wenn wir es heute Morgen nicht gegessen hätten, hätten wir genau wie jeden Tag trockenes Brot gegessen, denn es gab nichts anderes. Nicht einmal Käse, »denn der muss für Ostern aufgehoben werden«. Ich möchte wetten, dass in Frau [Zijlmans'] Schrank noch ein Stückchen Käse liegt. Nein, wir dürfen nicht klagen. Nie und nimmer! Wir haben Appetit, aber keinen Hunger!! Und von Letzterem gibt es schon zu viel hier in den Niederlanden. Ein Glück, dass wir jetzt also wieder etwas vom Roten Kreuz bekommen, aber was bedeutet das für die ganzen ausgehungerten, unterernährten Menschen? Am Mittwoch ist Pessach. Das Sedermahl feiern will ich, und zwar noch dieses Jahr, aber ...

Am Abend

Jetzt bekommen wir ausführlichere Nachrichten über die Offensive. Tausende Fallschirmjäger wurden mit 5000 Flugzeugen abgeworfen. Die Rheinufer wurden unter Wasser gesetzt, jetzt in ±10 km Breite, an 4 Stellen wurde mit Fähren übergesetzt. Rees ist schon besetzt. Wenig Widerstand. Churchill begibt sich selbst an die Front. Man hat bereits einen Brückenkopf gebildet. Der Brückenkopf bei Mainz ist schon 5 Kilometer breit. Alle sind begeistert. Bob meint »Nur noch 6 Wochen«, Mies sagt »4 Wochen, dann ist es vorbei«. Ton hofft auf seinen Geburtstag, den 28. März. Wenn es nur nicht wird wie schon so viele Male, eine große Offensive und genau im entscheidenden Augenblick eine Gefechtspause von drei Monaten, sodass wir in ein paar Monaten immer noch in diesem Elend leben.

Dienstag, 3. April 1945

3. April. Heute fangen die weiterführenden Schulen wieder an. Ich hatte die stille Hoffnung ... Aber es sollte

nicht sein. Wahrscheinlich, so steht es in der Zeitung, wird im Juli und August durchgearbeitet, um die verlorene Zeit aufzuholen und so einen normalen Übergang zu erzwingen. Das wäre großartig für mich; wenn ich sehr hart arbeite, könnte ich dann vielleicht noch im September in die 5. Klasse kommen.

2. April – Pa's Geburtstag, Fest. Und 2. Osterfeiertag, Fest. Doppeltes Fest.

1. April – 1. Osterfeiertag, Fest. Einfaches Fest.

31. März – Karsamstag. Morgens hart gearbeitet, abends ein halbes Fest, und das alles in dieser elenden Zeit, in dieser Hungerphase. Nein, wir haben in diesen Tagen nichts davon gemerkt, die Stimmung war sehr gut, und mein Bauch war auch in guter Stimmung.

Für die Osterfeiertage haben wir hart gearbeitet, Schränke und Flur gemacht, denn zu Ostern muss alles tipptopp aussehen. Am Samstag besonders hart gearbeitet: Kartoffeln für 3 Tage geschält (ungefähr für 2, aber es ist so viel übrig geblieben, dass es dann für 3 Tage gereicht hat), Spinat waschen für 2x usw. usw., und am Nachmittag bekamen wir auch noch Gäste: 2 kleine Jungs von 5 Jahren, die hier ein Chaos verursacht haben. Lebhaft, wirklich schlimm, ich würde verrückt werden, wenn ich die den ganzen Tag um mich hätte, aber Rachel war ganz in ihrem Element. Fing an, Märchen zu erzählen, ließ sie mit ein paar Tellern spielen, spielte, dass St. Nikolaus in einer großen Kiste bei uns im Zimmer saß, und jedes Mal klappte sie den Deckel auf und tat vor den Kindern so, als wäre ein Stück vom Nikolaus zu sehen, und dann gab es Geschrei und Gejubel. Sie haben sich ganz großartig amüsiert, sie wollten überhaupt nicht gehen ...

Als wir endlich fertig und umgezogen waren, sodass wir wirklich mal die Sabbatruhe genießen konnten, ging ich nach drinnen. Da waren Blumen im Zimmer, unglaublich! Alle Vasen waren voll, sogar Marmeladengläser wurden benutzt! 18 Vasen voll! Flieder, Apfelblüten, Freesien, Narzissen, Engelstrompeten und kleine weiße Tulpen, rote, gelbe, weiße, rosafarbene usw. Fast ein Märchengarten. Und jeder ist in einer so angenehmen Stimmung. Mies rollte Zigaretten. Die Nachrichten waren gerade gekommen. Ganz ausgezeichnet. Die Alliierten machen großartige Fortschritte. Eine amerikanische Armee ist in Bayern schon weit vorgedrungen. Württemberg besetzt, sie rücken weiter in Richtung Nürnberg vor! Das Heer bei Emmerich rückt vor, obwohl ihm heftiger Widerstand entgegengebracht wird. Alles läuft großartig. Nach dem Essen werden Zigarettenpackungen verteilt. Mies gibt jedem Mann + sich selbst 25 Stück: Selbstgerollte und im eigenen Land angebaute, aber in der Fabrik fermentierte, und Consis. Mama bekam ein paar übrig gebliebene Consis, »dann brauchte sie nicht immer um einen Zug zu betteln«. Schrecklich lieb und gut von Mies, dass sie alles so ehrlich verteilt hat. Die Männer waren überglücklich. Wenigstens einmal an den beiden Osterfeiertagen rauchen, so viel man will. (1 Päckchen Shag kostet auf dem Schwarzmarkt 110 Gulden = 40 Zigaretten, 20 Consis = 71 Gulden, inländische 60 Gulden.) Für jeden von uns ein Geschenk im Wert von 75 Gulden!

Dann bekamen die Nichtraucher ein Päckchen: 5 Kekse und 10 Marken. Ma auch. Um die Festfreude noch so weit es ging zu steigern, spielte Bram Klavier (die Nachbarn haben neulich schon gefragt, wer denn da so großartig spielte? Ein Freund von Canis). Ein anderer Nachbar fragte eines Tages, ob er heute Abend wieder etwas vorspielen wollte? Der arme Junge, er kann keine einzige Note spielen und ist unglücklich darüber. Wir hatten noch ein bisschen echten Tee, der nach allem (Kampfer, Parfüm, Seife) außer Tee roch, aber herrlich schmeckte. Mies hatte da einen Zuckerwürfel für jeden. Im Zimmer herrschte eine Atmosphäre wie in einem Café: Musik, guter Zigarettenrauch, Singen, Unterhaltungen, Applaus und ... viele Leute. Um 10 Uhr ein paar Schnitten mit Käse und Roggenbrot, um 11 Uhr ins Bett. Noch gemütlich weitergeschwatzt. Diesmal keine Klatschrunde, sondern Worte der Wertschätzung. Nicht umsonst haben sie stundenlang im Salon oder am Tisch gesessen und darüber geflüstert, dieses und jenes einzutauschen, dass sie dieses und jenes schon haben, bis man ganz verrückt davon wurde, weil wir uns so ausgeschlossen fühlten, dass wir einfach ins Bett gingen, aber jetzt ist alles vergeben und vergessen, und beim Osterfrühstück am Sonntagmorgen gab es 7 verschiedene Sorten: 1. mit Regierungsmehl, 2. schwedisches Weißbrot, 3. selbst gebackenes weißes Milchbrot (genau wie Kuchen und wunderbar, kann ich nur sagen!, aufgegangen und prächtig weiß aus ungarischem Mehl), 4. Roggenbrot aus Holten, 5. selbst gebackenes Roggenbrot, 6. Weizenbrot vom Bäcker, 7. selbst gemachtes halb Weizen, halb Roggen. Ob ich so eine Vielfalt an Brotsorten jemals wieder auf einem Tisch sehen werde? Und das in der Kriegszeit. Als Belag hatten wir ein Ei! Ich aß es als gequirltes Rührei (kostet 16 Gulden), Marmelade hatten wir schon seit Monaten nicht mehr gesehen (30 Gulden pro Topf), Honig (35 Gulden), Käse, Wurst mit gebackenen Zwiebeln und schwedische Margarine. Fürstlich war es. Jeder hatte mindestens 10 Scheiben Brot (für die Festtage haben wir 16 Brote geholt. Alle ordentlich am Samstag in einer Reihe hingelegt, wie eine Ausstellung, diese ganzen verschiedenen Brote). Und danach eine leckere Zigarette. Was für ein Unterschied zu anderen Jahren: Da hatten wir bestimmt 5 verschiedene Sorten Matze: holländische kleine und große, amerikanische, belgische, aus Palästina, *»aber Schwamm darüber, wie es war, wie es sein sollte«**. Um 1 Uhr eine Tasse Kaffee mit Dosenmilch und ... Spekulatius (die sonst in einem Wehrmachtsmagen verschwunden wären). Im Salon gelesen. 4 Uhr Umtrunk. Ich bekam auch einen, der mir aber nicht besonders gut geschmeckt hat. Die Männer tranken bis 7 Uhr weiter (bestimmt jeder 5). Dann Abendessen. Den Tisch deckte ich mal wieder mit einer echten Tischdecke statt mit einer aus Papier, mit flachen und tiefen Tellern; Blumen. Wir bekamen nicht wie sonst unseren Anteil auf den Teller deponiert (wegen der ehrlichen Verteilung), sondern durften uns aus Schüsseln selbst bedienen, und Soße aus Soßenschalen, und Pudding aus Puddingtellern. Der Abwasch hat einen Riesenumfang, aber die Mühe lohnt sich: schön *und* gemütlich. Abgewaschen, Tee getrunken, unterhalten, um elf Uhr ins Bett. Eigentlich wollten wir noch gar nicht. Bram war wirklich in Feierstimmung, sang, tanzte, machte Späße – aber alles Betteln half nichts: Ab ins Bett! Am Montag wieder Sonntag! Herrlich! Pa ein langes und glückliches Leben zusammen mit Ma im Frieden gewünscht. Ma gab Pa 5 von ihren Zigaretten. Bram 10 von den besten (arme Seele, jetzt hat er selbst keine mehr), von Rachel gab es eine Tube Zahnpasta, sogar noch gute, und von mir eine Zigarette, die ich mal für mich selbst aufgespart hatte. »Ehrlich selbst bestohlen«, sagte ich dazu, als Pa sie von mir bekam. Und von uns allen (darf er selbst bezahlen) Tulpen, aber so wunderschöne! Sie stehen in einem hohen Marmeladenglas vor mir; ganz großartig sehen sie aus. Es sind sehr große doppelte rote Tulpen, innen lilafarben, mit ganz langen dünnen Stielen. Die Staubblätter halb schwarz, halb rot, die Stempel gelblich. Noch nie habe ich so schöne gesehen, aber 10 Stück kosten auch 4,50 Gulden. Nicht schwarz, aber Blumen sind schrecklich teuer. Frühstück wie am 1. Tag, nur statt des Eis sauer gebratene Sülze (leider werde ich das wahrscheinlich später nie wieder essen, denn ich glaube nicht, dass es davon koschere [entsprechend der jüdischen Speisegesetze erlaubte] Konserven gibt). Pa lud uns nach dem Essen zu einer Zigarette ein. Am Nachmittag habe ich ein sehr schönes Buch gelesen: De *heersers van het gewest*[93] von Herman de Man. Die Nachbarn, die immer Fremde aus ihrer Familie fernhalten, sodass durch die Heirat der Familien untereinander viele unglückliche Kinder geboren werden: Inzucht. Bis eines sich davon absondert, ausgestoßen wird, aber gesunde Kinder hervorbringt. Ein gutes Buch. Um 4 Uhr wieder Umtrunk. Rachel und ich nahmen zusammen ein Gläschen mit ein wenig Zucker darin. Diesen Jenever fand ich sogar lecker. Bei Bram durfte ich einmal ziehen. Plötzlich sagt Pa: »Wo hast du denn inhalieren gelernt? Du rauchst ja wie ein Mann!« Es tut mir leid für Pa, aber seine jüngere Tochter ist kein Baby mehr. Wenn ich rauche, inhaliere ich. Mies bot mir daraufhin eine Zigarette an, erst habe ich sie natürlich (aus Höflichkeit) abgelehnt, aber schließlich habe ich nachgegeben: eine Consi. Halb mit Rachel aufgebraucht, die andere Hälfte hebe ich für Pa auf, wenn er nichts mehr hat.

Diese Nacht wurden die Uhren umgestellt, wir würden also beim Essen kein Licht brauchen. Zumindest freuten wir uns darauf. Aber es kam anders. Um Viertel nach acht setzten wir uns erst an den Tisch. Pa zu Ehren aßen wir ein Zwischengericht aus Weizenrand mit Ragout (eine Variation auf den Reisrand). Es ist lecker, ein bisschen herzhaft, weich, eine fantastische Erfindung; Erbsen und Rüben. Pa durfte so viele Erbsen essen, wie er wollte ... Das hat er auch getan, und trotzdem blieben noch so viele übrig, dass wir heute genug für Brei haben. Nach einer Tasse Kaffee mit echter Milch.

Ton richtete das Wort offiziell an Pa. Gratulierte ihm noch einmal, sagte, das schönste Geschenk, das er bekommen könne, seien die guten Nachrichten, dass wir lernen müssen, zu leben wie die Familie Zijlmans, d.h. die Sorgen eine Zeit lang vergessen. Alles wird gut. Sehr freundlich und lieb. Dann bat der andere Schwiegersohn ums Wort: Sprach über das gute Verhältnis zwischen beiden Familien, dankte für die Sorgen und die Versorgung, und gedachte der Menschen, die nun nicht anwesend waren. Er äußerte auch Angst vor dem Frieden. Ja, das kann ich mir nur allzu lebhaft vorstellen. Armer Junge.

Abwaschen – zumindest Ma, (die erst um halb elf hereinkam), wir tanzten inzwischen. Einmal mit Canis getanzt und einmal mit Bob. Besonders gut geht es noch nicht. Vor allem bei einer Variation muss er mich noch zu sehr ziehen. Ach, Tanzen braucht man nicht unbedingt im Leben. Man muss es können, denn wenn man irgendwohin kommt, würde man sich nicht wohlfühlen, wenn man nicht mittanzen könnte, aber das da heißt noch nicht, dass ich es eine schöne Beschäftigung finde. Wenn man ruhig auf einem Stuhl sitzt, kann man die Musik viel mehr genießen. Aber zur Abwechslung fand ich es schon wieder schön, und dabei lerne ich es auch. Ja, die Tage waren ein ganz wunderbarer Erfolg.

Zu Weihnachten war die halbe Festfreude ins Wasser gefallen, weil ja Ton krank geworden war. Aber jetzt war er in guter Stimmung; er hat sogar nach dem Abendessen jedem eine Smyrna-Zigarette geschenkt (zum Geburtstag bekommen, 120 Gulden pro Schachtel). Rachel und ich haben zusammen eine geraucht. Aus der Vorkriegszeit, eine gute, ganz großartige, milde Zigarette. Vielleicht kann ich sie nicht so schätzen wie die anderen, aber gut fand ich sie trotzdem auch. Die Jungs haben sich furchtbar abgeschleppt, aber es war die Mühe Wert. 2 Tage im Überfluss, 2 Tage, an denen wir keinen Mangel kannten, aber ich glaube, dass wir die einzigen in Rotterdam waren, die es so hatten; Brot und Kuchen und Leckereien und Alkohol usw. usw. Was für Materialisten sind wir geworden. Oder wollen wir vor allem dem Alltagstrott entgehen? Wie lange müssen wir denn noch drinnen sitzen? Wir hatten alle gehofft: Osterfest, Friedensfest – aber an Pfingsten wird Frieden sein, davon bin ich überzeugt. In den Nachrichten von Sonntag hieß es, dass aus Münster eine Armee in die Niederlande vorrückt, Hengelo, Enschede und Doetinchen müssen inoffiziell befreit sein. Eine andere soll nach Apeldoorn vorrücken. Was davon alles stimmt, weiß ich nicht. Hoffentlich eine ganze Menge. Aber wenn die Moffen abgeschnitten werden, kommt es hier zur großen Schlacht.

Freitag, 6. April 1945

Pessach vorbei. Schade, dass wir es nicht so erleben konnten, wie es für die Pessachatmosphäre angemessen wäre. Am Sonntag und Montag hatten wir sehr wohl eine Osteratmosphäre, aber wie anders ist die als bei uns zu Hause. Unser Seder: ein geistiges Vergnügen. Ostern hier: ein rein epikureisches Vergnügen. Genüsse. Am Mittwochabend hatte ich große Lust[94] zu schreiben, aber da es einer der letzten Hauptfeiertage war, tat ich es nicht. Es ist eines der wenigen Dinge, die ich unterlassen kann, warum sollte ich es also dann nicht tun.

Die Offensive ist tatsächlich hier in Holland im Gange. Die Gerüchte waren doch wahr. Hengelo und Enschede befreit! In Zutphen heftige Straßenkämpfe. Lochem steht in Brand! Sehr willkürlich, das alles: An einigen Orten sah die Bevölkerung statt der Moffen plötzlich Engländer durch die Straßen marschieren. Was für eine herrliche Befreiung ist das! Orte haben sich also ohne jeden Kampf ergeben, andere wiederum (u.a. Zutphen) sind quasi von der Landkarte verschwunden, völlig verwüstet. In Rotterdam und Amsterdam werden wahrscheinlich Straßenkämpfe stattfinden. Die Moffen bereiten sich auf die Verteidigung vor: Die *Grüne Polizei* ist sogar dabei, Gräben auszuheben und Bunker zu bauen. Nein, unsere Befreiung wird nicht so schnell und problemlos vor sich gehen. Die Deutschen sind entlang der Eifel abgeschnitten, und hier wird die Sache im Kampf ausgetragen. Aber ... wir machen uns noch keine vorzeitigen Sorgen, sondern hoffen, hoffen auf den schnellen Zusammenbruch, durch den wir von selbst befreit werden. Arnheim und Wageningen sind nun auch geräumt. Arnheim ... Ein trauriges Stück Geschichte. Wenn am 4. September die Überraschungsoffensive gelungen wäre, wäre der Krieg schon längst vorbei, aber die Moffen waren damals noch zu stark, sodass die Schlacht verloren ging und wir noch länger als ein halbes Jahr unter ihrem Regime haben leben müssen. Jetzt sind die Alliierten wieder dabei, den Rhein zu überqueren. Und es ist gelungen! Aber sie haben schon an viel mehr Stellen in Deutschland den Rhein überschritten. Großartige Arbeit geleistet. Aber die dummen Moffen geben immer noch nicht auf.

Donnerstag, 12. April 1945

Über die Ijssel sind sie! Die Alliierten rücken jetzt schnell vor, um die 3 großen Städte im Westen zu erobern. Vor allem Rotterdam, Den Haag und Amsterdam wurden genannt!!! Jetzt naht unsere Befreiung wirklich. Wenn sie sich nur bitte auch beeilen. Zwischen Zwolle und Zutphen sind sie über die Eifel gekommen. Am Sonntag waren Fallschirmjäger in Zwolle gelandet, hörte Rachel ... unterwegs ... Sie war nämlich wieder einmal draußen, um Kohlen zu erbitten (hat 1 Mud Anthrazit bekommen, was sehr großzügig ist, da viele Mitglieder des Personals selbst ohne Kohlen dasitzen). Das Wasser wird demnächst sogar ganz ausgestellt, weil es keine Kohlen gibt. Alle Telefonverbindungen sind nun unterbrochen (auch deutsche also), weil es keine Kohlen gibt, und wir haben sogar noch 1 Mud bekommen. Wir haben Glück, wir erleiden noch keine Entbehrungen, wir haben immer noch genug Kartoffeln und Gemüse, wir haben noch nie einen einzigen Tag ohne Gemüse dagesessen, aber leider muss ich wohl davon ausgehen, dass wir zu den wenigen Glücklichen gehören, denn in den Gemüsegeschäften gab es im ganzen Winter keinen Krümel Gemüse, nur ab und zu ein halbes Pfund Kohl. Jetzt wird viel Gemüse frei; der Salat ist sogar frei. Aber wie soll man diesen Salat ohne Essig und mit 1 Kilo Kartoffeln in der Woche essen? Aber um bei Rachel zu bleiben: Sie besuchte unterwegs kurz eine halbjüdische Bekannte. Dort wurde sie ein bisschen kühl empfangen, denn man begriff nicht, wie es sein konnte, dass eine Untergetauchte »so normal« aussah. Sie hatte sich so jemanden immer blass und mager vorgestellt. Sie riet Rachel, vor allem in den letzten Tagen, Wochen, sehr gut aufzupassen, denn ganze Massen waren verhaftet worden. Jeder hatte sie um Kleidung gebeten. Sie hat einen Brief von jemandem aus Polen gelesen, letztes Jahr noch hat er ihn geschrieben: Ziemlich gut ging es ihm: Jo Akker. Ich kenne ihn nicht. Aber von den Meerschwams erzählte sie uns etwas Trauriges: Herr und Frau [Meerschwam] wurden bei einer Razzia in Blijdorp verhaftet. Sie hat einen Brief von einem Bekannten in Westerbork gelesen, der sie dort gesehen hat. Dinah (das wissen wir zufällig von anderen Bekannten) muss bei einer Hausdurchsuchung nach schwarzen Gütern aufgegriffen worden sein. Sie war bei einem Schwarzhändler in Apeldoorn versteckt. Davon wusste diese Bekannte nichts. Stell dir vor, wenn das wahr ist, dass wir unsere engsten Bekannten nicht mehr wiedersehen werden; das wird für Pa und Ma ein schwerer Schlag, vor allem für Pa. Und Rachel – wenn sie Dinah nie wieder sprechen wird, wird Holland überhaupt keine Anziehungskraft mehr für sie haben. Aber ... trotzdem wird das Leben weitergehen müssen. Ach, wenn nur der Frieden nicht nur Enttäuschungen mit sich bringt, darum bete ich jeden Abend.

Vielleicht, haben wir uns später überlegt, hatte das Mädchen ja auch Angst, Rachel wäre eine Spionin, warum sollte sie ihr dann einfach so plötzlich vertrauen? Die Leute sehen es nicht gern, wenn man kommt (Rachels Chef ist auch immer sehr kurz angebunden, nicht unfreundlich, aber ... ja, ich kann es nicht genau erklären). Wenn uns das nach dem Krieg nur nicht auch so ergeht. Wir stellen uns vor, dass sich alle riesig freuen werden, uns wiederzusehen und zu empfangen.

Bei ihr hörte Rachel von den Fallschirmjägern bei Zwolle. Unten hat Rachel nichts davon erzählt, dass sie auf »Besuch« war. Aber dafür, dass sie bei einem Blumenhändler Blumen für den »Chef« bestellt hat (dunkelrote und weiße Tulpen, eine prächtige Kombination, hatten wir neulich hier auch). Wir müssen in den letzten Wochen vorsichtig sein, damit wir dem Frieden nicht aus dem Haagseveer entgegentreten.

Freitag, 13. April 1945

Gestern ist Roosevelt gestorben! Wirklich eine Tragödie. Er hat sein ganzes Leben geopfert, um Frieden in Europa, in der ganzen Welt zu schaffen, und ein paar Wochen, bevor er diesen Frieden mit eigenen Augen erblickt, stirbt er. Der arme Mann, jetzt wird er vor Gott zur Verantwortung gezogen. Roosevelt wollte den Frieden, hat aber das Leben von Millionen Soldaten auf dem Gewissen. Ob man ihn dafür zur Verantwortung ziehen wird? Hätten England und Amerika Deutschland einfach aufrücken lassen sollen, bis es die ganze Welt besetzt hätte, und dann hätte es überall so schreckliche Zustände gegeben, wie sie nun hier herrschen? Nein! Aber man darf doch nicht töten? Also auch keinen Krieg führen? Und warum half Gott den Juden dann in der Wüste, als sie gegen die Philister[95] kämpften? Damals hörte Gott Josuas Hilferuf. Das war auch Krieg, und sogar noch Widerspruch durch Gott? Ist das kein Widerspruch in der Bibel? Hat der Mensch tatsächlich einen »freien Willen«? Bisher war ich davon überzeugt: Sein Wille steht über allem, also auch über unserem kleinen Willen, und beherrscht ihn. Aber wie können wir dann nach unserem Tod zur Verantwortung gezogen werden? Dann würden wir doch nie sündigen, nie falsche Neigungen haben, denn alles ist Gottes Wille. Dann wäre die ganze Welt rechtschaffen, und das ist sie leider nicht. Die Menschheit sündigt, führt Krieg, ist schlecht, hat sie dann tatsächlich einen eigenen Willen? Ich glaube, dass ich das glaube. Ein Mensch wird mit guten und bösen (ererbten) Neigungen geboren. Diese können wir mit unserem Verstand beherrschen und wachsen lassen. Wir handeln gut oder schlecht mit unserem freien Willen, aber ... Sobald etwas Großes beschlossen werden muss, greift Gott ein. »Der Mensch denkt, Gott lenkt.« Roosevelt wollte lenken, er hatte Pläne für Deutschland, aber Gott hat über ihn bestimmt, und er wird entscheiden, was mit ihm geschehen soll. Wird er einen besseren Platz als Hitler bekommen? Er hat doch auch auf schändliche Weise Deutschland zerstören, auch das Leben der Soldaten vernichten lassen. Aber zu seinen Gunsten muss gesagt werden, er hat keine Menschen verfolgen und Plünderungen durchgehen lassen. Vielleicht war er manchmal böse, aber das sind wir alle, aber als Mensch war er edel und ein guter Staatsmann.

Freier oder eigener Wille? Gott ist allmächtig, kann sich ohne Mühe in jeder Minute mit allen befassen, aber wartet, glaube ich, ab, wie die Menschheit handelt, bevor er im entscheidenden Augenblick eingreift. Vielleicht werde ich einmal anders denken, was das betrifft, denn was wissen wir schon vom Leben? Was ist das Ziel des Lebens? Selig zu sterben? Sich das ewige Leben im Himmel zu verdienen? Warum wurden wir erschaffen? Ma II sagt (ein katholischer Gedanke?): »Um Gott zu dienen und ihn zu verherrlichen«[96], aber das kann ich fast nicht glauben. Es scheint mir so egoistisch und egozentrisch von einem so altruistischen Wesen. Warum sonst? Damit Gott weiß, wie er uns in seinem Himmelreich nach unseren Sünden einzuteilen hat. Aber was sind »wir« vor unserer Geburt? Wenn dieser Wille nicht geboren würde, was gäbe es dann?

Aber ich werde philosophisch. Man kann das sowieso nie lösen. Gottes Wille steht über allem und ist unergründlich. Er hat uns erschaffen. Ich stelle mich dem Leben, werde mich auch später dem Tod stellen und dem, was danach kommt. Das Ziel des Lebens und des menschlichen Strebens – vielleicht erfahre ich später noch, was das ist. Jetzt denke ich noch manchmal, wenn ich etwas tue: »Welchen Sinn hat das?« (aus der Perspektive der

Ewigkeit heraus also). Um zu leben, braucht ein Mensch eigentlich nichts anderes zu tun, als zu essen. Wenn man nicht isst, stirbt man unwiderruflich (das sehen wir in diesen Zeiten). Aber sonst stirbt man letzten Endes auch, und auf diesem Weg befinden wir uns jetzt. Das ist auch kein Leben. Hier denkt im Augenblick jeder nur an das Essen, und noch mal an das Essen, als gäbe es nichts Wichtigeres. Und das wird doch alles in Staub verwandelt, genau wie unser Körper nach dem Tod. Und wenn wir nicht essen, sterben wir, aber dafür (so bald zu sterben) sind wir nicht geschaffen. Andererseits gehen wir unserer Zeit nicht voraus, Teufelskreis. Wir leben, dafür sollten wir dankbar sein, und uns dem Leben stellen.

Sonntag, 15. April 1945

Die Alliierten stehen vor Apeldoorn! Dort wird heftig gekämpft. Aber sie sind ordentlich weit vorgerückt. Die Armee von Almelo ist über Coevorden plötzlich nach Ter Apel vorgerückt. Das haben wir schon letztes Wochenende gehört, aber ich wollte es noch nicht glauben. Jetzt wurden die Nachrichten bestätigt. Die alliierte Vorhut steht sogar vor Groningen. Overijssel, Drenthe und Groningen wurden in kürzester Zeit befreit.

Gerade haben wir am Tisch eine Preisfrage entwickelt. Wo werden sie nächste Woche am Sonntagnachmittag sein? Ich sage, in Soesterberg, aber bei genauerer Überlegung glaube ich niemals, dass sie wirklich nach Amersfoort kommen. Diese Stadt wird doch zu sehr verteidigt, warum sollte man so viele Truppen riskieren? Viel wahrscheinlicher ist es, dass es Gooi oder Driebergen oder so etwas wird. Pa II sagte, in Amsterdam! Canis in Gouda, Pa in Utrecht, Rachel in den Vororten von Utrecht, Ma, die Optimistin, sagte, dann ist Frieden. Wer hat recht? Alle hoffen ... Ma.

Dienstag, 17. April 1945

Ma hatte gestern Geburtstag. 49. Schade, ihre schönsten Jahre muss sie in der Verbannung zubringen. Wenn sie jetzt herauskommt, ist sie 50, schon eine Frau mittleren Alters. Aber sie sieht noch jung aus und fühlt sich zum Glück auch jung, und wird noch viel jünger werden, wenn sie nur Tante Dora oder *Onkel** Iziu wiedersieht. Es war ein wirklich schöner Tag, mit einer richtigen Festatmosphäre. Pa und ich hatten jeder eine Scheibe Brot vom Roten Kreuz aufbewahrt. Rachel hatte eine Rübe geschält, die mit einem Bändchen drumherum verehrt wurde. Aber am glücklichsten war Ma über ein Fläschchen Kölnisch Wasser, das Mies mit großer Mühe (und viel Tauschen) hat ergattern können. Von der Familie Zijlmans bekam Ma einen herrlichen Blumenstrauß: 4 weiße und 4 lilafarbene Fliederzweige, mit Schneebällen, ganz entzückend und ... eine Tube Zahnpasta (auch ertauscht, denn in ganz Rotterdam kann man die nicht mehr legal kaufen). Es war prächtiges Wetter, und Mies bestand darauf, dass sich Ma und Ma II die Blumen auf dem Heemraadsingel anschauen sollten. Und Ma hat sie gesehen. Schön für sie, denn es tut so gut, ein bisschen Luft zu schnappen und geistig wieder Mut zu schöpfen (obwohl Mama wegen des Elends auf der Straße sehr niedergeschlagen war). Inzwischen haben wir oben einen Privattee (ohne Tee) ausgerichtet: Bram hatte nämlich für uns alle eine Scheibe Brot aufbewahrt, und 3 haben wir dazu ... geklaut, sodass jeder 3 Hälften bekam: 1 mit Käse (ehrlich von Sonntag aufbewahrt), eine mit Salat (Salat, darauf Tomatenmark, und drumherum Kartoffelbrei aus Kartoffeln, Tomatenmark, Öl, Zwiebeln, alles geschmuggelt: Pa haben wir einen Salatkopf holen lassen, denn er wollte auch so gern nach draußen und ... zufällig war kein Salat im Haus.

Ein Mann, der einen Salatkopf kaufte, sicher haben sie ihn für einen alten Junggesellen gehalten! Sollen sie doch!!) und eine mit sogenannter Erdnussbutter (Gerstenmehl mit gebackenem Ei, und das zu einem Brei zerdrückt). Für diese ganzen Zutaten war natürlich großer Aufwand nötig. Erstens durfte Ma II es nicht sehen, und für Ma musste es eine Überraschung bleiben. Die Blumen nach oben gestellt. Ich habe ein sehr kleines Bäumchen für Ma gekauft (selbst), das nur ... 1,50 Gulden gekostet hat, ich wollte meinen eigenen Ohren kaum trauen. Ma dachte, 5 Gulden, wenn man die Preise von heute berücksichtigt. Als Ma nach Hause kam, brachte sie sehr lange blühende Blumen mit, ein Geschenk von Ma II (unterwegs stand da ein Mann, der sie verkaufte), sehr schön, sehr festlich. Pa II ist nach Hause gekommen und Bob auch gerade, er gab Ma ... 5 Zigaretten. Riesig anständig von ihm, plötzlich herrschte ein richtiger Geburtstagsbetrieb. Dann nach oben. Unseren *afternoon tea* eingenommen. Es war herrlich. So gemütlich unter uns. Abends misslungene Pfannkuchen aus Gerstenmehl gebacken, es wurde eine klebrige Masse. Und ab ins Bett. Hoch soll Ma leben!!!

Donnerstag, 19. April 1945

35 Kilometer vor Amsterdam!!! Die Kanadier sind unglaublich schnell vorgerückt. Gestern Barneveld und jetzt Naarden. Aber die Moffen haben die Deiche durchlöchert, sodass das ganze Gebiet unter Wasser gesetzt wird. Einen glücklichen Umstand gibt es, und zwar den Ostwind. Aber die Kanadier, Briten und Polen tun alles, um das Wasser aufzuhalten. Ob Amsterdam jetzt doch vor Rotterdam befreit wird?

Ach, die Not hier ist groß, sehr groß. Ich war neulich kurz auf der Straße, überall sind Tauschbörsen eingerichtet, Läden, in denen alte Schuhe, altes Spielzeug, Babyausstattungen, Küchensachen usw. zum Tausch für Lebensmittel oder Kohlen angeboten werden. Alles tauschen sie ein, um etwas Weizen oder Kartoffeln zu ergattern. Ein trauriger Anblick. Und wer tut das? Kann jemand, eine Privatperson, 3 Mud Kartoffeln entbehren, wenn man dafür einen Küchenartikel bekommt? Die Mentalität von heute ist: Man braucht gar nichts, Kartoffeln kann man notfalls im Nachttopf kochen, aber essen muss und will man. Nur eine Bauerntochter wäre dazu in der Lage, aber diese Bauernschufte haben Waren im Überfluss.

Canis wollte seine Schuhe reparieren lassen; niemand wollte das übernehmen, bis einer ganz offen sprach und sagte, ihm sei letzte Woche eine Nadel abgebrochen, sie kostete 3,50 Gulden. Canis bot ihm ein Kilo Kartoffeln an. Dann wollte er das Risiko eingehen und traute sich. Wenn man jetzt keine Kartoffeln hat oder keine entbehren kann, was dann? Nichts kann man erledigen. Noch etwas Typisches für diese Zeiten: Ton hatte von einem Bekannten mit dem Auto ein Säckchen Kartoffeln und Zwiebeln zu uns nach Hause bringen lassen. Es waren noch Stammkarten dabei. Unterwegs wurde das Säckchen vom Wagen gestohlen. Alles weg, auch die Stammkarten, wir stehen also dumm da, wenn eine neue Lebensmittelkarte ausgeteilt wird. Aber ... ein paar Tage später kam ein Brief inklusive der Stammkarten von »dem Unbekannten«, der schrieb, er habe aus Hunger gehandelt und könne den Rest also nicht gebrauchen. Wenn er noch die Kartoffeln bezahlt und das Säckchen zurückgeschickt hätte, wäre es ganz und gar korrekt gewesen ... Täglich gibt es Leute, die an der Tür um eine Kartoffel bitten. Wir haben welche, also geben wir davon ab, aber das werden nicht viele tun können. Nein, es herrscht Elend, und darum ist es so gut, dass die Befreiung immer näher kommt. Die Nachtschicht bringt Schokolade, Fett und Zigaretten mit, erzählt man sich hier ...

Aber erst muss die Stadt erobert werden, und das geschieht mit Kanonen, Artillerie und Bomben. Deutschland wird immer noch jeden Abend heftig bombardiert, es bleibt nur ein kleines Stück übrig, denn Hannover ist seit letzter Woche besetzt, gestern Magdeburg, in Leipzig wird gekämpft, 30 Kilometer vor Hamburg stehen sie. Und jetzt beginnen die Russen auch mit ihrer Offensive. 3 km vor Berlin stehen sie. Die Russen und die Alliierten 20 Kilometer voneinander entfernt. Bald werden sie einander die Hände reichen. In Berlin?

Warum kämpfen die dummen Moffen noch? Tief mitten in der Heimat wird gekämpft, und trotzdem halten sie weiter durch. Das Ruhrgebiet ist schon fast zur Gänze besetzt. Stell dir vor, echte deutsche Industriestädte besetzt: In Essen, Duisburg, Schuppenthal marschieren die Engländer. Und ... die Deutschen dürfen eine Stunde am Tag auf die Straße. Das finde ich wunderbar, eine Stunde werden sie ausgelüftet, sie, die uns eingeschränkt haben, werden eingeschränkt. Die Zahl der Kriegsgefangenen geht in die Hunderttausende. An anderen Orten wird dann wieder heftig gekämpft. Aber der Marsch zum Frieden verläuft geschwind.

Freitag, 20. April 1945

20 Kilometer vor Amsterdam. Probleme mit dem Wasser.

Sonntag, 22. April 1945

Ergebnisse des Wettbewerbs. Gerade hat Bram am Tisch den vergessenen Zettel mit unseren Namen und Antworten geöffnet. Herr [Zijlmans] hatte Amsterdam gesagt, aber davon ist keine Rede mehr. Entweder waren es wieder irgendwelche willkürlichen Gerüchte, genauso wie der Dolle Dienstag[97] im September, oder es war eine Patrouille, die sehr »voreilig« war. Wir entschieden, dass Ton mit Amersfoort gewonnen hatte (obwohl Amersfoort noch nicht in der Hand der Alliierten ist). Nächste Woche wieder. Ich dachte Aalsmeer, weil sie Amsterdam umgehen und sich in Richtung Süden auf Rotterdam zubewegen werden, über Haarlem. Andere sagten Utrecht oder Amsterdam. Bram sogar Den Haag. Canis Hillegom. Wir werden sehen. Was viel wichtiger ist: Die Russen haben die Vororte von Berlin erreicht!

Mittwoch, 25. April 1945

Von Amsterdam hört man nichts mehr, sehr wohl jedoch, dass das Wasser im Wieringermeerpolder hoch steht. Diese Unmenschen haben sogar die Schleusen von IJmuiden bei Flut geöffnet, sodass bald das ganze Land unter Wasser steht. Nicht einmal Amsterdam ist mehr ganz trocken, glaube ich. Den Briten setzt das Wasser sehr zu. Vielleicht haben sie darum den Aufmarsch unterbrochen? Trotzdem wird hartnäckig behauptet, dass Naarden befreit ist. Jetzt sind sie im Bommelerwaard, es gab fast keinen Widerstand. Appingedam befreit. Wageningen und Renkum müssen schwer beschädigt sein, Ede nicht. Aber das sind alles unbedeutende kleine Örtchen. Berlin! Berlin ist zu einem Drittel in russischer Hand! Am Montagmorgen hörten wir, dass sie eingezogen waren, und jetzt sind sie an einer Stelle nur noch 2 km von Unter den Linden (Zentrum). Hitler ist nach Berlin, um den Oberbefehl über die Verteidigung persönlich zu übernehmen! Ich wünschte, er würde persönlich fallen, dann wäre das Ende wirklich gekommen! Denn das Ende können wir alle kaum erwarten. Ich möchte sehr gern wieder einmal etwas anderes tun als in Zimmern Staub wischen, den Boden wischen, Kartoffeln schälen (gut 20 Kilo am Tag, ich kann es schon unglaublich schnell) usw. usw. Mein Ehrgeiz verlangt nach mehr. Nachmittags tue ich schon etwas anderes, aber doch nicht das Wahre. Ich habe doch nur so wenige Stunden am Tag Zeit. *Hauptperioden der deutschen Literatur*[98] mache ich jetzt. Bin in der Klassik: Goethe und Schiller, herrliche Gedichte, und dann der *Faust*. Prächtig, aber schwer zu begreifen, wenn man ihn zum 1. Mal liest, diese Allegorien. Heute Nachmittag habe ich zum ersten Mal in diesem Jahr auf dem Dach gesessen und gearbeitet. Zum Glück war niemand da.

Die englische Regierung hat der deutschen Wehrmacht mitgeteilt, dass man für die Hunger leidende Bevölkerung im Westen der Niederlande Lebensmittel abwerfen wird, die von den Deutschen verteilt werden müssen. Auf diese Transportflugzeuge darf nicht geschossen werden. Wie soll das denn gehen? Wenn die Sachen abgeworfen werden, kann die Bevölkerung sie doch auch aufheben, und dann wird der eine 100 und der andere gar nichts haben. Warum machen sie es nicht einfach über das Rote Kreuz? (Morgen wieder ein halbes Brot und 120 Gramm Margarine aus Schweden.) Ob das zu langsam geht? Oder würde zu viel bei den Moffen hängen bleiben, na ja, dann aber doch jetzt sicher! Ist das womöglich ein Anzeichen dafür, dass sie doch nicht so bald da sein werden? Und wieder rechnen wir jeden Tag mit Fallschirmjägern!

Donnerstag, 26. April 1945

Gestern Abend habe ich ein paar Leute glücklich gemacht, mit ... einer Zigarette. Pa hatte nichts mehr zu rauchen (die ganze Woche hatte es unten keinen Shag gegeben), und ein Päckchen Zigaretten für 50 Gulden kann und will sich Pa nicht leisten. Die restlichen, die ich »zurückbehalten« hatte, waren auch schon weg. Da wollte Pa meine Berliner Consi haben: eine halbe Zigarette, die ich von meinem Geburtstag aufbewahrt habe, um sie zu rauchen, wenn Berlin gefallen ist. »Berlin ist doch jetzt schon zu einem Drittel besetzt, gib sie schon her!« Aber ich gab nicht nach, so wie ich das schon so oft habe tun müssen, denn wenn es nichts zu rauchen gibt, wollen sie die Zigarette von mir haben, aber sie ist nun mal für den Fall von Berlin bestimmt, und dabei bleibt es auch. Da habe ich ihm meinen letzten Vorrat gegeben, eine Zigarette, die ich zu Ostern von Bram oder Rachel bekommen habe. Ich hatte sie schon Ma zum Geburtstag schenken wollen, aber da hatte Ma ja 5 von Bob bekommen. Also bekam gestern jeder 2 Züge, und zack, weg mit der Zigarette bis heute Abend. Schade, Pa grollt, denn wenn wir kaum weg sind, stecken sie sich unten schon alle eine Zigarette an (sogar manchmal, wenn wir noch nicht weg sind). Aber was sollen wir tun? Sie haben auch nur alles mit Einschränkungen, und es ist sehr teuer, sollen sie das dann auch noch teilen? Manchmal bieten sie uns tatsächlich eine an, aber wenn man nie etwas zurückgeben kann, ist das auch nicht so angenehm. Aber was will Pa dann? Wahrscheinlich das, was wir alle wollen.

Sonntag, 29. April 1945, Morgen

Hitler liegt im Sterben. Göring von Hitler erschossen. Himmler hat gestern die bedingungslose Kapitulation angeboten. Alle verrückt vor Freude.

Nachmittags

Englische Transportflugzeuge waren gerade hier und haben Lebensmittelpakete über Waalhaven abgeworfen (sie waren schon gekommen, die Unterhandlungen vorbei). Alle auf dem Dach, Begeisterung, Winken, Schreien. Fast wie Frieden.

Sonntagabend

Hitler hat den Ärzten zufolge noch 48 Stunden zu leben. Was ihm fehlt, wissen wir nicht. Gestern Abend hörten wir schon, dass sich Himmler nach den Bedingungen für die Kapitulation erkundigt hat. Wir waren so froh. Endlich ist der Frieden wirklich in Sicht. Und heute Morgen rannten sie aus der Kirche nach Hause, um uns zu erzählen, dass Himmler die bedingungslose Kapitulation angeboten hatte, und die anderen guten Nachrichten. Und heute Nachmittag noch der prächtige Anblick der Flugzeuge, die keine Bomben, sondern Pakete fallen ließen. Bei jedem Abwurf jauchzten die Menschen. Sehr niedrig flogen die »Feindlichen« über uns hinweg, und es wurde nicht geschossen! Das war auch die Absprache gewesen. Erst wollten die Moffen es nicht erlauben, sie hatten Angst, es würden Fotos gemacht werden, wenn sie zu tief runterkamen oder Fallschirmjäger abwerfen [abwarfen][99], aber jetzt sind sie übereingekommen, dass sie über einem begrenzten Gebiet abwerfen würden. Glücklicherweise gibt es diese Hilfe, nicht so sehr für uns, denn wir haben doch reichlich gegessen (Suppe, Kartoffeln, Erbsen und Fleisch, eine Ration von 3 Wochen, weil man die ganze Zeit nichts bekommen konnte), aber der Rest der Bevölkerung im Westen der Niederlande, der von den Rationen lebt (1 Kilo Kartoffeln pro Woche, mehr nicht), kann sich etwas erholen.

Ich hoffe, heute Nacht schlafen zu können, letzte Nacht wurde ich um halb 6 wach vor Emotionen und konnte nicht wieder einschlafen. Nervosität im Bauch, die ich heute Nacht sehr poetisch »Ich habe den Frieden im Bauch« nannte. Draußen gießt es ganz entsetzlich!

Montagabend, 30. April 1945

Es schneit, draußen ist es genau wie in einem nassen, kalten Dezembertag. Das ist doch kein Wetter für Fallschirmjäger?

Abends

Heute wurde von Radio Bern verkündet, dass Hitler gestorben war (an einer Hirnblutung). Welchen Platz in der Hölle wird er wohl bekommen? Aber vielleicht ist es auch gar nicht wahr.

Heute Nachmittag waren wieder englische Lancasters hier und haben Pakete abgeworfen. Sie enthalten Fleisch, Zucker, Tee, Mehl, Käse. Ich habe jetzt schon Durchfall, von dem bisschen schwedischer Butter, und dann?

Dienstagnachmittag, 1. Mai 1945

Heute Nachmittag wird Churchill eine Rede halten! Die Friedensbedingungen sind heute von ihm abgewogen worden, und die Kapitulation muss bedingungslos sein (oder ist das alles nur Konvention?). Der 1. Mai, was für ein prächtiger Tag für den Frieden, Tag der Arbeit, Russland ... Aber das Wetter macht nicht mit, es ist kalt, es regnet, und Ma II ist krank, ihr ist schwindlig, sie hat Fieber, sie fühlt sich scheußlich. Schade, nie ist hier in diesem Jammertal alles vorbei. Die Stimmung ist gut, aber Ma II ist wieder nicht anwesend, die immer fröhliche Optimistin (auch wenn es jetzt nicht mehr nötig ist, dass einem jemand Mut zuspricht). Schade, aber der Frieden ist noch nicht da, und dann geht es ihr vielleicht schon wieder besser. Bram hat trotzdem sein Päckchen Shag schon aufgemacht, das alte Päckchen aus der Vorkriegszeit Golden Shag zu 37 Cent (jetzt 150 Gulden). Er hat lange gewartet, aber heute Morgen hat er es nicht länger zulassen können. Es ist doch sowieso schon so gut wie Frieden. Jeder bekam 8 Zigaretten, die starken Raucher, Rachel, Ma II und ich 3 und für Manus haben wir auch 3 erkämpft. Wenn wir ihn nur bald wiedersehen. Die letzten Briefe, die wir ihm geschickt haben, sind zurückgekommen; er war schon weg. Wo?

Mittwoch, 2. Mai 1945

Heute die offizielle Erklärung, dass unser *Führer** auf dem Feld der Ehre gefallen ist. General Dönitz ist sein Nachfolger. Was für eine Schlafmütze, ein Scheißkerl. Russland gegenüber will er nicht kapitulieren, bis zum letzten Mann will er kämpfen. Himmler hat die Kapitulation abgelehnt. Erstens muss allen Staaten gleichzeitig die Kapitulation angeboten werden, zweitens ist er nicht der Repräsentant der Regierung. Die Friedensstimmung ist weg. Ganz prosaisch schälen wir Kartoffeln (drei Mal am Tag!!) und waschen ab (sofern es Wasser gibt) und warten. Gestern Nachmittag saßen wir buchstäblich da und warteten auf jemanden, der uns berichten würde, dass der Waffenstillstand verkündet worden wäre. Aber nein ... Nichts dergleichen. Es wird wahrscheinlich sogar noch eine gute Woche dauern, bevor Dönitz zu dem Schluss kommt, dass alle Männer wirklich weg sind. Hier in den Niederlanden ist der Kampf, glaube ich, vorbei. Lebensmittel werden noch abgeworfen, die Flugzeuge fliegen so entsetzlich tief. Heute wurden Pamphlete abgeworfen. Der Waterweg-Kanal ist freigegeben (begreifst du das?), und bald wird ein Schiff mit Lebensmitteln ankommen, von einem Lotsen begleitet, der ihm die Minen zeigt. Es gibt viel, aber wir sehen noch nicht viel von irgendwelchen Folgen. Oh ja. Mussolini und 15 Trabanten von Partisanen zur Rechenschaft gezogen. Man hat sie auf einem Platz abgelegt, jeder hat ihnen einen Tritt versetzt. Große Männer gehen und werden vergessen. Roosevelt, Hitler, Mussolini, Göring.

Teil 3
Befreiung: 1945

Freitag, 4. Mai 1945, 9 Uhr abends

Frieden. Für Dänemark, Norwegen, Helgoland, die Niederlande. Morgen früh um 8 Uhr Waffenstillstand. Offiziell von Dönitz unterzeichnet.

Sonntag, 6. Mai 1945

Froh und glücklich. Oh, wie froh sind wir alle. Am Freitag hatten wir uns gerade eine Gute Nacht gewünscht, als wir Lärm auf der Straße hörten. Eine riesige Menschenmenge auf der Straße. Plötzlich, Frieden! Canis kam nach Hause: Waffenstillstand. Jemand kam, der selbst Radio gehört hatte, und bestätigte es. Wir natürlich auf die Straße. »De Wings holen.« (Päckchen Vorkriegszigaretten von Bram, extra für den Frieden aufbewahrt). Und ja, jeder bekam eine. Schnell ein paar Züge genommen, vor dem שבת [Sabbat]. Dann kam Canis mit Zigarren ... Extra aufbewahrt. Dann gab es den Umtrunk ... Aber davor haben wir noch unsere Tasse »friedensechten« Tee getrunken, mit Zucker (alles extra aufbewahrt). Davor ein feierlich gesungenes Wilhelmus [Die niederländische Nationalhymne. A.d.Ü.], Bram spielte. Rührend. Alle haben wir dagestanden und unserem Königshaus gehuldigt.

Bob, der solche Dinge normalerweise nicht mag, stand stramm wie ein Soldat, schaute starr geradeaus. Dann kam die Hatikwa. Ich stand als Einzige auf. Aber es überwältigte mich. Wieder offiziell unsere Hymne zu hören. Ich fing an zu weinen und setzte mich wieder hin. Das Lied unseres Volkes – wo ist unser Volk? Aber ich habe mich bald erholt und wieder fröhlich mitgefeiert und geredet. Ein halbes Gläschen Wermut getrunken. Um halb eins ins Bett, um halb drei schliefen wir noch nicht, und wie wir redeten, und wie laut! Wir durften es ja. Freude, Glück, Dankbarkeit, dass wir so davongekommen sind. Dank, Dank Gott und den Ausführenden Seines Willens, unseren Rettern und Beschützern.

Ende des Kriegstagebuches.

Sechstes Heft: Friedensbuch

Sonntag, 6. Mai 1945

All die Eindrücke sind fast nicht zu verarbeiten. Am Freitagabend, als wir auf der Straße waren, hat Pa II unserem Nachbarn von untendrunter erzählt, dass 2½ Jahre Juden seine Nachbarn von obendrüber gewesen waren. Er wollte es erst nicht glauben, denn er hat nie etwas bemerkt. Ist das nicht prächtig?

Denn wie oft haben wir Lärm gemacht, obwohl das verboten war. Sie haben sich allerdings schon gefragt, wie es kam, dass so viel Essen nach oben geschleppt wurde. Innerhalb einer einzigen Woche 4 Mud Kartoffeln ... Aber jetzt begriff er es natürlich. Und niemand hat etwas gewusst, und alle sind entsetzlich froh, uns zu sehen. Angenehm, wieder mal im Mittelpunkt zu stehen. Menschen, die aus eigenem Antrieb auf einen zukommen, um einem zu gratulieren.

Gestern Abend wurde in Rotterdam noch nicht geflaggt. In Schiedam schon. Ich war kurz bei Greet Jonkers. Natürlich sehr froh, aber sie sieht entsetzlich aus. Sie haben es dort sehr, sehr, sehr schlimm gehabt. Heute Abend durfte ich ihr aber Kartoffeln bringen.

Gestern Nachmittag mit der ganzen Familie bei den Nachtegalls gewesen. Liebe Leute, Elly ein gelangweiltes Mädchen von 20 Jahren, immer noch genauso dumm, ihr Verlobter ein Angeber, der tut, als würde sich die ganze illegale Welt um ihn drehen, obwohl er nicht einmal dazugehört, sogar ausgeschlossen wurde, weil er ein

Hochstapler ist, hören wir von Bob, einem echten Widerstandskämpfer (jetzt darf ich es endlich ganz offen schreiben). Ja, Bob war im Untergrund aktiv. Zum Glück hat er nicht zu kämpfen brauchen. Ja, wir waren die ganze Zeit in sehr engem Kontakt mit der Illegalität. Vielleicht später mehr darüber.

Bei den Nachtegalls waren auch zwei Juden, die gerade wieder aufgetaucht sind. Schön! Es gab Tee, Zucker, Kuchen mit Butter ... Dann wieder Besuch. Simon, ein kleiner Mann mit einer langen Hose, Rotznase. Abends todmüde ins Bett gefallen. Heute Morgen so schön, wir brauchen nicht still zu sein! Dürfen herumlaufen und reden, während die Familie in der Kirche ist. Plötzlich sehen wir Flaggen. Wir haben auch schnell unsere rausgehängt. Orange, rot, weiß, blau, amerikanisch, englisch. Ein Kollege von Bob aus dem Untergrund ging mit, um die »Fünflinge von Dionne«[100] zu bewundern und uns zu gratulieren, und wir ihm, denn er ist gerade aus dem Haagse Veer entlassen worden!

Heute Mittag zu Cor. Was für ein herzlicher Empfang. Leo ist wahrscheinlich noch in Deutschland, aber trotzdem war sie von Herzen froh, uns zu sehen. Ich habe noch so viel zu erzählen, aber es ist zu dunkel, morgen weiter.

Montag, 7. Mai 1945

Ich bin völlig erschöpft, war in Kralingen, zu Fuß! Aber mein Ziel habe ich erreicht. Am Dienstag kann ich in die Schule, in die 4. Klasse ...

Dienstag, 8. Mai 1945

Leben ist nur noch Genießen, ich bin fast gar nicht zu Hause. Prächtiges Wetter. Rachel und Bram sind mit dem Tandem nach Amsterdam, um Borah zu suchen.

Mittwoch, 9. Mai 1945

Habe Bücher geholt, fast alle. Und Cor Blaak, unser altes Dienstmädchen, war heute Abend zu Besuch da. Ziemlich nett.

Donnerstag, 10. Mai 1945

Schreibe im Schein eines Teelichts. Ich habe mir einen Kanadier geangelt. Heute Abend zu Besuch bei den Nachtegalls, sehr lustig, und da waren 3 Kanadier. Vor allem einer fühlte sich sehr zu mir hingezogen. Ein netter, aber entsetzlich unhöflicher Junge. Den Abschiedskuss habe ich ihm entschieden verweigert. Wie mir jetzt mein Englisch fehlt ...

Freitag, 11. Mai 1945

Endlich kurz Ruhe zum Schreiben. Das Wetter ist herrlich: Zu schön, zu warm fast, aber wir sind beinahe den ganzen Tag draußen. Morgens auf dem Dach Kartoffeln schälen und dann nach draußen! Nach draußen, frei, Frieden, nicht zu glauben. Ich kann es noch gar nicht ganz fassen, dass alles jetzt in der Vergangenheit liegt, dass die gute alte Zeit wieder zurückkommt.

Ich will einen Versuch wagen, alles ein bisschen zu erzählen. Am Sonntag sind wir noch bei allen möglichen Leuten gewesen. Alle natürlich riesig froh. Eine Lehrerin aus der Grundschule, Frau van de Schaaf, hatte ein Teekränzchen mit sechs weiteren alten Jungfern, Lehrerinnen, bei sich. Jede von ihnen hatte ihrerseits irgendwas getan oder wusste etwas. Illegalität ist Legalität geworden. Ich muss den Tisch decken, ich komme schon wieder nicht zum Schreiben.

Am Abend

Rachel und Bram wieder da. Borah gefunden! Sie lebt! Aber das arme Kind dachte, ihre Eltern wären sicher untergetaucht, und jetzt wurde ihr dieser Schlag versetzt, sie ist sehr *down* deswegen.

Sonntag, 13. Mai 1945

Ich bin so froh. Borah ist noch da! Ich hoffe, dass wir bald eine eigene Wohnung bekommen, denn dann kann sie zumindest zu uns ziehen. Sie ist jetzt schon ihr ganzes Leben in einer Bauernumgebung gewesen, höchste Zeit, dass sie ein bisschen mit (Stadt)Leuten umzugehen lernt. Schön für Bram, obwohl er mehr Unterstützung von Froukje bekommt, der Älteren in der Familie. Wahrscheinlich wurde sie nach Palästina ausgetauscht, aber das ist nicht sicher. Ach, die Familien sind so weit voneinander entfernt. Für viele ist der Frieden kein echter Frieden. Männer sind in Deutschland, Frauen warten auf sie, aber wie viele warten vergeblich? Als Deutschland so sehr bombardiert wurde, sind auch ausländische Arbeiter ums Leben gekommen, aber jeder hofft für sich.

Montag nach Kralingen getippelt, weil ich die Direktorin (Steensma) vom Lyzeum sprechen musste. Schon eine nette Frau, oberflächlich betrachtet; fand mich ein bisschen hitzig, glaube ich, weil ich so hinterher war, Bücher zu bekommen. Kurzum, übermorgen an die Arbeit und gut dranbleiben, um alles wieder aufzuholen.

Am Dienstag habe ich mich nach den Wijlers erkundigt. Sam war in der Stadt, nicht daheim, aber mit seiner offiziellen Verlobten (Henny van den Bosch) unterwegs. Ein nichtjüdisches Mädchen, schade. Er, der den Leuten beigebracht hat, dass eine Mischehe der höchste Grad der Assimilation ist! Konsequent, ha! Sein Vater ist in Westerbork gestorben, Wiet ist in Brabant, der Rest in der Schweiz oder von Westerbork aus untergetaucht, entkommen oder in Celle ausgetauscht worden. Die anderen Wijlers untergetaucht, aus Barneveld entkommen, sogar Jet mit dem 2-jährigen Baby. Sam habe ich gebeten, einmal zu kommen, um alles zu erzählen, und dann können wir wieder mal über den Wiederaufbau der zionistischen Vereinigung sprechen. Ich will erst mal die HBS abschließen, dann in eine Landbauschule für Palästina und dann wirklich gehen! Hier ist sowieso niemand mehr, richtige Bekannte haben wir noch nicht gesehen, und wir rechnen mit dem Schlimmsten.

Donnerstag bei Swidde gewesen. Er hatte 3 Koffer von uns, die wir wiederum für deutsche Juden aufbewahrt haben. Er hat sie nicht mehr. Von den Moffen gestohlen. Bei einer Hausdurchsuchung entdeckt und von der Frau des Hauses durch Nervosität verraten, dass sie »ich weiß nicht, von wem« gebracht worden waren. Sie hat noch 6 Monate lang 2 jüdische Mädchen im Haus gehabt, aber das wurde verraten. Da waren sie zum Glück schon weg. Dafür hat sie 6 Monate in Vught gesessen, aber sie hatte es dort ziemlich gut, sie selbst wurde nicht gefoltert, aber sie hat viel gesehen. Danach waren wir kurz bei den Nachtegalls. Wir sind doch wieder kurz nach oben gegangen. Das ganze Zimmer war voller Leute. Krüge mit Jenever auf dem Tisch. Plötzlich Musik. Ein Mädchen mit Akkordeon, spielte großartig. Da ging die Tür auf: 3 Kanadier kommen herein. »God save the king«, »Stars and stripes« gespielt. Getanzt und geraucht und gegessen. Es gab Leute, die fließend mit ihnen sprechen konnten, bei mir ging es so lala, ich wusste auch nicht, was ich hätte sagen sollen. Sie verteilten Zigaretten! Ganz viele Päckchen. An diesem Abend wurden (großzügig geschätzt) bestimmt ±250 Zigaretten geraucht (nicht nur geraucht, denn viele haben sich ein paar in die Tasche gesteckt, Pa einige für die Familie Zijlmans). Von einem Mal abgesehen habe ich mich geweigert; ich wollte ihnen nicht den Eindruck vermitteln, dass ich nur wegen einer Zigarette mit ihnen tanzte, so wie viele Leute sie auf der Straße ansprechen und um Schokolade, Zigaretten usw. betteln. Ungehobelt sind sie auch, tanzen mit einer Zigarre im Mund, einem Glas in der Hand. Als einer das machen wollte, nahm ich ihm ruhig das Glas ab und stellte es aufs Buffet. Kaugummi kauen sie ohne Pause. Sehr schüchtern sind sie. Einer fragte mich über ein anderes Mädchen, ob ich mich zu ihm setzen wollte; er war zu verlegen, selbst zu fragen (sagte er selbst). Habe geantwortet, auch ich sei »timide«. Einer kannte sogar ein paar polnische Wörter, denn er wohnte »in the Polish settlement«, arbeitete für eine Eisenbahngesellschaft. Ganz einfache Jungs waren das, einer ein bisschen besser; er hielt sich ein wenig abseits, sagte nur wenig, tanzte nicht. Zu müde, denn sie feiern schon so viel!! Und dann diese schweren Schuhe.

Um zehn Uhr gingen wir weg (um 11 Uhr mussten wir zu Hause sein). Umarmung und Kuss zum Glück abgewehrt. Das soll er sich für die kanadischen *Girls* aufheben.

Am Morgen war ich bei Mr. Oskam und habe mich erkundigt, ob er etwas von Hannele Franken gehört hatte. Noch nicht, aber er war davon überzeugt, dass sie aus Theresienstadt zurückkommen würde. Wirklich ein sehr netter Mann, erzählte von allen möglichen Leuten, die verhaftet worden waren. Aber ich kann unmöglich alles behalten. Sehr optimistisch. Vielleicht hat er ja wirklich recht. Ich stehe allem noch ein wenig skeptisch gegenüber.

Dienstag, 15. Mai 1945

Heute in die Schule gegangen, aber ich wurde enttäuscht. Bis nächste Woche Mittwoch noch Ferien. Einerseits sehr schade, wieder weniger Zeit, um alles aufzuholen; und es gibt ganze Massen aufzuholen, denn ich war heute Mittag bei einem Mädchen aus der 4. Klasse. Ein sehr nettes Kind, 15 Jahre alt! (Wäre ich auch gewesen.) *Schwamm darüber.** Sie bot mir alle möglichen Hilfestellungen an, wird sogar Diktate für mich mitbringen. Sehr lieb von ihr. Sie haben allerdings sehr viel gemacht dieses Jahr, und es wird sehr viel Arbeit werden, bis ich es aufgeholt habe, aber *I shall try*. Ich werde mich dahinterklemmen, mit vollem Einsatz.

Donnerstag, 24. Mai 1945

In der Zwischenzeit ist viel und wenig passiert. Wir laufen immer noch viel herum, aber trotzdem haben wir noch keine eigene Wohnung. Gestern haben Pa und Ma sich ein leeres Haus angesehen. Sehr gut geeignet für uns: groß, prächtiges Atelier, aber leer! Woher sollen die Maschinen und Möbel kommen? Es gab einen Flur von 45 Metern Länge (alle Zimmer liegen an diesem Flur). Wo sollen wir die Läufer hernehmen? Möbliert ist nichts zu mieten, zumindest keine Zimmer, wie wir sie brauchen. Bram hat schon ein Zimmer gemietet, wird heute Nacht zum ersten Mal dort schlafen. Schön für ihn. Ein junger Mann, der Aufsicht von Schwiegermama und Schwiegerpapa entkommen. Ich kann mir vorstellen, dass er sich bei den ganzen guten Ratschlägen oft genau wie ein Schuljunge fühlte und davon ganz nervös wurde. Trotzdem war das Verhältnis im Allgemeinen erstaunlich gut. Ich wünschte, wir hätten ein eigenes Zimmer. Auch hier weg! Tun und lassen, den Haushalt einrichten, womit und wie wir wollen. Aber vielleicht ist es schon bald so weit. Wir wollen es erzwingen, so wie wir auch den Frieden erzwingen wollten, und trotzdem ist er gekommen!

Die Lebensmittelsituation hat sich direkt ein ganzes Stück verbessert. Sogar so, dass ich keinen Kuchen mehr sehen kann! (Wer hätte sich vorstellen können, dass das schon nach 3 Tagen der Fall sein würde!) Wir bekommen nämlich kein Brot, nur Kuchen, harte, süße, energiereiche Dinger. In dieser Zeit habe ich so viel davon gegessen, dass ich sie gar nicht mehr mochte. Jetzt geht es schon wieder. Aber für ein richtiges Brot würde ich doch einiges geben! Außerdem bekommen wir eine Unze Butter pro Woche, eine Tafel Schokolade, Fleisch, Dosenfleisch, Möhren, ½ Pfund Zucker, 1 kg Kartoffeln, die unterernährten Leute bekommen wieder leckere Dinge wie Brot, Fett, Fleisch. Zu Pfingsten bekommen wir alle etwas Tee, Seife, Hering (Schwedisches Rotes Kreuz). Vielen geht es schon besser, und das ist die Hauptsache. Viel gibt es noch nicht, aber mehr als 1,2 Brot und 1 Kilo Kartoffeln und 3 Kilo Zuckerrüben pro Woche, was wir unter dem deutschen Regime bekamen. Die deutschen Gefangenen werden vorläufig diese Ration bekommen! Sehr schlimm für sie, aber sie verdienen es. *Mit dem Massen wird er gemessen, womit du messt.*[101]

Gestern hatten wir eine Zusammenkunft von Schülern und ehemaligen Schülern, Lehrern, ehemaligen Lehrern, der Direktorin, der ehemaligen Direktorin in der Beursstraat. Fräulein van Dullemen war von den Moffen herausgeworfen worden, als sie sich weigerte, die Namen der Mädchen zu nennen, die ein bestimmtes Alter erreicht hatten. Prächtig natürlich, und jeder hat sie entsprechend gelobt. Außerdem gab es viel Lob für die derzeitige Direktorin, die in den schweren Zeiten eine so schwierige Aufgabe hatte. Beigeordneter de Groot und Dr. de Koe anwesend. Mit allen gesprochen, es war überhaupt nicht langweilig, sehr interessant sogar. Danach habe ich verschiedenen Lehrern die Hände geschüttelt. Fast niemand erinnert sich an meinen Namen, aber wenn ich ihn nenne, geht ihnen ein Licht auf, und es gibt eine zusätzliche Gratulation (manchmal verwechseln sie mich auch mit einer ehemaligen Schülerin).

Morgen fängt die Schule wirklich an. In der vergangenen Woche habe ich schon gearbeitet, viel aufgeholt, aber am Ziel bin ich noch nicht. Ich hoffe einfach, dass dieses Jahr in den Sommerferien durchgearbeitet wird (noch nie so eifrig gewesen, aber dann müsste ich zumindest dieses Jahr nicht auch noch verlieren).

Freitag, am שבת [Sabbat], waren wir in der Synagoge. Broer Vleeschhouwer leitete den Gottesdienst. Sehr gut. Wie sehr habe ich in all den Jahren auf den Augenblick gewartet, in dem ich Gott in Seinem eigenen Haus danken konnte, und jetzt geschieht [das], denn die Synagoge war ganz intakt geblieben: Der Hausmeister hatte sie einfach geschlossen, und man hat sie nie beschlagnahmt. 3 Kanadier waren anwesend. Ein kanadischer Feldrabbiner[102] (?); das wurde zumindest von einem behauptet, ein anderer sagte, einfach ein frommer Jude, hielt eine Ansprache auf Jiddisch, stark vermischt mit Amerikanisch, trotzdem sehr gut zu folgen. Notwendig für uns Juden, zum Glauben zurückzukehren und ins eigene Land, Palästina! Es war sehr gut, feierlich! Broer + Greet Vleeschhouwer, tapfere Menschen; sie haben ihre beiden Kinder von ±10 Jahren verloren. Trotzdem leben sie mutig weiter. Leen Wijler war auch da, sie will mit dem ersten Schiff nach Palästina. Nicht viele Bekannte getroffen, nur Frau Jungholz. Sie ist Großmutter geworden: Rosi hat ein Baby von weniger als 5 Monaten, ist nicht glücklich, denn ihr Mann (30 Jahre älter als sie) ist ein Brutus, ein Tyrann, ein ... ja, es gibt keine Worte für so etwas Schlimmes. Sie will sich natürlich sofort wieder scheiden lassen. Sam Wijler auch kurz gesprochen; er hat sich entschuldigt, dass er noch nicht gekommen war, hatte aber schrecklich viel zu tun. Wir auch, das macht also nichts. Sowieso nicht aufmerksam.

Wir haben etwas Entsetzliches gehört: Carel Kaufman ist als Gestapoagent geendet. Ich kann es mir noch gar nicht vorstellen. Er war immer ein netter, flinker, geistreicher Kerl. Zum Verräter geworden ist er, für einen Juden umso schändlicher. Die Beweise sind zu überzeugend, als dass wir daran zweifeln können. Er hat in Westerbork in einem Strafgefängnis gesessen. Hetty Wijler hat dort mit ihm gesprochen, also ist es eine Tatsache. Später hat man ihn dann wieder in Rotterdam gesehen. Simon de Haan, der Pianist, bei dem ich mich so darauf gefreut hatte, ihn nach dem Krieg wieder zu hören, der immer bei den Vromens für uns gespielt hat, wurde von ihm verraten. Dafür gibt es Beweise. Sogar der Brief wurde von Illegalen abgefangen, den er an den SD [Sicherheitsdienst. A.d.Ü.] geschrieben hat: Schon so viel getan, kann noch mehr tun, wenn Sie möchten ... Schuft, Schuft, Schuft. Schade, aber faule Äpfel gibt es in jedem Korb.

Freitag, 25. Mai 1945

In der Schule gewesen. Fühlte mich wieder so wie früher. Aber alt, alle Kinder noch so kindisch, ihnen ist noch nicht klar, dass sie in der Schule sind, um zu lernen. Musste mich oft vorstellen und meine Geschichte erzählen. Bin noch ziemlich zurück, aber das wird schon wieder.

Sonntag, 27. Mai 1945

Gerade hatten wir einen *Jew* auf Besuch. Sal Lobstein und Corry Meijer von Broer Vleeschhouwer miteinander getraut. Rachel und Bram waren dabei. Dort trafen sie ihn. Ra ist ganz verrückt nach ihm. Er ist aber auch ein sehr anständiger, anziehender Mann. 54 Jahre alt, hat einen Sohn von 14 Jahren in London. Er hat Ökonomie studiert, ist Lehrer, jetzt Krankenpfleger, hat kurzum eine ganze Menge verschiedene Berufe gehabt. Jetzt arbeitet er bei der *Jewish Relief Unit* [Britisch-jüdische Hilfsorganisation, die ab 1943 in Zusammenarbeit mit der Britischen Armee im – befreiten – Europa aus Verstecken und aus den befreiten Konzentrationslagern zurückkehrende Juden unterstützte.], mit dem *mageen david* [Davidsstern, A. d. Ü.] auf Käppi und Jackenärmel. Alle arbeiten ehrenamtlich. Sie haben ein Hospital errichtet, in dem sich 56 arme unterernährte Kinder erholen. Skelette, sagt er. Nach vier Tagen leben sie auf, erkennen einen, lachen wieder. Eine dankbare Arbeit, und eine prächtige Arbeit. Alle von ihm eingenommen, er ist aber auch ein lieber Mann. Sprach extra langsam für uns, lud uns sogar ein, bei ihm zu wohnen, wenn wir einmal nach London kommen. Wir haben ihn zum Abendessen eingeladen. Aber es ist Soldaten verboten, irgendwo außer Haus zu essen. Trotzdem hat er mitgegessen, pro forma: eine Kartoffel. Ein Gewinn für unseren Bekanntenkreis, dieser Mr. Lush.

Als ich heute Mittag an der Arbeit saß, als Einzige von unserer Familie zu Hause war, rief mich Ma II: eine Überraschung, ein Brief. Sofort sagte ich: Aus Amerika! Und tatsächlich, aus Amerika. Von einem Großcousin von mir. Er ist als Hauptmann im amerikanischen Heer in Maastricht, wenn wir noch am Leben sind, will er uns besuchen. Ist das nicht großartig? Er wohnt eine Etage tiefer im selben Haus wie Onkel Adolf. Sie wussten, dass wir uns versteckt hatten, schrieb er. Wir hatten einmal über das Rote Kreuz geschrieben, dass wir bei »Jan« waren. Schön, so bald Kontakt zu fernen Freunden in Übersee zu bekommen. Diesem Mr. Lush haben wir sofort einen Brief mitgegeben. Nun also abwarten, wann er kommt.

Jeder hier giert nach Zigaretten. Aber er raucht selbst nicht, sagt Mam, seine Mutter ist sehr geizig. Vielleicht hat er diese Eigenschaft von ihr geerbt? Dann bekommen wir nichts von ihm. Macht nichts. Und uns geht es nur um ihn. Er muss ±27 Jahre alt sein. Sie wollten mich direkt mit ihm verheiraten, aber daran habe ich kein Interesse.

Mittwoch, 30. Mai 1945

Gestern bei den Engländern und Kanadiern auf Besuch gewesen. Wurden mit einem Lastwagen von zu Hause abgeholt, mit Mr. Lush als Chauffeur. Noch ein paar abgeholt und in die Putselaan, wo sich das Hospital befindet. Sal Lobstein, Broer Vleeschhouwer, Leen Wijler, Arnold van Esso (aus Meppel), ein Junge, der in Dordrecht auf Hachschara gewesen ist, und noch andere waren anwesend. Es wurde besprochen, was wir brauchten: zionistische Lektüre, Grammatikbücher u.a., großer Bedarf. Alles auf Englisch. Ausgezeichnete Übung. Aber die Hälfte versteht man nicht, und für einen selbst ist es schwierig, sich verständlich zu machen, denn Deutsch wird völlig verteufelt. Zum Glück gab es dort ein paar Mädchen, die bereits gut Holländisch sprachen. Sie fragten uns, ob wir noch Unterwäsche brauchten. Ich nahm all meinen Mut zusammen und bat um Röcke, aber am Donnerstag gibt es wieder eine Versammlung, da sollen wir dann einfach eine Liste abgeben. Rachel erwähnte plötzlich eine Pfanne! Gefragt! Alle bekamen wir ein Stück koscheres Fleisch. Das erste Fleisch!

Wenn man hört, wie sich die Mädchen untereinander unterhalten, kann man kein einziges Wort davon verstehen. So schrecklich schnell. Ein junger Mann war da (Sydney Kahn), ±30 Jahre, Chemielehrer. Als ich das hörte, stieg er natürlich um ein paar Grad in meiner Achtung. Er muss ein guter Zionist gewesen sein, denn er konnte alle Liedertexte mitsingen, leitete im Grunde unseren Abend. Auch am Donnerstag wird er darüber sprechen, »was in Palästina *during the war* passiert ist«. Natürlich sehr interessant. Ich werde ihn sicher bitten, langsam zu sprechen.

Broer berichtete, dass sein Schwager vorige Woche in Celle[103] gewesen ist. Er ist mit dem Auto über Leichen gefahren. Celle, auf das meine ganze Hoffnung noch gerichtet war – 100 000 Leichen lagen dort aufgestapelt. Epidemische Krankheiten haben geherrscht. Wenn jemand noch auf keiner Liste für Palästina oder die Schweiz steht, muss man die Menschen einfach abschreiben. Arme Froukje, sie war auch in Celle, aber auf der Liste für Palästina haben wir sie noch nicht gefunden. Als Bram es hörte, wurden die Ringe unter seinen Augen noch tiefer, er sah noch schrecklicher aus, denn wir hatten noch Hoffnung gehabt, und jetzt war die ganze Hoffnung weg. Die Engländer haben sogar Schiffe mit Juden bombardiert, die unterwegs nach Palästina waren. Ja, Freunde, die Engländer bombardieren die Juden. Die Handvoll, die noch übrig war, wird von Freunden zugrunde gerichtet.

Theresienstadt selbst wurde auch bombardiert, aber von den Moffen. Andere Lager wurden mit Gas gereinigt. Eigentlich darf man so etwas gar nicht erzählen. Ich bin dadurch, dass ich das gehört habe, wirklich älter geworden. Meinem Gefühl nach jedenfalls. Direkt danach stimmte Broer, dieser Zyniker, ein Lied an; ich konnte nicht mitsingen.

Später erzählte mir eines der Mädchen, eine Holländerin, dass eine 23-jährige Cousine von ihr aus Auschwitz zurückgekommen ist. Sie und noch ein paar andere Mädchen (2 oder 3) konnten fliehen. Aber meiner Meinung nach wäre es besser für sie, sie wäre auch tot. Dieses Elend, was sie dort Entsetzliches gesehen hat, das alles lässt sie nicht mehr los. Sie ist innerlich tot, kaputt, verrückt geworden! Ich bin ein Tier, sagt sie; wer weiß, wozu die Moffen sie gezwungen haben. Alles haben wir organisiert, gestohlen! Entsetzlich, sie ist doch noch ein Kind; sie kann sich doch nie wieder erholen. Wenn ich darüber nachdenke, können wir uns auch nicht mehr erholen. Hier dürfen wir es nicht mehr riskieren, wir müssen in unser eigenes Land.

Gestern Abend war ich so entsetzlich niedergeschlagen, wollte alles hinwerfen und nach Palästina. Weg von hier, von diesem ganzen Dreck, wo solche schrecklichen Dinge vorgefallen sind. Nur eines dieser Dinge hat man mir genannt ... und das ist mehr als genug. Wann kommen wieder bessere Zeiten? Wozu ist das alles hier eigentlich gut, dieses Jammertal, durch das wir hindurch müssen? Nur, um sich einen Platz im Himmel zu verdienen?

Epilog

Als wieder Frieden war, machten wir uns auf die Suche nach einer Unterkunft. In unser Haus konnten wir nicht zurück, weil dort mehrere Familien wohnten, Flüchtlinge aus dem Süden des Landes oder so etwas. Nach einem Monat fanden wir etwas. Während der ganzen Zeit blieben wir also noch bei der Familie Zijlmans.

Inzwischen beendete ich die vierte Klasse der MMS, und zwar innerhalb eines Monats. Große Ferien! Frei!

Nach und nach bekamen wir Informationen über das Schicksal unserer Familienangehörigen: Unsere zwei Neffen und ihre Frauen waren ermordet worden. Tante Dora war weg, ebenso die beiden Brüder und Schwestern meines Vaters. Brams Eltern: Weg. Froukje und Borah kehrten glücklicherweise zurück. Inzwischen kamen die Soldaten der *Jewish Brigade*[104] nach Holland (vorher waren sie unter anderem in Italien und in Deutschland gewesen). An einem Samstagmorgen erzählten meine Eltern nach einem Besuch in der Synagoge (die inzwischen wieder geöffnet war), dort seien jüdische Soldaten aus Palästina gewesen. Ungläubig sagte ich: »Ihr meint sicher jüdische Soldaten aus Kanada oder Amerika.« Aber nein, wirklich aus Palästina. Das wurde für uns sehr wichtig. Sie kamen uns oft besuchen (wir waren die einzige »echte« Familie: Mann, Frau, zwei Töchter). Sie brachten uns Tee, Zucker und andere Lebensmittel; so konnten wir sie angemessen empfangen.

Wir bekamen auch Hebräischunterricht von diesen

Soldaten. Wir, das war eine Gruppe von etwa zehn jungen Leuten, die alle in Konzentrationslagern oder als Untergetauchte überlebt hatten. Das Problem war, dass die Soldaten nie lange in Holland blieben, sondern nach Belgien oder Frankreich weitergeschickt wurden. Deshalb fingen wir jedes Mal wieder mit derselben Grammatik von vorne an. Dafür hatte ich keine Zeit. Ich war inzwischen in die 5. (letzte) Klasse gekommen, stand also vor der Abschlussprüfung und musste noch viel aufholen. Deswegen ging ich nicht mit zu dem neuen Hebräischlehrer. Meine Schwester erzählte mir später, wir hätten jetzt einen so guten und freundlichen Lehrer. Also ging ich beim zweiten Mal mit. Um es kurz zu machen: Wir heirateten einen Tag, nachdem ich mein Abschlusszeugnis bekommen hatte ...

Wir zogen nach Jerusalem und wohnten bis zur Geburt meiner Tochter ein Jahr lang bei meinen Schwiegereltern. Sehr, sehr liebe Menschen waren das. Mein Mann, der bereits ein Studium als Elektroingenieur abgeschlossen hatte, fand Arbeit auf dem Flughafen. Sein einziger Bruder fiel noch vor dem Unabhängigkeitskrieg (1948). Wir bekamen noch zwei Söhne, haben 20 Enkel und (bis jetzt) mehr als 60 Urenkel. Was für ein Glück!

Mein Mann starb 2003. Wir hatten zusammen glückliche und interessante Jahre. Nun lebe ich schon 16 Jahre in einer Anliegerwohnung, und das Alter macht sich natürlich auch bemerkbar.

Für die Familie Zijlmans begann nach der Befreiung eine schwere Zeit. Ihr Sohn Aad wurde in Niederländisch-Indien (dem heutigen Indonesien) von den Japanern ermordet. Der jüngste Sohn, Canis, heiratete Pop (die damals wusste, dass wir uns bei der Familie versteckt hielten) und bekam sechs Kinder. Bob, der Maler, heiratete auch. Mies heiratete Ton und bekam einen

Sohn. Ton wurde nach Niederländisch-Indien geschickt und fiel dort. Mies lebte noch viele Jahre, bis sie eine Hirnblutung bekam. Wir hatten noch oft Kontakt zu ihr. Sie kam auch nach Israel und erhielt die Auszeichnung in Yad Vashem, die Auszeichnung »Gerechte unter den Völkern«, und man pflanzte in ihrem Namen einen Baum. Sie vertrat die Familie. Außerdem luden wir sie nach Washington ein, als wir dort ein Sabbatical verbrachten. Mutter Zijlmans starb bereits im August 1947, nachdem sie die Nachricht von Aads Tod erhalten hatte. Vater Zijlmans lebte noch bis 1964 und starb eines natürlichen Todes. Manus, Mies' erster Verlobter, heiratete eine sehr liebe Frau. Beide besuchten uns in Israel.

Bram, Ras Verlobter, bekam direkt nach dem Krieg einen Hirntumor und starb im Oktober 1946. Ra und ich hatten am selben Tag heiraten wollen, am 30. Juni 1946 ...

Ra reiste 1947 über Zypern nach Palästina (ab 1948 Israel) und gehörte zu den wenigen, denen die Flucht aus Zypern gelang. Sie arbeitete als Säuglingskrankenschwester und heiratete 1952, bekam zwei Kinder und starb 2003 in São Paulo.

Meine Eltern kamen 1949 nach Israel und wohnten in Jerusalem. Pa starb schon 1960, Ma 1985.

Carmela Mass (ehemals Carry Ulreich), im Januar 2016

Grundschulfoto von Carry Ulreich, 1934.

Vater Gustav Ulreich mit seinen Töchtern Rachel und Carry in Rotterdam.

Carry zu Beginn des Krieges.

Rachel kurz vor Kriegsausbruch.

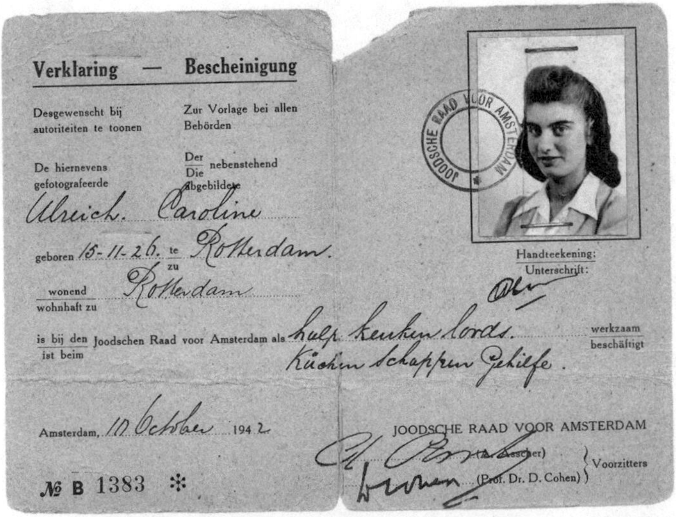
Verklaring — Bescheinigung

Desgewenscht bij autoriteiten te toonen

Zur Vorlage bei allen Behörden

De hiernevens gefotografeerde

Der / Die nebenstehend Abgebildete

Ulreich. Caroline

geboren 15-11-26. te / zu Rotterdam.

wonend / wohnhaft zu Rotterdam

is bij den / ist beim Joodschen Raad voor Amsterdam als hulp keuken lords. / Küchen Schappen Gehilfe. werkzaam / beschäftigt

Handteekening: / Unterschrift:

JOODSCHE RAAD VOOR AMSTERDAM

Amsterdam, 10 October 1942

JOODSCHE RAAD VOOR AMSTERDAM

(A. Asscher) / (Prof. Dr. D. Cohen) Voorzitters

№ B 1383

Bescheinigung, aus der hervorgeht, dass Carry Ulreich beim Amsterdamer Judenrat in Halle 24 als Küchenhilfe angestellt war.

Foto der Familie Zijlmans, aufgenommen Ende der dreißiger Jahre: in der Mitte Vater und Mutter Zijlmans, um sie herum angeordnet oben rechts Mies, unten rechts Bob, oben links Canis und unten links Aad.

Gustav und Anna Fanny Ulreich nach ihrer Ankunft in Israel.

Carry und Jonathan Mass in Jerusalem, 1947.

Familienfoto mit Carry und Jonathan Mass und Gustav und Anna Fanny Ulreich in Israel, im Vordergrund die Kinder Chawa und Daniel.

Foto zum 25. Hochzeitsjubiläum von Gustav und Anna Fanny Ulreich, Rotterdam 1947. Carry und Jonathan Mass sind bereits in Plästina und daher nicht anwesend. Am Tisch sind von links nach rechts zu sehen: Charlotte Ryndermann und Ehemann, Cor(ry) und Nico Nachtegall, Mutter Anna Fanny und Vater Gustav, Frau und Herr Szlama Rynderman. Hinter Anna Fanny Ulreich steht Lina Jungholz, hinter Gustav Ulreich Froukje de Lange und (nur halb zu sehen) Diny Hochfeld.

Carry Ulreich (Mitte) mit ihrer vielköpfigen Familie in Jerusalem.

Die 91-jährige Carry Ulreich, 2016 in Tel Aviv.

Hintergründe zum Tagebuch von Carry Ulreich

Bart Wallet

Das Tagebuch vermittelt ab 1941 einen Einblick in das Leben der jüdischen Jugendlichen Carry Ulreich aus Rotterdam. Bei Kriegsausbruch war sie vierzehn, bei der Befreiung hatte sie ihren achtzehnten Geburtstag bereits erlebt. Dazwischen liegt eine bewegte Phase jüdischen Lebens während der Besatzung – von ihrem sechzehnten Lebensjahr an – von gut drei Jahren des Überlebens im Versteck. Die Informationen, die Carry Ulreich festhält, sind oft detailliert, die Tatsachen werden sehr präzise wiedergegeben, und bei der Beschreibung ihrer Emotionen ist sie zurückhaltend und zugleich überzeugend. Einige der von ihr behandelten Themen weisen Berührungspunkte mit breiteren auf. Diese abschließende Betrachtung will zusätzliche Hintergrundinformationen bieten und zugleich zeigen, worin die Bedeutung des Tagebuches als Quelle für Mikrogeschichte und für das Beschreiben der Emotionen liegt, die der Krieg hervorrief. Vielleicht sogar mehr als andere Quellen helfen Tagebücher wie dieses, sich der Kriegsgeneration anzunähern: ihrer Sicht auf die Welt, ihrem täglichen Leben und ihren Ängsten und Sorgen.

Die Vertiefung dieser Themen wird durch die glücklichen Umstände begünstigt, dass nicht nur Carry Tagebücher führte. Auch ihre Schwester, Rachel Ulreich, machte ab dem 16. Dezember 1940 mit einiger Regelmäßigkeit Aufzeichnungen. Sie tat das seltener als ihre Schwester und arbeitete die Beschreibungen ihres Alltagslebens auch in geringerem Maße aus. Einen Grund dafür nannte sie gleich auf der ersten Seite: »Meine tiefsten Gedanken werden hier nicht niedergeschrieben werden, da es im ganzen Haus keinen Ort gibt, an dem nicht irgendwann einmal das Dienstmädchen, zurzeit eine gewisse Corrie, Staub wischt oder schrubbt und es finden kann oder es Carry in einem Moment der Langeweile lesen wird.« Diese Zurückhaltung macht aus Rachels Tagebuch eine gute Ergänzung von Carrys Beschreibung, zeigt aber für sich selbst genommen geringeren Tiefgang. Rachel nahm den letzten Tagebucheintrag am 5. Dezember 1946 vor.

Außer Carry und Rachel begann auch Vater Ulreich am 21. April 1944 mit einer Beschreibung der Kriegserfahrungen. Das tat er in der Form von zwei sehr ausführlichen Briefen in deutscher Sprache an seinen Bruder Adolf in New York. Neben dem Brief vom 21. April gab es einen weiteren, der auf den 9. Mai 1944 datiert ist. In beiden Fällen wurde über mehrere Monate an den Briefen gearbeitet. Der letzte endet mit einer Beschreibung des ersten Synagogengottesdienstes der Nachkriegszeit in Rotterdam am 12. Mai 1945. Selbstverständlich wurden diese Briefe erst nach dem Krieg an »Onkel Adolf« geschickt. Erwähnenswert ist dabei, dass Gustav ein breiteres Publikum im Auge hatte, als er sie verfasste. Rachel hält dazu fest: »Pa hat während des Untertauchens alles aufgeschrieben und hofft, es in Amerika bei Onkel Adolf veröffentlichen zu können.«[105]

Wie Carry in ihrem Yad Vashem-Interview berichtete, machte auch der Vater der Untertauchfamilie, »Pa II« – Vater Zijlmans –, täglich Aufzeichnungen. Dadurch muss sich ein besonderer zusätzlicher Blick auf die drei Jahre im Versteck der Familie Ulreich ergeben, und zwar aus der Perspektive derjenigen, die ihr Leben riskierten, um fünf Juden zu retten. Leider ist es noch nicht gelungen, auch dieses Tagebuch zu lokalisieren.

Im Übrigen stellte das Tagebuchschreiben während des Krieges für viele eine Möglichkeit dar, die umwälzenden Ereignisse zu verarbeiten und zu dokumentieren. Deswegen sind verhältnismäßig viele dieser Selbstzeugnisse entstanden. Im Fall der Untergetauchten ist dabei außerdem von Bedeutung, dass es ein ausgezeichneter Zeitvertreib war, mit dem sie ihre Tage füllten. Übrigens gab es schon früh ein breites Verständnis für die Bedeutung von Tagebüchern. Minister Gerrit Bolkestein rief am 28. März 1944 über den Sender Oranje aus London das niederländische Volk dazu auf, Tagebücher und ähnliche Dokumente aufzubewahren, damit diese nach der Befreiung als Quellen dienen könnten, um zu rekonstruieren, was genau vorgefallen war. Diesen Aufruf nahm Anne Frank zum Anlass, ihr Tagebuch umzuschreiben. Wahrscheinlich ist es auch kein völliger Zufall, dass Vater Ulreich einen Monat später mit seinem Bericht über den Krieg begann.

Zusammen mit diversem Archivmaterial versetzen uns die verschiedenen Tagebücher in die Lage, ein differenzierteres Bild der Art und Weise zu erhalten, wie es der Familie Ulreich zusammen mit Bram de Lange gelang, den Krieg zu überleben. Über das Prisma dieser fünf Menschen erschließt sich außerdem die breitere Geschichte der Rotterdamer und der Hafenstadt in den Jahren 1940 bis 1945.

Die Familie Ulreich

Carry – offiziell Caroline – wurde am 15. November 1926 in Rotterdam geboren. Diese Stadt stellte die Kulisse für ihre Jugend dar, beeinflusste ihre Erfahrungen und formte ihren Horizont. Sie sah sich selbst als durchschnittliches Rotterdamer Mädchen, besuchte die öffentliche Grundschule und später die Weiterführende Mädchenschule genau schräg gegenüber ihres Wohnhauses an der Witte de Withstraat 59a. Gleichzeitig waren sie Teil einer klar definierten Subkultur innerhalb der Stadt, obwohl diese Grenzen in der Generation von Rachel und Carry sicher sehr fließend waren. Die Ulreichs waren eine Migrantenfamilie und gehörten zur Jüdischen Gemeinde in der Hafenstadt.

Vater Ulreich wurde am 2. April 1891 als Getzel im galizischen Zagórze geboren, damals Teil des österreichungarischen Reiches. Der kleine Ort Zagórze, in der Region Chrzanów (Krenau) lag 36 Kilometer von Krakau und zwanzig Kilometer von dem später so berüchtigten Auschwitz entfernt. Er wuchs in einem orthodoxen Milieu auf, in dem hauptsächlich Jiddisch gesprochen wurde. Wie viele andere osteuropäische Juden veranlasste der Erste Weltkrieg auch Getzel zu flüchten und sich einen sicheren Ort zu suchen, an dem er eine Familie gründen konnte. Im Jahr 1919 ließ er sich in Rotterdam nieder, wo er als Schneider arbeitete. Nur wenig später, im Jahr 1924, erhielt er die niederländische Staatsbürgerschaft. Darauf war er besonders stolz und fühlte eine starke Verbundenheit zu seinem neuen Vaterland.

Seine Ehefrau holte er sich dennoch aus der alten Heimat: eine entfernte Cousine, Anna Fanny Gottlieb, mit der er zuerst eine Korrespondenz führte. Im Jahr 1922 reiste Getzel, der sich in den Niederlanden inzwischen Gustav nannte, nach Polen, heiratete dort und nahm seine Frau mit nach Rotterdam. Anna Fanny, geboren am 16. April 1896, stammte aus einer Familie assimilierter Juden aus Krakau. Sie gehörte zu der relativ kleinen

Gruppe polnischer Juden, die im täglichen Umgang nicht die jiddische, sondern die polnische Sprache verwendeten. Diese Identifikation mit Polen zeigt sich auch in der Tatsache, dass ihre beiden Brüder – Iziu und Maurycy (Letzterer wird im Tagebuch vertraulich Mondek genannt) – im polnischen Heer dienten. Anna Fanny lässt sich in den Niederlanden auch gern Anja nennen.

Im Hause Ulreich sprach man hauptsächlich Niederländisch. Rachel – geboren in Rotterdam am 21. November 1922 – und Carry sollten eine so normale niederländische Erziehung erhalten wie möglich. Nur die Mutter sprach mit einiger Regelmäßigkeit Polnisch mit ihnen. Das war im Hinblick auf die jährlichen Sommerferien nützlich, denn dann reiste die Familie nach Polen, um die Familien Ulreich und Gottlieb zu besuchen. Aus dem Tagebuch lässt sich auch eine gewisse Vertrautheit mit dem Polnischen und mit der polnischen Geografie erschließen. Den Radionachrichten über Polen wurde mit besonderer Aufmerksamkeit gelauscht, weil man ja wusste, dass viele Familienangehörige noch immer dort wohnten.

Im Jahr 1938 kam die Schwester der Mutter, Tante Dora Gottlieb, zu Besuch nach Rotterdam. Wegen des plötzlichen Kriegsausbruchs zwischen Nazideutschland und Polen am 1. September 1939 konnte sie nicht mehr in ihre Heimat zurückkehren und blieb bei der Familie Ulreich. Daran änderte sich bis 1941 nichts; dann bestimmten die deutschen Besatzer, dass keine ausländischen Juden mehr in Rotterdam wohnen durften. Tante Dora zog daraufhin nach Utrecht, wo Anna Fanny sie jeden Sonntag besuchte. Carrys Tagebuch ist zu entnehmen, dass auch sie hin und wieder zu ihrer Tante fuhr.

Auch zwei Neffen von Gustav kamen in die Niederlande. Sie wohnten erst bei der Familie Ulreich und erlernten bei Gustav das Textilfach. Schließlich ließen sie sich in Amsterdam nieder, hielten jedoch engen Kontakt zu den Rotterdamer Angehörigen. In Carrys Tagebuch kommen sie dementsprechend mit einiger Regelmäßigkeit zur Sprache: Juchoes und Peretz Hochfeld. Sie waren die Söhne eines Bruders von Gustav. Mit Nachnamen ging man in der Familie flexibel um: Neben Ulreich begegnet man auch Ohrfeld und Hochfeld.

Gustav begann als »Damenschneider nach Maß« und baute diese Fertigkeit zu einem Atelier für die Anfertigung von Konfektionskleidung aus. Darüber hinaus entwarf er Kleidungsstücke. Im Hinblick auf die Wahl seiner Geschäftspartner bewies Gustav nicht immer eine glückliche Hand. Im Jahr 1928 hatte ein sechzigjähriger Mann, der 24 Mäntel bei Damen in der Stadt hätte abliefern sollen, diese unterschlagen. Vor dem Richter behauptete der Mann, er sei betrunken gewesen, und Ulreich hätte ihm die Mäntel in diesem Zustand nicht mitgeben dürfen. Der Richter zeigte allerdings nur wenig Milde und verurteilte den Mann zu einem Jahr Gefängnis.[106] Inzwischen vergrößerte Gustav mit Erfolg seinen Betrieb, und vor Kriegsausbruch gehörte unter anderem das niederländische Heer zu seinen Auftraggebern.

Das jüdische Rotterdam

Am Vorabend des Zweiten Weltkriegs wohnten 13 000 Juden in der Hafenstadt. Zusammen bilden sie die dritte Jüdische Gemeinde des Landes, nach Amsterdam und Den Haag. Es war eine typische niederländisch-jüdische Gemeinde: Obwohl unter den Rotterdamer Juden eine große Vielfalt bestand, von besonders liberal bis hin zu streng orthodox, gehörten fast alle dieser einen Niederländisch-Israelitischen Gemeinde (NIG) Rotterdam an. Es handelte sich um eine sogenannte Einheitsgemeinde: Die formale Identität der NIG war orthodox, es blieb den Mitgliedern jedoch freigestellt, ihr Leben der eigenen Überzeugung nach auszurichten. Allerdings war das Rabbinat orthodox, und die Synagogengottesdienste wurden dem orthodoxen Ritus entsprechend abgehalten. Die Vorstandsmitglieder der NIG, häufig prominente Juden aus dem Geschäftsleben und der intellektuellen Elite, brauchten allerdings selbst nicht fromm zu leben. Selbstverständlich unterstützten sie es trotzdem, dass die NIG-Einheitsgemeinde die Orthodoxie vertrat und in der Synagoge auch handhabte.

Auf diese Einheitsidentität waren die niederländischen Juden besonders stolz. In anderen Ländern Europas waren im Laufe des neunzehnten Jahrhunderts die jüdischen Gemeinschaften in orthodoxe, konservative und liberale Gemeinden zerfallen, und man führte heftige ideologische Debatten. Über die niederländische Formel der gemäßigten Orthodoxie gelang es jedoch, alle Juden in dieser einen jüdischen Gemeinschaft zusammenzuhalten. Sowohl das liberale Judentum als auch die Ultraorthodoxie wurden als extreme Varianten und als Bedrohung für die Einheit betrachtet.

Die Migration deutscher und osteuropäischer Juden in die Niederlande ab 1881 – der ersten Pogromwelle im Russischen Reich – wurde mit dem entsprechenden Argwohn verfolgt. Immerhin waren die Einwanderer mit anderen Formen des Judentums vertraut und brachten diese mit in die Niederlande. Vor allem in Rotterdam wurden die osteuropäischen Juden deutlich auffällig. Die Stadt gehörte zu den wichtigsten Hafenstädten, von der aus Zehntausende osteuropäische Juden in die Vereinigten Staaten und nach Südamerika emigrierten.

Häufig blieben diese Transmigranten für einige Zeit in der Stadt; jüdische Hilfsorganisationen gewährten ihnen Unterstützung und Betreuung, und sie besuchten die Rotterdamer Synagogen. Ein Teil von ihnen beschloss, sich langfristig in Rotterdam niederzulassen und bildete in der Stadt eine ostjüdische Subkultur.

Davon machte auch die Familie Ulreich einen Teil aus. Der Freundeskreis der Ulreichs, das wird in Carrys Tagebuch deutlich, setzte sich zu einem großen Teil aus anderen Ostjuden zusammen. So finden die Familien Bialer, Rynderman, Taub, Herschberg und Meerschwafm Erwähnung. Man sprach abwechselnd Jiddisch, Polnisch und Niederländisch. Die Ostjuden wurden Teil der NIG und richteten sich nach dem niederländisch-jüdischen Modell. Sie akzeptierten die Regeln des Rotterdamer Oberrabbiners; seit 1930 hatte der beliebte Zionist A.B.N. Davids diese Position inne. Dennoch wurden außer den offiziellen NIG-Synagogen an den Adressen De Boompjes und Gedempte Botersloot eigene Synagogen gegründet. Die holländischen Synagogengottesdienste empfand man als zu steif, zu »protestantisch«, und außerdem gab es Unterschiede in der Aussprache des Hebräischen und bei den Melodien, auf deren Basis man die Gebete sprach. Ab 1894 schloss man sich zu der Vereinigung »Agudas Achim« zusammen, und 1928 gründete man eine eigene Synagoge in der Kipstraat 76. Dort waren die Ostjuden »unter sich«, sangen die vertrauten Gebete und konnten an den jüdischen Fest- und Gedenktagen offen ihre Gefühle zeigen.

Auch die Familie Ulreich besuchte regelmäßig die Synagoge in der Kipstraat. Obwohl sich die Familie streng an die Speisegesetze (die Kaschrut) hielt und nach dem jüdischen Kalender lebte, fanden die Synagogenbesuche nicht wöchentlich statt. Am Freitagabend wurde der Tradition entsprechend der Sabbat gefeiert, doch am Samstagmorgen musste Vater Ulreich arbeiten, und seine Töchter Rachel und Carry gingen in die Schule. Allerdings schrieben sie dort nicht, denn das gehört zu den Aktivitäten, die am Sabbat nicht gestattet sind. Als Rachel ins Arbeitsleben eintrat, musste auch sie sich anpassen: »Im Büro ist immer viel los, zu meinem großen Bedauern müssen wir sogar am Samstagnachmittag (Sabbat) arbeiten!«[107] Mit dieser traditionellen, aber nicht strengen Lebensweise, die in gewisser Weise auch einen Kompromiss zwischen dem orthodox erzogenen Gustav und der assimilierten Anna Fanny darstellte, hatten sich die Ulreichs an das angepasst, was unter den meisten niederländischen Juden üblich war.

Ihr soziales Leben spielte sich dementsprechend größtenteils in »den eigenen Kreisen« ab. Seit 1936 gab es in Rotterdam einen Ostjüdischen Verbund, dessen Vorstandsmitglieder aus dem Freundeskreis der Ulreichs stammten. Der Verbund organisierte Lesungen über Literatur und interessante aktuelle Entwicklungen im Judentum, man organisierte jüdische Theaterabende, hatte am Hofplein 6 ein gut besuchtes Clubhaus und eine Bibliothek mit jiddischen Büchern und Zeitungen. In zunehmendem Maße spielte der Ostjüdische Verbund auch bei der Hilfe für Juden eine Rolle, die in Deutschland und Osteuropa unter dem aufkommenden Nationalsozialismus zu leiden hatten. Als eines der Mitglieder des Komitees, das am 31. März 1940 eine »Wohltätigkeitssoiree« im Grote Doelenzaal veranstaltete, setzte sich Vater Ulreich ebenfalls dafür ein. Die Einnahmen kamen zur Gänze den polnisch-jüdischen Flüchtlingen zugute. Auf dem Programm standen sowohl Opernmusik als auch Musik aus dem Synagogengottesdienst.[108]

Zionismus

In den Augen der niederländischen Juden stellten die Niederlande ein ganz besonderes Land dar: das klassische Land der Freiheit und der Toleranz. Von dem Moment an, als sich Juden im frühen sechzehnten Jahrhundert in der niederländischen Republik niederließen, hatten sie keine Verfolgungen mehr erlebt. Außerdem hatte man ihnen bereits 1796 dieselben Rechte zuerkannt wie den anderen Einwohnern des Landes. Zusammen mit einer tief empfundenen Liebe zum Königshaus von Oranien stellte dies im neunzehnten Jahrhundert den Nährboden für eine jüdische Form des niederländischen Nationalismus dar. Gemäßigte Orthodoxie und Niederländertum gingen Hand in Hand und prägten die Identität der niederländischen Juden.

In diesem Kontext konnte der Zionismus, der mit dem Ende des neunzehnten Jahrhunderts aufkam, nur mit wenig Sympathie rechnen. Die Idee, Juden müssten Europa verlassen, um sich in Palästina ein eigenes Heimatland aufzubauen, wurde als Verrat am Niederländischsein betrachtet. Außerdem, so ergänzten die meisten Rabbiner, sei das selbstständige Tätigwerden, um einen jüdischen Staat zu verwirklichen, ein unerlaubtes Vorgreifen auf die messianische Zukunft. Erst bei Ankunft des Messias sollten die Juden die Orte ihrer Verbannung verlassen und ins Heilige Land zurückkehren.

Dadurch blieb der Zionismus in den Niederlanden eine relativ kleine Bewegung. In den ostjüdischen Gemeinden des Landes gab es allerdings viel größere Sympathie dafür. Das ergab sich aus einer tiefverwurzelten Überzeugung, dass eine Lösung für die so schwierige Position der Juden in Osteuropa gefunden werden müsse, aber auch aus der Erkenntnis, dass sich die Juden in eigenen politischen Bewegungen organisieren sollten. Während in den Dreißigerjahren des zwanzigsten Jahrhunderts der Druck auf die Juden in Deutschland und Osteuropa zunahm, wuchs zugleich auch die Unterstützung für den Zionismus in den Niederlanden. Vor allem jüngere Menschen aus Familien mit einem stark ausgeprägten Bewusstsein für ihre jüdische Identität schlossen sich an.

Im ganzen Land entstanden zionistische Jugendbewegungen, die gemeinsam die Jüdische Jugendföderation bildeten. Eine der ältesten Vereinigungen, der Amsterdamer Zichron Ja'akow, stellte für viele andere Orte eine Inspiration dar. Der »Zichron« hatte ein Programm entwickelt, dessen Mittelpunkt die zionistische Erziehung darstellte: das Erlernen der modernen hebräischen Sprache, »Palästinakunde«, damit man das Land kennenlernte, ideologisch angehauchte Lesungen, Musik und Tanz. Dahinter stand der Gedanke, man bereite die Jugend so auf ein Leben in Palästina vor. Zugleich stellten die Jugendbewegungen einen Schritt auf dem Weg zur nächsten Phase dar: die Hachschara. Im Rahmen dieses Programms erfolgte in den Niederlanden die Unterweisung in der Landwirtschaft, sodass neben ideologischer Ausbildung auch praktische Kenntnisse vermittelt wurden, die man nach der Emigration zum Einsatz würde bringen können.

Die Schwestern Ulreich schlossen sich der zionistischen Jugendvereinigung von Rotterdam Ha Awoda (»Die Arbeit«) an. Auch sie folgten dem vom Zichron vorgelegten Programm. Dem Tagebuch lässt sich entnehmen, dass diese Jugendbewegung beiden Schwestern einen Freundeskreis verschaffte, der von einem gemeinsam gepflegten Ideal zusammengehalten wurde. Wie die Ulreichs war ein Teil der Jugendlichen osteuropäischer Herkunft. Allerdings stammte die Mehrheit aus »gefestigten« Rotterdamer jüdischen Familien wie der Familie Wijlers. Auf diese Weise schlug der Zionismus eine Brücke zwischen ursprünglich niederländisch-jüdischen, ostjüdischen und einigen deutsch-jüdischen Jugendlichen.

In Carry Ulreichs Tagebuch zeigt sich, dass das zionistische Vereinsleben, auch nach dem Verbot im Herbst 1941, im Geheimen noch längere Zeit weitergeführt wurde. Man wählte neue Vorstände, organisierte Lesungen und Kinderprogramme. Im Januar 1941 wählte man Rachel als Sekretärin in den Vorstand der Ha Awoda. Deren Verbot schlug ein wie eine Bombe, die Schwester schrieb: »Bin völlig perplex. Ali Wolf rief an und sagte: Weißt du es schon? Nein, sagte ich. Ha Awoda ist verboten worden. Alles auf einen Schlag vernichtet! Wirklich eine große Veränderung, etwas ist kaputtgegangen. Gerade lief alles so gut. Die Fahrradtour am Sonntag findet nicht statt, Kinnus [Versammlung] auch nicht. Alles weg. Ich habe deswegen sogar kurz geweint.«[109]

Am 5. September 1941 schreibt Rachel in ihr Tagebuch, dass das Programm und die Kurse trotz des Verbots einfach weiterlaufen. Auch Hebräisch wird ohne Einschränkungen weiter unterrichtet. Rachel beschreibt, wie sie zusammen mit Carry zu den Hebräischstunden in die Hamerkaz-Synagoge im Walenburgerweg 78 in der Nachbarschaft ging. Die gab Greet Vleeschhouwer, die die Mädchen bereits aus dem jüdischen Unterricht der NIG kannten und der Carry am Jüdischen Lyzeum erneut begegnete. Ein neues Element der Ha Awoda bestand darüber hinaus darin, dass ein Bestandteil der Hachschara in das Programm aufgenommen wurde: Man organisierte nun einen Gartenbaukurs. Dass von diesem zionistischen Engagement eine gewisse Anziehungskraft auf andere jüdische Jugendliche ausging, zeigt sich deutlich, als Carry von interessierten Mitschülern am Jüdischen Lyzeum berichtet. Die zionistische Jugendbewegung sorgte auch für Kontakte im ganzen Land: In ihren Tagebüchern halten Carry und Rachel fest, dass es Tagesausflüge, Aktivitäten, Distriktversammlungen und zionistische Freunde in Den Haag, Scheveningen und Utrecht gab.

Krieg

Im August 1939 besuchten Vater und Mutter Ulreich Onkel Adolf in den Vereinigten Staaten. Dort sprachen sie ausführlich über die Situation in Europa und äußerten die Angst, dass auch die Niederlande von den Nazis überrannt werden könnte. Als Resultat dieses Besuchs beschloss man, Visa zu organisieren, um eventuell in die Vereinigten Staaten zu emigrieren. Das verlief nicht ohne gewisse Auseinandersetzungen: Gustav und Anna Fanny wollten am liebsten so schnell wie möglich aufbrechen, Rachel dagegen war nicht dazu bereit. Sie hatte ihre sämtlichen Freunde in den Niederlanden und wollte nicht weg. Noch im Mai 1941 rief sie während einer Diskussion erregt aus: »Ich will nicht in ein fremdes Land, außer nach Palästina.«[110] Inzwischen wurden nach dem deutschen Einfall in Norwegen – am 8. April 1940 – alle notwendigen Formulare ausgefüllt, und man erhielt die Aufforderung des amerikanischen Konsulats in Rotterdam, am 17. Mai 1940 die Visa abzuholen. Am 10. Mai brach jedoch der Krieg aus, und alle Dokumente für die Familie Ulreich fielen einem Brand zum Opfer.

In einem Brief an seinen Bruder Adolf berichtet Gustav, wie die Familie die ersten Kriegstage erlebt hat. Der Schock war groß, im Schneideratelier wurde nicht gearbeitet. Voller Aufmerksamkeit verfolgte man die Nachrichten. Die befreundete Familie Taub fürchtete sich und zog für einige Zeit zu den Ulreichs. Auf der Straße wurde Gustav von einem alten Mann für einen Deutschen gehalten. Der zeigte ihn an, und die Polizei holte Gustav ab, um die Sache auf der Polizeistation genauer zu untersuchen. Innerhalb einer Viertelstunde hatte sich geklärt, dass er die niederländische Staatsangehörigkeit besaß, und Gustav war wieder frei. Er nahm die Sache leicht und konnte sogar über den Vorfall lachen.

Durch die Bombardierung wurde die Familie unmittelbar mit dem Krieg konfrontiert. Glücklicherweise waren gerade alle nach Hause gekommen, als die deutschen Flugzeuge die ersten Bomben über der Rotterdamer Innenstadt abwarfen. Der Lärm war ohrenbetäubend, das Haus wackelte und bebte, eine Fensterscheibe zerbrach. Während einer kurzen Pause nutzte die Familie die Gelegenheit, das Haus zu verlassen und zusammen mit zahllosen Nachbarn in den nahegelegenen Museumspark zu rennen. Im Museum Boijmans gab es Schutzräume, das war bekannt. Von dort aus beobachteten sie, wie die Bombardierung fortgesetzt wurde und die Flammen um sich griffen. Ob ihr eigenes Haus inzwischen getroffen worden war, wussten sie nicht.

Nach dem Ende des Angriffs begannen die Hilfsaktivitäten. 80 000 Rotterdamer waren obdachlos geworden. Jeder aus dem Park wurde an verschiedenen Orten anderswo in der Stadt untergebracht. Der Familie Ulreich wies man eine Übernachtungsmöglichkeit in einem Schulgebäude in Schiedam zu. Dort verbrachten sie einige Tage. Am zweiten Tag wagte es Gustav, hinzugehen und nachzuschauen, wie viel ihre Straße, die Witte de Withstraat, wohl abbekommen hatte. Schon als er in die Straße einbiegen wollte, hielt man ihn zurück. Die

Lösch-, Bergungs- und Rettungsarbeiten liefen noch immer. Es gelang Gustav, über einen Umweg durch den Garten trotzdem sein Haus zu erreichen. Außer Schäden an den Fenstern war es verschont geblieben, wie sich herausstellte. Sogar das Mittagessen stand noch auf dem Tisch. Fünfzig Meter vom Haus entfernt war das Flammenmeer zum Stillstand gekommen.

Nach fünf Tagen durfte die Familie in ihr Haus zurückkehren. Dort wurden die Ulreichs anschließend Zeugen, wie die deutschen Besatzer die Stadt in Besitz nahmen. Während der ersten Monate ließen die Besatzer die Juden noch in Ruhe, aber im Sommer 1940 begann die Einführung antijüdischer Maßnahmen. Die folgten seitdem in hohem Tempo aufeinander: Carrys Tagebuch dokumentiert verschiedene von ihnen, vom obligatorischen Tragen des sogenannten Judensterns bis hin zu besonderen Uhrzeiten, zu denen Juden ausschließlich noch Einkäufe erledigen durften, und dem Verbot des regulären Unterrichts für Juden.

Für Carry bedeutete diese letztgenannte Maßnahme, dass sie die Weiterführende Mädchenschule genau gegenüber ihrem Wohnhaus verlassen musste und ab diesem Zeitpunkt auf das Jüdische Lyzeum ging. Alle jüdischen Schüler, die ein Gymnasium, eine HBS oder eine weiterführende Schule besucht haben, wurden dort von jüdischen Lehrern unterrichtet, die man ebenfalls aus ihren Schulen verbannt hatte. Ihre Schwester Rachel war davon sehr beeindruckt: »Am Donnerstag beginnt der Unterricht an den höheren [jüdischen] Schulen. Unsere liebe kluge Carry wird wahrscheinlich in eine Klasse tiefer gesteckt. Jetzt beginne ich den Zustand zu begreifen, jetzt, wo ich ihn am eigenen Leib erlebe. Ich finde es schrecklich. Jetzt hat sie erst zwei Jahre hinter sich.«[111]

Die Haltung der Nichtjuden wird in den Tagebüchern der Familie Ulreich mehrfach beschrieben. Im Allgemeinen sind es lobende Äußerungen: »Christen sehr, sehr mitfühlend«, hält Rachel fest, nachdem sie über eine ganze Serie antijüdischer Maßnahmen berichtet hat. »War ein paar Tage ganz außer mir. Chef zu Besuch, freundlich und lieb.«[112] Auch Vater Ulreich betonte diese Einschätzung in seinem Brief an Bruder Adolf. Gleichzeitig wusste die Familie, dass es auch Kollaboration gab. Ihr eigenes Dienstmädchen hegte Sympathien für die Nationalsozialisten und hatte einen niederländischen Freund, der zur SS gehörte. Sie erschien persönlich, um der Familie mitzuteilen, dass sie nicht länger bei Juden arbeiten wollte. Auch verschiedene Nachbarn der Familie Ulreich hatten sich der NSB angeschlossen, und deswegen war die Angst vor Spitzeln groß. Rachel geht darauf in einer Passage genauer ein und verweist in diesem Zusammenhang auf ein Ereignis, das Carry auch beschrieben hat: »Um elf Uhr abends saßen Carry und ich in der Wanne, hatten jedoch trotz der vorangeschrittenen Zeit ein wenig Spaß. Plötzlich schiebt eine NSBlerin (Nationalsozialistin) ein Fenster auf, und eine Stimme ruft: ›Wir werden euch nach Polen schicken.‹ Zufällig waren andere jüdische Nachbarn durch einen NSBler verraten worden, und Carry und ich hatten Todesangst. Ich kaufte Blumen und wollte es auf diese Weise wiedergutmachen, aber die Nachbarn rieten uns davon ab, und bei genauerem Nachdenken war es auch idiotisch. Glücklicherweise haben sie es nicht getan.«[113]

In der Zwischenzeit versuchte man, das Leben so normal wie möglich fortzuführen. Aus Carrys Tagebuch geht das deutlich hervor: Eine Feier folgte der anderen. Weil die Kontakte zu nichtjüdischen Altersgenossen immer schwieriger wurden, schloss sich die jüdische Jugend nur enger zusammen. Auch hörten sie sich zusammen Grammophonplatten an, lasen Bücher und radelten (bis die Fahrräder abgegeben werden mussten) durch die Stadt. Solange das den Juden erlaubt war, besuchte man bei schönem Wetter den Strand von Scheveningen.

Der Judenrat von Rotterdam

Als Ende Juli 1942 die Deportationen der Juden aus Rotterdam begannen, versuchten viele, eine sogenannte Sperre zu erhalten. Dabei handelte es sich um einen speziellen Stempel im Ausweis, der angab, dass die betreffende Person noch nicht deportiert werden durfte. Durch eine Sperre erlangte man die Freistellung bis auf Weiteres. Diese konnte aus verschiedenen Gründen erteilt werden. So gab es Listen mit Juden, die wegen ihrer Bedeutung für Kultur und Zusammenleben noch nicht deportiert wurden (die sogenannte Barneveld-Liste, auf der auch die Angehörigen der Rotterdamer Familie Wijler standen), es gab eine Liste für portugiesische Juden, die ihre jüdische Abstammung bestritten (die Calmeyer-Liste), eine Liste getaufter Juden und eine Liste von Zionisten, denen man vorspielte, sie dürften nach Palästina abreisen.

Auch die Familie Ulreich, die den Ernst der Deportationen und das Schicksal, das die Juden in Polen erwartete, früh begriff, machte sich auf die Suche nach Sperren. Vater Gustav, Rachel und Carry gelang es, Anstellungen im Rotterdamer Büro des Judenrats zu erhalten. Sie fielen damit unter das plötzliche Anwachsen der Mitarbeiteranzahl von 20 auf 400. Ein Gehalt bekamen sie dafür nicht, aber weil sich so die Deportation aufschieben ließ, beschwerte sich darüber niemand.

Der Judenrat stellte ein neues Phänomen dar. Die NIG war immer als repräsentative Instanz der Rotterdamer Jüdischen Gemeinde aufgetreten. Im Herbst 1940 wurde allerdings parallel zu vergleichbaren Initiativen anderswo im Land eine jüdische Koordinationskommission gegründet. Diese sollte den Juden in diesen besonderen Zeiten mit Rat zur Seite stehen und ihnen die Richtung weisen. Der Apotheker Dr. Hendrik Cohen, der Advokat, Anwalt und Magister des Rechts Mark Louis van den Berg und der zionistische Jurist Magister des Rechts Jacob Slijper standen dieser Kommission vor. Weil die verschiedenen Kommissionen den Nazis zufolge zu unabhängig voneinander operierten, befahlen sie die Einrichtung eines Judenrates. Auch in anderen Ländern Europas wurde dieses Konzept ausprobiert: eine übergeordnete Leitung für alle Juden, der man immer neue Aufgaben zuschob. Dadurch, dass Juden aus der normalen Gesellschaft verdrängt wurden, landeten sie in der eigenen jüdischen Atmosphäre. Dem Judenrat fiel so die Verantwortung für den Unterricht jüdischer Kinder und Jugendlicher zu, für das jüdische kulturelle Leben, die Sorge für Kranke und Alte und das Erteilen von Beistand für diejenigen, die durch die antijüdischen Maßnahmen Arbeitsstelle und Wohnung verloren. Als die Deportationen begannen, erhielt der Judenrat eine entscheidende Rolle bei deren Organisation.

Im Prinzip waren die verschiedenen örtlichen Judenräte voneinander unabhängig, doch in der Praxis kam dem Amsterdamer Judenrat eine zentrale Rolle zu. Im Oktober 1941 musste sich die Jüdische Kontrollkommission im Judenrat des Büros Rotterdam auflösen. Obwohl die Vorstandsmitglieder dieselben blieben, lag die Leitung nun ganz in den Händen der Nazis. Der Judenrat musste die Befehle der Besatzer ausführen. Die Leiter gingen davon aus, man werde durch Kooperation die Folgen dieser Maßnahmen zumindest in gewisser Weise mildern können. Diese Haltung sorgte bereits während des Krieges für heftige Diskussionen, auch innerhalb der Familie Ulreich. Die Mutter war eine entschiedene Gegnerin, doch die anderen Familienmitglieder gaben dem Judenrat eine Chance und fühlten sich – zumindest bis auf Weiteres – durch die damit verbundene Sperre geschützt.

Der Rotterdamer Judenrat setzte sich aus vier Abteilungen zusammen: Information, Versorgung, dem sogenannten Hallendienst und Soziale Unterstützung. Die Abteilung Information gab die Maßregeln der Besatzer bekannt und half den Juden dabei, dem Weg durch die damit verbundene Bürokratie zu folgen. Der Versorgungsdienst begleitete diejenigen, die einen Aufruf erhalten hatten, bei den Vorbereitungen, lieferte Kleidung und hatte ein eigenes Atelier, in dem man Kleider und Schuhe anfertigen lassen konnte. Außerdem sorgte dieser Dienst für die Verschickung von Lebensmittelpaketen an deportierte Rotterdamer, vor allem nach Westerbork. Der »Hallendienst« befasste sich mit der eigentlichen Deportation. Die Halle 24 am Stieltjesplein, zwischen dem Eisenbahn- und dem Binnenhafen, war zu dem Ort bestimmt worden, an dem man die Rotterdamer Juden sammelte. Von dort aus schickte man sie nach Westerbork und Vught. Die Abteilung Soziale Unterstützung schließlich half Armen, Kranken und denjenigen, die ihre Arbeitsstelle verloren hatten und nicht selbst für ihren Lebensunterhalt aufkommen konnten. Von besonderer Bedeutung ist, dass die Soziale Unterstützung über eine illegale Abteilung verfügte, die Untergetauchten half.

Als selbstständiger Unternehmer hatte Vater Gustav

inzwischen seinen Betrieb verloren. Das machte ihn besonders verletzlich, was die Deportation betraf. Einem Aufruf für ein Arbeitslager, den er zusammen mit anderen arbeitslosen jüdischen Männern in Rotterdam erhielt, entkam er nur sehr knapp. Er meldete sich krank und bekam mit Mühe von seinem Hausarzt eine Bescheinigung darüber, dass er wegen Rheuma das Bett nicht verlassen konnte. Eigentlich wollte ihn der Arzt ins Lager schicken, aber Mutter Anna Fanny beschwor ihn eindringlich: »Auf welcher Seite stehen Sie denn, auf unserer oder auf der deutschen?« Er erwiderte nichts, sondern stellte den Krankenschein aus.

Seine Erfahrung als Schneider kam Gustav sehr zugute. Er erhielt eine Funktion im Kleidungsatelier des Judenrates und half denjenigen, die einen Aufruf erhalten hatten, ihre Kleidung in Ordnung zu bringen. Rachel durfte nicht länger im Büro des Vereinigten Brennstoffhandels arbeiten, obwohl man dort aus Solidarität weiterhin ihr Gehalt zahlte. Sie bekam jetzt eine administrative Funktion beim Judenrat, der seinen Hauptsitz ab dem 16. März 1942 am Essenburgsingel 24b hatte und dessen Sekretariat sich in der Schule in der Molenwaterstraat befand. Auf Rachels Karte vom Judenrat stand, dass sie ab dem 20. Juli 1942 Schreibmaschinenkraft für die »Informationsabteilung Ost« war. Carry landete beim Dienst am Stieltjesplein und beschreibt in ihrem Tagebuch auf bestürzende Weise, wie die erste Deportation am 30. Juli 1942 ablief. Damals wurden etwa 1120 Personen in Waggons verladen, die daraufhin nach Westerbork fuhren. Carrys Aufgabe bestand darin, sich um die Leute zu kümmern, ihnen Kaffee und Tee anzubieten und den Kindern zu helfen. Später arbeitete sie als Kurier und lieferte Briefe des Judenrates aus.

Im Sommer 1942 fanden die großen Deportationen

der Juden aus der Region Zuid-Holland/Zuid von der Halle 24 aus statt. Mit jedem Aufruf meldeten sich weniger Juden. Viele erschienen nicht am Ort der Deportation und suchten verzweifelt nach einem Ausweg. Wer über gute Beziehungen verfügte, versuchte unterzutauchen. Mit dem Abnehmen der Anzahl der Juden, die man weiterschicken konnte, begann auch der Personalabbau beim Judenrat. Das bedeutete, dass ein Teil seine Sperre verlieren und danach selbst würde deportiert werden können. Da die Ulreichs sich in der Rangordnung relativ weit unten befanden, gehörten sie zu den ersten, die ihre Sperre wieder verloren. Ein Trumpf blieb ihnen allerdings: Die Schwester von Bram de Lange, mit dem Rachel seit Juli 1942 verlobt war, hatte beim Amsterdamer Judenrat als Sekretärin eines der Vorsitzenden, Professor David Cohen, eine wichtige Position inne. Allerdings reiste Gustav vergeblich nach Amsterdam, um seine Familie doch noch auf eine der Listen zu bekommen. Auch Froukje de Lange konnte nichts mehr für sie tun. Allerdings gelang es ihr noch eine ganze Weile, die Sperre für ihren Bruder Bram aufrecht zu erhalten.

Die Weinreb-Liste

Die Familie Ulreich verließ sich jedoch nicht nur auf die Liste des Judenrates. In den Kreisen der Ostjuden verbreitete sich das Gerücht, dem Scheveninger Ostjuden Friedrich Weinreb (1910–1988) sei es gelungen, seine eigene Liste zu erstellen, wie ein Lauffeuer. Weinreb behauptete, er könne über gute Kontakte zu einem deutschen General eine begrenzte Zahl Juden über Südfrankreich emigrieren lassen. Die Ulreichs hörten über die Familie Bialer von der Weinreb-Liste. Der Vater, der

Krawattenfabrikant Chil Majer Bialer, war ein guter Freund von Weinreb und vertraute ihm blind. Wie zahlreiche andere Ostjuden in Rotterdam nahmen auch die Ulreichs Kontakt zu Weinreb auf. In seinem Brief an »Onkel Adolf« beschreibt Gustav, wie er Anfang Juni 1942 eine beträchtliche Summe dafür bezahlen musste: insgesamt nicht weniger als 650 Gulden. Auch Bram und Dora sollten mit der Familie ausreisen. Aus Carrys Tagebuch geht deutlich hervor, wie sehr diejenigen, die einen Platz auf dieser Liste bekamen, zwischen Hoffnung und Angst lebten und ständig die definitive Nachricht erwarteten, die Zugreise nach Lyon stehe unmittelbar bevor. Es wurden genaue Instruktionen erteilt, und die Koffer mussten für den Fall eines raschen Aufbruchs gepackt bereitstehen. Man wartete auf das Signal zur Abreise von Weinreb. Gustav schrieb an »Onkel Adolf«: »... alles war im kleinsten Detail geregelt, ich hatte geplant, Euch gleich von Lyon aus zu telegraphieren wir hatten alle in der Dunkelheit ein kleines Licht scheinen gesehen, so oft haben wir das zu Hause besprochen, ich war sehr optimistisch, andere dagegen pessimistisch.«[114]

Im September 1942 schien es, als werde es jetzt zu der Reise kommen, aber die Verzögerung sorgte dafür, dass die Familie Ulreich nicht länger wartete. Sie entschied sich dafür, am 18. Oktober 1942 unterzutauchen. Wie weise diese Entscheidung war, sollte sich später herausstellen. Weinreb hatte nämlich die ganze Liste nur erfunden und damit sogar eine Zeit lang einen Teil des deutschen Besatzungsapparates an der Nase herumgeführt. Allerdings wurde der Betrug im Januar 1943 entlarvt und Weinrebs erste Liste auf diese Weise für nichtig erklärt. Alle, die bis zu diesem Augenblick gewartet hatten, wurden in der Folge noch deportiert. Doch damit war die Geschichte um Weinreb nicht zu Ende. Er erstellte eine neue Liste, und zwar auf Veranlassung und in Zusammenarbeit mit dem Sicherheitsdienst, und auf diese Weise gingen zahlreiche weitere Menschen in die Falle.

Nach dem Zweiten Weltkrieg erlangte die Weinreb-Affäre verschiedentlich Aufmerksamkeit. Einige betrachteten Weinreb als einen Widerstandskämpfer, der versuchte, mit seinen erfundenen Listen die Menschen vor den Nazis zu retten, andere konnten in ihm nichts anderes sehen als einen Kollaborateur. Vor allem nach dem Erscheinen der monumentalen Chronik *Ondergang* (»Untergang«)[115] von Jacques Presser im Jahr 1965, in der der Historiker sich auf Weinrebs Seite stellte, entstand eine breite und polarisierte öffentliche Diskussion. Schließlich erteilte die Regierung dem Niederländischen Staatlichen Institut für Kriegsdokumentation (RIOD) den Auftrag, die Angelegenheit gründlich zu untersuchen. In dem mehrere hundert Seiten dicken Bericht, der zwei Bände umfasste, nimmt der Brief von Gustav Ulreich an seinen Bruder Adolf eine wichtige Rolle ein. Er ist eines der wenigen Dokumente, aus denen klar hervorgeht, dass sich Weinreb für seine Dienste großzügig bezahlen ließ. Das Urteil der RIOD-Forscher war, unter anderem dank Ulreichs Zeugnis, vernichtend.

Die Zeit im Versteck

Bram de Lange verhalf der Familie Ulreich zu einer Untertauchmöglichkeit. Als Wirtschaftsstudent hatte er Kontakte zu nichtjüdischen Mitstudierenden. Zu ihnen gehörte auch eine gewisse Froukje Mulder. Sie stellte den Kontakt zwischen Bram und Manus Frank aus Wageningen her, der zu dieser Zeit der Freund von Mies Zijlmans war. Man hatte Bram bereits angeboten, er könne im Notfall bei der Familie Zijlmans untertauchen. Als sich allerdings im September 1942 herausstellte, dass Bram seine Sperre dank Froukje noch behielt, die Ulreichs ihre jedoch verloren, bat man die Familie Zijlmans, doch den Eltern Unterschlupf zu gewähren. Nach ausführlichen Beratungen teilte die Familie mit, sie wolle nicht nur die Eltern, sondern auch Rachel unterbringen. Für Letzteres entschied sie sich, um einen eventuellen Verrat auszuschließen.

Nur für Carry musste man damals noch eine Lösung finden. In Begleitung von Froukje Mulder wurde sie zu den Eltern von Bram de Lange in das Dorf Hoogezand bei Groningen geschickt. Man ging davon aus, die Deportationen und Razzien würden vor allem in den großen Städten stattfinden, und die Juden in den Dörfern blieben fürs Erste verschont. Das erwies sich als entsetzliche Fehleinschätzung. Carry verbrachte eine angenehme, schöne Zeit bei der Familie de Lange, was man den beiden Tagebuchnotizen entnehmen kann, die sie in Hoogezand verfasste, doch schon innerhalb einer Woche stellte sich heraus, die Juden dort würden schnell verhaftet werden. Eine Krisensitzung ergab, dass Carry nach Rotterdam zurückkehren und auch bei der Familie Zijlmans wohnen durfte. Die Familie war wieder vereint. Die Anspannung der letzten Monate, die ständige Angst vor der Verhaftung, das nervenzehrende Warten auf eine Nachricht von Weinreb fielen von den Ulreichs ab. Wir sind, so schreibt Gustav an seinen Bruder, von »gehinnom nach Gan Eden gekommen«: aus der Hölle in den Himmel.

Bram behielt seine Sperre noch für einige Monate und arbeitete bis zum Dezember 1942 in einer administrativen Position beim Judenrat in Rotterdam. Danach übernahm er bis zur großen Razzia vom 26. Februar 1943 Verwaltungsaufgaben im Jüdischen Krankenhaus, Altenheim und Waisenhaus. Schließlich hatte er – dank seiner Schwester Froukje – noch bis zum 23. Mai 1943 eine kleine Anstellung beim Amsterdamer Judenrat. Danach wurde auch ihm der Boden zu heiß unter den Füßen, und er gesellte sich als Untergetauchter zur Familie Ulreich. Inzwischen hatte man deren Verschwinden bemerkt: Beim Judenrat notierte man »Nimmt ihre Funktion nicht mehr wahr« auf Rachels Karte, und unterdessen wurde ihr Haus leergeraubt. Nur das Bad blieb zurück.

Wer waren die Menschen, die den Untergetauchten ein Versteck boten, und was motivierte sie dazu, ein so riskantes Unterfangen auf sich zu nehmen? Die Familie Zijlmans war fest verankert im »katholischen Leben«[116] und nahm voller Hingabe an allem teil, was zur katholischen Welt gehörte. Täglich besuchte man die Kirche, und am Sonntag ging die Familie zum Hochamt. Carrys Tagebuch zeigt, wie sehr der Katholizismus mit dem alltäglichen Leben verwoben war. Darin lag zugleich die Motivation, die fünf jüdischen Rotterdamer Mitbürger bei sich aufzunehmen. Sie nannten ihre Liebe zu Jesus als Quelle für ihre Widerstandstaten.

Das geschah mit Zustimmung des Pastors ihrer Kirche. Er gehörte zu den wenigen, die von den untergetauchten Juden im Mathenesserweg 28c wussten.

Vater Adriaan Zijlmans (1887–1964) arbeitete bei einer Bank, die Mutter kümmerte sich um den Haushalt. Der älteste Sohn, Aad (1913–1944), war nicht anwesend. Er war vor dem Ausbruch des Zweiten Weltkrieges als Soldat nach Niederländisch-Ostindien gegangen und dort in japanische Kriegsgefangenschaft geraten. Während des Krieges hatte man keinen Kontakt mehr zu ihm. In der Familie Zijlmans bewahrt man die Erinnerung, dass Mutter Maria Hendrika Jacobs Zijlmans-Looman (1884–1947) hoffte, das Schicksal ihres ältesten Sohnes positiv zu beeinflussen, indem sie Juden bei sich aufnahm. Wie sich herausstellen sollte, war diese Hoffnung vergeblich. Aad starb in japanischer Kriegsgefangenschaft in Banjarmasin. Die anderen Kinder wohnten noch daheim und werden im Tagebuch von Carry ausführlich beschrieben. Der älteste Sohn Bob (1918–1992) war Kunstmaler und gerade dabei, sich einen Namen zu machen. Zugleich gehörte er zu einer katholischen Widerstandsgruppe, wodurch er in der Lage war, die Familien Zijlmans und Ulreich während des Krieges mit ausreichend gestohlenen Lebensmittelmarken zu versehen, dass diese nicht vor Hunger umkamen. Tochter Mies (1916–2003) arbeitete im Büro, bei Kriegsende in einem Schuhgeschäft. Das war nützlich: Sie konnte Kartoffeln gegen Schuhe tauschen. Zu Anfang war Manus Frank ihr Freund, aber – so wird es auch im Tagebuch beschrieben – später nahm Ton van der Burg dessen Platz ein. Der jüngste Sohn, Canis (1926–1995), ging damals noch zur Schule.

Was es bedeutete, mehr als drei Jahre bei einer anderen Familie untergetaucht zu leben, verdeutlicht Carrys Tagebuch wie kein anderes. Die beiden Familien gehörten zu unterschiedlichen Subkulturen, zur jüdischen und zur katholischen, und es waren die Kriegsumstände, die sie zusammengeführt hatten. Carry thematisiert den Unterschied zwischen den Familien mehrfach: In der Familie Ulreich wurde zum Beispiel das Gespräch während der Mahlzeiten von den Erwachsenen bestimmt, und die Kinder durften nur daran teilnehmen, wenn man es ihnen erlaubte. Bei der Familie

Zijlmans hingegen beteiligten sich alle, wenn man diskutierte und debattierte. Das Verhältnis untereinander war im Allgemeinen gut. Das zeigt sich unter anderem in der Tatsache, dass im Tagebuch bereits nach einigen Monaten, im Januar 1943, statt der formalen Bezeichnung »mevrouw Zijlmans« »Ma II« zu lesen ist; etwas später wird dann auch »meneer Zijlmans« als »Pa II« bezeichnet. Das sind Indizien dafür, dass die Dynamik der Situation im Versteck eine neue, temporäre Familienstruktur schuf, innerhalb derer beide Familien funktionierten.

Zwischen beiden Familien entstand eine Verteilung der verschiedenen Aufgaben. Die Zijlmans' sorgten dafür, dass Essen, Kleidung, Haushaltsprodukte, Bücher, Zeitungen und Zeitschriften ins Haus kamen. In der ersten Phase holte man auch noch regelmäßig allerlei Dinge aus dem Wohnhaus der Familie Ulreich, ohne dass die Nachbarn in der Witte de Withstraat und vor allem die Deutschen in der Schule gegenüber etwas davon mitbekamen. Die Ulreichs übernahmen einen großen Teil der Haushaltsaufgaben: Sie arbeiteten bei der Zubereitung der Mahlzeiten mit, kümmerten sich um die Wäsche und putzten das Haus. Tagsüber, wenn der Vater, Bob, Mies und Canis Zijlmans außer Haus waren, musste das mit der notwendigen Vorsicht erfolgen, damit die Nachbarn nichts bemerkten. Auch am Sonntagmorgen, wenn die Familie Zijlmans das Hochamt besuchte, blieben die Ulreichs still im Bett und durften nicht einmal die Toilettenspülung benutzen.

Die obere Wohnung im Mathenesserweg 28c musste nun zehn statt fünf Personen beherbergen. Vater und Mutter Zijlmans überließen den Ulreichs das Elternschlafzimmer und schliefen fortan selbst im Kartoffelverschlag. Im Schlafzimmer wohnten zuerst vier und nach Brams Ankunft sogar fünf Personen. Die neue Schlafgelegenheit der Zijlmans wurde sogar noch verkleinert, weil man eine zusätzliche Wand einzog, um auf diese Weise ein Versteck für Notfälle zu schaffen. Wie sich herausstellte, war das kein überflüssiger Luxus. Wenn es dunkel war, durften die Ulreichs kurz aufs Dach, um ein wenig frische Luft zu schnappen. So hatten sie eine gute Aussicht über die Nachbarschaft. In der Familie Zijlmans erzählt man sich noch immer, dass die Ulreichs bei einer solchen Gelegenheit Canis dabei erwischten, wie er auf der Straße seine Freundin Pop küsste.

Carrys Tagebuch ist etwas Besonderes, weil die Verfasserin darin beschreibt, wie man der jüdischen Identität während der Zeit im Versteck ihre Form verlieh. Manchmal tut sie das wie nebenbei, manchmal wird das Thema ausführlicher behandelt. Das Untertauchen bedeutete, dass nicht länger koscher gegessen werden konnte. Die Familie Ulreich musste sich damit abfinden, in dieser außergewöhnlichen Situation die Speisegesetze des Judentums zu übertreten. Nicht nur gebrauchte man Milch- und Fleischprodukte zusammen, auch verbotene Lebensmittel wurden gegessen, zum Beispiel Schweinefleisch. Die Tatsache, dass Carry darüber Bemerkungen macht, zeigt, dass dies für die Ulreichs ein Gesprächsthema darstellte. Auch die Familie Zijlmans war sich dessen bewusst. Manus Frank schrieb Carry am 14. November 1943 einen besonderen Geburtstagsbrief und witzelte darin: »Zu Weihnachten werde ich Euch ein anständiges Kaninchen besorgen, koscher geschlachtet, es gibt nur keine Rabbiner mehr, aber ich werde mich selbst gut darum kümmern. Immerhin sehe ich selbst ein wenig so aus.« Die Ironie liegt darin, dass Kaninchenfleisch ohnehin nicht koscher ist und hier darüber hinaus koscheres Essen und das christliche Weihnachtsfest miteinander verbunden werden.

Der jüdische Kalender stellte ein weiteres problematisches Thema dar. Der traditionelle Sabbat, an dem man am Freitag die Kerzen anzündete und am Samstagmorgen die Synagoge besuchte, konnte nicht eingehalten werden. Aufgrund der Dynamik des Lebens mit der Familie Zijlmans war es nicht möglich, für sich Sabbat zu feiern. Außerdem wurde am Sabbat unter anderem Radio gehört, obwohl man das streng genommen nicht durfte. Trotzdem versuchte Carry, an bestimmten Elementen des Sabbat festzuhalten: An Freitagabenden und an Samstagen schrieb sie nicht in ihr Tagebuch. Die jüdischen Festtage konnten ebenso wenig begangen werden, wurden jedoch von den Ulreichs sehr wohl markiert. Das jüdische Neujahr, der Versöhnungstag Jom Kippur und der Sederabend stellten Momente des Stillstehens bei den Verlusten dar, bei der Unmöglichkeit, die Feiertage zu begehen, aber gleichzeitig verbunden mit Hoffnung: mit dem Wunsch, in einem der kommenden Jahre das Fest wieder in der vertrauten jüdischen Atmosphäre erleben zu können.

Neben dem jüdischen Kalender, der im Hintergrund vor allem in den Gedanken der Untergetauchten präsent war, strukturierte vor allem der christliche das Leben im Hause Zijlmans. Die Ulreichs begingen in der Gesellschaft von Christen zum ersten Mal die großen christlichen Festtage: Weihnachten und Ostern. In Carrys Aufzeichnungen klingen Neugierde und Verwunderung durch. Außerdem vergleicht sie das häusliche Begehen der christlichen Feiertage damit, wie sie vor dem Untertauchen die jüdischen Feiertage erlebte: eine sehr materielle gegenüber einer eher spirituellen Ausrichtung, wie sie es sah. Gleichzeitig beteiligen sich die Ulreichs mit großem Engagement, und man geht für das Gelingen des Weihnachtsessens sogar das Risiko ein, Vater Ulreichs Smoking von einer Bekannten zu holen.

Über Religion sprachen die Familien mit einiger Regelmäßigkeit; die Unterschiede zwischen Christentum und Judentum wurden nicht totgeschwiegen. Carry schreibt hin und wieder darüber. 1998 erzählte sie dem Interviewer von Yad Vashem außerdem, dass die Gespräche manchmal so heftig wurden, dass Vater Ulreich ihr ans Herz legte, sich doch zurückzuhalten. Die Beziehung zur Familie Zijlmans durfte durch religiöse Streitgespräche nicht negativ beeinflusst werden. In solchen Momenten zeigte sich, welch ungleiche Verhältnisse die Situation schuf. Obwohl beide Familien auch respektvoll und als Gleichgestellte miteinander umgingen, war doch offensichtlich, dass sich die Familie Ulreich in einer Position der Abhängigkeit befand und sich dessen auch sehr deutlich bewusst war.

Diese Abhängigkeit wurde nicht nur im Hinblick auf religiöse Themen empfunden, sondern auch bei einem so prekären Thema wie der Verteilung der – durchaus knappen – Lebensmittel. Ihren Eindruck, dass die Mitglieder der Familie Zijlmans während der letzten Kriegsmonate mehr zu essen bekamen als die Ulreichs, konnte Carry nicht in einem offenen Gespräch zum Ausdruck bringen. Sie wagte sich wohlgemerkt nach draußen, und zwar mit einem gefälschten Ausweis, um ein wenig zusätzliches Essen für ihre eigene Familie zu organisieren. Die Tatsache, dass jede Scheibe Brot und Käse gezählt wurden, ist übrigens ein Hinweis darauf, in welch hohem Maße auch in der »Familieneinheit« Zijlmans-Ulreich der Lebensmittelmangel ein ernstes Thema geworden war.

Die Untertauchsituation der Familie Ulreich war im

Vergleich mit vielen anderen Geschichten von Versteckten etwas Besonderes. Die Familie blieb zusammen, und während der ganzen Zeit brauchten die Vier nie die Adresse zu wechseln. Viele andere Familien wurden über verschiedene Orte verteilt und mussten regelmäßig einen anderen aufsuchen. Außerdem erfuhren sie weder Verrat noch Erpressung oder finanzielle Ausbeutung. Als die Ulreichs nach der Befreiung die Geschichten von anderen Untertauchern hörten, wurde ihnen einmal mehr klar, dass sie es mit der Familie Zijlmans besonders gut getroffen hatten.

Befreiung und Wiederaufbau

Der Frieden spielt in Carrys Tagebüchern eine besondere Rolle. Das Wort findet regelmäßig Erwähnung, vor allem in der Zeit von Geburtstagen, Festtagen und am jüdischen und allgemeinen Neujahr. In Gesprächen darüber, wann der Frieden wohl kommt, werden Wetten abgeschlossen. Der Frieden bedeutet nicht nur Befreiung und Ende des Krieges und der Zeit im Versteck, er ist mehr als das: eine ideale, fast utopische Situation, in der alles wieder gut werden wird. Gleichzeitig wissen die Ulreichs, dass es auch im Friedensfall nie wieder so sein wird wie früher. Über das Schicksal der meisten Familienangehörigen und Freunde machen sie sich nur wenige Illusionen. Voller Mitgefühl schaut man auf Bram, dessen Eltern auf dem Weg zu ihrer Untertauchadresse verhaftet und danach weggebracht wurden und von deren Tod man fast mit Bestimmtheit ausgehen muss. Es herrscht angespannte Sorge über das Schicksal der Schwester und der Brüder von Mutter Ulreich – Dora, Isidor (Iziu) und Maurycy (Mondek) – und über die

Amsterdamer Neffen von Vater Ulreich: Peretz und Juchoes Hochfeld.

Als die Ulreichs untertauchen, gehen sie davon aus, dass dies nur für eine kurze Zeit notwendig sein wird. Die Invasion der Alliierten und die Befreiung könnten nicht lange auf sich warten lassen, so glaubte man. Das stellt sich als schreckliche Fehleinschätzung heraus. Immer wieder erwartet man den »Frieden« zu früh, und niemand hat sich im Voraus bewusst gemacht, dass die Phase des Untertauchens mehr als drei Jahre dauern würde. Was Carrys Aufzeichnungen mit vielen anderen Kriegstagebüchern – jüdischen wie nichtjüdischen – gemeinsam haben, ist das sorgfältige Verfolgen des Kriegsgeschehens. Die Zeitungen – unter nationalsozialistischer Kontrolle – und die »freien« Radiosender (BBC, Radio Oranje und das polnische Radio) sorgen für die notwendigen Informationen.

Als am Freitag, dem 4. Mai 1945, kurz vor dem Sabbat, bekannt wird, dass die Deutschen kapitulieren werden, erfolgt die Entladung. Der Mathenesserweg füllt sich um neun Uhr abends mit Menschen, und zum ersten Mal können sich auch die Ulreichs – inklusive Bram – wieder gefahrlos auf die Straße wagen. Wie sich herausstellt, haben die Nachbarn in all dieser Zeit nichts bemerkt. Es dauert noch bis zum 8. Mai, bis die ersten kanadischen Truppen in Rotterdam erscheinen und die Befreiung vollzogen ist. Zu diesem Zeitpunkt haben die Ulreichs bereits wieder Kontakte zu Freunden und Bekannten angeknüpft, die den Krieg ebenfalls überlebt haben. Im Tagebuch wird vor allem die Familie des Pelzmachers Nico Nachtegall genannt, der als in einer Mischehe lebender Jude mit seiner Familie den Krieg zu überleben wusste.

Über die Phase nach der Befreiung liefert uns das Tagebuch im Hinblick auf drei Aspekte wichtige Informationen. Erstens in Bezug auf den Umgang zwischen den kanadischen Soldaten und der Rotterdamer Bevölkerung. Die Soldaten werden enthusiastisch empfangen, kommen für Feierlichkeiten in die Häuser und verteilen Zigaretten und Schokolade. Die Anziehungskraft, die sie auf die Rotterdamer Mädchen ausüben, lässt Carry subtil durchblicken. Zweitens geht es um die Rolle der alliierten jüdischen Soldaten bei der Unterstützung von Juden, die aus der Zeit im Versteck wiederauftauchen. Diese Soldaten zeigten, dass Juden nicht nur Opfer sein, sondern als Angehörige des Heeres auch eine Heldenrolle einnehmen konnten. Die kanadischen Feldrabbiner engagierten sich besonders, um die Juden materiell zu unterstützen, vor allem aber auch bei der Wiederaufnahme jüdischen Lebens. Gebetbücher, Gebetsmäntel und Riemen wurden zur Verfügung gestellt.

Eine besondere Rolle kam der separaten Abteilung in der britischen Armee zu, die man aus jüdischen Soldaten aus dem Mandatsgebiet Palästina rekrutiert hatte. Diese »Jewish Brigade« hatte bei der Eroberung Italiens eine Rolle gespielt, und nun kam ihnen, unter anderem in den Niederlanden, eine Anzahl verschiedener Funktionen bei der Bewachung von Kollaborateuren und beim Wiederaufbau zu. Rachel schreibt über sie: »Und wirklich, kurz vor R.[osch] H.[a-schana] [dem jüdischen Neujahrsfest] sah man sie durch die Stadt gehen, und schon bald kamen sie zu uns. Sie waren erst in Delft, wo sie voller Stolz deutsche Kriegsgefangene die Synagoge sauber machen ließen. In Bloemendaal gab es auch eine Abteilung.«[117]

Die Soldaten setzten sich für die jüdischen Überlebenden ein und hatten dabei vor allem die jüngere Generation im Blick. Die wollten sie, ihrer zionistischen Überzeugung entsprechend, für eine Migration nach Palästina begeistern. Durch Jugendaktivitäten und Hebräischstunden hatten sie einen großen Einfluss auf die verbliebenen jüdischen jungen Menschen. Sie vermittelten ihnen eine selbstbewusste jüdische Identität und ein neues Ziel, für das sie sich einsetzen konnten. Dass sich Carry in einen dieser Soldatenlehrer verliebt und ihn innerhalb weniger Monate heiratet, passt in dieses Bild.

Schließlich vermittelt das Tagebuch einen Eindruck vom Neubeginn jüdischen Lebens in Rotterdam. Den Oberrabbiner Davids und den Chasan (den Vorbeter, der den Synagogengottesdienst leitet) hatte man ermordet, aber »Broer Vleeschhouwer« und die alliierten jüdischen Soldaten sorgten dafür, dass man trotzdem einen ersten Synagogengottesdienst abhalten konnte. Der machte tiefen Eindruck, nicht nur auf Carry, sondern auch auf ihren Vater, der seinen Brief an »Onkel Adolf« mit einem Bericht darüber beendete. Natürlich beherrschte Viele die Suche nach Überlebenden; sehr aufmerksam verfolgte man, wer zurückkam und was diese Menschen hatten erleiden müssen. Die Sorge für die Überlebenden stellte einen wesentlichen Teil des Wiederaufbaus dar. Rachel beschreibt in ihrem Tagebuch, wie Bram sich mit voller Kraft dafür engagierte: »Es sind bereits einige Menschen aus Aus[ch]witz und T[h]eresienstadt zurück, man hat für sie ein Haus eingerichtet. Bram arbeitet wie ein Wahnsinniger, immer mit dem Gedanken daran, es für [seine Schwester] Froukje zu tun.«[118]

Das Haus, das Rachel erwähnt, war die Jüdische Notunterkunft Heemraadsingel 131. Bram hatte beschlossen, sich drei Monate lang für heimkehrende Juden zu engagieren, und arbeitete dort in einer administrativen Funktion.

Die Familie Ulreich gehörte zu den wenigen, die intakt geblieben war, und wurde wegen ihrer Stabilität schon bald zu einem Versammlungsort für die wieder auftauchenden und zurückkehrenden Juden und jüdischen Soldaten. Vater Zijlmans beobachtete, wie das geschah, und in seinem Geburtstagsgedicht für Carry – diese Kriegstradition setzte er fort – schrieb er:

> Ein Kind noch bei des Untertauchens Reise
> Bist du herangewachsen in der Zeit
> Zu einem Mädchen – nett, verständig, weise.
> Der Frieden brachte Freund' von nah und fern
> Aus Lagern und auch von der Kampfesfront.
> Und manch einer, der nach solch bangen Tagen
> In eurem Kreis ein wenig froh sein konnt'.
> Und aus Gelobtem Land nach schwierigem
> Bezwingen
> Von Moffen, Jappen, nach erlebtem Graus
> Kam hier nach Niederland so mancher müde
> Kämpfer
> Und suchte auch Geselligkeit in Eurem Haus.[119]

Emigration

Eine Rückkehr in ihre alte Wohnung in der Witte de Withstraat war für die Ulreichs nicht möglich, denn inzwischen lebten dort mehrere andere Familien. Glücklicherweise fand man schnell eine neue Unterkunft: drei möblierte Zimmer an der Mathenesserlaan 398. Carry hatte während der Phase des Untertauchens ständig weiter ihre Schularbeiten erledigt, und das trug nun Früchte. Innerhalb eines Jahres schloss sie die Weiterführende Mädchenschule ab und heiratete am Tag nach der Zeugnisvergabe – dem 30. Juni 1946 – in der Synagoge an der Joost van Geelstraat den *Jewish Brigade*-Soldaten Jonathan Mass (1922–2003). Zusammen schifften sie sich nach Palästina ein und kamen am 22. Juli 1946 in Jerusalem an, genau am Tag des Bombenanschlags auf das King David-Hotel. Damit waren sie mitten im Konflikt zwischen den jüdischen und arabischen Gemeinschaften und den britischen Befehlshabern über die Zukunft des Mandatsgebiets Palästina gelandet.

Carry hatte in eine überzeugt orthodox-zionistische Familie mit deutsch-jüdischen Wurzeln eingeheiratet. Die Familie Mass genoss in der jüdischen Gemeinschaft in Palästina Ansehen. Vater Ruben Mass (1894–1979) hatte einen Verlag in Berlin, erkannte jedoch in den Dreißigerjahren, wie sich die Situation verschlechterte, und zog 1933 mit seiner Frau, der Künstlerin Hannah Heimann, und den gemeinsamen Kindern nach Palästina. In Jerusalem führte er den Verlag fort und erwarb sich damit einen guten Namen. Jonathan setzte seine Erfahrungen bei der *Jewish Brigade* im Kampf um die Unabhängigkeit des Staates Israel zwischen 1947 und 1949 ein und war Major in der Armee. Sein Bruder Dani (1923–1948), mit vollem Namen Daniel, entwickelte sich zu einer Ikone dieses ersten Arabisch-Israelischen Krieges. Am 16. Januar 1948 leitete er eine Palmach-Einheit (einen der Vorläufer des israelischen Heeres), die Hilfsgüter in die umzingelten Kibbuzim des Gusch Etizion-Blocks brachte. Die Männer wurden allerdings zu früh bemerkt und kamen nach einem letzten Gefecht, als ihre Munition aufgebraucht war, ums Leben. Die 35 gefallenen Soldaten wurden als die Lamed He (»35«) bekannt und erhielten einen festen Platz in der israelischen Erinnerungskultur. Als Respektbezeugung für Dani Mass wurde eine der folgenden militärischen Operationen nach ihm benannt: die Operation Dani, die zwischen dem 9. und dem 19. Juli 1948 zur Eroberung von Lydda und Ramle führte.

Carry und Jonathan widmeten sich der Familiengründung. Im Jahr 1947 bekamen sie ihr erstes Kind, Tochter Chawa, gefolgt von den Söhnen Daniel (Dani) 1949 und Oren 1952. Jonathan wurde Ingenieur und musste wegen seiner Arbeit oft umziehen. Die Familie lebte deswegen an verschiedenen Orten in Israel, aber auch für kürzere oder längere Zeit in Frankreich – wo Jonathan 1963 an der Sorbonne promovierte – und in den Vereinigten Staaten. Sie entschieden sich bewusst für einen integral-orthodoxen Lebensstil.

Rachel war nicht weniger zionistisch gesinnt als Carry. Auch sie nährte das Verlangen, in Palästina zu leben. Das wollte sie gern mit ihrem Freund Bram de Lange zusammen tun. Einige Monate nach der Befreiung bekam er allerdings eine Hirnhautentzündung. Anfänglich waren die Chuppot – die religiösen Hochzeitszeremonien von Rachel und Bram und von Carry und Jonathan – für denselben Tag geplant, den 30. Juni 1946. Wegen Brams Erkrankung konnte man diesen Plan allerdings nicht in die Tat umsetzen. Sein Zustand verschlechterte sich rasch, und Rachel beschreibt dies in ihrem Tagebuch in nüchternen Worten.

»Sehen konnte er jetzt nichts mehr. Einmal sagte er, als ich ihn fragte: ›Bist du froh, dass ich da bin?‹ ›Natürlich‹, und mit noch viel mehr Mühe: ›Gibt es etwas Neues aus Jerusalem?‹, und dann, ach so traurig, ›Etwas schön Kaltes zu trinken?‹ Glücklicherweise konnte ich ihm das geben, glücklicherweise habe ich ihm alles gegeben, was ich bekommen konnte, Orangensaft, Trauben.«[120]

Am 26. Oktober 1946 starb Bram. Rachel blieb am Boden zerstört zurück.

Trotzdem fand sie die Kraft, sich zusammen mit Hannele Franken für den Wiederaufbau der zionistischen Jugendbewegung in Rotterdam (»Hazair Hechaluz«, die »Jungen Pioniere«) einzusetzen. Schon bald hatten sich sechzig Jugendliche und junge Erwachsene der Bewegung angeschlossen, und es bildeten sich drei Gruppen: für Elf- bis Dreizehnjährige, für Dreizehn- bis Siebzehnjährige und für diejenigen, die älter waren als Siebzehn. Dabei spielten die Soldaten der *Jewish Brigade* eine besondere Rolle; sie waren in einer Schule am Beukelsdijk (gegenüber dem Wohnhaus der Familie Wijler) untergebracht. Zusammen organisierte man viele Zusammenkünfte und Hebräischstunden.

Doch Rachel wollte ihrer Schwester folgen, kündigte ihre Stelle und arbeitete zur Vorbereitung auf den Landbau in Palästina bei einem Gärtner. Dann beschloss sie, die geheime Migrationsroute nach Palästina – die Alija Bet – auszuprobieren. Ihre Chancen, für die Reise legale Papiere zu bekommen, waren gering, denn die Briten ließen nur eine begrenzte Anzahl Juden nach Palästina einreisen, und vorrangig diejenigen, die direkt aus den Konzentrationslagern kamen. Rachels Schiff, die »Theodor Herzl«, wurde allerdings am 13. April 1947 von den Briten angehalten, und man brachte Rachel in ein Internierungslager auf Zypern. Dort sammelte sie Erfahrungen als Krankenschwester. Durch einen Trick gelang es ihr, noch vor der Ausrufung des Staates Israel an Land zu kommen. Die Briten gaben Müttern mit Kindern die Erlaubnis zur Einreise, und Rachel nahm in Absprache mit der Mutter eines Zwillingspaares eines der Kinder unter ihre Obhut. So gelangte sie in den Hafen von Haifa. Sie schlug in Israel schnell Wurzeln und lernte dort schließlich einen Mann kennen, den russischen Juden Jacob Korik, den sie heiratete. Zusammen bekamen sie zwei Kinder. Korik litt allerdings wegen der Kriege in Israel unter Angst und wollte zu seiner Familie nach Brasilien.

1958 zog die Familie dorthin, obwohl Rachel anfänglich gegen diesen Plan war, und zur großen Enttäuschung von Gustav und Anna Fanny Ulreich. Rachel verstarb 2013 in São Paulo.

Inzwischen spielten Vater und Mutter Ulreich in der wiedererstandenen, aber dezimierten NIG Rotterdam eine aktive Rolle, vor allem was die Sozialarbeit betraf. Mit dem neuen Rabbiner, Levie Vorst, verstanden sie sich gut. Aber sie wollten ihren Kindern folgen und verließen Rotterdam 1949. Die Migrationsroute für die Vereinigten Staaten, die inzwischen auch wieder lief, entfiel. An einem emotionalen Abend verabschiedete sich das jüdische Rotterdam vom Ehepaar Ulreich. In Israel wurden Gustav und Anna Fanny von Carry und Rachel mit offenen Armen empfangen. Zusammen verbrachten sie noch einige gute Jahre. Gustav verstarb bereits 1960, und Anna Fanny folgte ihm 1985.

Der Kontakt zwischen den Familien Ulreich und Zijlmans blieb lange bestehen. Man korrespondierte ausführlich, und die Familien von Bob, Canis und Mies erinnern sich alle, dass man jedes Jahr eine Kiste mit Jaffaapfelsinen aus Israel erhielt. Ab und zu reiste Carry in die Niederlande und suchte dann auch die verschiedenen Familien Zijlmans und van der Burg auf. Im Jahr 1977 erhielt die Familie Zijlmans für ihre Hilfe in Kriegszeiten den Orden von Yad Vashem. Mies van der Burg-Zijlmans war bei den Feierlichkeiten in Jerusalem anwesend ebenso Carry und ihre Familie.

Von denjenigen, die von Oktober 1942 bis Mai 1945 in der Etagenwohnung im Mathenesserweg gemeinsam auf das Ende des Krieges warteten, ist nun nur noch Carry übrig. Sie lebt inzwischen als Matriarchin einer umfangreichen jüdischen Familie in Rishon le-Zion. Ihre Erfahrungen während des Krieges hatte sie sorgfältig festgehalten. Dass nun eine viel größere Leserschaft Bekanntschaft damit macht, überrascht Carry. Trotzdem hat sie aus voller Überzeugung ihre Erlaubnis gegeben: Sie will, dass die Nachkriegsgenerationen erfahren, was während des Krieges geschehen ist, wie die Juden ermordet wurden und wie es einigen gelang zu überleben. Doch auch, wie ganz gewöhnliche Menschen wie die Familie Zijlmans ohne viele Worte taten, was sie konnten, um eine ganze Familie vor dem sicheren Tod zu retten. Helden gibt es – sie wohnten im Mathenesserweg 28c.

Anhang

Anmerkungen

1 Alle hier genannten jungen Leute gehörten derselben gesellschaftlichen Gruppe an: Sie waren als ostjüdische Immigranten in die Niederlande gekommen. Ihre Eltern engagierten sich in der Rotterdamer Abteilung des Ostjüdischen Verbundes.

2 Ha Awoda: Der landesweiten Jüdischen Jugendföderation angeschlossene zionistische Jugendbewegung in Rotterdam. Es wurden Hebräisch- und Palästinakundekurse gegeben, Lesungen gehalten und die jüdischen Feiertage gemeinsam begangen.

3 Kornelis ter Laan, Joodse overleveringen [Jüdische Überlieferungen] (Haarlem 1937).

4 Ab dem 1. September 1941 mussten jüdische Schülerinnen und Schüler der öffentlichen HBS, des Lyzeums und des Gymnasiums, das Jüdische Lyzeum Rotterdam in der Jeruzalemstraat besuchen. Rektor war der Altphilologe Dr. Simon Wijnberg.

5 Das Mädchenlyzeum in der Witte de Withstraat bot neben der fünf Jahre umfassenden MMS (Weiterführende Mädchenschule) auch einen Gymnasialzweig an. Carry Ulreich nahm an der MMS-Ausbildung teil.

6 In der Nacht vom 3. auf den 4. Oktober 1941 wurde Rotterdam von britischen Flugzeugen bombardiert. Ziel waren die Hafenanlagen, doch es wurden auch Wohngebiete getroffen, und mehr als hundert Zivilisten fanden den Tod.

7 Brandels Ehefrau war die portugiesische Jüdin Suzanna Pinheiro (1909–1982).

8 Das Haus am Graben, A. d. Ü.

9 Zichron: Der Amsterdamer Zichron war der bekannteste, doch auch in Rotterdam gab es einen eigenen Zichron, der wie die Ha Awoda der Jüdischen Jugendföderation angehörte.

10 Bomben auf England: Deutsches Propagandalied von Wilhelm Stöppler zur Unterstützung der Luftangriffe auf Großbritannien.

11 Der niederländische Titel »doctorandus« zeigt die Berechtigung oder Qualifikation für eine Promotion an, bedeuet aber nicht unbedingt, dass jemand promoviert, A. d. Ü.

12 Das Israelitische Waisenhaus Rotterdam (Mathenesserlaan 208) nahm seit 1833 jüdische Waisenkinder aus der Region auf. Im Durchschnitt lebten dort etwa dreißig Kinder. Im Jahr 1943 wurden sie verhaftet und über Westerbork nach Sobibór deportiert.

13 Der Konditor S. Weyl, Krugerlaan 68 in Gouda, hatte eine Filiale im Haus der Familie Mol, Hugo Molenaarstraat 29. Dort bewohnte Bram de Lange ein Zimmer.

14 Mizrachisten: Orthodoxe, in einer eigenen Bewegung organisierte und im Niederländischen Zionistenbund vertretene Zionisten. In den größeren Städten gab es entsprechende Jugendbewegungen, andernorts waren orthodoxe, »bürgerliche« und sozialistische Zionisten aufeinander angewiesen.

15 Carry Ulreich zitiert hier (siehe auch den Eintrag vom 30. Mai 1943) Johannes Henricus Brand: S. 356, Alles wird gut werden, wenn jeder seine Pflicht tut, A. d. Ü.

16 Ab Sonntag, dem 3. Mai 1942, mussten alle Juden den gelben Judenstern gut sichtbar an der Kleidung tragen.

17 Henny van den Broek: Der Name ist nicht korrekt; gemeint ist Henny van den Bosch (1923–1993), die Sam Wijler (1923–2004) tatsächlich heiratete und mit ihm in die Schweiz ging.

18 Das Joodsche Weekblad war ab 1941 das einzige offizielle Medium der Juden in den Niederlanden, u. a. für die Mitteilungen des Judenrates und der Besatzer.

19 Sammelstelle für die Deportationen in Amsterdam.

20 Dieser Vorname erscheint in zwei verschiedenen Schreibweisen, A. d. Ü.

21 Arbeit beim Judenrat: Mit dem Beginn der Deportationen in Rotterdam im Juli 1942 begann auch eine Jagd auf eine solche Arbeit, denn dadurch konnte man eine »Sperre« erhalten (»gesperrt werden«) und war vorläufig von der Deportation freigestellt. In kurzer Zeit stieg die Zahl der Beschäftigten von etwa zwanzig auf 400. Der Rotterdamer Judenrat trug die Verantwortung für die Juden in der Region Zuid-Holland/Zuid: Versorgung, Finanzen, Information und die Abwicklung der Deportationen.

22 Halle am Stieltjesplein: Halle 24 am Stieltjesplein, eine der Hallen im Hafengebiet am Südufer, zwischen dem Eisenbahn-

und dem Binnenhafen, wo man Juden sammelte, registrierte und in die Lager Westerbork oder Vught schickte. Der »Hallendienst« des Judenrates war für Logistik und Unterstützung zuständig.

23 Die deutschen Besatzer hielten Zivilisten fest, die z. B. nach Aktionen aus der Widerstandsbewegung erschossen wurden, A. d. Ü.

24 Fall Weinreb: Der Scheveninger Ostjude Friedrich Weinreb stellte auf eigene Faust eine Emigrationsliste zusammen und behauptete, die Unterstützung eines Generals der Wehrmacht zu haben. Kontakt wie Vereinbarung existierten jedoch nur in seiner Vorstellung, und im Januar 1943 kam der Betrug ans Licht. Später erstellte Weinreb, nun mit Unterstützung des Sicherheitsdienstes, eine weitere Liste. Für viele, die ihm vertrauten, hatte das schlimme Folgen.

25 Rosch ha-Schana: das jüdische Neujahr.

26 Weil die große Synagoge an der Gedempte Botersloot beim Bombenangriff von 1940 größtenteils zerstört worden war, hielt man seitdem die regelmäßigen Gottesdienste in der Synagoge Lew Jom in der Joost van Geelstraat ab. In der Synagoge des Israelitischen Altenheims an der de Claes de Vrieselaan fanden ebenfalls Gottesdienste statt, die auch Leute aus der Nachbarschaft besuchten.

27 Hatikwa (Hoffnung, Text von Naftali Herz Imber): Seit 1897 das Lied der zionistischen Bewegung und ab 1948 die inoffizielle (erst seit 2004 die offizielle) Hymne des Staates Israel.

28 Altenheim: Die Israelitische Anstalt für Alte und Kranke, seit 1900 in Claes de Vrieselaan.

29 De Veroveraar und Atie's huwelijk [Der Eroberer und Aties Ehe], zwei Theaterstücke von J. A. Simons-Mees (1906 und 1907; später zusammen publiziert).

30 Im Niederländischen ist es möglich, die Anredeformen »meneer« und »mevrouw« ohne den dazugehörigen Nachnamen zu verwenden. Wo dies den Lesefluss stört, wurde der Nachname in eckigen Klammern ergänzt. Auch in der Vorlage finden sich an einigen Stellen entsprechende Ergänzungen des Herausgebers, A. d. Ü.

31 Jan H. Eekhout, De neger zingt (erste Auflage: Amsterdam 1920); Anthologie mit afroamerikanischen Gedichten. Wahr-

scheinlich las Rachel die dritte Auflage (1939). Ab Ende der Dreißigerjahre entwickelte der Autor Sympathien für den Nationalsozialismus, was sich in seinem Werk niederschlug.

32 Reno Muschler, De onbekende [im deutschen Original: Die Unbekannte] (vierte Auflage: Amsterdam 1941), übersetzt von A. Saalborn. Basiert auf einer Legende um eine 1900 aus der Seine geborgene Frauenleiche.

33 Helene Haluschka, Hoe vindt U het moderne jonge meisje? [im deutschen Original: Was sagen Sie zu unserem Evchen?](Heemstede 1937 bzw. München 1936); übersetzt von Annie Salomons. Buch mit Ratschlägen für junge Mädchen und ihre Eltern.

34 Hier als Synonym für »untertauchen« verwendet, A. d. Ü.

35 Barneveld: Eine ausgewählte, für die niederländische und/oder deutsche Gesellschaft als wertvoll erachtete Gruppe wurde auf einem Landgut untergebracht. Am 29. September 1943 deportierte man allerdings auch sie nach Westerbork.

36 Libelle: Frauenzeitschrift, A.d.Ü.

37 Henri van der Mandere, Vredes-album. Gedachten over den vrede uit alle eeuwen [Friedensalbum. Gedanken zum Frieden aus allen Jahrhunderten] (Den Haag 1934) und Chr. Steketee, Baby's eerste levensjaar [Babys erstes Lebensjahr] (1. Auflage: Baarn 1934).

38 Ab 1934 zeichnete die Stiftung alle vier Jahre für ein Gemälde mit einem geschichtlichen Thema einen jungen Kunstmaler unter 31 mit einem Reisestipendium aus. Ermöglicht wurde dies durch den Nachlass des Malers Paul Tétar van Elven (1823 bis 1896).

39 Streit zwischen zwei Admiralen im Jahr 1666, A.d.Ü.

40 Am 19. Januar 1943 wurde in Ottawa Prinzessin Margriet geboren.

41 Nach dem gleichnamigen Lied aus dem Film »Madame sucht Anschluß (Das Lied ist aus)« von 1930; Regie Géza van Bolvary, Liedtexte Walter Riesch, Musik Robert Stolz.

42 Auf den niederländischen General Hendrik Alexander Seyffardt (1872–1943), der an der Ostfront für die niederländische SS aktiv war, wurde am 5. Februar 1943 ein Anschlag verübt. Am nächsten Tag erlag er seinen Verletzungen.

43 Aufgrund der Angaben zum Seitenumfang kann es sich wohl nur um eines der folgenden beiden Werke handeln: Emil Lud-

wig, Napoleon (Arnheim 1932: 721 S. oder Jean de Barneville, Napoleon: zijn helden en heldendaden [Napoleon: seine Helden und Heldentaten] (Amsterdam o. J. [ca. 1930]: 875 S.).

44 Wie im Eintrag »Dezember 1942« wird »Schwimmen« hier als Synoym für »Untertauchen« verwendet, A. d. Ü.

45 Der Anschlag auf den Generalsekretär des Ministeriums für Volksaufklärung und Künste, den prominenten NSB-Anhänger Hermannus Reydon, ereignete sich am 6. Februar 1943.

46 Mit der Räumung des Jüdischen Altenheims, des Kranken- und des Waisenhauses am 26. Februar 1943 begann der letzte Akt jüdischen Lebens in Rotterdam: Niederländische Angehörige der Wehrabteilung und des Sicherheitsdienstes ergriffen insgesamt 250 Personen.

47 Frau [den] Hartog: In diesem Punkt sind die im Tagebuch festgehaltenen Informationen nicht korrekt; offensichtlich kursierten im Krankenhaus anderslautende Gerüchte. Man hatte die Direktorin Elisabeth den Hartog im November 1942 bei einem Überfall des SD verhaftet und verdächtigte sie, der jüdischen Widerstandskämpferin Sara van Gigch Unterschlupf gewährt zu haben. Am 11. Mai 1943 wurde sie nach Westerbork und 1944 nach Auschwitz geschickt.

48 Am 8. November 1942 überfielen amerikanische Truppen in der »Operation Torch« den von der Vichy-Regierung kontrollierten Teil Nordafrikas.

49 Der am 31. März 1943 von amerikanischen Bombern ausgeführte Angriff auf den Westen Rotterdams gilt als vergessener Teil der Kriegsgeschichte: Statt wie geplant auf Hafen- und Schiffsbauanlagen fielen die Bomben auf Wohnviertel. Mindestens 326 Personen starben, 13 000 wurden obdachlos.

50 Seder: Tag des Sedermahls während des Pessachfestes.

51 Künstler in den besetzten Gebieten mussten der Reichskulturkammer beitreten, um weiterhin ihre Tätigkeiten ausüben zu dürfen, A. d. Ü.

52 Der Herausgeber korrigiert hier in der Vorlage einen sprachlichen Irrtum Carry Ulreichs, A. d. Ü.

53 In der »Villa Bouchina« in Doetinchem hielten sich vom Februar bis zum 21. April 1943 neun Juden auf, die unter dem persönlichen Schutz des NSB-Leiters Anton Mussert standen. Zu ihnen gehörten ehemalige jüdische NSB-Mitglieder, aber auch der Zeichner Jo Spier und seine Familie.

54 Anton Hamse Tammsaare, Roman uit Estland (Den Haag 1941). [Die deutsche Fassung erschien zwei Jahre vorher. A. d. Ü.] Tammsaare (1878–1940) gilt als einer der größten estnischen Autoren. Indrek ist ein philosophischer Entwicklungsroman und Teil eines größeren Zyklus, in dem Kenntnis und Lektüre eine wichtige Rolle spielen. Dieser Umstand hat Carry Ulreich wahrscheinlich auch zu den folgenden Zeilen inspiriert.

55 Nachdem sich am Vortag nur 500 Juden gemeldet hatten, fand am 26. Mai 1943 eine Razzia in Amsterdam Zentrum und in Amsterdam Oost [Nicht Zuid, wie Carry Ulreich schreibt. A. d. Ü.] statt, die zur Verhaftung und Deportation von 3000 Juden führte.

56 Carry Ulreich zitiert hier wieder (siehe auch den Eintrag vom 12. Mai 1942) Johannes Henricus Brand: S. 352, Alles wird gut werden, wenn jeder seine Pflicht tut. A. d. Ü.

57 Adam Czerniaków, der Vorsitzende des Warschauer Judenrates, beging am 23. Juli 1942 Selbstmord, einen Tag nach der sogenannten Großaktion Warschau, mit der das Ausrotten der Juden im Warschauer Getto begann.

58 Am 18. Januar 1943 begann der Aufstand im Warschauer Getto. Die heftige Gegenwehr jüdischer Widerstandskämpfer gegen die deutschen Truppen dauerte bis zum 28. April 1943 an.

59 Am 20. Juni 1943 wurden die meisten noch legal in Amsterdam verbleibenden Juden in einer Razzia aufgegriffen. Danach war nur noch eine begrenzte Anzahl »Gesperrter« übrig.

60 Der Rabbiner George de Lange (1876–1943) arbeitete an der Niederländisch-Israelitischen Hauptsynagoge in Amsterdam. Er war ein Onkel von Froukje, Bram und Borah de Lange.

61 Alice Hobart, Olie voor China's lampen (Den Haag 1936) [Deutsch von Helene Schidrowitz: Petroleum für die Lampen Chinas, München 1949, A. d. Ü.] Auf diesem Buch basierte der damals bekannte Film »Oil for the Lamps of China« (1935).

62 Fritz Schmidt (1903–1943), Generalkommissar zur besonderen Verwendung für die Gleichschaltung der Niederlande, war am 26. Juni 1943 bei der Inspektion des Atlantikwalls aus einem fahrenden Zug gefallen.

63 Arthur van Schendel, Angiolino en de lente [Angiolino und der Frühling] (Maastricht 1943).

64 Otto den Deyl (Amsterdam o. J.).

65 Niels Hoyer, Heimwärts (Den Haag/Wien 1936). Sowohl wegen der Thematik als auch wegen der Identität des Autors verbotene Exilliteratur. Hoyer war ein Pseudonym des deutsch-jüdischen Schiftstellers Ernst Harthern (vorher: Jacobson).

66 Am niederländischen »de vrede« ist das Geschlecht nicht unmittelbar zu erkennen, da Nomen mit dem Artikel »de« maskulin oder feminin sein können. A. d. Ü.

67 Lama Albert Arthur Yongden, Mipam: De lama der vijf wijsheden. Een Tibetaansche roman [Der Lama der fünf Weisheiten. Ein tibetanischer Roman] (Arnheim 1940). Der Autor, Aphur Yongden, der ab 1925 in Frankreich lebte, stammte tatsächlich aus Tibet.

68 Selma Lagerlöf, Mårbacka (Amsterdam 1923).

69 Gemeint ist die Sammelstelle für die Amsterdamer Juden. A. d. Ü.

70 Das ehemalige Dienstmädchen der Familie Ulreich, Cor Blaak.

71 1921 gegründete spirituelle katholische Mädchenbewegung mit einem Schwerpunkt auf Mission, sozio-kulturellen und religiösen Aktivitäten.

72 Der Herausgeber korrigiert hier in der Vorlage einen sprachlichen Irrtum Carry Ulreichs. A. d. Ü.

73 Hier wird »opduiken« (»auftauchen«) im Sinne von »das Versteck dauerhaft verlassen«, im Gegensatz zu »onderduiken« (»untertauchen«) verwendet. A. d. Ü.

74 Unter der Leitung von Graf Claus von Stauffenberg fand am 20. Juli 1944 ein Attentat auf Hitler statt. Vorgesehen war ein Staatsstreich; dann sollte der Krieg beendet werden. Der Anschlag missglückte, und die Beteiligten wurden zur Rechenschaft gezogen.

75 Gerd von Rundstedt (1875–1953), Deutscher Feldmarschall, 1944 zum Oberbefehlshaber über die Westfront ernannt.

76 Kommentar von Roel Houwink (Amsterdam 1943).

77 Im Juni 1944 wurden 222 niederländische Juden aus dem Konzentrationslager Bergen-Belsen gegen Deutsche aus dem Mandatsgebiet Palästina ausgetauscht. Nach der Befreiung stellte sich heraus, dass Froukje de Lange nicht zu dieser Gruppe gehörte, sondern in Theresienstadt gewesen war. 1945 kehrte sie mit einer schweren Tuberkulose, die einen Kuraufenthalt in Davos erforderlich machte, in die Niederlande zurück.

78 So die niederländische Vorlage; sicher sind 65 km gemeint. A. d. Ü.

79 In der »Operation Market Garden« versuchten die Alliierten, zwischen dem 17. und dem 25. Dezember einen Durchbruch zu erzwingen und das deusche Industriezentrum im Ruhrgebiet einzukreisen.

80 Nach einem Aufruf der niederländischen Exilregierung über Radio Oranje legten die 33 000 bei der niederländischen Eisenbahn Beschäftigten am 17. September 1944 die Arbeit bis zur Befreiung der Niederlande nieder.

81 Dr. Carl Völkers (1889–1970), deutscher Nationalsozialist, ab 1940 Beauftragter des Reichskommissars für die Stadt Rotterdam.

82 Vom 1. August bis zum 2. Oktober 1944 versuchte die polnische Widerstandsarmee Armia Krajowa die Stadt zu befreien, um einer Besetzung durch die sowjetischen Kommunisten zuvorzukommen. Dabei kamen mehr als 200 000 Menschen um, die Stadt wurde größtenteils verwüstet. Die Rote Armee, die sich in der Nähe befand, griff nicht ein.

83 Alexandra (Alja) Rachmanowa, Liefde, Tscheka en dood (Den Bosch 1933) [deutsche Ausgabe: Studenten, Liebe, Tscheka und Tod, A. d. Ü.].

84 Der Zahnarzt Frederik Christiaan Wicart (1901–1944), der bereits 1933 in die NSB eingetreten war, organisierte angesichts der nahenden Befreiung in einem Rehabilitierungsversuch eine Aktion mit einigen Widerstandskämpfern. Er wurde verraten und an der Kreuzung Claes de Vrieslaan/1. Middellandstraat niedergeschossen, sein Haus an der Mathenesserlaan 231 als Repressalie in Brand gesteckt.

85 Dort wurde u. a. die illegale Zeitung De Wacht gedruckt.

86 Am 24. Oktober 1944 wurden bei einem geglückten Anschlag auf das Hauptquartier der Polizei 46 Menschen befreit. Als Repressalie wurden sofort vier Verhaftete erschossen, deren Leichen zur Abschreckung auf dem Bürgersteig liegen bleiben mussten.

87 Am 24. Oktober 1944 wurden an der Kreuzung Beethovenstraat/Apollolaan als Repressalie für den Mord an dem berüchtigten SD-Offizier Herbert Oehlschlägel willkürlich 29 Personen erschossen.

88 Das Nikolausfest wird in den Niederlanden besonders gefeiert. A. d. Ü.

89 Anspielung auf die doppelte Bedeutung des niederländischen »goed« (»gut«) im Sinne von »fachlich kompetent« und als Gegenbegriff zu »fout«, also auf der Seite der Besatzer. A. d. Ü.

90 Vermutlich ist Niederländisch-Indien gemeint. A. d. Ü.

91 Der Erschossene war ein niederländischer SS-Mann, der das Postamt am Coolsingel besuchen wollte. Als Repressalie wurden am 20. Februar 1945 zehn Zivilisten ermordet.

92 »Esst mehr Brot! Brot ist der Stab des Lebens«: Reklamekampagne der Vorkriegszeit auf Plakaten und bedruckten Autos, die den Brotkonsum in der Bevölkerung fördern sollte.

93 Herman de Man, De heersers van het gewest [Die Herrscher über die Region] (Naarden 1941).

94 Ein absolutes Schreibverbot für Pessach wie für den Sabbat gibt es nicht, doch bestehen laut dem jüdischen Recht Einschränkungen, und es wird vom Schreiben abgeraten.

95 Hier vermischt Carry Ulreich verschiedene biblische Geschichten. Statt der Philister sind wohl die Amelekiten, statt Josua ist Moses gemeint.

96 Bezug auf die erste Frage des katholischen Katechismus »Warum sind wir auf Erden? Wir sind auf Erden, um Gott zu dienen und dadurch hier und im Jenseits glücklich zu sein.« Basiert teilweise auf dem 2. Timotheusbrief (1,6).

97 Gerüchte über eine unmittelbar bevorstehende Befreiung der Niederlande hatten am 5. September 1944 etwa 30000 NSB-Anhänger zur Flucht nach Deutschland veranlasst. A. d. Ü.

98 B. E. Bouwman und Th. A. Verdenius, Hauptperioden der deutschen Literaturgeschichte (Groningen 1937), damals ein bekanntes Schulbuch für deutsche Literaturgeschichte, von dem mehrere Auflagen erschienen.

99 Der Herausgeber zeigt im Original an, dass sich Carry Ulreich hier in der Zeit und Verbform vertan hat (»afwerpen« anstelle von »afwierpen«). A. d. Ü.

100 Fünflinge von Dionne: Anspielung auf die fünf Untergetauchten (Vater, Mutter, Rachel und Bram, Carry) mit Bezug auf die 1934 in Kanada geborenen Fünflinge der Familie Dionne.

101 Mit dem Massen ... Matthäus 7,2 (und Markus 4,24): »Mit welcherlei Maß ihr messet, wird euch gemessen werden.« (Wortlaut wie im Tagebuch. A. d. Ü.)

102 Kanadischer Feldrabbiner: Mit den kanadischen Streitkräften kamen verschiedene Feldrabbiner in die Niederlande, die in der ersten Phase des Wiederaufbaus jüdischen Lebens in den Niederlanden eine aktive Rolle spielten.

103 Celle: In der Nähe des Konzentrationslagers Bergen-Belsen. Relativ viele niederländische Juden wurden nach Bergen-Belsen deportiert.

104 Jüdische Brigade in der britischen Armee, die aus Freiwilligen aus der jüdischen Gesellschaft in Palästina bestand.

105 Tagebuch Rachel Ulreich, 18. Juni 1945.

106 Rotterdamsch Courant, 30. März und 12. April 1928.

107 Tagebuch Rachel Ulreich, 21. Januar 1941.

108 Nieuw Israëlitisch Weekblad, 1. und 22. März und 5. April 1940.

109 Tagebuch Rachel Ulreich, 10. August 1941.

110 Tagebuch Rachel Ulreich, 4. Mai 1941. Am 14. Juni 1941 wird das Thema wieder behandelt: »Meine Eltern wollen zu Onkel Adolf nach Amerika. Ich will nicht, wirklich nicht. Was soll ich da um Himmels willen, was die Sprache betrifft, werde ich immer ein Dummkopf bleiben. Dann vergesse ich das Holländische, und meine Nachkommen (?) werden mich auslachen.«

111 Tagebuch Rachel Ulreich, Oktober 1941.

112 Tagebuch Rachel Ulreich, 6. Juli 1942.

113 Tagebuch Rachel Ulreich, 16. Juni 1945.

114 Brief von Gustav Ulreich an Onkel Adolf, 21. April 1944. (Deutsch im Original. A. d. Ü.)

115 Eine Übersetzung ins Deutsche liegt bisher nicht vor. Vgl. das Literaturverzeichnis für Angaben zur Übersetzung ins Englische, Ashes in the Wind. A. d. Ü.

116 Der Autor spielt hier auf einen Buchtitel an. A. d. Ü.

117 Tagebuch Rachel Ulreich, Ende September/Beginn Oktober 1945.

118 Tagebuch Rachel Ulreich, 16. Juni 1945.

119 Gedicht von Vater Zijlmans »für Carry Ulreich an ihrem neunzehnten Geburtstag aus ihrem Untertauchhaus«, Rotterdam, 15. November 1945. (Die Übersetzung im Fließtext folgt dem Reimschema und – so weit möglich – dem Metrum des Originals. A. d. Ü.)

120 Tagebuch Rachel Ulreich, September 1946.

Quellen

Archivmaterial des Roten Kreuzes Den Haag: Kartothek Judenrat Westerbork/Rotes Kreuz

Stadsarchief Rotterdam [Stadtarchiv Rotterdam]: Archiv des Standesamtes

Private Sammlung Carmela Mass, Rishon le-Zion, Israel: Eigene Tagebücher 1941–1945
Tagebuch der Schwester Rachel Ulreich 1940–1946
Tagebuch/Brief des Vaters Getzel/Gustav Ulreich 1944–1945
Korrespondenz und Gedichte aus den Kriegsjahren
Interview Yad Vashem

Fotosammlung

Private Sammlung Jeroen Zijlmans: Fotosammlung
Private Sammlung Paul C. van der Burg, Fotosammlungen und Familiendokumente

Webseiten

www.delpher.nl
www.Joodsmonument.nl
www.joodserfgoedrotterdam.nl
www.izkor.gov.il/HalalKorot.aspx?id=91427

Zeitungen und Zeitschriften

Nieuw Israëlietisch Weekblad
Het Joodsch Weekblad
Rotterdamsch Nieuwsblad
Nieuwe Rotterdamsche Courant
De Vrijdagavond

Dantzig, Marre van, Zolang niet alles is verteld (Maassluis 2013)

Even-Shoshan, Avraham (Hg.), We-im bi-gewurot: Asupat pirḳe 'ijun u-mechkar be-'injene haarets, halashon we-sifrut Jisrael: Mincha li-Re'uven Mas ule-Ra'jato Chana be-hegi'am li-gewurot (Jerusalem 1974)

Fuks, Leo, »Oost-Joden in Nederland tussen beide wereldoorlogen«, Studia Rosenthaliana 11/2 (1977) 198-215

Giltay Veth, D. und A. J. van der Leeuw, Rapport door het Rijksinstituut voor Oorlogsdocumentatie uitgebracht aan de minister van justitie inzake de activiteiten van drs. F. Weinreb gedurende de jaren 1940–1945, in het licht van nadere gegevens bezien, 2 Bde. (Den Haag 1976) [Bericht zum »Fall Weinreb«]

Grüter, Regina, Een fantast schrijft geschiedenis. De affaires rond Friedrich Weinreb (Amsterdam 1997)

Hausdorff, D., Jizkor. Platenatlas van drie en een halve eeuw geschiedenis van de Joodse gemeente in Rotterdam van 1610 tot ±1960 (Baarn 1978)

Kowalska-Leder, Justyna, Their childhood and the Holocaust. A child's perspective in Polish documentary and autobiographical literature (Frankfurt am Main 2015)

Lang, Wally M. De (Hg.), Het oorlogsdagboek van Dr. G. Italie. Den Haag, Barneveld, Westerbork, Theresienstadt, Den Haag 1940–1945 (Amsterdam/Antwerpen 2009)

Leeuwen, Leon B. van, Let my half cry: An autobiography (New York/Lincoln/Shanghai 2007)

Levie Bernfeld, Tirtsah, und Bart Wallet, Canon van 700 jaar Joods Nederland (Rijswijk 2015)

Menkis, Richard, ›But You Can't See the Fear That People Lived Through‹: Canadian Jewish Chaplains and Canadian Jewish Encounters with Dutch Survivors, 1944–1945, American Jewish Archives Journal 60/1–2 (2008) 25–50

Moei, Janneke de, In het net gevangen. Een Joods gezin in de Tweede Wereldoorlog. Ridderkerk, Rotterdam, Westerbork, Polen (Ridderkerk 2003)

Oosthoek, A. W. (Hg.), Kaddisj. Ter nagedachtenis van de Joodse Rotterdamse Burgers 1940–1945 (Rotterdam 2000)

Pauw, J. L. van der, Rotterdam in de Tweede Wereldoorlog, 3. Auflage (Amsterdam 2011)

Poel, Stefan van der, Tiener in de jaren twintig, Nieuw Israëlietisch Weekblad, 21 Januari 2005, 17

Presser, Jacques, Ondergang. De vervolging en verdelging van het Nederlandse Jodendom 1940–1945, 2 Bde. (Den Haag 1965) [Englische Ausgabe, Übersetzung von Arnold J. Pomerans: Ashes in the Wind. The Destruction of Dutch Jewry. London 2010 (1988).]

Werner Röder und Herbert A. Strauss (Hg.), Biographisches Handbuch der deutschsprachigen Emigration nach 1933–1945: Politik, Wirtschaft, Öffentliches Leben (München etc. 1980) 481–482

Schippers, Hans, De Westerweelgroep en de Palestinapioniers. Nonconformistisch verzet in de Tweede Wereldoorlog (Hilversum 2015)

Tammes, Peter (Hg.), Oostjoodse passanten en blijvers. Aankomst, opvang, transmigratie en vestiging van joden uit Rusland in Amsterdam en Rotterdam, 1882–1914 (Amsterdam 2013)

Ultee, W. C., We mogen nergens heen, we moeten naar Vught. De Joodse inwoners van Woerden, 1930–1947 (Woerden 1999)

Valk, H. J., De Rotterdamse Joden tijdens de bezetting, Rotterdams Jaarboekje 1955, 210-218

Vaz Dias, Jac. d. M., Na tien jaar mizrachistisch jeugdwerk De Vrijdagavond 2/46, 12 Februari 1926 Vriesland. Esther van, Esther. Een dagboek 1942 (Utrecht 1990)

Wallet, Bart, Dat God jullie moge zegenen. Aron Leonard Davidson, 1914–1943 (Zoetermeer 2015)

Wallet, Bart, Regionale structuren en ideologische debatten. Het synagogaal ressort Rotterdam (1900–1917), Holland 48/1 (2016) 5-12

Zapruder, Alexandra (Hg.), Salvaged pages: Young writers' diaries of the Holocaust (New Haven 2002)

Personenverzeichnis

Akker, Jo, möglicherweise Joseph Isidor Louis Akker, Rotterdam 1912–Sobibór 1943.

Andriesse, Joop (Joseph), geboren 1924 in Utrecht, während des Krieges auf Hachschara. Heiratete 1944 Sophia Sara Hes. Überlebte den Krieg und emigrierte später nach Israel. Bruder von Mirjam und Ted.

Andriesse, Mirjam, geboren 1933 in Deventer, überlebte den Krieg in Westerbork und Bergen-Belsen und emigrierte nach Israel. Heiratete Aharon Lapid.

Andriesse, Ted (Rosetta Cato), geboren 1927 in Utrecht, überlebte den Krieg in Westerbork und Bergen-Belsen. Heiratete später einen Kollegen, den Psychiater Herman Musaph. Ehemalige Vorsitzende des Anne-Frank-Hauses und des Museums für Jüdische Geschichte.

Aribo, Iskar, Pseudonym des Dirigenten und Pianisten Isaac Cohen, Rotterdam 1908–1999. Aribo war als »Halbjude« weniger in Gefahr und nahm darum ein jüdisches Familienmitglied, den kleinen Tommy Cohen, als Untergetauchten bei sich auf.

Better, Beile (Balbina), Tarnow 6. September 1871–1942. Reiche Dame aus Krakau, Mutter von Tante Hela (Hendel/Helena) Schmerling-Better, die 1938 aus Berlin nach Palästina ging.

Berg, Magister des Rechts Mark Louis van den, Rotterdam 1909 bis Dachau 1945. Advokat und Anwalt. Im Herbst 1941 Mitbegründer einer Jüdischen Koordinationskommission für Rotterdam, die eine selbstständige Verwaltung der Rotterdamer Juden anstrebte. Im Oktober 1941 erzwangen die Nazis allerdings die Gründung eines Rotterdamer Büros des Judenrates. In der Folge wurde Mark Louis van den Berg zu einer der führenden Figuren des Rotterdamer Judenrates.

Bialer, Chil Majer, Warschau 1889–Sobibór 1943, Krawattenfabrikant, verlor beim Bombenangriff auf Rotterdam sein Haus und wohnte danach mit seiner Familie am Ungerplein. Am 3. November 1942 zog die Familie nach Amsterdam.

Bialer-Rechtmann, Rochma, Warschau 1891–Sobibór 1943, Frau von Chil Majer Bialer.

Bialer, Hanni (Hana), Warschau 1918–Auschwitz 1942, Tochter von Chil Majer und Rochma Bialer, heiratete 1942 in Rotterdam Sally Lipszyc.

Blaak, Cor, ehemaliges Dienstmädchen der Familie Ulreich.

Blik, arbeitete im Büro des Rotterdamer Judenrates.

Bosch, Henny van den, 1923–Zürich 1993, nichtjüdische Verlobte von Sam Wijler. Erscheint im Tagebuch zuerst fälschlicherweise mit dem Nachnamen »van den Broek«.

Bosman, Salomon (Sam), Rotterdam 1925, überlebte den Krieg, flüchtete in die Schweiz, ging 1946 nach Palästina, kehrte jedoch später in die Niederlande zurück.

Bosman, Mathilde (Tilly), Rotterdam 1923, Schwester von Sam, überlebte den Krieg, indem sie aus dem Lager Westerbork flüchtete, ging später nach Israel. Heiratete Silvanus Schüller.

Brandel, James, Rotterdam 1903–Rotterdam 1971, während des Krieges Lehrer für Mathematik, Natur- und Werkzeugkunde am Jüdischen Lyzeum. Nach dem Krieg (1962–1968) Rektor der Bergsingel-HBS, der späteren HBS Willem de Zwijger.

Brandes, Sam (Samuel), Rotterdam 1917–Mitteleuropa 1944.

Bril, Nieke (Eugenie Nicolette), Rotterdam 1926–Mainau 1945. 1944 aus Westerbork nach Theresienstadt und von dort aus nach Auschwitz deportiert. Starb am Bodensee.

Bril, René, Cousin von Nieke Bril.

Bueren, Flip van, junger Mann aus dem Freundeskreis der Ulreich-Schwestern.

Coevorden, Herman van, Rheden 1924–Enschede 1944, Mitarbeiter in der Verwaltung des Rotterdamer Judenrates, tauchte in Hengelo (Overijssel) unter, wurde verhaftet und erschossen.

Cohen, Dr. Hendrik, Apotheker. Zunächst Mitglied der Jüdischen Koordinationskommission Rotterdam, ab Oktober 1941 jedoch einer der Leiter des Büros des Rotterdamer Judenrates.

Cohen, Jetty (Judith), Rotterdam 1916–Auschwitz 1942, heiratete 1941 Leisor Kornfeld.

Corper, Hetty (Hester), Amsterdam 1927–Sobibór 1943.

Dam, Ab van, Rotterdam 1924–Sobibór 1943.

Dantzig, Dolf (A. M.) van, 1922–2006, Bruder von Louki. Zusammen mit seiner Familie gelang ihm die Flucht in die Schweiz, wo er den Krieg überlebte. Trat 1944 in den Dienst der alliierten Streitkräfte. 1967–1982 Geschäftsführender Direktor des Amsterdamer Concertgebouw-Orchesters.

Dantzig, Jenny (Louise) van, Rotterdam 1924–Auschwitz 1943. Auf der Flucht in Frankreich verhaftet und über das Transitlager Drancy nach Auschwitz deportiert.

Dantzig, Louki (Louise Susanna) van, Rotterdam 1925–Amsterdam 2014, überlebte den Krieg, heiratete Berthold Barend Stokvis.

Davids, Aaron Barend N., Amsterdam 1895–Bergen-Belsen 1943, Enkel des einflussreichen Amsterdamer Oberrabbiners Joseph Hirsch Dünner, am Niederländisch-Israelitischen Seminar ausgebildet, nacheinander Oberrabbiner in Leeuwarden (1924–1927), Groningen (1927–1930) und Rotterdam (1930–1943). Davids war Mizrachist, ein ausgesprochen religiöser Zionist, was damals unter den Rabbinern selten vorkam.

Davids, Elijah Nachman, Leeuwarden 1925–Bergen-Belsen 1943, Sohn des Oberrabbiners. Als Koch bei der Deportation des Altenheims verhaftet.

Dijk, Familie van, welche Familie dieses Namens hier gemeint ist, lässt sich nicht mehr feststellen.

Dijk, Mies van, 1944 27 Jahre alt.

Drielsma, Harry, möglicherweise: Hartog, Sneek 1911–Auschwitz 1944, Lastwagenfahrer. In einer Mischehe, dennoch deportiert.

Dullemen, Dr. Johanna Jacoba van, Den Bosch 1892–Rotterdam 1972, studierte in Groningen, Amsterdam und Oxford Anglistik und promovierte 1924. Ab 1935 Direktorin der 2. HBS für Mädchen, ab 1942 Direktorin des Vereinigten Lyzeums für Mädchen, zu dem die Weiterführende Mädchenschule gehörte, die Carry Ulreich besuchte. 1943 wurde sie von den Besatzern suspendiert. Nach der Befreiung der Niederlande arbeitete sie bis 1955 erneut in dieser Funktion.

Eitje, Carolina, Amsterdam 1883–Amsterdam 1968, Amsterdamer Geschichtslehrerin an der Jüdischen HBS, begehrte zionistische Sprecherin.

Elzas, Dr. Mozes, Rotterdam 1888–Rotterdam 1982. Studierte in Amsterdam Medizin und promovierte 1916. 1917 wurde er als Internist an der Israelitischen Anstalt für Alte und Kranke angestellt. Er galt als Spezialist für Diabetes. Als medizinischer Direktor entschied er sich 1943, seine Patienten nach Westerbork zu begleiten. Von dort aus wurde er nach Barneveld verlegt, wo sich auch seine Familie befand. 1944 wurde er nach Theresienstadt deportiert und überlebte dort den Krieg. Von 1946 bis 1953 leitete er die Internistische Abteilung des Krankenhauses am Coolsingel in Rotterdam. Daneben engagierte er sich sehr für den Wiederaufbau des jüdischen Rotterdam.

Esso, Arnold Hans van, Zwolle 1922–Israel 2006. Wuchs in Meppel auf, wo seiner Familie in der Jüdischen Gemeinde eine tonangebende Rolle zukam. Zwischen 1929 und 1933 wohnte man allerdings in Rotterdam. Arnold besuchte die HBS in Meppel, musste jedoch wegen des Krieges das Jüdische Lyzeum in Zwolle besuchen, um einen Abschluss zu bekommen. Er überlebte den Krieg in einem Versteck in Rotterdam, wo er nach der Befreiung der Niederlande u.a. Carry Ulreich begegnete. Er emigrierte später nach Israel.

Fekete, Salomon, 1867–Auschwitz 1942, verheiratet mit Adèl, Eigentümer eines Mantelmagazins, wohnhaft in der Tellingerstraat 35, mit der Familie Ulreich befreundet.

Fekete, Adèl, Diczsoszentmarton 1876–Auschwitz 1942.

Franken, Hannele, geboren 1923, Tochter des Rechtsanwalts und Richters Magister der Rechte Maurits Franken und der russischen Jüdin Sonja Druy. Sie überlebte den Krieg, heiratete Ies Klausner und emigrierte nach Israel.

Frederikstadt, Roland (Israel Alexander), Amsterdam 1921–Flössenburg 1945. Freund von Bram. In der zionistischen Bewegung aktiv. Verheiratet mit Vera Bos. 1943 über Vught nach Auschwitz deportiert. Am 13. April, kurz vor der Befreiung des Konzentrationslagers Flossenbürg, dort umgekommen.

Frenkel, Mirjam, Rotterdam 1922–Sobibór 1943. Im Tagebucheintrag »März 1943« als »Mädchen von Frenkel« erwähnt. Verbrachte ihre Kindheit im Jüdischen Waisenhaus in Leiden. Ab 1941 in Rotterdam, arbeitete als Köchin im Israelitischen Waisenhaus in Rotterdam. Bei der großen Deportation von Altenheim, Krankenhaus und Waisenhaus wurde auch sie verhaftet und deportiert.

Frieser, Robert (Rob), Rotterdam 1924–Dorohucza 1943.

Ganz, Strul (Israel), Bârsana (Rumänien) 1902–Auschwitz 1943. Ungarisch-rumänischer Jude, 1936 zum Schochet (Schlachter gemäß den jüdischen Riten) der Niederländischen Israelitischen Gemeinde Rotterdam. Er hatte eine große Familie.

Gorki, im Versteck verhaftet.

Familie Gottlieb:

Großvater Adolf Gottlieb, Bochnia 1868, und Großmutter Rachele Auerfeld, Krakau 1869.

Gottlieb, Carrys Mutter Anna Fanny, Krakau 1896–Jerusalem 1985.

Gottlieb, Tante Dora, Krakau 1892–Auschwitz 1943. Kam 1938 in die Niederlande, konnte jedoch nicht nach Polen zurückkehren, da der Zweite Weltkrieg ausbrach. Zunächst bei der Familie Ulreich in Rotterdam gemeldet, später nach Utrecht umgezogen. Haushälterin.

Gottlieb, Izydor (Iziu), Krakau 1905, Arztpraxis in Krakau, überlebte den Krieg.

Gottlieb, Maurycy (Mondek), Krakau 1898, Zahnarzt, überlebte den Krieg.

Goudsmid, Arthur, Rotterdam 1928–Auschwitz 1942.

Goudsmid, Richard, Rotterdam 1924–Auschwitz 1943.

Groot, Lourens de, Rotterdam 1874–Bilthoven 1963. Liberaler Politiker, Rotterdams Beigeordneter für Bildungsangelegenheiten (1927–1931 und 1939–1942). Nach der Befreiung der Niederlande Mitglied des Beirats der Gemeindeverwaltung von Rotterdam (1. Juni–9. November 1945).

Haagman, Clara, Rotterdam 1925–Newport Beach, Orange, Kalifornien 2002. Carry Ulreichs Klassenkameradin auf dem Jüdischen Lyzeum. Wurde 1942 mit ihren Eltern über den Stieltjesplein nach Westerbork deportiert. Dort arbeitete sie in der Batterienzerlegungswerkstatt, die ihr Vater aufbaute und leitete. So gelang es der Familie, den Krieg in Westerbork zu überleben.

Haas, Belia de, Rotterdam 1927–Sobibór 1943.

Haas, Jaap de, Bruder von Simon, aus der Mathenesserlaan.

Haas, Simon de, Amsterdam 1914 – inzwischen verstorben. Erscheint im Tagebuch als »der Pianist«. Er überlebte den Krieg und heiratete 1947 Elly Sonja Weijl.

Haas, Simon Jacob de, Rotterdam 1920–Naarden 1993. Im Tagebuch mit dem Zusatz »Mathenesserlaan« gekennzeichnet (er wohnte mit Eltern und Schwester im Haus Nr. 273). Einziger Überlebender seiner Familie. Er verlobte sich 1945 mit Leni (Helena Rebekka) Elzas und heiratete sie später.

Haas, Tootje (Cato) de, Rotterdam 1926–Sobibór 1943.

Hachgenberg, Max (Meijer Abraham), Rotterdam 1925–Auschwitz 1942.

Hak, Edith van der, Bremen 1922–Auschwitz 1942. Als Köchin von der Israelitischen Anstalt für Alte und Kranke aus deportiert.

Hamburger, Mannie (Emanuel), Nijkerk 1901–Heinenoord 1945, Geschichtslehrer am Jüdischen Lyzeum Rotterdam. Er wohnte in Dordrecht, wo er bis 1941 als HBS-Lehrer für Ökonomie und Geschichte arbeitete. Hamburger saß für die SDAP im Parlament der Provinz Zuid-Holland. Weil ihn ein ehemaliger Schüler aus Dordrecht an den Sicherheitsdienst verriet, wurde er 1944 verhaftet und 1945 erschossen.

Hartog, Elisabeth den, Hendrik-Ido-Ambacht 1897–Auschwitz 1944. Erscheint im Tagebuch als »Frau Hartog«. Sie absolvierte am Portugiesisch-Israelitischen Krankenhaus in Amsterdam eine Ausbildung zur Krankenschwester und wurde 1929 Oberschwester im Israelitischen Krankenhaus Megon Hazedek an der Claes de Vrieselaan/Schietbaanlaan. Später wurde sie dort Direktorin. Um sie vor der Deportation zu bewahren, nahm sie während des Krieges so viele Patienten wie möglich auf. 1942 wurde sie verhaftet, weil man sie verdächtigte, der jüdischen Widerstandskämpferin Sara van Gigch im Krankenhaus Unterschlupf zu gewähren. 1943 erfolgte die Deportation nach Westerbork, 1944 die nach Auschwitz. Dort kam sie um.

Hartog, Estella Sally Francisca (Stella), geborene Waalwijk, 1911. Wohnte in Utrecht, besuchte das Städtische Gymnasium, engagierte sich in der zionistischen Jüdischen Jugendföderation und lernte Carry Ulreich über Ted Andriesse kennen. Sie überlebte den Krieg in einem Versteck in Bodegraven. Später emigrierte sie in die Vereinigten Staaten und heiratete 1951 ihren jüdischen Vermieter in New York, Toby. 1952 erhielt sie die amerikanische Staatsbürgerschaft.

Hausdorff, David, Rotterdam 1901–Antwerpen 1990. Hausarzt und angesehener Vorsteher in der Niederländisch-Israelitischen Gemeinde Rotterdam mit einer Führungsrolle innerhalb der streng orthodoxen, nicht-zionistischen Agudas Jisroel. Nach dem Erasmusgymnasium studierte er in Utrecht und Amsterdam Medizin und führte zwischen 1930 und 1978 eine Praxis an der West-Kruiskade 38a (später 6a). Während des Krieges musste er in der »Halle 24« am Stieltjesplein die Aufgerufenen einer medizinischen Untersuchung unterziehen. 1943 tauchte er unter. Er überlebte mit seiner Familie den Krieg und setzte sich nach 1945 unermüdlich für den Wiederaufbau jüdischen Lebens in der Maasstadt ein.

Heidt, Eddy Josef, geboren 1925 in Rotterdam. Als deutscher Jude wurde sein Vater zu Beginn des Krieges zusammen mit NSBlern und anderen »Fremdlingen« von der Niederländischen Polizei interniert. Beim Bombenangriff auf Rotterdam im Mai 1940 kam er um. Der Gymnasiast Eddy tauchte 1943 in Aalsmeer unter. Er überlebte den Krieg und ließ sich später in den Vereinigten Staaten nieder.

Heyden, Tiny (Martinus) van der Heyden, Den Bosch 1913–Sobibór 1943. Zionist, Erdkundelehrer am Jüdischen Montessorilyceum Zuid in Amsterdam.

Herschberg, Israel Samuël (Bobby), Rotterdam 1928–Delft 1998. Entstammte einer ostjüdischen Familie, besuchte das Erasmusgymnasium und später das Jüdische Lyzeum. 1944 wurde er in Amsterdam verhaftet und über Westerbork nach Bergen-Belsen deportiert. Er überlebte den Krieg und studierte in Amsterdam Chemie. 1978 wurde er zum Hochschullehrer für Informatik an der Technischen Universität Delft ernannt.

Herschberg, Hadassa, Rotterdam 1935, Schwester von Bobby. Überlebte das Konzentrationslager Bergen-Belsen.

Hesseling, Wim, Freund von Mies van Dijk.

Hochfeld, Juchoes; auch Joechoes (Jacob/Jakob Hirsch), Krakau 1911–Tröbitz 1945, Schneider, Cousin von Carry, heiratete 1939 Dina van Biene.

Hochfeld-van Biene, Dina (Diny), geboren 1916 in Gouda, verstorben 1980, Frau von Juchoes Hochfeld. Ihre gemeinsame Tochter, Ruchla, überlebte den Krieg. Hochfeld, Peretz, Chrzanów 1907 bis Auschwitz 1944, Cousin von Carry.

Hochfeld-Rosenberg, Frida (Fradla), Ermigrod 1912–Auschwitz 1944, Frau von Peretz Hochfeld.

Jong, Hans de, Frankfurt am Main 1924–Auschwitz 1943. Deutsch-jüdischer Flüchtling.

Jong, Walter de, Frankfurt am Main 1925–Auschwitz 1943. Bruder von Hans.

Jong, Sam de, Chormitglied, sang während Gottesdiensten in der Synagoge mit dem Vorbeter Rokach.

Jungholz-Temianka, Lina, Łódź ca. 1891–Rotterdam 1975. In der Ostjüdischen Gemeinde in den Niederlanden aktiv. Überlebte den Krieg in einem Versteck.

Jungholz, Rosy (Rosi), Rotterdam 1919–Den Haag 1995. Tochter der Obengenannten. Verheiratet mit Julius Hasfeld.

Kahn, Sidney, ca. 30 Jahre, Chemielehrer, Engländer oder Kanadier.

Kattenburg, Rita, Rotterdam 1913–Sobibór 1943, Konzertpianistin und Klavierlehrerin.

Kaufman, Carel Albert (auch: Karel Kaufmann), Hengelo 1920 bis Auschwitz 1944. Er war Ökonomiestudent und Mitglied der zionistischen Studentenorganisation NZSO und schloss sich der Westerweel-Widerstandsgruppe an. Nach seiner Verhaftung durch den Sicherheitsdienst verriet er Familienangehörige und Freunde. Diese Kooperation nutzte ihm allerdings nichts; er kam als Straffall nach Westerbork und kam in Auschwitz um.

Keizer, Jaap, ein Freund von Mies Zijlmans.

Kikkert, Adriaan (Ad), Rotterdam 1914–Brouwershaven 1995. Impressionistischer Maler, erhielt seine Ausbildung an der Kunstakademie Rotterdam, Freund von Bob Zijlmans. Malte vor allem Landschaften, Stadt- und Hafenansichten und Flusslandschaften.

Kindler, Adolf, Rawa Ruska 1899–Sobibór 1943. Vater der ostjüdischen Familie Kindler.

Kindler-Kornfeld, Ides, Warschau 1906–Sobibór 1943. Mutter.

Kindler, Bronia (Gitta Bronia), Chemnitz 1929–Sobibór 1943.

Kindler, Markus Sigmund (Mundi), Chemnitz 1924–Sobibór 1943. Sohn, besuchte zunächst das Erasmusgymnasium, später das Jüdische Lyzeum.

Kindler, Herz, Rotterdam 1938–Sobibór 1943. Jüngster Sohn der Familie Kindler.

Klawier, Mira, Rotterdam 1928–Sobibór 1943.

Koe, Fräulein Dr. Anna Cornelia Sophia (Annie) de, Utrecht 1883 bis Noordwijk 1977, studierte in Utrecht Literatur und Philosophie und promovierte 1910 in Niederländischer Literatur. Seit 1926 Direktorin der HBS für Mädchen in der Witte de Withstraat in Rotterdam, die Carry Ulreich besuchte, bevor sie auf das Jüdische Lyzeum wechselte. 1942 wurden die beiden Mädchenschulen auf Bestreben der Besatzer zusammengelegt; Anna de Koe erhielt Wartegeld, und J. J. van Dullemen wurde Rektorin der neu entstandenen Schule.

Kloppert, Jacobus Johannes (Koos), Rotterdam 1892–1969. Erdkundelehrer an der HBS für Mädchen, 1941 als Geisel in das Lager in Sint-Michielsgestel gebracht.

Koning, Dr., Hausarzt der Familie Zijlmans.

Kornfeld, Familie: Ostjüdische Familie in Rotterdam und Brüssel, bestehend aus dem Bruder Leo (Leisor; Rotterdam) und den Schwestern Ides (verheiratet mit Adolf Kindler, Rotterdam), Feiga (verheiratet mit Szlama Rynderman, Rotterdam/Woerden), Marthel (Rotterdam) und Esther (verheiratet mit Moritz Rosenfeld, Brüssel).

Kornfeld, Leo (Leisor), Warschau 1911–Auschwitz 1942, heiratete 1941 Jetty Cohen.

Kornfeld, Marthel (Matla), Warschau 1913–Auschwitz 1942, verheiratet mit dem Konfektionshändler Abraham van der Stam. Beide wurden auf der Flucht in die Schweiz auf dem Bahnhof in Brüssel verhaftet, in der Kaserne von Dossin festgehalten und nach Auschwitz deportiert.

Koster, Herman, Rotterdam 1925–Sobibór 1943.

Landau, Dora, Rotterdam 1922–Leipzig 1945.

Lange, Samuël de, Enkhuizen 1879–Sobibór 1943. Religionslehrer. Ließ Carry Ulreich bei sich untertauchen, weil man annahm, die Juden seien auf dem Land zunächst vor Verhaftungen durch die Nazis sicher. Vater von Bram.

Lange-Bernard, Sientje de, Groningen 1885–Sobibór 1943. Mutter von Bram.

Lange, Debora (Borah) de, Hoogezand 1922–inzwischen verstorben, Schwester von Bram. Arbeitete zunächst als Köchin im Israelitischen Waisenhaus in Rotterdam. Überlebte den Krieg in einem Versteck bei der Familie G. Boontjes in Burgerbrug.

Lange, Abraham Louis (Bram) de, Hoogezand 1919–Rotterdam 1946. Verlobter von Rachel, starb nach der Befreiung.

Lange, Froukje Deborah de, Hoogezand 1916–Groningen 2005. Eine der vier festen Sekretärinnen des Amsterdamer Judenrates, in der Funktion der Privatsekretärin des Mitvorsitzenden Prof. Dr. David Cohen. 1943 nach Westerbork, 1944 nach Bergen-Belsen deportiert. 1945 in Tröbitz befreit. Heiratete 1964 Theodore Levie. Schwester von Bram de Lange.

Lange, George de, Amsterdam 1876–Sobibór 1943. Rabbiner an der Niederländisch-Israelitischen Hauptsynagoge Amsterdam. Onkel van Froukje, Bram und Borah de Lange.

Leeuwe, Milly de, Identität nicht mehr feststellbar.

Levison, Frits, Identität nicht mehr feststellbar.

Liever, de, arbeitete im Büro des Rotterdamer Judenrates.

Lipfrajnd, Fella, Rotterdam 1922–Monowitz 1942.

Lipszyc, Sally (Salli), Rychswal 1918–vermisst; heiratete 1942 Hana Bialer, auf der Flucht in die Schweiz verhaftet. Sohn des Chasan Lipszyc der NIG.

Lobstein, Salom (Sal), Meppel 1916–Arnheim 1998. Direkt nach der Befreiung der Niederlande, am 24. Mai 1945, heiratete er Carolina (Corry) Meijer (Borculo 1913–Arnheim 1997). Corrys Mutter entstammte der Familie Wijler. Die Meijers wohnten bereits seit 1929 in Rotterdam.

Lush, Hyman, ursprünglich ein russischer Jude, erhielt 1913 die britische Staatsbürgerschaft und änderte seinen Namen von »Lushinski« in »Lush«. Er war für die Jewish Relief Unit tätig und unterstützte den Wiederaufbau jüdischen Lebens in den Niederlanden.

Maarssen, vier Brüder, Söhne des zionistischen Gerichtsvollziehers Jacques Maarssen und Anna Henriëtte Polak. Auf der Flucht in die Schweiz wurden sie verhaftet und über das französische Lager Pithiviers nach Auschwitz deportiert, wo alle vier umkamen:

Maarssen, Henri Salomon, Rotterdam 1919–Auschwitz 1942.

Maarssen, Mozes (Bob), Rotterdam 1921–Auschwitz 1942. Er besuchte die Höhere Textilschule in Enschede, durfte jedoch nach den Sommerferien 1941 nicht dorthin zurückkehren. Er setzte seine Schulbildung am Jüdischen Lyzeum in Rotterdam fort.

Maarssen, Salomon Alexander, Rotterdam 1922–Auschwitz 1942.

Maarssen, Bernard, Rotterdam 1924–Auschwitz 1942.

Mak, Dora (Doris), Malmö 1922–Sobibór 1943. Ihr Vater war Vorbeter (Chasan) und Schlachter gemäß den jüdischen Riten (Schochet) bei der Niederländisch-Israelitischen Gemeinde Rotterdam. Bram de Lange war zeitweise Kostgänger bei der Familie Mak.

Meerschwam, Dinah, Chrzanów 1919–Auschwitz 1944.

Meijer, Hartog (Harry), Borculo 1918–Auschwitz 1943. Studierte in Amsterdam Pharmazie; Zionist, Verwandter von Wiet Wijler und Bruder von Corry Meijer (die nach der Befreiung Sal Lobstein heiratete). Unternahm zwei erfolglose Fluchtversuche nach England. Wurde zusammen mit seinem Bruder Sam auf der Flucht in die Schweiz verhaftet.

Messcher, Hermanus (Herman), Harlingen 1907–Theresienstadt 1944. Ursprünglich aus Meppel. Arbeitete in der Gerberei von Hartog van Esso. Die vom Rotterdamer Büro des Judenrates verliehene Sperre konnte ihn und seine Familie letzten Endes nicht retten.

Mulder, Froukje, ehemalige Kommilitonin van Bram de Lange, Ökonomiestudentin.

Nachtegall, Familie: Vater Nico (Nathan, Rotterdam 1894–Rotterdam 1972), Jude, hatte ein Pelzgeschäft namens »Het Bonthuis van Vertrouwen« [»Das Pelzgeschäft Ihres Vertrauens«] mit Filialen an den Adressen Spuiwater 15b, Spuiwater 26, Keizerstraat 10, Westewagenstraat 96, Mathenesserlaan 387, 's Gravendijkwal 10 und Lijnbaan 64. Mit seiner nichtjüdischen Frau Cor(ry) Heschlê (Cornelia Jeannetta, Schiedam 1899) hatte er eine Tochter, Elly (Ellie, Rotterdam 1925), und einen Sohn, Simon (Rotterdam 1927). Die Nachtegalls waren mit der Familie Ulreich befreundet; da sie in einer Mischehe lebten, brauchten sie nicht unterzutauchen. 1941 übernahm allerdings ein von den Besatzern bestimmter »Verwalter«, ein gewisser F. Hesselmanns, Nachtegalls Geschäfte.

Narva, Frau, Dame aus einer Familie Rotterdamer Juden.

Nathans, Max, wahrscheinlich: Marcus, geboren in Arnheim, überlebte den Krieg, verheiratet mit Jose Hilda Augusta Busnac. Emigrierte nach Israel, lebt im Kibbuz Matzuwa.

Nijveen, Daniël (Daan), auch bekannt als Daniël Mozes, Assen 1919–Sobibór 1943. Man kannte die Familie in Assen und Umgebung unter zwei Nachnamen: Mozes und Nijveen. Daniël studierte in Rotterdam Ökonomie, heiratete dort im Krieg Betje Braadbaart. Die beiden tauchten zusammen unter, wurden jedoch verraten und deportiert.

Noach, Samuel Simon (Sally), Zutphen 1888–Bussum 1959. Wuchs als Waise im Zentralen Israelitischen Waisenhaus in Utrecht auf und heiratete die Tochter des Heimleiterehepaares. Wurde Deutschlehrer an der HBS in Rotterdam und arbeitete während des Krieges am Jüdischen Lyzeum. Überlebte u.a., weil er auf der »Barneveld-Liste« stand.

Oskam, Magister der Rechte Gerard Cornelis Adrianus, Den Haag 1880–Rotterdam 1952. Prominenter Rotterdamer Anwalt, sehr aktiv im Schachspiel, mit einem weiten Netzwerk in jüdischen Kreisen. Während des Krieges wurde er als Geisel im Lager Sint-Michielsgestel festgehalten. Nach dem Krieg wurde er als öffentlicher Ankläger an den Besonderen Gerichtshof in Arnheim berufen, wo er danach Justizrat wurde. In seinen letzten Lebensjahren eröffnete er seine Anwaltspraxis wieder.

Pels, Familie, möglicherweise sind Vater Herman (Delfzijl 1875 bis Auschwitz 1942) und Jakob (Rotterdam 1908–Auschwitz 1943) gemeint.

Pierot, bezieht sich aller Wahrscheinlichkeit nach auf die prominente jüdische Schiffsmaklerfamilie in Rotterdam. Ein Teil der Familie war bereits vor dem Krieg nach New York emigriert.

Posner, Betty (Betje Hanna), Rotterdam 1927–Sobibór 1943.

Praag, Carolina Margaretha (Lieneke) van, Rotterdam 1925, wuchs in einem wohlhabenden zionistisch beeinflussten jüdischen Milieu in Schiedam auf, überlebte den Krieg.

Querido, Jaap, Rotterdam 1916–Etten-Leur 1992. Stammte aus einer großen, armen jüdischen Familie. Seine erste Frau Bertha Valk (Wildervank 1916–Auschwitz 1943) verlor er im Krieg. Er selbst überlebte in einem Versteck in Laren. Er heiratete wieder: Louisa Been. Für kurze Zeit ging er nach Israel, kehrte jedoch nach Rotterdam zurück und führte dort jahrzehntelang einen bekannten Obststand.

Rees, Dr. Matthijs van, Den Haag 1899–Rotterdam 1974. Zunächst Mathematiklehrer an der 1. HBS in Dordrecht, ab 1934 am Erasmusgymnasium in Rotterdam. Während des Krieges unterrichtete er am Jüdischen Lyzeum. 1928 promovierte er in Leiden. Er betrieb sehr aktiv das Damespielen als Sport. Van Rees war mit der Klavierlehrerin Sara Koekoek verheiratet.

Rippe, Hans Nico, Rotterdam 1926–Sobibór 1943.

Rokach, Mendel, Waniswice 1906–Auschwitz 1944. Erster Vorbeter der Niederländisch-Israelitischen Gemeinde Rotterdam. Entstammte einer frommen ostjüdischen Familie und besuchte u.a. die Jeschiwa in Lublin. Wurde 1932 in Stanislau, 1936 in Lemberg und 1939 in Rotterdam zum Chasan (Vorbeter) ernannt. Nach seiner Deportation leitete er auch in Westerbork noch Gottesdienste.

Roos, Bram, Altersgenosse von Carry Ulreich.

Rosenberg, Familie: Kinoinhaber David Rosenberg (Warschau 1883–Mitteleuropa 1945) und seine Frau Jeannette Schustirowitz (Rotterdam 1887–Auschwitz 1944).

Rynderman (auch: Rijnderman), Szlama, Warschau 1909. Hatte die polnische Staatsangehörigkeit. Großhändler für Socken und Strümpfe. Heiratete 1929 in Warschau Feiga Kornfeld. Ab 1932 wohnhaft in Rotterdam; dort Nachbarn der Familie Bialer-Rechman. Nach dem Bombardement auf Rotterdam zog die Familie 1941 nach Woerden. In ihrem Haus wurden Synagogengottesdienste abgehalten. 1942 ging Rynderman illegal nach Belgien, wurde jedoch verhaftet und in das Lager Mechelen gebracht. Weil die Möglichkeit bestand, er könnte gegen deutsche Einwohner Palästinas ausgetauscht werden, schickte man Rynderman nicht weiter. Nach der Befreiung der Niederlande ließ sich die Familie nach einigen Wochen in Woerden erneut in Rotterdam nieder. 1953 zogen die Ryndermans in die Vereinigten Staaten und kehrten 1990 in die Niederlande zurück.

Rynderman (Rijnderman), Hudesa (Daisy), Rotterdam 1936. Hatte die polnische Staatsangehörigkeit. Wohnte mit ihren Angehörigen ab 1941 in Woerden. Überlebte gemeinsam mit Mutter und Bruder den Krieg mit einer falschen Identität in einer Pension in Brüssel. Heiratete 1960 Andries Blazer.

Sanders, E., Lehrerin für Leibesertüchtigung am Jüdischen Lyzeum.

Schaaf, van de, Grundschullehrerin, die sich mit Freundinnen im Widerstand engagierte.

Schmerling, Hans, Sohn von Wolf/Wilhelm Schmerling und Hendel/Helena Better, Enkel von »Frau Better«. Hans stammte aus einer ostjüdischen Familie und wuchs in Berlin auf. 1938 holten ihn Gustav Ulreich und Frau Nachtegall unter dem Vorwand, er sei der Sohn der Nichtjüdin Nachtegall, aus Berlin weg. Hans gab Rachel einen Ring.

Slager, Clara, Hillegersberg 1925–1945 (Ort unbekannt). Ihr Vater war Tierarzt. Wie Carry Ulreich besuchte sie das Jüdische Lyzeum.

Slagter, Isidore (Doris), Hillegersberg 1928–Auschwitz 1942.

Slagter, Joseph (Joop), Hillegersberg 1925–Auschwitz 1942. Vater Simon war Edelmetallhändler und als Lehrer und Chasan der jüdischen Vereinigung Tsofouno in Hillegersberg tätig.

Spanjar, Abraham (Ab), Rotterdam 1924–Auschwitz 1945. Sohn von Israël Spanjar.

Spanjar, Israël, Zwolle 1892–Sobibór 1943. Französischlehrer, ab 1921 an der 1. HBS, zuletzt am Jüdischen Lyzeum in Rotterdam. Orthodox. Vater von Ab Spanjar.

Spiegelenberg, Johan, nichtjüdischer Altersgenosse von Carry Ulreich. War mit Hannele Franken befreundet und wurde so als einziger Nichtjude Teil des Freundeskreises der Ulreich-Schwestern.

Stam, Abraham (Ab) van der, Rotterdam 1911–Auschwitz 1942, heiratete 1941 Marthel Kornfeld. Konfektionshändler.

Steensma, Jeanne Geele, Breda 1884–Arnheim 1982. Studierte in Groningen Germanistik und arbeitete an einer weiterführenden Mädchenschule in Leeuwarden (1911–1918). Danach war sie Lehrerin an der Mädchen-HBS in Rotterdam. 1943 löste sie die suspendierte Dr. J. J. van Dullemen als Direktorin ab, 1947 gab sie ihren Posten auf.

Stein, Dr. Elchanan, Den Haag 1911–Sobibór 1943. Altphilologe, promovierte 1937 in Leiden zum Thema »Die Wortwahl im Bellum Judaicum des Flavius Josephus«. Ab 1939 Lehrer für Alte Sprachen am Gymnasium in Breda, danach am Jüdischen Lyzeum in Rotterdam. Er trat auch als Chasan auf. Zusammen mit seiner Frau und seinem neugeborenen Baby wurde Stein in Sobibór ermordet.

Straten, Jaap van, möglicherweise: Jacob Meijer van Straten, Alblasserdam 1917–Sobibór 1943. Er lebte in Rotterdam.

Swidde, bewahrte heimlich für die Ulreichs (und für Bekannte der Familie) Besitztümer auf, die allerdings verloren gingen. Weil er jüdischen Untertauchern half, wurde er in das Lager Vught gebracht.

Taub, Benjamin Wolff, Zdunska Wola 1898–Buchenwald 1945. Vater von Sonja, Freund von Gustav Ulreich, erscheint im Tagebuch als »Herr Taub«. Sehr aktiv im Ostjüdischen Verbund Rotterdam.

Taub, Sonja, Rotterdam 1927–Auschwitz 1944. Freundin von Carry Ulreich.

Thijn, Arie (Arjéh) van, ca. 20 Jahre alt, Hebräischlehrer, frisch verheiratet, arbeitete in der Küche des Judenrates.

Familie Ulreich: Großvater Peretz Ulreich und Großmutter Chawa Ohrfeld. Vater Getzel Ulreich, Zagórze 1891–Jerusalem 1960.

Mutter Anna Fanny Ulreich-Gottlieb, Krakau 1896–Jerusalem 1985. Rachel Ulreich (Rachus, Ra, Rach), Rotterdam 1922–São Paulo 2013. Caroline Ulreich (Carry), Rotterdam 1926. Onkel Adolf Ulreich, Chrzanów 1893–Bayside, New York 1982. In die Vereinigten Staaten emigriert.

Valk, Hartog Joseph, Rotterdam 1901–Renkum 1987. Leiter des Versorgungsdienstes beim Rotterdamer Judenrat. Konnte den Krieg überleben, weil er mit einer Nichtjüdin verheiratet war.

Viool, Familie; Carry Ulreich meint wahrscheinlich die Familie von Raphaël Viool (Rotterdam 1895–Sobibór 1943).

Vleeschhouwer, Izak (Broer), Rotterdam 1908–Giv'atajim (Israel) 1970. Verheiratet mit Greet; zwei Kinder des Ehepaares wurden im Krieg ermordet.

Vleeschhouwer-Schaap, Margretha, Rotterdam 1904–Giv'atajim (Israel) 1969. Hebräischlehrerin; verlor im Krieg ihre beiden Kinder und emigrierte später nach Israel.

Vorst, Levi, Amsterdam 1903–Rechovot (Israel) 1987. Religionslehrer, ab 1959 Oberrabbiner von Rotterdam. Bram hatte eine Zeit lang ein Zimmer bei der Familie Vorst.

Vries, Paulina (Pauli) de, Utrecht 1926–Bilthoven 2016. Traf Carry in Utrecht. Sie überlebte den Krieg in einem Versteck bei der Familie Sjollema in Maarssen. Sehr aktiv in der zionistischen Jüdischen Jugendföderation, auch wieder unmittelbar nach der Befreiung. Heiratete später Fritz Schwarz.

Vromen, Familie: Vater Emanuel Vromen (1890–1943) und Mutter Vroukje Vromen-Sanders (1896–1943), die Eltern von Saartje und Etty.

Vromen, Etty (Esther), Rotterdam 1923–Sobibór 1943.

Vromen, Saartje (Sara), Rotterdam 1925–Sobibór 1943.

Wagschal, Henry, Bestwina 1912–Zürich 1986. Flüchtete mit seiner Geliebten Esther (Elly) van Vlies in die Schweiz und überlebte so den Krieg. Nach der Befreiung der Niederlande kehrten beide nach Rotterdam zurück.

Weinreb, Friedrich, Lemberg 1910–Zürich 1988. Sehr umstrittene Figur; in der Nachkriegszeit mehrmals Gegenstand einer heftigen öffentlichen Debatte. Wuchs in der Ostjüdischen Gemeinde in Scheveningen auf und studierte in Rotterdam Ökonomie. Während des Krieges verschaffte er Menschen »Sperren«, indem er eigenhändig Listen erstellte, die auf einem erfundenen Kontakt mit einem deutschen General basierten, den es gar nicht gab. Auch nach seiner Verhaftung durch den Sicherheitsdienst erstellte Weinreb weiterhin Listen. Er selbst betrachtete dies als Widerstandshandlung, andere hingegen sahen darin eine Form der Kollaboration. Ostjuden, aber auch niederländische Juden, tauchten nicht unter, weil sie seinen Listen vertrauten und wurden als Folge davon verhaftet. Im Jahr 1948 wurde Weinreb wegen Verrats verurteilt, wogegen er sich immer wieder wehrte.

Wijler: In Rotterdam gibt es zwei Familien mit diesem Namen, die der Brüder Louis (Lochem 1890–Ra'anana 1977) und Johan (Lochem 1894–Westerbork 1944). Beide waren Kornhändler und besaßen Einfluss. Diesem Umstand verdankten beide Familien die Aufnahme auf die »Barneveld-Liste«. Mehrere Kinder aus beiden Familien spielen in Carry Ulreichs Tagebuch eine Rolle. Zur besseren Übersicht wird im Folgenden zwischen den Familien unterschieden. Aus der Familie von Louis Wijler und Francina Helena Lansberg (Rotterdam 1893–Petach Tikwa 1986) finden folgende Kinder im Tagebuch Erwähnung:

Wijler, Henriëtte (Jet), Rotterdam 1923–Tel Aviv 2004. Heiratete 1942 Henricus Wijsenbeek, mit dem sie noch während des Krieges ein Kind bekam. Beide flohen aus Barneveld und überlebten den Krieg als Untergetauchte. Jet lehrte an der Tel Aviv University Klassische Philosophie.

Wijler, Helena (Leen, Leni, Ilana), Rotterdam 1925. Floh aus dem Lager Westerbork und überlebte den Krieg als Untergetauchte. Emigrierte nach Israel und heiratete Aharon Avni.

Wijler, Johan (Jo, Jopie), Amati, Rotterdam 1928–Adelaide (Australien) 1964. Wurde Tropenmediziner in Kambodscha. Folgende Kinder aus der Familie von Johan Wijler und Margot Haagens (Dirksland 1891–Noordwijk 1967) werden im Tagebuch erwähnt:

Wijler, Samuël (Sam), Rotterdam 1923–Küsnacht (Schweiz) 2004, überzeugter Zionist, heiratete Henny van den Bosch.

Wijler, Hettie (Hetty), Rotterdam 1924–Herzlija (Israel) 2010, überlebte den Krieg, heiratete Simon Godschalk (Bob) Engelsman.

Wijler, Louis Arjéh (Wiet), Rotterdam 1926–Nordia (Israel) 2015. Heiratete Hanna Gerda Meijer. Emigrierte nach Israel und war dort u. a. Präsident der Irgun Olei Holland, der Interessenvertretung der niederländischen Immigranten in Israel.

Wijnberg, Dr. Simon, Winschoten 1898–Rotterdam 1989, Rektor des Jüdischen Lyzeums in Rotterdam und als Lehrer für klassische Sprachen ausgebildet. Auf dem Lyzeum unterrichtete er allerdings auch Chemie. Er überlebte den Krieg auch dank der sog. Barneveld-Liste.

Wijsenbeek, Dr. Henricus (Henk), Rotterdam 1916–Tel Aviv 2008. Verheiratet mit Jet Wijler, 1943 wurde ihr erstes gemeinsames Kind geboren. Emigrierte nach Israel, Hochschullehrer an der Tel Aviv University.

Wolf, Ali, Identität nicht mehr feststellbar.

Wolf, Tijn, Identität nicht mehr feststellbar.

Familie Zijlmans, die die Untergetauchten bei sich aufnahm:

Zijlmans, Adriaan Johannes Marinus, Rotterdam 1887–Rotterdam 1964. Vater, Zuave; Schaffner, Bürobote, Bankangestellter, Träger des Ehrenkreuzes Pro Ecclesia et Pontifice.

Zijlmans-Loomans, Maria Hendrika Jacoba, Schiedam 1884–Rotterdam 1947. Mutter. Mit den Kindern:

Zijlmans, Adriaan Johannes Maria (Aad), Rotterdam 1913–Banjarmasin 1944. Wurde 1938 als Soldat nach Niederländisch-Ostindien geschickt. Diente in der Königlich Niederländisch-Indischen Armee und starb 1944 in Kriegsgefangenschaft.

Zijlmans, Marinus (Bob), Rotterdam 1918–Rotterdam 1992. Künstler. Heiratete Janette de Jong.

Zijlmans, Johanna Maria (Mies), Rotterdam 1916–Oosterhout 2003. Heiratete Ton van der Burg, Buchhalter bei der Firma van Woensel.

Zijlmans, Canisius Johannes Antonius Maria (Canis), Rotterdam 1926–Rotterdam 1995. Heiratete Pop (Hendrika Francijna).

Manus Frank, Verlobter und späterer (Ex-)Freund von Mies, aus Wageningen.

Zwanenbergh-van Straten, Johanna van, Herwijnen 1889–Auschwitz 1942. Im Tagebuch »Frau van Zwanenbergh«. Mutter von Leny.

Zwanenbergh, Leny (Helena) van, Rotterdam 1927–Auschwitz 1942.

Zwick, Felix Moritz, Rotterdam 1924–Auschwitz 1943.

Zwick, Rachel Ruth, Rotterdam 1928–Auschwitz 1942.